KB108812

불쉿
잡

**Bullshit
Jobs**

왜 무의미한 일자리가
계속 유지되는가?

데이비드 그레이버
김병화 옮김

불쉿
잡

Bullshit
Jobs

민음사

뭔가 쓸모 있는 일을
하고 싶은
모든 사람에게

일러두기

불쉿(Bullshit)은 '빌어먹을', '젠장', '쓰레기 같은,' '엿 같은', '개똥 같은,' '엉터리' 정도의 의미로 쓰이는
비속어다. 불쉿 직업은 쓸모없고, 무의미하고, 허튼 일을 하는 일자리를 가리킨다. 국내 출간된 저자의 다른
책에서 허튼 직업(Bullshit jobs)이라고 번역되었지만 위에서 말한 다양한 의미 전부를 담을 수 없기에,
이 책에서는 '불쉿' 그대로 쓰기로 한다. 같은 이유로 불쉿과 비슷한 의미인 쉿(shit)도 그대로 쓴다.
다만 이 책에서 일의 속성을 설명할 때 쓰는 '쉿'이라는 표현은 주로 3D 업종에서 하는 위험하고 고된
일이라는 의미의 차이가 있다. ─옮긴이

차례

7

불쉿 직업의 정치적 영향: 우리는 어떻게 대처해야 할까?

불쉿 직업이라는 현상

2013년 봄에 나는 의도치 않게 아주 사소한 국제적 센세이션을 불러 일으켰다.

모든 것은 어느 급진파 계열이 창간하는 《스트라이크!(Strike!)》라는 잡지에 글 한 편을 써 달라는 청탁을 받으면서 시작되었다. 편집자는 다른 사람이라면 발표하지 않을 만한 도발적인 글을 써 둔 게 혹시 없는지 물었다. 내게는 항상 그런 종류의 아이디어가 한두 개는 있었으므로, 글 한 편을 서둘러 써서는 "불쉿 직업이라는 현상에 관하여(On the Phenomenon of Bullshit Jobs)"라는 제목을 붙여 그에게 보냈다.

그 글은 어떤 직감에 기초한 글이었다. 다들 익히 알겠지만, 외부인이 보기에는 별로 하는 일이 없는 것 같은 일자리가 있다. 인사 관리 컨설턴트, 커뮤니케이션 코디네이터, 홍보 조사원, 금융 전략가, 기업 법무팀 변호사, 또는 불필요한 위원회의 문제를 처리할 직원 위원회에 참석하는 것을 일상 업무로 하는(학계에서 활동하다 보면 이런 일에 아주 익숙해진다.) 사람들의 일자리가 그런 부류에 속한다. 그런 일자리의 목록은 끝이 없는 것 같다. 나는 궁금해졌다. 이런 종류의 일자리가 정말로 쓸모가 없을까? 또는 이런 일자리에 종사하는 사람들이 그 사실을 알고 있을까? 분명히 여러분이 아는 사람들 중에도 자신이 하는 일이 무의미하고 불필요하다고 느끼는 것처럼 보이는 이가 간혹 있다. 일주일에 닷새씩 내심 해야 할 필요가 없다고 믿는 일을 하러 나가는 것보다 더 기운 빠지는 일이 또 있을까? 오로지 시간과 자원의 낭비일 뿐이고 세상을 더 악화시킬 때까지 있는데? 이런 상황은 우리 사회 전체에 새겨진 끔찍한 정신적 상처가 아닐까? 그런데도 지금껏 아무도 그 주제를 언급하는 사람이 없었다. 사람들이 일터에서 행복한지에 대한 조사는 충분히 있었다. 그런데 내가 아는 한 자신들의 직업이 존재할 충분한 이유가 있다고 느끼는지 아닌지에 대한 조사는 한 건도 없었다.

아무도 말하고 싶어 하지 않는 이 쓸모없는 직업이 우리 사회에 널려 있을 가능성이 아예 없어 보이지는 않았다. 일이라는 주제에는 수많은 금기가 달라붙어 있다. 거의 누구나 자신이 하는 일을 좋아하지 않을뿐더러, 일하러 가지 않을 핑계만 생기면 즐거워한다는 사실도 텔레비전에서 제대로 말하지 않는 주제다. 다큐 프로그램이나 스탠드업 코미디 프로그램에서 가끔 언급되기는 하나, 적어도 텔레비전 뉴스에서는 그렇다. 이런 금기는 나도 직접 경험한 적이 있다. 예전에 어느 활동가 그룹과 대언론 활동을 한 적이 있는데, 이 그룹이 IMF에 반대를 표명하기 위해 워싱턴 지역의 운송 시스템을 봉쇄하려는 시민 불복종 캠페인을 계획하고 있다는 소문이 났다. 실행 시기가 다가오자 어디서든 무정부주의자 같은 차림새를 한 사람이 있으면 흐뭇한 표정의 공무원이 접근해 정말로 월요일에 출근하지 않아도 되는지 물어보곤 했다. 그런데 같은 시기에 같은 공무원들이 텔레비전 방송과 인터뷰할 때는 출근하지 못하게 되면 얼마나 암담한 사태가 벌어질지에 대해 성실하게 대답했다. 그들은 텔레비전에서의 발언이 어떤 여파를 미치는지 알고 있었다. 아무도 최소한 공개적으로는 그런 문제에 대해 자신의 진심을 거리낌없이 털어놓지 못하는 것 같다.

가능성은 있었지만 확실하게 알지 못했기에, 어떤 면에서 내가 이 글을 쓴 것은 일종의 실험이었다. 이 실험에 어떤 반응이 나올지 알고 싶어진 것이다.

아래는 2013년 8월 17일 발간된 잡지에 내가 기고한 글이다.

불쉿 직업이라는 현상에 관하여

1930년에 존 메이너드 케인스(John Maynard Keynes)는 20세기가 끝날 무렵이면 기술이 발전하여 영국이나 미국 같은 나라에서 주당 15시간 근로라는 목표를 달성하게 될 것이라고 예견했다. 그의 말이 옳다고 믿을 이유는 얼마든지 있다. 기술적 측면에서 말하자면 우리는 그 수준을 충분히 달성할 수 있다. 그런데도 그런 일은 일어나지 않았다. 오히려 기술은 우리 모두가 더 많이 일하게 할 방법을 강구해 내기 위해 소집되었다. 이 목표를 달성하기 위해 사실상 무의미한 일자리가 만들어져야 했다. 특히 유럽과 북아메리카에서 엄청난 수의 사람들이 직장 생활 내내 내심으로는 쓸모없다고 생각하는 업무를 보느라 시간을 허비했다. 이런 상황이 유발한 도덕적이고 정신적인 피해는 매우 깊다. 그것은 우리 공통의 영혼에 새겨진 상처다. 그런데도 그 문제를 거론하는 사람이 없다.

케인스가 약속한 유토피아는 (1960년대까지만 해도 열렬하게 고대하던 것인데) 왜 실현되지 못했을까? 오늘날 그 의문에 주어지는 모범 답안은 그가 소비주의의 엄청난 증가를 고려하지 않았기 때문이라는 것이다. 더 적게 일할 것인지, 아니면 더 많은 놀잇감과 유흥을 원하는지의 선택지 사이에서 우리는 모두 함께 후자를 선택했다. 이는 근사한 도덕적 우화는 되겠지만 잠깐만 다시 생각해 봐도 진실이 아님을 알 수 있다. 그렇다, 우리는 1920년대 이후 무수히 많은 새 일자리와 산업이 창조되는 것을 보아 왔지만, 그중에서 스시나 아이폰이나 고급 운동화의 생산과 분배에 관련된 일자리는 극소수에 불과하다.

그렇게 창조되었다는 새 일자리란 정확하게 무엇인가? 1910년에서 2000년 사이 미국의 고용 상황(영국의 상황도 거의 같다.)을 비교하는 최근의 한 보고서에 그 대답이 명료하게 나와 있다. 지난 세기 동안 집안 하인, 생산업, 농업 부문에 고용된 노동자의 수는 대폭 줄어들었다. 동시에 "전문직, 경영, 회계, 영업, 서비스업 노동자"의 수는 세 배로 늘었고, "전체 고용의 4분의 1에서 4분의 3으로" 증가했다. 다른 말로 하면 생산 직업의 큰 부분이 예견된 대로 업무의 자동화 추세에 따라 사라졌다는 말이다.(인도와 중국에서 고생하는 엄청난 무리를 포함해 전 세계 생산업 노동자를 셈에 넣는다 해도, 그런 노동자들은 과거와는 달리 전 세계 인구의 큰 비중을 차지하지 못한다.)

하지만 노동 시간이 대폭 줄어들어 세계 인구가 각자의 기획과 오락과 꿈과 아이디어를 자유롭게 추구할 여유가 생기지는 않았다. 서비스업 부문도 별로 커지지 않았는데 오히려 행정 부문만 팽창되는 사태가 벌어졌다. 그러니까 금융 서비스나 텔레마케팅처럼 완전히 새로운 산업이 만들어지거나, 기업 법률, 학술, 건강 관리, 인사관리, 홍보 같은 부문이 전례 없이 커진 것이다. 그리고 이러한 증가율에는 이런 산업을 위한 행정적, 기술적 지원, 또는 보안 지원을 담당하는 사람들, 그리고 오로지 사람들이 온갖 다른 업무를 수행하느라 시간을 내지 못하기 때문에 존재하게 된 수많은 부수적 직종에 종사하는 사람들(개 목욕시키는 사람, 야간 피자 배달원)은 아직 반영하지조차 않았다.

이런 직업들을 나는 '불쉿 직업'이라 부르자고 제안한다.

이는 마치 오로지 모든 인간을 일하게 만들겠다는 목적으로 의미도 없는 일자리를 만들어 내는 것과 같다. 그리고 바로 여기에 수수께끼가 숨어 있다. 자본주의하에서 그런 일은 일어나서는 안 된다. 물론 소련 같은 비효율적인 구식 국가에서, 고용이 권리인 동시에 신성한 임무로 간주되던 그런 곳에서 체제는 오로지 그래야 하기 때문에 최대한 많은 일자리를 만들어 냈다.(소련의 백화점에서 고기 한 토막을 파는 데 점원 세 명이 할당되었던 이유이다.) 하지만 이런 문제는 시장 경쟁이 자연스럽게 해결해 줄 것으로 예상되는 종류의 문제다. 적어도 경제 이론에 따르면 이윤 추구를 목표로 하는 기업은 절대로 고용할 필요가 없는 노동자에게 돈을 주지 않는다. 그런데도 무엇 때문인지는 모르지만 그런 일이 일어나고 있다.

기업체들이 구조 조정을 무자비하게 실행할 때, 해고와 효율성 제고가 행해지는 대상은 언제나 물건을 실제로 만들고 옮기고 고치고 유지 관리하는 사람들 계급이다. 아무도 설명하지 못하는 어떤 이상한 연금술을 통해 결국은 사무직원의 수가 늘어나는 것 같고, (사실상 소련의 노동자들과도 다르지 않은) 고용인들이 서류상으로는 매주 40~50시간씩 일하는 것으로 되어 있지만 실제 노동시간은 케인스가 예견한 것처럼 15시간에 불과한 경우가 점점 더 많아진다. 그들의 실제 노동시간 외의 공백은 동기부여 세미나를 기획하고 참가하거나, 페이스북 프로필을 갱신하거나, 텔레비전 프로그램 파일을 다운로드하는 데 소모되고 있다.

이 문제에 대한 대답은 경제적인 데 있지 않다. 그 대답은 도덕적이고 정치적인 것이다. 지배계급은 행복하고 생산적이며 여유 시간도 누리는 인구가 자신들에게 치명적으로 위험한 존재임을 알았다.(이런 상황에 근접하기 시작한 것만으로도 1960년대에 무슨 일이 벌어졌는지 생각해 보라.) 다른 한편으로, 노동 그 자체에 도덕적 가치가 있다는 느낌, 그리고 눈 뜨고 있는 거의 모든 시간 동안 어떤 종류든 치열한 노동에 몸을 바치려는 열정이 없는 사람은 아무짝에도 쓸모없다는 느낌은 그들에게 아주 유리하게 작용했다.

영국의 학계에서 행정적 책임 소관이 끝도 없이 커지는 꼴을 보니, 지옥의 모습이 곧 이럴 듯했다. 좋아하지도 않고 잘하지도 못하는 일을 하느라 대부분의 시간을 보내는 사람들의 집단이 곧 지옥이다. 훌륭한 가구 장인이기 때문에 고용되었는데, 알고 보니 허구한 날 생선 튀기는 일만 해야 한다고 생각해 보라. 그것이 꼭 해야 하는 일도 아니라고 하자. 아니면 튀겨야 할 생선이 많은 것도 아니라고 하자. 그런데 어쩌다 동료들 가운데 가구 제작에 좀 더 많은 시간을 쏟고, 그러느라 할당받은 생선 분량을 제대로 튀겨 내지 않는 사람이 있을지도 모른다는 생각이 들기 시작한다. 그러면 다들 원망하는 마음이 생기지 않을 수 없고, 얼마 지나지 않아 생선 튀기는 작업까지 엉망으로 돌아가게 될 것이다. 그런데도 사람들은 사실상 계속 생선만 튀기고 있다.

나는 이것이 우리 경제의 도덕적 역학에 대한 아주 정확한 묘사라고 생각한다.

이런 주장이 즉각 반박당하리라는 것도 안다. "어떤 일자리가 정말 '필요'한지 당신은 어떻게 판단하는가? '필요하다'는 게 도대체 뭔가? 당신은 인류학 교수인데, 그 직업은 왜 '필요'한가?"(그리고 정말로 황색 신문 독자들은 내 직업이야말로 쓸모없는 사회적 낭비의 정의라고 여길 것이다.) 어느 차원에서 보면 이 반박이 명백히 옳다. 사회적 가치를 측정하는 객관적 척도는 없다.

세상에 의미 있는 기여를 하고 있다고 확신하는 사람에게 실제로는 그러지 못한다고 말할 생각은 없다. 하지만 자신의 직업이 무의미하다고 확신하는 사람들의 경우는 어떨까? 얼마 전 나는 열다섯 살 이후 보지 못했던 학교 친구를 만나게 되었다. 놀랍게도 그사이 그는 처음에는 시인이었다가, 그다음에는 인디 록밴드의 리더가 되었다. 나는 그 밴드의 노래 몇 곡을 라디오에서 들으면서도 그 가수가 내가 아는 사람이라고는 생각지 못했다. 그는 분명히 뛰어난 가수였고 혁신적이었으며, 그의 작품은 의심의 여지 없이 세상 사람들의 삶을 밝혀 주고 더 낫게 만들었다. 그런데도 앨범 몇 장이 실패하자 그는 계약을 이어 가지 못했고, 빚을 진 채 갓난아이 딸을 키우다 결국은 "방향 없는 수많은 족속들의 기본 선택지"인 로스쿨에 진학했다. 이제 그는 뉴욕 어느 저명한 로펌의 기업 변호사가 되어 있다. 그는 내가 만난 자신의 직업이 완전히 무의미하고, 세상에 아무것도 기여하지 못하며, 스스로 평가하자면 존재하지 말아야 한다고 인정한 첫 번째 사람이었다.

여기서 여러 질문을 던질 수 있다. 우선 재능 있는 시인이자 음악가에 대한 수요가 지극히 한정된 데 비해 회사법 전문가에 대한 수요는 무한하다는 사실은 우리 사회의 어떤 점을 이야기해 주는가?(대답: 만약 처분 가능한 부의 대부분을 인구 중 1퍼센트가 장악한다면, 우리가 시장이라 부르는 것은 다른 누구도 아닌 바로 그들이 생각하기에 쓸모 있거나 중요하다고 여기는 것을 반영한다.) 게다가 이런 직업에 종사하는 거의 모든 사람들이 결국은 이 사실을 알고 있음을 보여 준다. 사실 나는 자신의 직업이 불쉿 직업이라고 생각하지 않는 기업 변호사를 만난 적이 있는지 잘 모르겠다. 위에서 언급한 새 산업 거의 모두에 대해서도 같은 말을 할 수 있다. 파티에서 만난 유급 전문직 종사자들 가운데 당신이 뭔가 흥미롭게 여겨질 만한 일을 한다고(예를 들면 인류학자라고) 밝혔을 때 자신의 직업은 어떤 계열인지 언급 자체를 피하고 싶어 하는 사람들이 있다. 그들에게 술을 몇 잔 건네 보라. 그러면 자기들 직업이 실제로는 얼마나 무의미하고 바보 같은지, 열화같이 불평을 쏟아 낼 것이다.

이것은 뿌리 깊은 정신적 폭력이다. 내심으로는 자기 직업이 존재하지 말아야 한다고 느끼는 사람에게 어떻게 노동의 존엄성을 운운할 수 있겠는가? 그런 상황에서 어찌 깊은 분노와 원망이 생기지 않을 수 있겠는가? 그런데 우리 사회의 특이한 속성 가운데 하나는 사회 지배층의 분노 조종 방법이다. 그들은 앞에서 생선 튀기는 사람들처럼 의미 없는 일을 하는 사람들의 분노가 의미 있는 일을 하는 사람들에게 틀림없이 정조준되도록 방법을 궁리해 낸다. 예를 들면, 우리 사회에는 어떤 직업이 다른 사람들을 이롭게 하는 것이 확실할수록 정당한 보수를 받을 확률은 더 낮아진다는 일반 원칙이 있는 것 같다. 여기서도 객관적 척도는 찾기 힘들지만, 쉽게 알아내려면 다음과 같이 질문하면 된다. 그 직업 계급이 통째로 사라진다면 무슨 일이 일어날까? 간호사,

쓰레기 수거 요원, 정비공 같은 직종을 어떻게 생각하든지 간에 그들이 만약 한순간에 사라진다면 그 영향은 즉각적이고 엄청난 재앙이 될 것이다. 세상에 교사나 항만 노동자가 없어지면 금방 난관에 봉착할 것이고, SF 소설가나 스카 음악가(ska music, 레게 음악의 영향으로 자메이카에서 시작되었지만 1980년대에 영국에서 인기를 끌면서 재탄생한 장르―옮긴이)가 없는 세상은 확실히 더 나쁜 세상일 것이다. 그런데 사모펀드 CEO나 광고 조사원, 보험 설계사, 텔레마케터, 집행관, 법률 컨설턴트 등이 몽땅 사라진다 해서 앞의 경우와 비슷하게 세상이 나빠질지는 분명치 않다.[1] (훨씬 더 나아질지도 모른다고 생각하는 사람이 많다.) 그런데 널리 알려진 몇 가지(의사 같은) 예외를 제외하면 위의 법칙은 놀랄 만큼 잘 들어맞는다.

더 괴상한 건 세상이 이래야 한다는 게 일반적 견해가 된 것 같다는 사실이다. 이것이 우익 포퓰리즘이 가진 비밀의 힘 가운데 하나다. 타블로이드 언론에서 지하철 노동자들의 파업을 두고 그들이 런던을 마비시킨다는 불만을 부추기는 것이 그런 사례다. 지하철 노동자들이 런던을 마비시킬 수 있다는 사실 자체는 그들의 일이 실제로 필수적임을 말해 준다. 그러나 바로 그 사실이 사람들을 화나게 만드는 것으로 보인다. 미국에서는 이 점이 더 뚜렷하게 나타난다. 미국 공화당은 소위 부풀려진 임금과 이권을 위한 투쟁을 벌이는 교사나 자동차 노동자들에게(실제로 문제의 원인을 제공한 학교 경영자들이나 자동차 회사 경영진이 아니라) 원망을 불러일으키는 데서 큰 성공을 거두어 왔다. 마치 그들에게 "당신들은 아이들을 가르치잖아! 아니면 자동차를 만들잖아! 진짜 일을 하잖아! 그리고 무엇보다 당신들은 중산층의 연금과 의료보험도 기대할 수 있잖아!"라는 비난을 던지는 것 같다.

금융자본의 권력 유지에 완벽하게 적합한 노동 체제를 누가 설계했는지 모르지만, 더할 나위 없는 솜씨다. 진짜 노동자, 생산적 노동자는 가차 없이 압력을 받고 수탈당한다. 그 외 나머지는 전반적으로 욕을 먹는 실직자층과 기본적으로는 아무것도 하지 않으면서 봉급을 받는 더 큰 층으로 나뉜다. 후자는 그들 스스로 지배계급(특히 그들의 금융 대리인들)의 시각이나 감수성과 동일시할 수 있도록 만든 지위(관리자, 경영자 등)를 차지하고 있는 동시에, 명료하고 부정할 수 없는 사회적 가치가 있는 일을 하는 사람들에 대해 원한을 갖게 된다. 이런 시스템이 의식적으로 설계되지 않은 것은 분명하다. 거의 한 세기에 달하는 시행착오를 거쳐 형성된 것이니까. 하지만 이 시스템은 왜 우리가 기술적으로는 그럴 능력이 있음에도 불구하고 하루에 서너 시간만 일하는 형편이 되지 못하는지에 대한 유일한 설명이다.

어떤 글이 내세운 가설의 타당성이 글에 대한 반응으로 확증되는 경우가 있다면 이 글이 그랬다. 「불쉿 직업이라는 현상에 관하여」는 폭발적인 반응을 끌어냈다.

아이러니하게도 이 글이 발표된 후 2주 동안 나는 파트너와 함께 책을 잔뜩 짊어지고 퀘벡의 시골 오두막에 가서 지냈다. 라디오 방송이 들어오지 않는 장소에 있고 싶었다. 그 덕분에 내 글이 낳은 결과를 오로지 휴대전화로만 봐야 했다. 이 글은 입소문을 타고 금방 퍼져 나갔다. 몇 주도 지나지 않아 열두 개 언어로 번역되었는데, 그중에는 독일어, 노르웨이어, 스웨덴어, 프랑스어, 체코어, 루마니아어, 러시아어, 터키어, 라트비아어, 폴란드어, 그리스어, 에스토니아어, 카탈루냐어, 한국어도 포함되어 있었으며, 스위스에서 오스트레일리아에 이르는 각지 신문에 재수록되었다. 원문이 실린《스트라이크!》의 조회 수는 100만 건을 기록했고, 접속자가 너무 많이 몰려 서버가 계속 다운되었다. 이 글을 다룬 블로그 게시물이 수없이 올라왔다. 화이트칼라 전문직들의 고백이 독자의 말 섹션을 채웠다. 내게 지침을 구하는 요청도 들어왔다. 내 글을 읽고 직장을 그만두고 좀 더 의미 있는 일을 찾아 나섰다는 이야기도 있었다. 아래 글도 그런 열정적인 반응 중 하나인데(내가 모아 둔 것이 수백 편이다.)《캔버라 타임스(Canberra Times)》독자의 말 섹션에 실린 글이다.

> 와우! 정곡을 찌르는군요! 나는 회사 법무팀 소속 변호사(더 구체적으로 말하면 세무 소송 담당자)입니다. 나는 이 세상에 기여하는 바가 하나도 없고, 거의 언제나 지독하게 비참한 심정으로 지냅니다. 사람들이 "그렇다면 그 일을 왜 하나?"라고 뻔뻔스럽게 묻는 말이 싫습니다. 그렇게 간단한 문제가 아니니까요. 지금 당장 나로서는 상위 1퍼센트의 사람들에게 기여하는 것이 유일한 길이 되었어요. 그렇게 하면 장래 아이들을 키울 집을 시드니에서 구할 수 있으니까요. (……) 기술 덕분에 우리는 예전에 닷새 걸려 했던 일을 이틀 만에 할 수 있습니다. 하지만 탐욕과 생산성에 매달리는 바쁜 꿀벌 증후군(busy-bee syndrome) 덕분에, 우리는 여전히 보상도 없는 야심 경쟁에서 앞서가는 타인들의 이익을 위해 노예처럼 일하라고 요구받습니다. 지적 설계론을 믿든 진화설을 믿든 인간은 노동하도록 만들어진 존재니까요. 그러니 내가 볼 때 이것은 부풀려진 생필품 가격에 의해 팽창된 탐욕에 불과해요.[2]

한번은 자신을 금융 서비스업 커뮤니티 내에서 자발적으로 이 글을 퍼뜨리는 사람 중 하나라고 소개한 익명의 팬이 메시지를 보내 왔다. 그는 이 글이 첨부된 이메일을 그날 하루만 해도 다섯 통 받았다고 말했다.(금융 서비스업계 종사자들이 업무 시간에 할 일이 별로 없는 게 분명하다.) 이 모든 상황은 얼마나 많은 사람들이 실제로 자신의 일에 대해 그런 식으로 느끼는가 하는 물음(말하자면 다른 사람에게 미세한 힌트처럼 이 글을 전해 주는 것과는 반대로)에 답해 주지는 않았지만, 얼마 지나지 않아 통계적 증거가 나왔다.

2015년 1월, 크리스마스 이후 첫 번째 월요일, 이 글이 발표된 지 1년이 조금 넘었을 때였다. 거의 모든 런던 시민들이 겨울 휴가를 마치고 직장에 복귀하는 날이었는데, 누군가 런던 지하철 차량에 붙은 수백 장의 광고지를 뜯어내고 그 자리에 내 글에서 따온 인용문으로 구성된 일련의 게릴라 포스터를 붙였다. 다음은 선택된 인용문들이다.

— 엄청나게 많은 사람들이 내심으로는 쓸모없다고 생각하는 업무를 보느라 시간을 소모한다.
— 마치 누군가가 우리 모두를 일터에 묶어 놓으려고 무의미한 일자리를 만들어 내는 것 같다.
— 이 상황이 초래하는 도덕적, 정신적 피해는 심각하다. 그것은 우리 공통의 영혼에 새겨진 상처다. 그런데도 거의 누구도 이 문제에 대해 이야기하지 않는다.
— 내심으로는 자기 직업이 존재하지 말아야 한다고 느끼는 사람에게 어떻게 노동의 존엄성을 운운할 수 있겠는가?

포스터 캠페인에 대한 반응은 미디어에서 또 한 차례 토론 열풍을 불러일으켰다.(나는 《러시아 투데이(Russia Today)》에도 잠깐 등장했다.) 그 결과 여론조사 업체인 유고프(YouGov)가 직접 그 가설을 시험하기로 했다. 그들은 영국인을 대상으로 글에 등장한 문장에 대해 어떻게 생각하는지 설문 조사를 실시했다. 예를 들면 "당신 직업은 세상에 의미 있는 기여를 하는가?" 같은 문장에 대해 말이다. 놀랍게도 3분의 1 이상(37퍼센트)이 그렇게 생각하지 않는다고 답했다.(그렇다고 대답한 쪽은 50퍼센트, 잘 모르겠다는 대답은 13퍼센트였다.)

이것은 내가 예상했던 것의 거의 두 배였다. 사람들이 물어보면 잘 모르겠다고 대답하기는 했지만, 사실 나는 쓸모없는 직업의 비율이 20퍼센트 정도 될 것이라고 예상했다. 그보다 더 나중에 네덜란드에서 시행한 여론조사에서도 거의 똑같은, 사실 조금 더 높은 비율이 나왔다. 네덜란드 노동자의 40퍼센트가 자신의 업무가 반드시 존재해야 하는 뚜렷한 이유가 없다고 답한 것이다.

그러므로 내 가설은 대중의 반응뿐만 아니라 이제 통계적 연구에 의해서도 강력하게 확인되었다.

- - - - -

이제까지 체계적인 관심을 거의 받지 못했던 중요한 사회현상이 여기 있다.[3] 그 이야기를 시작하는 것만으로도 많은 사람들이 카타르시스를 느꼈다. 이제 그것을 더욱더 활용해야 함은 분명했다.

이 책에서는 원래 글보다 조금 더 체계적인 이야기를 하려고 한다. 2013년의 글은 혁명적 정치를 다루는 잡지에 싣기 위해 그 문제의 정치적 의미를 강조했다. 실제로 그 글은 대처와 레이건 이후 세계를 지배해 온 신자유주의("자유 시장")의 실상이 그 외형과는 정반대라는 사실에 대해 당시 내가 구상하고 있던 일련의 논지 가운데 하나일 뿐이었다. 그 글은 사실 경제적 외피를 두른 정치적 기획이었다.

이런 결론에 도달하게 된 것은 그것이 권력을 쥔 사람들의 실제 행동을 설명할 수 있는 유일한 길로 보였기 때문이었다. 신자유주의의 논법은 항상 시장의 마법을 자유롭게 풀어놓고, 다른 모든 가치보다 우선하는 경제적 효율성을 이야기한다. 그러나 실제로 자유 시장 정책이 미친 전반적인 영향은 경제 성장의 속도가 느려졌고,(인도와 중국을 제외한 모든 나라에서 그렇다.) 과학과 기술 발전은 정체했으며, 대부분의 부국에서 수백 년 만에 처음으로 젊은 세대가 부모 세대보다 빈곤하게 살게 된다는 예측으로 나타났다. 그런데도 이런 영향을 지켜보면서 시장 이데올로기의 지지자들이 내놓는 대답은 항상 같은 약을 더 세게 처방하라는 요구이며, 정치가들은 그런 요구를 실행한다. 이런 상황은 이상해 보인다. 만약 어느 사기업이 컨설턴트를 고용해 사업 기획서를 주문했는데, 그 기획으로 인해 수익이 대폭 감소했다면 컨설턴트는 해고될 것이다. 최소한 전과 다른 기획을 제출하라는 요청을 받을 것이다. 그런데 자유 시장 개혁에 관해서는 이런 일이 한 번도 일어나지 않았다. 그들의 기획은 더 크게 실패할수록 더 강력하게 시행되었다. 이런 사태에 대해 논리적으로 내릴 수 있는 유일한 결론은 그 기획을 추진하는 실제 동력이 경제적 동기가 아니라는 것밖에 없다.

그 동기는 무엇인가? 내가 볼 때 그 대답은 정치적 계급의 사고 방식일 수밖에 없는 것 같다. 중요 결정권자들 대부분은 1960년대에 대학을 다녔는데, 그때 대학교는 정치적 이슈가 부글부글 끓어오르는 격전지였다. 그들은 절대로 다시 그런 일이 일어나서는 안 된다고 굳게 결심한 것으로 보인다. 그 결과 그들은 경제의 쇠퇴를 가리키는 지표 때문에 우려하면서도 세계화, 노조 세력의 약화, 불안정하고 과로한 노동력의 창출, 그리고 1960년대에 유행했던 쾌락주의적인 개인 해방의 요구("생활 스타일로는 자유주의, 재정적으로는 보수주의"라 불리게 된 것)에 입에 발린 찬사를 적극적으로 바치는 복합적 기획을 세웠다. 그렇게 하면 더 많은 부와 권력을 부유층에게 넘겨주는 동시에 자신들의 권력에 대한 체계적 도전의 기초를 거의 완전히 무너뜨리는 결과를 가져온다는 사실을 콕 짚어서 아주 기뻐했다. 그 기획은 경제적으로는 별로 좋은 성과를 내지 못했을지 몰라도 정치적으로는 꿈 같은 성과를 냈다. 최소한 그런 정책을 포기해야 할 동기가 거의 없었다. 내 글은 오로지 이런 통찰을 발전시킨 것뿐이었다. 누군가 철저하게 경제적으로 합리적이라 할 수 없는(종일 아무 일도 하지 않는 사람에게 높은 봉급을 주는 것처럼) 어떤 일을 경제적 효율성이라는 명분하에 수행한다면, 고대 로마인들처럼 "누가 이득을 보는가(qui bono)?" 그리고 어떻게 이득을 보는가를 물어보는 것이 좋다.

이것은 음모론이라기보다 반음모론적 접근법이다. 내가 물은 것은 왜 행동이 취해지지 않았는가 하는 것이었다. 경제적 경향은 온갖 이유로 발생한다. 하지만 부자와 권력자들에게 문제가 생길 경우, 그 부유한 권력자들은 기관들이 개입하도록 압력을 가하여 그 문제를 처리한다. 2008년의 금융 위기 이후 거대 투자은행들은 보상금을 받았지만 일반 주택 대출 채무자들은 그렇지 못한 이유가 여기 있다. 불쉿 직업이 증가하는 현상은 아래에서 보게 되겠지만, 여러 가지 이유로 발생한다. 내가 던진 진짜 질문은 왜 아무도 그 문제를 처리하도록 개입하지("음모를 꾸미지"라고 말해도 좋다.) 않았느냐 하는 것이다.

- - - - -

이 책에서 나는 그보다 훨씬 더 많은 것을 하고 싶다. 나는 불쉿 직업 현상이 더 깊은 사회적 문제를 들여다보는 창문 역할을 할 수 있다고 생각한다. 우리는 어째서 노동력의 그렇게 많은 부분을 스스로 무의미하다 여기는 일을 하느라 애쓰게 되었는지뿐만 아니라, 어째서 그토록 많은 사람들이 이런 상황이 불가피하고 정상적일 뿐 아니라 바람직한 것이라고 생각하게 되었는지 물어야 한다. 아니, 더 괴상한 점은 이것이다. 사람들은 왜 이런 의견이 구체적이지 않음에도 불구하고, 무의미한 일을 하는 사람들이 쓸모 있는 일을 하는 사람들보다 더 많은 보수를 받아야 하고, 심지어 더 많은 명예와 인정을 받는 것이 완전히 합당하다고 믿을까? 그러면서 동시에 아무 일을 하지 않거나 어떤 식으로든 타인을 이롭게 하지 않으면서도 봉급만 받는 처지에 놓일 때는 왜 우울하고 비참하다고 느낄까? 여기에는 분명히 모순적인 발상과 충동들이 온통 뒤엉켜 있다. 이 책에서 내가 하고 싶은 한 가지는 그런 혼란을 정리하는 것이다. 이는 곧 다음과 같은 현실적인 질문을 던진다. 즉 불쉿 직업은 어떻게 발생하는가? 또 이런 심오한 역사적 질문도 던진다. 언제부터, 혹은 어떻게 해서 우리는 창조성이란 원래 고통스러운 것이라고 믿게 되었는가? 혹은 어떻게 해서 인간의 시간이 판매될 수 있다는 생각을 갖게 되었는가? 결국 인간 본성에 관한 근본적 질문이다.

이 책을 쓰는 데는 정치적 목표도 있다. 나는 이 책이 우리 문명의 심장을 겨냥한 화살이 되기를 바란다. 우리가 스스로를 만들어 온 재료 가운데는 아주 잘못된 것이 들어 있다. 우리 문명은 노동을 기초로 한다. '생산적 노동'이 아니라 그 자체가 목표이자 의미가 되어 버린 노동 말이다. 어떤 사람이 그다지 즐기지도 않는 일을 하고 싶은 정도 이상으로 힘껏 하지 않으면, 우리는 그를 나쁜 사람이며 소속 공동체의 사랑과 보살핌과 지원을 받을 자격이 부족한 사람으로 여기게 되었다. 마치 다 같이 스스로를 노예로 만드는 데 동의한 것 같다. 노동시간의 절반을 완전히 무의미하거나 반생산적이기까지 한 활동에 (대개는 우리가 싫어하는 인간들의 지시를 받으면서) 쓰고 있다는 사실을 깨달을 때 사람들이 주로 보이는 정치적 반응은 자신과 같은 함정에 빠지지 않은 사람들이 있을 것이라는 원망의 감정이다. 그 결과 증오, 원망, 의혹이 사회를 한데 묶는 접착제가 되었다. 이런 것이야말로 참담한 재난이다. 나는 이 상황을 종식시키고 싶다.

만약 이 책이 어떤 식으로든 이런 사태의 종식에 기여할 수 있다면 책을 쓴 보람을 느낄 수 있을 것 같다.

1

불쉿 직업이란 무엇인가?

불쉿 직업의 가장 전형적인 사례로 시작해 보자.

쿠르트는 독일 군대의 어느 하청 업체에서 일한다. 아니다, 사실은 독일 군대 하청 업체의 하청 업체의 하청 업체가 그의 직장이다. 다음은 그가 설명하는 자기 업무다.

독일 군대는 IT 작업을 처리해 주는 어느 하청 업체와 계약했다.

그 IT 회사에는 물류를 처리해 주는 하청 업체가 있다.

그 물류 회사에는 인사관리를 담당해 주는 하청 업체가 있다. 나는 그 업체에서 일한다.

군인 A가 두 칸 떨어진 방으로 사무실을 옮기게 되었다고 가정해 보자. 그는 자기 컴퓨터를 그 방에 바로 가져가는 것이 아니라 서류를 작성해야 한다.

IT 하청 업체에서 서류를 수령하면 직원이 읽고 승인한 뒤 물류 회사에 전달한다.

물류 회사는 저쪽 방으로 컴퓨터를 옮기는 것을 승인해야 하며, 우리 회사에 직원을 요청할 것이다.

우리 회사의 사무직원이 뭐가 되었든 맡은 일을 하고 나면 이제 그다음이 내 차례다.

나는 "시간 C에 B 바라크에 가라."라는 이메일을 받는다. 대개 이런 바라크는 내가 사는 곳에서 100~500킬로미터 정도의 거리에 있기 때문에 나는 자동차를 렌트한다. 차를 타고 바라크로 가서 내가 왔음을 운송부에 알리고 서식을 써내고, 컴퓨터 전원을 빼내고, 그것을 상자에 넣고, 봉인한 다음, 물류 회사의 직원을 시켜서 상자를 새 사무실로 운반하게 한다. 거기서 상자를 열고 또 다른 서식을 써내고, 컴퓨터를 전원에 연결하고, 운송부에 내가 몇 시간을 썼는지 통보하고, 서명을 몇 개 받고는, 렌터카를 타고 집으로 와서, 운송부에 온갖 서류를 보낸 다음 보수를 받는다.

그러니까 군인 한 명이 자기 컴퓨터를 5미터 떨어진 곳으로 옮기는 것이 아니라 두 사람이 여섯 시간 내지 열 시간 운전하고 열대여섯 페이지의 서류를 작성하고, 납세자의 돈을 400유로씩이나 소모하는 것이다.[1]

이 이야기는 조지프 헬러(Joseph Heller)의 『캐치-22(Catch-22)』에서 유명해진 군대의 온갖 한심한 규제를 보여 주는 고전적 사례처럼 보인다. 핵심 요소 하나만 제외한다면 말이다. 이 이야기에서 실제로 군대에 고용된 사람은 거의 없다. 기술적으로 그들은 모두 민간 부문 소속이다. 물론 모든 국가의 군대가 그 자체의 소통 방식과 물류 체계와 인사관리 부서를 보유하던 시절도 있지만, 요즘은 그런 일들이 여러 층의 민간 부문 외주를 통해 수행되어야 한다.

쿠르트의 업무는 단순한 하나의 이유만으로 불쉿 직업의 전형적 사례라 할 수 있다. 그 자리를 지워 버려도 알아차릴 만큼 세상이 달라지지 않으리라는 것. 어쩌면 상황이 더 나아질지도 모른다. 독일군 기지들이 장비를 옮길 더 합리적인 방식을 구상해 낼 테니까. 그런데 결정적인 문제는 쿠르트의 업무가 한심할 뿐만 아니라 쿠르트 본인도 그런 사실을 완벽하게 인식하고 있다는 것이다. (사실 이 이야기를 올린 블로그에서 쿠르트는 결국 열성적인 자유 시장파에 맞서 자신의 업무가 아무런 목적에도 기여하지 않는다는 주장을 옹호한다. 그러자 자유 시장파가 인터넷 포럼에서 흔히 보이는 성향 그대로 즉각 튀어나와, 그의 업무는 민간 부문에서 만든 것인 만큼 원래 규정대로 적절한 목적에 기여하게 되어 있다고 주장했지만 말이다.)

나는 이것이 불쉿 직업을 규정하는 특징이라고 본다. 어찌나 철저하게 무의미한지 매일 그 일을 해야 하는 사람조차도 그 일을 하는 충분한 이유가 있다고 스스로를 설득하지 못할 지경이다. 그는 함께 일하는 동료에게도 이 사실을 납득시키지 못할 것이다. 때로는 그렇게 하지 않는 편이 낫다. 하지만 어찌 되었든 그는 자신의 업무가 무의미하다고 확신한다. 그러니 이것을 불쉿 직업을 규정하는 잠정적 정의라고 해 두자.

잠정적 정의 [1] 불쉿 직업이란 너무나 철저하게 무의미하고 불필요하고 해로워서, 그 직업의 종사자조차도 그것이 존재해야 할 정당한 이유를 찾지 못하는 직업 형태다.

어떤 직업은 너무나 무의미해서 그 직업을 가진 사람이 사라져도 아무도 알아차리지 못할 지경이다. 이런 일은 대개 공공 부문에서 발생한다.

스페인의 공무원이 6년 동안 스피노자를 공부하느라 일을 하지 않다

스페인의 어느 공무원이 6년 동안 근무 시간에 일을 하지 않고 유대인 철학자인 바뤼흐 스피노자의 글을 연구하여 스피노자 전문가가 되었다고 스페인 언론이 보도했다.

스페인 남부 카디즈의 법원은 1996년부터 카디즈 수도국에서 엔지니어로 일해 온 호아킨 가르시아(69세)에게 무단결근을 이유로 약 3만 달러의 벌금을 선고했다고 뉴스 사이트인 유로뉴스(euronews.com)가 지난주에 보도했다.

가르시아의 부재가 처음 눈에 띈 것은 2010년이었다. 그가 장기근속상 수상자가 되었을 때였다. 부시장 호르헤 블라스 페르난데스는 가르시아가 자리에 없는 것을 발견하고 조사에 착수하여 그가 6년간 사무실에 나타나지 않았다는 사실을 밝혀냈다.

이름을 밝히지 않은 가르시아의 한 지인은 신문《엘 문도(El Mundo)》와의 인터뷰에서 그가 2010년 이전의 여러 해 동안 17세기에 활동한 암스테르담 출신의 이단적 유대인인 스피노자의 글을 연구하는 데 시간을 바쳤다고 말했다.《엘 문도》와 접촉한 한 소식통은 가르시아가 스피노자 전문가가 되는 동안 아예 출근하지 않은 것은 아니며 불규칙적으로 출근했다고 말했다.[2]

—《주이시 타임스(Jewish Times)》, 2016년 2월 26일 자에서

이 이야기는 스페인 언론의 머리기사로 올라갔다. 당시 스페인은 심각한 재정 궁핍과 높은 실업률에 시달리고 있었으므로, 수년 동안 일하지 않으면서 눈에 띄지도 않는 공무원들이 있다는 사실은 분개할 만한 일이었다. 하지만 가르시아의 변명에도 이유가 없지는 않았다. 그는 여러 해 충실하게 도시의 수도 시설을 감독하는 일을 해 왔지만 수도국이 자신의 사회주의적 정치 성향을 싫어해 아무런 임무도 맡기지 않았다고 해명했다. 이에 그는 너무 의기소침해져서 우울증 치료까지 받았다. 마침내 그리고 주치의의 동의를 얻어, 종일 앉아 있으면서 공연히 바쁜 척하기보다 수도국에는 자신이 시의회의 감독을 받고 있다고 둘러대고, 시의회에는 수도국의 감독을 받고 있다고 말하며, 문제가 생기면 점검을 하지만 문제가 없을 때는 그냥 집에서 인생에 쓸모 있는 다른 일을 하기로 결정했다.[3]

공공 부문에서 이와 비슷한 이야기가 간혹 들린다. 유명한 사례 하나는 우체부들이 우편물을 배달하지 않고 그냥 벽장에 처박아 두거나 쓰레기통에 버리는 경우다. 그렇게 해도 엄청난 분량의 편지와 소포가 여러 해 동안 아무에게도 발각되지 않고 그냥 쌓이기만 한다.[4] 일리노이주 페오리아에 있는 국세청 지부에서의 삶을 다루는 데이비드 포스터 월리스의 소설 『창백한 왕(The Pale King)』은 이보다 더 심한 경우를 알려 준다. 책의 결말에서 회계 감사관이 자기 책상에서 죽는데, 의자에 앉은 채로 며칠이 흘러도 아무도 알아차리지 못한다. 순전히 부조리극에나 나올 법한 일화처럼 들리지만 거의 똑같은 사건이 2002년에 핀란드 헬싱키에서 발생했다. 한 회계 감사관이 문 닫힌 자기 사무실에서 일하다 죽었는데, 주위에서 업무를 보던 동료가 서른 명이나 있었는데도 48시간 동안 아무도 그의 죽음을 알아차리지 못했다. "그가 조용히 일하고 싶어 하는 줄 알고 아무도 방해하지 않았어요." 죽은 감사관의 상관이 말했다. 어찌 보면 상당히 사려 깊은 행동이었다.[5]

물론 이런 이야기는 전 세계 정치가들이 민간 부문의 비중을 늘려야 한다고 주장하는 계기가 되기도 한다. 민간 기업에서는 그런 낭비가 발생하지 않는다는 이유를 대면서 말이다. 그런데 페덱스나 UPS의 직원들이 소포를 마당 헛간에 처박아 둔다는 이야기는 아직 듣지 못했지만 민영화도 나름대로 다양한, 대개는 훨씬 더 거친 종류의 광기를 발생시킨다. 쿠르트의 이야기가 그런 예다. 쿠르트가 결국은 독일 군대를 위해 일하고 있었다는 사실에 내포된 아이러니를 지적할 필요도 없다. 독일 군대는 오랫동안 수많은 일로 비난받아 왔지만 비효율적이라고 비난받는 일은 드물었다. 그러나 불쉿 직업 현상의 파도가 높아지면 모든 배가 피해를 입는다. 21세기에는 탱크 사단 하나도 어마어마한 하청, 재하청, 재재하청 등의 계약자들을 거느리게 되었다. 탱크 부대 지휘관은 한 방에서 다른 방으로 집기를 옮기기 위해 복잡하고 생소한 관료적 의식을 치러야 한다. 서류 작업을 하는 사람들이 그런 온갖 일이 얼마나 바보 같은지 남몰래 블로그에 불평 글을 올리는데도 그렇다.

이런 경우들을 조금이라도 고려할 만한 가치가 있다면, 공공 부문과 민간 부문 간의 주요 차이는 무의미한 업무를 발생시키는지 아닌지에 있지 않다. 양 부문이 발생시키곤 하는 무의미한 업무의 종류에 있는 것도 아니다. 주된 차이는 민간 부문의 무의미한 업무가 훨씬 더 꼼꼼하게 감독될 가능성이 높다는 데 있다. 이것도 항상 그렇지는 않다. 앞으로 알게 되겠지만, 은행, 제약 회사, 엔지니어링 회사에서 업무 시간 내내 페이스북 프로필이나 갱신하고 있는 직원들수는 상상보다 훨씬 많다.

그래도 민간 부문에서는 한계가 있다. 만약 쿠르트가 아무 말없이 출근하지 않고 자신이 제일 좋아하는 17세기 유대인 철학자의 사상을 공부하러 간다면, 그는 곧 해고될 것이다. 만약 카디즈 수도국이 민영화되었더라면 호아킨 가르시아는 자기를 싫어하는 상사들에게 업무 책임을 빼앗기더라도 매일 자기 자리에 앉아서 일하는 시늉이나마 했거나, 아니면 다른 직장을 찾아야 했을 것이다.

물론 그런 사태를 개선이라고 볼 수 있는지는 독자들의 판단에 맡긴다.

마피아 행동 대원은
왜 불쉿 직업이 아닐까?

다시 말해 '불쉿 직업'은 그 업무를 일차적으로, 또는 완전히 수행하는 인물이 무의미하고 불필요하고 해롭기까지 하다고 여기는 업무로만 이루어진 직업이다. 그런 직종이 사라진다고 해도 아무런 변화가없는 그런 직업 말이다. 불쉿 직업은 무엇보다 종사자들 스스로 그 직업이 존재하지 말아야 한다고 느끼는 직업이다.

현대 자본주의에서는 그런 직업이 사방에 널려 있는 것 같다. 유고프 여론조사가 밝혀낸 바에 의하면, 영국에서는 풀타임 직업을 가진 사람들 가운데 자신의 직업이 세상에 어떤 식으로든 의미 있는 기여를 한다고 여기는 사람은 50퍼센트에 불과하며, 전혀 그렇지 않다고 여기는 비율이 37퍼센트에 달한다. 네덜란드의 스하우턴 앤넬리선(Schouten & Nelissen)이 실시한 조사에서는 후자의 수치가 40퍼센트까지 상승한다.[6] 생각해 보면 이것은 대단한 통계 수치다. 어쨌든 누구도 무의미하다고 여기지 못할 일들이 일자리 가운데 아주 큰 비중을 차지하고 있다. 간호사, 버스 운전사, 치과의사, 도로 청소부, 농부, 음악 교사, 설비 수리공, 정원사, 소방수, 무대장치 디자이너, 배관공, 기자, 보안 관리자, 음악가, 양복 재단사, 학교 건널목 관리자들 중 "당신 직업이 세상을 조금이라도 의미 있게 하는가?"라는 질문에 아니라고 대답한 사람은 거의 없다고 봐야 한다. 내가 한 조사에 따르면, 상점 점원, 레스토랑 직원, 그밖의 다른 하급 서비스업 직종 근무자들도 본인의 업무가 불쉿 직업이라고 느끼지 않는다. 그들 중 자기 일을 싫어하는 사람은 많다. 하지만 그런 사람들조차 자신이 하는 일이 세상을 어떤 식으로든 의미 있게 달라지게 만든다는 것을 알고 있다.[7]

한 나라 노동 인구 중 37~40퍼센트에 달하는 사람들이 자신의 업무가 어떤 차이도 만들지 못한다고 주장하는데, 또 그만큼 적지 않은 사람들은 그렇지 않다고 추정할 수 있는 것이다. 그렇다면 자신들이 불쉿 직업에 종사한다고 남몰래 믿는 것으로 추정되는 사무직 노동자가 정말 이렇게 믿고 있다고 결론지을 수밖에 없다.

- - - - -

1장에서 가장 하고 싶은 작업은 불쉿 직업에 대한 정의다. 다음 장에서는 불쉿 직업의 주요 형태를 유형별로 전개해 보려 한다. 이는 뒷부분에서 불쉿 직업이 어떻게 발생했고 왜 그토록 만연하게 되었는지, 그것의 심리적, 사회적, 정치적 영향력을 살펴보는 길을 열어 줄 것이다. 나는 불쉿 직업의 영향이 심각하게 해롭다고 확신한다. 우리는 인구 중 대다수가 쓸모없는 직업의 덫에 걸려, 사회에서 가장 쓸모 있는 업무를 보는 사람들과 유급 일자리를 갖지 못한 사람들을 똑같이 원망하고 멸시하는 사회를 만들어 버렸다. 하지만 이 상황을 분석하기 전에 먼저 이에 대한 잠재적 반론을 다루어 볼 필요가 있다.

독자들은 내가 처음 내린 정의에 모호한 점이 있음을 알아차렸을지도 모른다. 나는 불쉿 직업이 그 수행자들이 '무의미하고, 불필요하고, 해롭기까지 하다'고 여기는 업무를 포함한다고 설명했다. 물론 세상에 아무런 중요한 영향을 미치지 못하는 직업과 세상에 해로운 영향을 미치는 직업은 전혀 같지 않다. 누구나 마피아 행동 대원이 전체적으로 보아 세상에 선한 영향보다는 악한 영향을 끼친다는 데 동의할 것이다. 하지만 그런 마피아 행동 대원을 불쉿 직업이라 부를 수 있을까? 여러모로 틀린 것 같다.

소크라테스의 가르침에 따르면, 이런 일이 일어날 때, 그러니까 우리 자신이 내린 정의가 뭔가 직관적으로 틀렸다는 느낌이 올 때는 우리의 진짜 생각이 무엇인지를 모르기 때문이다.(그래서 소크라테스는 철학자의 진정한 역할이 사람들에게 자신이 이미 알고는 있지만 그 알고 있음을 깨닫지 못하는 것들을 말해 주는 것이라고 주장했다. 나 같은 인류학자도 뭔가 비슷한 일을 한다고 말할 수 있다.)

'불쉿 직업'이란 확실히 많은 사람들이 공감할 수 있는 표현이다. 어떤 식으로든 그것은 사람들이 납득할 만한데, 최소한 어떤 암묵적인 직관 수준에서는 마음속에 어떤 기준이 있어서, "저건 너무 불쉿 같은 직업이야."라든가 "나쁘기는 해도 나는 그것이 문자 그대로 불쉿이라고는 하지 않겠어."라는 식으로 판단할 수 있다. 남에게 해를 끼치는 직업을 가진 사람들 중 많은 이들은 그 표현이 자기에게 해당된다고 느낀다. 그런데 다른 사람들은 그렇게 느끼지 않는 게 분명하다. 그 기준이 무엇인지를 신중하게 캐내려면 극단적인 사례를 검토하는 것이 가장 좋다.

마피아 행동 대원이라는 직업은 왜 불쉿 직업이 아니라고 느껴질까?[8]

내 생각에 이런 판단에는 여러 이유가 있다. 그중에서 마피아 행동 대원은(외환 투자자나 브랜드 마케팅 조사원 같은 직업과는 달리) 허위 주장을 할 가능성이 적다. 사실 마피아 대원은 대개 자신을 일개 '비즈니스맨'이라고 주장한다. 하지만 적어도 자신의 실제 직업의 본성을 기꺼이 인정하는 한 그는 자신이 하는 일에 대해 상당히 솔직하게 굴 것이다. 그는 자신이 하는 일이 어떤 식으로든 사회에 유익하다는 핑계를 대지는 않는다. 설사 그 일이 유용한 물건이나 서비스(마약, 매춘)를 공급하는 팀의 성공에 기여한다는 주장까지 나올지라도 말이다. 혹시 그렇게 주장하더라도 그의 핑계는 지극히 얄팍하다.

이로써 우리의 정의를 더 다듬을 수 있다. 불쉿 직업은 단지 쓸모없거나 해로운 데 그치는 직업이 아니다. 전형적으로 거기에는 어느 정도의 핑계와 사기도 포함되어야 한다. 그 직업에 종사하는 이는 실제로 자신의 직업이 존재해야 할 충분한 이유가 있는 척 꾸며 내야 한다는 의무감을 느낀다. 설사 개인적으로는 그런 주장이 터무니없다고 생각하더라도 그렇다. 핑계와 실재 사이에는 일종의 간극이 있다.(이것은 어원적으로도 말이 된다.[9] '불쉿팅(Bullshitting, 허튼소리하기—옮긴이)'은 어쨌든 부정직함의 형태니까.[10]) 그래서 우리는 두 번째 단계로 넘어갈 수 있다.

잠정적 정의 [2] 불쉿 직업이란 너무나 철저하게 무의미하고 불필요하고 해로워서, 그 직업의 종사자조차도 그것이 존재해야 할 정당한 이유를 찾지 못하는 직업 형태다. 설사 그 종사자가 그렇지 않은 척해야 한다는 의무를 느끼더라도 마찬가지다.

물론 행동 대원을 불쉿 직업으로 간주할 수 없는 이유는 하나 더 있다. 행동 대원은 자기 직업이 존재하면 안 된다고 개인적으로 확신하지 않는다. 마피아 대원들은 대개 자신들이 어떤 오래되고 명예로운, 더 큰 사회적 선에 기여하든 아니든 그 자체로 가치를 지니는 전통의 일부분이라고 믿는다. 덧붙이자면 이것이 '봉건적 군주' 역시 불쉿 직업이 아닌 이유이기도 하다. 왕, 백작, 황제, 파샤(옛 터키의 군사령관—옮긴이), 에미르(무슬림 집단의 수장, 중동 지역의 군사령관, 총독—옮긴이), 기사, 자민다르(인도의 대지주—옮긴이), 지주 역시 십중팔구 쓸모없는 사람일 수 있다. 그들이 인간 사회에 해롭다고 주장하는 사람들이 많지만(나도 그런 주장에 동의하는 편이다.) 그들 자신은 그렇게 생각하지 않는다. 그러니 남모르게 속으로 마르크스주의자나 공화주의자인 왕이 있지 않는 한 '왕'은 불쉿 직업이 아니라고 확신을 가지고 말할 수 있다.

이것은 기억해 두어야 할 중요한 논점이다. 세상에 엄청난 해악을 끼치는 사람들은 거의 모두 그런 자각이 없기 때문이다. 심지어 그들 주위에 점점 더 많이 모여드는 아첨꾼이나 줏대 없는 작자들(요즘은 이런 사람들이 '싱크탱크'라 불리기도 한다.)이 자신이 진정으로 좋은 일을 하고 있다는 이유를 찾아 줄 거라고 믿어 버리기도 한다. 이는 단지 금융 투기 전문의 투자은행장에게, 혹은 북한이나 아제르바이잔 공화국 같은 지역의 군벌에게만 해당되는 말이 아니다. 마피아 패밀리는 특이한 사례로, 그런 평계를 거의 대지 않는다. 하지만 결국 그저 똑같은 봉건적 전통의 축소판이며 불법적인 판이다. 그들은 원래 시칠리아의 지역 영주들을 위해 일하는 집행관이었다가 세월이 흐르면서 자체 체계를 갖게 된 조직이다.[11]

　　행동 대원을 불웟 직업으로 간주할 수 없는 마지막 이유는 그것이 애당초 '직업'인지가 분명하지 않기 때문이다. 행동 대원이 이런저런 능력에 따라 지역 범죄 조직 두목에게 고용될 수는 있다. 범죄 조직 두목이 자기 카지노에 일종의 위장용 경비 요원 일자리 따위를 만들 수도 있다. 그럴 경우에는 그 일자리가 불웟 직업이라고 확실하게 말할 수 있다. 하지만 이때 그가 받는 봉급은 행동 대원이라는 능력에 대해서가 아니다.

- - - - -

　　이 요점 덕분에 우리의 정의를 더 다듬을 수 있다. 사람들이 불웟 직업에 대해 이야기할 때는 대체로 시급이든 고정급이든 다른 사람을 위해 일하는 직업을 지칭한다.(유급 컨설턴트 같은 업무도 대개 여기에 포함된다.) 그런데 어떤 이득이나 서비스를 주는 척하며 타인들로부터 돈을 받는 독립 사업자도 많다.(이런 경우를 우리는 대개 약장수, 야바위꾼, 협잡꾼, 사기꾼이라 부른다.) 마찬가지로 뭔가 해로운 일을 실행하거나 위협함으로써 타인들에게서 돈을 받아내는 독립 업자도 있다.(이 경우는 대개 노상강도, 강도, 협박범, 도둑이라 불린다.)

적어도 전자의 경우는 확실하게 불쉿이라고 할 수 있지만, 제대로 된 직업이 아니기 때문에 불쉿 직업이라고는 할 수 없다. 범죄 행위는 행동일 뿐 흔히 말하는 직업이 아니니까. 사기 범죄 역시 행위이지 직업이 아니다. 특급 현금 절도(brink's job, 1950년에 보스턴의 브링크스 빌딩에서 발생한 대규모 현금 절도 사건 — 옮긴이) 역시 마찬가지다. 가끔 직업 강도라는 표현을 쓰기는 하지만, 이것은 도둑질이 강도의 주된 수입원임을 뜻하는 말에 불과하다.[12] 누구도 강도에게 사람들 집을 털어 오라 시키고 정기적으로 봉급이나 임금을 주지 않는다. 그래서 강도는 엄밀하게 말해 직업이라고 할 수 없다.[13]

이런 사항들을 고려하여 최종 작업 정의로 쓸 수 있는 불쉿 직업의 내용을 구성했다.

최종 작업 정의 불쉿 직업이란 유급 고용직으로 그 업무가 너무나 철저하게 무의미하고 불필요하고 해로워서, 그 직업의 종사자조차도 그것이 존재해야 할 정당한 이유를 찾지 못하는 직업 형태다. 그가 고용되려면 그 직업의 존재가 전제 조건인데도 말이다. 종사자는 그런 직업이 아닌 척해야 한다는 의무를 느낀다.

주관적 요소의 중요성

스스로 불쉿 직업에
종사한다고 믿는 이들의 생각은
대체로 옳다

이 정도면 쓸 만한 정의다. 어쨌든 이 책의 목적에는 부합한다.

주의 깊은 독자라면 모호한 점이 하나 있다는 걸 눈치챘을지도 모르겠다. 이 정의는 주로 주관적이다. 나는 불쉿 직업을 그 종사자가 무의미하고 불필요하고 해롭다고 여기는 직업으로 규정했다. 하지만 나는 또한 그 종사자가 옳다고 주장한다.[14] 그의 감정의 밑바닥에 어떤 실재가 있다고 추정하는 것이다. 이 추정은 필요하다. 왜냐하면 그런 기저의 실재가 없다면 어떤 기분파 작업자의 변덕에 따라 하나의 직업이 오늘은 불쉿이었다가 내일은 불쉿이 아닐 수도 있는 상황이 벌어질 테니까. 단순한 시장가치와 다른 사회적 가치가 있기는 하지만 그것을 측정할 적절한 방법을 이제껏 누구도 고안해 내지 못했기 때문에, 우리가 얻을 수 있는 최고의 근사치는 곧 종사자의 시점이다.[15]

왜 그럴 수밖에 없는지는 아주 명백할 때가 많다. 어떤 사무직 노동자가 근무시간의 5분의 4를 고양이 밈(meme, 다른 사람에 대한 모방을 통해 전파되는 문화적 요소, 또는 문화 요소의 단위. 인터넷에 나도는 재미있고 예쁘고 중독성이 있어서 자꾸 찾아보게 되는 그림, 짧은 영상물, 사진 등을 가리킨다. —옮긴이)을 만드는 데 쓴다고 하자. 옆 칸막이에 있는 동료는 그녀가 무슨 일을 하는지 알 수도 있고 모를 수도 있지만 노동자 스스로 무슨 일을 하고 있는지 착각할 일은 결코 없다. 노동자가 조직에 실제로 얼마나 기여하는지와 같은 더 복잡한 문제에서도 그 노동자 본인이 상황을 가장 잘 안다고 보는 것이 타당하다.

나는 이런 입장이 어떤 영역에서는 논쟁거리임을 안다. 사장이나 다른 거물들은 대기업 직원들이 대체로 스스로 회사에 기여하는 바를 충분히 알지 못한다고 주장한다. 전체 상황은 꼭대기에서 내려다봐야만 눈에 들어온다는 것이다. 이 주장이 완전히 틀린 것은 아니다. 낮은 직급의 노동자는 볼 수 없고 전달받지도 못하는 더 큰 맥락이 흔히 있다. 회사가 뭔가 불법적인 일을 할 때 특히 그렇다.[16] 하지만 하급 직원들도 일정 기간 동안, 한두 해 정도 한 조직을 위해 일하다 보면 보통은 내부에 받아들여지고 회사의 비밀을 알게 된다.

사실 예외는 있다. 때로는 노동자가 자신의 노력이 전체 사업에 어떻게 기여하는지를 제대로 알지 못하도록 경영자들이 의도적으로 과제를 분산시켜 버리기도 한다. 은행에서 자주 하는 일이다. 미국 공장에서 제조 라인 노동자들 대다수가 그 공장이 실제로 어떤 제품을 만드는지 모르는 사례를 본 적도 있다. 대개 기업주가 의도적으로 영어를 모르는 외국인들을 고용한 경우였다. 하지만 그런 경우에 노동자들은 자기 업무가 쓸모 있다고 추정하는 경향이 있다. 그저 어떻게 기여하는지 모를 뿐이다.

일반적으로 고용인들은 사무실이나 공장에서 무슨 일이 벌어지는지 또 자신의 업무가 사업에 어떻게 기여하거나 기여하지 않는지를, 적어도 다른 사람들보다 더 잘 알 것이다.[17] 고위층의 경우 이 점이 분명치 않을 때가 있다. 연구하는 동안 자주 접한 주제 하나는 하급 직원들이 "내 상사는 내가 고양이 밈을 그리면서 작업 시간의 5분의 4를 보낸다는 사실을 정말 알고 있을까? 모르는 척하는 건지, 아니면 실제로 모르는지?"를 궁금해한다는 사실이었다. 그리고 지휘 계통에서 지위가 더 높아질수록 사람들이 당신에게 뭔가를 숨길 이유가 더 많아지므로, 이 문제는 갈수록 악화되는 경향이 있다.

특정 종류의 직업(가령 텔레마케팅, 시장조사, 컨설팅 같은 것)이 불쉿 직업인지 묻는 것, 그러니까 그 직업이 어떤 종류든 긍정적인 사회적 가치를 창출하는지 묻는 것은 정말 까다로운 문제다. 내 생각은 오직 그런 업무를 실제로 하는 사람에게 판단을 맡기는 게 제일 좋다는 것뿐이다. 어쨌든 사회적 가치라는 것은 대개 사람들이 가치 있다고 생각하는 것이니 말이다. 달리 누가 이 문제를 판단할 가장 좋은 위치에 있겠는가? 이 경우에 나는 이렇게 말하겠다. 특정한 직업에 종사하는 사람들이 개인적으로 자신의 업무가 아무런 사회적 가치가 없다고 강하게 믿는다면, 우리는 그들의 생각이 옳다는 가정을 밀고 나가야 한다고.[18]

잔소리꾼들은 틀림없이 반론을 제기할 것이다. "어떤 산업체에서 일하는 사람들 대다수가 남몰래 무슨 생각을 하는지를 누가 알수 있는가?" 당연히 알 수 없다. 로비스트나 금융 컨설턴트를 대상으로 여론조사를 하더라도, 그중 얼마나 많은 수가 정직하게 대답할지는 미지수다. 내가 원래 기고문에서 쓸모없는 산업체에 대해 광범위하게 언급했을 때, 로비스트와 금융 컨설턴트들은 대체로 사실 자기 일이 쓸모없다는 걸 알고 있다고 가정했다. 전부는 아니지만, 정말 그들 가운데 많은 수가 자신의 직업이 그냥 사라진다 해도 세상의 가치는 전혀 줄어들지 않을 것임을 알고 괴로워하고 있다.

내가 틀릴 수도 있다. 기업 로비스트나 금융 컨설턴트가 자신의 일이 국가의 건강과 번영에 필수라고 주장하는 사회적 가치 이론을 진심으로 지지하고, 그럼으로써 본인의 업무가 주위 사람들에게 축복이라는 확신을 가지고 편안히 잠들 수도 있다. 잘 모르겠지만, 사실 먹이사슬에서 한 단계만 더 올라가면 이 말이 사실이 될 확률은 더 높아진다. 한 권력자 집단이 세상에 해로움을 더 많이 끼칠수록 줏대 없는 사람과 선동가들이 그들 주위에 더 많이 모여든다. 그러면서 권력자들이 정말 좋은 일을 하고 있다는 이유를 들고 나오는데, 적어도 권력자들 가운데 일부는 그들의 말을 믿을 확률이 더 커진다는 것이 일반적인 진실인 듯싶다.[19] 기업 로비스트와 금융 컨설턴트들은 확실히 세상에 가해지는 해로움(최소한 사람들의 직업적 임무의 일부로서 행해지는 해로움) 중 터무니없이 큰 비율에 대해 책임이 있는 것 같다. 아마 그들은 정말 많이 애써야만 자신이 하는 일을 겨우 믿을 수 있을 것이다.

이 경우 금융이나 로비 활동은 결코 불쉿 직업이 아니다. 그들은 사실 행동 대원에 더 가깝다. 먹이사슬의 맨 꼭대기에서 보면 이 판단은 정말 옳은 것 같다. 예를 들면, 2013년에 쓴 글에서 나는 자신의 직업이 불쉿 직업이라고 생각하지 않는 기업 변호사를 거의 보지 못했다고 썼다. 물론 여기에는 내가 만날 법한 기업 변호사가 어떤 부류인지 반영되어 있다. 과거에는 시인이나 음악가였던 부류 말이다. 하지만 더 중요한 것은 그들이 그다지 고위급은 아니라는 점이다. 내가 받은 인상에 따르면, 정말로 강력한 기업 변호사들은 자기 역할이 완전히 합당하다고 생각하는 것 같다. 아니면 그저 자기 활동이 선이든 악이든 상관하지 않는 걸 수도 있다.

금융의 먹이사슬 맨 꼭대기는 또 사정이 다르다. 2013년 4월, 기묘한 역사적 우연으로 나는 필라델피아 연방준비은행에서 "은행 시스템의 개선(Fixing the Banking System for Good)"을 주제로 개최한 회의에 참석하게 되었다. 거기서 예전 소련에 적용된 "충격요법 (shock therapy)" 개혁을 설계한 것으로 유명한 컬럼비아대학교 경제학자인 제프리 색스가 온라인 생중계 강연을 했다. 그는 신중한 기자들이라면 미국 금융기관의 책임자들에 대한 "비상하게 솔직한" 평가라고 할 만한 견해를 내놓아 모두를 경악시켰다. 색스의 증언은 특히 가치 있다. 왜냐하면 그가 거듭 강조한 것처럼 책임자들 대다수는 그가 자기네 편이라고 생각하여(그렇게 생각할 이유가 없지 않다.) 아주 솔직하게 터놓고 말했기 때문이다.

그러니까 나는 바로 지금 월가에서 이런 사람들을 정기적으로 많이 만납니다. 난 그들을 알아요. 함께 점심을 먹는 사이지요. 단도직입적으로 말하겠습니다. 나는 도덕적 환경이 병들었다고 생각합니다. (이 사람들은) 세금을 낼 책임도 지지 않고, 의뢰인에 대해서도 책임을 지지 않아요. 거래 상대방에 대한 책임도 없습니다. 거칠고 탐욕스러우며 공격적이고, 문자 그대로 완전히 통제 불능인 사람들입니다. 그들은 이 시스템으로 놀랄 만큼 심하게 장난을 쳤어요. 그들은 자신이 할 수 있는 한 많은 돈을, 합법적이든 아니든 갖은 수단을 동원해 손에 넣는 것이 신이 주신 권리라고 진심으로 믿어요.

선거 자금 모금 캠페인을 보면, 마침 나도 다른 목적으로 어제 기부했지만, 금융시장은 현재 미국 시스템에서 선거 자금 기부자 가운데 1등입니다. 우리 정치는 골수까지 썩었습니다. 두 정당 모두 이런 사태에 턱밑까지 빠져 있어요.

하지만 그런 상황을 초래한 원인은 이 정말 놀랄 만한 면책 의식입니다. 바로 지금 개인의 차원에서 느껴져요. 아주, 아주 불건강한 상황이죠. 나는 월가에서 누구든 도덕의 언어로 이야기하는 것을 4년…… 이제 5년 동안 기다려 왔습니다. 그런데 아직 한 번도 보지 못했어요.[20]

바로 이것이다. 색스가 옳다면(솔직히 말해 그보다 더 잘 알 만한 사람이 있을까?) 금융 시스템의 지휘부에 있는 사람들의 경우는 불쉿 직업이 아니다. 자신의 선동가들의 말을 믿어 버리게 된 것도 아니다. 기본적으로 이들은 그저 사기꾼 집단이라고 할 수 있다.

또 중요하게 기억해야 할 구분은 무의미한 직업과 그저 힘든 직업 간의 차이다. 후자를 사람들이 흔히 말하는 대로 '쉿 직업(shit jobs)'이라고 부르기로 한다. 이 문제를 거론하는 유일한 이유는 두 가지가 혼동될 때가 너무 많기 때문이다. 둘이 전혀 닮지 않은 걸 생각하면 이상한 일이다. 사실 둘은 거의 정반대다. 불쉿 직업은 흔히 보수가 상당히 높고, 작업 여건도 아주 훌륭한 편이다. 그저 일 자체가 무의미하다. 쉿 직업은 대개 전혀 그렇지 않다. 쉿 직업의 전형적인 형태 중에는 꼭 수행되어야 하고 명백히 사회에 유익한 작업이 포함된다. 단지 그 일을 하는 노동자들이 받는 보수와 처우가 나쁠

뿐이다.

물론 일부 업무는 원천적으로 불쾌하지만 다른 방식으로 종사자를 만족시키는 측면이 있다.(서커스가 끝난 뒤 코끼리 배설물을 치우는 사람에 대한 오래된 농담이 있다. 그는 무슨 수를 써도 몸에서 그 냄새를 씻어내지 못한다. 옷을 갈아입고 머리를 감고 끝없이 몸을 문지르지만, 그래도 냄새가 빠지지 않아 여자들이 곁에 오지 않으려 한다. 오랜 친구가 그에게 물었다. "자네는 왜 이런 일을 자초하나? 자네가 할 수 있는 다른 일도 많이 있는데." 그가 대답했다. "뭐라고? 그렇게 하면 쇼비즈니스를 그만둬야 하잖아!") 이런 직업은 일의 내용이 무엇이든 간에 쉿 직업도 아니고 불쉿 직업도 아닐 수 있다. 일상적인 청소 같은 다른 일은 원래 어떤 의미로도 천하지 않지만 쉽게 천한 직업으로 취급될 수 있다.

일례로 현재 내가 재직하는 대학교의 청소부들이 받는 처우는 아주 나쁘다. 요즘 거의 모든 대학교에서 그렇듯이, 그들의 작업은 외부 용역으로 이루어진다. 그들은 학교에 직접 고용되는 것이 아니라 누넌이라는 용역 회사에 고용되며, 그 회사의 이름이 자주색 제복에 박혀 있다. 봉급은 적고, 위험한 화학약품을 써서 일해야 하므로 손을 다칠 일이 많으며, 회복하려면 휴가를 받아야 하는데, 그런 병가 중에는 급료가 나오지 않는다. 사람들은 보통 그들을 멸시하고 제멋대로 대한다. 청소부가 이런 가혹한 대접을 받아야 할 이유는 없다. 하지만 최소한 그들은 건물 청소가 꼭 필요한 일이고 그러므로 자신이 없으면 학교 업무가 진행될 수 없다는 것에 자부심을 느낀다.[21] 사실 나는 그들이 그런 사실을 알아서 자랑스럽다.

쉿 직업은 블루칼라 직종에 속하는 편이며, 시급으로 보수가 계산된다. 불쉿 직업은 대개 화이트칼라 직종이고 정해진 봉급을 받는다. 쉿 직업 종사자들은 무례함의 대상이 되곤 한다. 그들은 힘들게 일해야 할 뿐 아니라 바로 그 이유 때문에 과소평가된다. 그러나 적어도 그들은 자신이 유용한 일을 하고 있음을 안다. 불쉿 직업 종사자들은 명예와 특권으로 둘러싸여 있고, 전문직으로 존경받고 높은 봉급을 받으며, 성공한 사람 대접을 받는다. 그러니까 자신이 하는 일을 자랑스러워할 수 있는 부류의 사람이다. 그런데도 그들은 내심으로는 자신이 이룬 것이 아무것도 없다는 걸 알고 있다. 그들은 자기 인생을 채워 주는 소비적 장난감들을 누릴 만큼 성취한 것이 없다고 느낀다. 그들은 모든 것이 거짓에 기초하고 있다고 느낀다. 그리고 실제로도 그렇다.

이는 매우 상이한 억압의 두 형태다. 나는 결코 그 둘을 동일시하고 싶지 않다. 내가 알기로는 무의미한 중간 관리자 자리를 도랑 치기 직업과 바꿀 사람은 거의 없다. 도랑 치기가 꼭 필요한 작업인 줄 알면서도 말이다. (그래도 나는 관리자 직업을 버리고 청소부가 된 사람을 몇 알고 있는데, 그들은 이직한 걸 아주 기뻐한다.) 그렇기는 해도 두 가지는 각자 나름대로 억압적이다.[22]

또 힘들면서도 무의미한 직업이 이론적으로 있을 수 있다. 상상할 수 있는 최악의 직업을 들어 보라고 할 때 위의 두 가지가 복합된 직업을 들면 정답일 것이다. 시베리아의 수용소에서 복역하는 동안 도스토옙스키는 인간이 생각해 낼 수 있는 최악의 고문은 누가 봐도 무의미한 과업을 무한정 하라고 강요하는 것이라는 이론을 전개했다. 도스토옙스키의 주장에 따르면, 시베리아에 유배된 유형수들은 이론적으로는 '중노동'을 하라는 선고를 받지만 일 자체는 사실 그리 힘들지 않았다. 농민들이 하는 일이 대개 훨씬 더 힘들다. 하지만 농민은 최소한 부분적으로는 자신을 위해 일한다. 수용소 노동의 진정으로 힘든 점은 노동자가 그로부터 아무것도 얻지 못한다는 사실에 있다.

인간을 아무것도 아닌 존재로 위축시키고 싶다면, 악랄한 벌을 주고 가장 지독한 살인자도 벌벌 떨고 겁에 질릴 지경으로 짓밟고 싶다면, 부조리할 정도로 완전히 쓸모없는 일을 시키면 된다는 생각이 들었다. 현재 행해지는 중노동은 유형수에게는 아무 관심사가 되지 못하지만 쓸모는 있다. 유형수는 벽돌을 만들고 땅을 파고 건물을 짓는다. 그가 하는 모든 일에는 의미와 목표가 있다. 가끔 죄수는 자신이 하는 일에 흥미를 갖기도 한다. 그럴 때 그는 더 솜씨 있고 더 과감하게 일하고 싶어 한다. 하지만 죄수에게 한 양동이에서 다른 양동이로 물을 붓게 하고, 한곳에서 다른 곳으로 모래를 퍼내고, 흙을 파서 옮긴 다음 즉각 다시 원래 자리로 옮기라고 한다면, 며칠 지나지 않아 목을 매달거나 중범죄를 1000개는 저지를 것이라고 장담한다. 그런 굴욕과 수치와 고문을 견디기보다는 죽는 편이 낫다고 생각할 테니까.[23]

불쉿 직업은 주로
공공 부문에만 있을까?

지금까지 우리는 직업의 세 가지 큰 범주를 설정했다. 쓸모 있는 직업(쉿 직업이든 아니든), 불쉿 직업, 그리고 소소하지만 흉악한 잡다한 직업들이다.[24] 갱, 악덕 집주인, 일류 기업 변호사, 헤지펀드 투자자 같은, 기본적으로 이기적이고 나쁜 자들인 데다 다른 직업인 척 위장도 하지 않는 사람들의 직업 말이다. 이 각각의 범주에서도 나는 자기 직업이 이 셋 중 어디에 속하는지는 그 직업 종사자들이 제일 잘 안다고 믿어야 옳다고 생각한다.

그다음 유형론에 들어가기 전에, 흔한 잘못된 개념 규정을 바로잡고 싶다. 불쉿 직업이라는 개념을 들어 본 적이 없는 사람에게 말하면, 그 사람은 당신이 쉿 직업을 이야기하고 있다고 짐작할지도 모른다. 하지만 당신이 그 차이를 분명히 구분해 주면 십중팔구 그는 불쉿 직업을 두 가지 흔한 전형 중 하나로 분류할 것이다. 정부 관료들 같은 직업이거나, 더글러스 애덤스의 『은하수를 여행하는 히치하이커를 위한 안내서(The Hitchhiker's Guide to the Galaxy)』의 팬이라면, 미용사 같은 직업이라고 말이다.

정부 관료 쪽을 먼저 처리하자. 그쪽이 이야기하기 더 쉬우니까. 세상에는 쓸모없는 관리가 얼마든지 있다는 것을 부정할 사람이 있는지 모르겠다. 그래도 내게 중요한 것은 요즘은 공공 부문만이 아니라 민간 부문에서도 쓸모없는 관료를 충분히 많이 볼 수 있다는 사실이다. 은행이나 핸드폰 매장에서 양복 입은 남자가 알아들을 수도 없는 규칙과 규제를 읽어 대는 짜증스러운 상황은 여권국이나 지역구 위원회(Zoning Board)에서만큼이나 흔하다. 더욱이 공공 부문과 민간 부문의 관료제는 갈수록 너무나 심하게 뒤엉켜 버려서 그 둘을 구분하기 매우 힘들 때가 많다. 이 장을 독일 군대와 계약한 민간 기업에서 일하는 남자의 이야기로 시작한 이유이기도 하다. 이 이야기는 불쉿 직업이 대부분 정부 관료제에서만 나타난다는 짐작이 얼마나 틀렸는지를 조명해 줄 뿐 아니라 '시장 개혁' 역시 거의 언제나 관료제를 줄이기보다는 어떻게 더 확대하는지를 보여 준다.[25] 이전 저서인 『관료제 유토피아(The Utopia of Rules)』(2015)에서 지적했듯이, 당신의 거래 은행이 보여 주는 관료제적 행태에 대해 불평하면, 은행 직원들은 십중팔구 그것이 모두 정부의 규제 때문이라고 말할 것이다. 하지만 그런 규제가 실제로 어디에서 발생하는지 조사해 보면 대개 은행 자체의 지시임을 알게 된다.

그럼에도 불구하고 민간 부문은 근검절약하는 데 비해 정부는 과잉 고용 요구와 필요 이상의 행정 관료적 계층제 때문에 가분수가 되어 있다는 추측은 이제 사람들 머릿속에 너무나 확고하게 박혀 버렸다. 아무리 증거를 들이대도 떨쳐 내지 못하는 것 같다.

이 오해 가운데 일부는 의심의 여지 없이 소련 같은 나라들이 남긴 기억 탓이다. 이들 나라는 완전고용 정책을 폈기 때문에, 필요하든 그렇지 않든 모든 사람을 고용할 직업을 만들어 내야 했다. 소련에서 식빵 한 덩이를 사려면 점원 셋을 거쳐야 하고, 도로 작업단 인부의 3분의 2가 술을 마시거나 카드 놀이를 하거나 졸고 있던 건 이런 까닭이다. 이런 일은 자본주의 체제하에서는 절대로 일어나지 않을 일로 묘사되었다. 다른 민간 기업과 경쟁하는 민간 기업에서 실제로 필요하지 않은 사람을 고용하는 일은 절대 없을 테니 말이다. 어쨌든 자본주의는 지나치게 효율적이라는 불평이 일상적으로 제기되었으니까. 민간 기업에서 고용인들은 언제나 속도를 내야 하고 할당과 감독 체제로 끝없이 내몰리기 때문이다.

분명히 말해, 현실이 후자에 가까울 때가 많다는 사실을 부정할 생각은 없다. 사실 1980년대에 기업 통폐합과 합병 광풍이 불어닥친 이후 기업들에 구조 조정을 하고 효율성을 높이며 불필요한 인력을 해고하라는 압박이 배가되었다. 하지만 이 압박은 거의 전적으로 먹이 피라미드의 밑바닥을 받치면서 실제로 물건을 만들고 유지하고 보수하고 운송하는 사람들에게 가해졌다. 가령 매일 노동을 하면서 유니폼을 입어야 하는 사람은 십중팔구 압박을 심하게 받는 사람일 것이다.[26] 페덱스나 UPS의 배달 노동자들은 '과학적' 효율성에 의거하여 설계된 등골이 휠 정도로 힘든 작업 스케줄을 따라야 한다.

그러나 같은 기업 상층부의 사정은 다르다. 원한다면 이 현상을 경영에서의 효율성 숭배 문화가 갖는 핵심적 약점, 그 아킬레스건까지 소급하여 추적할 수 있다. 경영자들이 가장 효율적인 시간과 에너지로 인적 노동력을 활용하는 방법에 대한 과학적 연구를 들고 나왔을 때, 그들은 같은 기술을 스스로에게는 절대 적용하지 않았다. 설사 적용했더라도 결과는 그들의 의도와 정반대로 나타났다. 그 결과 블루칼라 부문에서 작업 속도 증가(speed-up)와 구조 조정(downsizing)이 가장 가차 없이 적용되던 기간에 거의 모든 대기업에서 무의미한 경영진과 관리자 일자리가 급속히 증가하는 현상이 발생했다. 마치 공장 바닥에서는 끝없이 살을 깎아 내면서, 그로 인해 쌓이는 저축액을 위쪽 사무실의 불필요한 노동력을 확보하는 데 쓰는 것 같았다.(앞으로 보겠지만 일부 회사에서는 이 말이 문자 그대로 실현되었다.) 최종적으로 보자면, 사회주의 체제가 수백만 개의 허깨비 프롤레타리아 일자리를 만들어 낸 것과 똑같이 자본주의 체제는 수백만 개의 허깨비 화이트칼라 직업을 만들어 냈다.

이 책 후반부에서는 이런 상황이 어떻게 벌어졌는지를 자세히 검토하려 한다. 지금은 그저 우리가 서술할 거의 모든 역학이 공공 부문과 민간 부문에서 균등하게 발생하고 있으며, 오늘날 두 부문을 구분하기가 거의 불가능하다는 것을 생각하면 이 사실이 전혀 놀랍지 않음을 강조하는 데 그치기로 하자.

미용사를 불쉿 직업이라
여기는 것은 왜 부적절한가?

불쉿 직업을 이야기하려 할 때 흔히 나오는 반응 하나는 정부를 비난하는 것이고, 또 하나는 이상하게도 그것이 여성 탓이라는 주장이다. 정부 관료에 대해서만 이야기한다는 생각을 잠시 접어 둔다면, 많은 사람들은 당신이 언급하는 대상이 무엇보다 (전형적으로 여성들의 직종이라 여겨지는) 비서, 안내원, 다양한 행정 직원들이라고 생각할 것이다. 그런 여러 행정 직종들이 여기서 다루는 불쉿 직업임은 분명하지만, 그런 불쉿 직업의 종사자가 주로 여성이라는 주장은 성차별적일 뿐만 아니라, 대부분의 사무실 업무가 어떻게 이루어지는지에 대한 심각한 무지를 보여 준다. 어떤 사무실에서든 실제로 일하는 사람은 부사장이나 '전략적 네트워크 매니저'(남성)의 행정 보조(여성)뿐이며, 그녀의 사장은 사무실에서 워크래프트 게임이나 하면서 빈둥댈 확률이 높은데, 십중팔구 실제로도 그렇게 하고 있을 것이다.

나는 다음 장에서 '제복 입은 하인(flunkies)'의 역할을 검토할 때 이 역학으로 돌아올 예정이다. 여기서는 그저 이 측면에 관한 통계적 증거가 우리에게 있다는 걸 강조할 뿐이다. 애석하게도 유고프가 결과를 직종별로 분석하지는 않았지만 성별에 따른 분석은 진행했는데, 그에 따르면 남성이 자기들 직업이 무의미하다고 느끼는 비율(42퍼센트)이 여성(32퍼센트)에 비해 훨씬 더 높았다. 다시 한번 그들의 느낌이 옳다고 보는 것이 합리적일 것이다.[27]

마지막으로 미용사의 문제를 보자. 안타깝게도 여기서는 더글러스 애덤스가 답해야 할 것이 많다. 우리 사회에서 수행되는 노동의 많은 부분이 불필요하다고 주장할 때마다 남자들이(항상 남자들이 문제다.) 튀어나와 이렇게 말한다. "아, 그래그래, 미용사 같은 직업 말이지?" 그런 다음 그들은 대개 더글러스 애덤스의 SF 소설 『우주의 끝에 있는 레스토랑(The Restaurant at the End of the Universe)』(『은하수를 여행하는 히치하이커를 위한 안내서』 시리즈의 2권 — 옮긴이)을 참조한 것이라는 점을 분명히 한다. 이 소설에서 골가프린참이라는 행성의 거주민(혹은 그 행성의 지도자)들은 자기들 행성이 곧 파괴될 거라고 거짓으로 주장하면서, 가장 쓸모없는 주민부터 제거하기로 결정한다. 그들은 A, B, C라는 세 척의 배로 구성된 '방주 함대'를 띄우고, 첫 배에는 인구의 3분의 1을 차지하는 창조적 주민들을 태우고 세 번째 배에는 블루칼라 노동자들, 그리고 두 번째 배에는 쓸모없는 나머지 주민들을 태우기로 결정한다. 모두 가사 상태로 승선하여 신세계로 보내지게 되어 있다. 그런데 실제로 건조된 배는 B호뿐이며, 그 배는 태양과 충돌하는 궤도를 따라 항해한다. 소설의 주인공들은 우연히 B호 배에 타게 되어, 수백만 개의 우주 석관과 처음에는 죽은 줄로 알았던 쓸모없는 나머지 주민들로 가득 찬 배를 탐험한다. 소설에는 이런 부분이 나온다.

> "'골가프린참 방주 함대 B호, 제7실, 2급 전화기 소독사'라는 글자와 일 련번호가 있다."
>
> "전화기 소독사? 죽은 전화기 소독사인가?" 아서가 말한다.
>
> "최고 등급이네."
>
> "하지만 여기서 그가 뭘 해?"
>
> 포드는 안쪽에 있는 형체를 위에서 들여다보았다.
>
> "별로 뭘 하는 것 같지는 않아." 그는 이렇게 말하고는 갑자기 미소를 지었는데, 그 미소를 본 사람들은 언제나 그가 요즘 일하느라 무리했 으니 좀 쉬어야 한다는 생각을 하게 되었다.
>
> 포드는 다른 석관 쪽으로 허둥지둥 걸어갔다. 타월로 잠시 석관을 닦 더니 말했다.
>
> "이쪽은 죽은 미용사네. 우와!"
>
> 그다음 석관은 광고 회사 사장의 마지막 안식처였다. 그다음 석관에는 3급 중고차 영업 사원이 있었다.[28]

불쉿 직업을 처음 들은 사람에게 이 이야기가 왜 적절한 것으로 보이는지는 분명하지만, 사실 위에서 거론된 직업 목록은 상당히 이 상하다. 일단 전문적인 전화기 소독사란 실제로 존재하지 않는 직업 이다.[29] 광고 회사 사장과 중고차 영업 사원은 실제로 존재하며 어떤 이유로든 사회에서 없어지는 편이 더 나을 직업인데, 애덤스의 애독 자들이 이 소설을 떠올릴 때 항상 기억하는 것은 미용사다.

여기서 솔직하게 말하겠다. 더글러스 애덤스를 헐뜯고 싶은 생각은 없다. 사실 나는 유머로 꽉 찬 1970년대 영국 공상과학 소설의 온갖 표현들을 좋아한다. 그럼에도 불구하고 나는 바로 이 SF 소설이 놀랄 만큼 잘난 척한다고 느낀다. 무엇보다 위의 목록은 쓸모없는 직업의 목록이 아니다. 그것은 애덤스처럼 1970년대 런던의 부자 동네 이즐링턴에 살던 중산층 보헤미안들이 약간 꺼려할 만한 사람들 목록이다. 이것이 그들이 죽어야 할 이유가 되는가?[30] 내가 꿈꾸는 것은 어떤 직업의 종사자가 아니라 그 직업을 없애는 것이다. 그런데 애덤스는 그 종사자들을 절멸시킬 근거를 대기 위해 자기 생각에 쓸모없을 뿐만 아니라 자신들이 하는 일을 받아들이고 동일시할 것으로 예상되는 사람들을 의도적으로 고른 듯하다.

- - - - -

다른 이야기로 넘어가기 전에 미용사의 지위에 대해 생각해 보자. 미용사는 왜 불쉿 직업이 아닐까? 가장 명백한 이유는 거의 모든 미용사가 자기 직업이 쓸모없다고 믿지 않기 때문이다. 머리를 자르고 헤어스타일을 만들어 주는 일은 세상에 현저한 차이를 만들어 낸다. 그것이 불필요한 허영이라는 생각은 순전한 주관이다. 머리 손질이 지닌 고유한 가치에 대해 누구의 판단이 옳다고 어찌 말할까?

문화적 불가사의와 같은 위치에 오른 『은하수를 여행하는 히치하이커를 위한 안내서』 초판은 1979년에 출간되었다. 그해 뉴욕에 살던 10대였던 나는 아스토 플레이스(Astor Place)에 있는 이발소에서 펑크 로커들이 자주색 모호크 스타일로 머리를 다듬는 광경을 사람들이 이발소 밖에 모여 구경하던 일을 기억한다. 애덤스는 모호크 족 헤어스타일을 만들어 주는 사람들 역시 사라져야 한다고 주장하려는가? 아니면 그가 인정하지 못하는 취향을 가진 미용사들만 사라져야 한다는 것일까? 노동계급 공동체에서는 미용실이 동네 사랑방 역할을 할 때가 많다. 다들 아는 대로, 특정 연령대의 특정 배경을 지닌 여성들이 미용실에서 여가 시간을 보내며, 그런 미용실은 지역 소식과 가십을 나누는 장소가 된다.[31] 그런데 미용사를 쓸모없는 직업의 가장 좋은 예로 지목하는 사람들은 내심 바로 이런 점을 문제 삼았으리라는 판단을 피할 수 없다. 그들은 아마 중년 여자들이 게 으르게 헤어드라이어 아래에서 수다를 떨면서, 사람들의 외모를 두고 (그들의 주장에 따르면) 너무 뚱뚱하다거나 너무 늙었다거나 너무 노동자 계층 같다거나 하는 사소한 이유로, 어떻게 머리 손질을 해도 절대로 매력적이지 못할 거라고 떠들어 대는 모습을 상상했을 것이다. 이런 상상은 기본적으로 단순히 속물근성의 발동이고, 당연히 성차별주의가 그 속에 섞여 있기 마련이다.

논리적으로 볼 때, 이런 근거로 미용사를 반대하는 것은 자신이 볼링이나 백파이프를 좋아하지 않기 때문에 볼링장 운영이나 백파이프 연주가 불쉿 직업이라고 말하며, 그런 일을 하는 사람들을 싫어하는 것과 똑같이 어처구니없다.

자, 내가 불공정하다고 생각하는 사람들이 있을 수도 있다. 그들은 이렇게 말할 것이다. 더글러스 애덤스가 언급하는 대상이 실은 빈곤층이 아니라 부자들을 위한 미용사였을지 어떻게 아느냐고. 금융 재벌이나 영화사 사장 딸들을 최신 유행을 걸친 괴상한 모습으로 만들어 주고는 비정상적인 요금을 매기는 최고로 사치스러운 미용사들은 어떤가? 그들이 자기 직업이 무가치하고 해롭기까지 하다는 의심을 남몰래 품고 있지는 않을까? 그렇다면 그것은 그들의 직업이 불쉿 직업이라는 증거가 아닐까?

이 가능성을 따져 보자. 커트 X는 15달러짜리, 커트 Y는 150달러짜리, 커트 Z는 1500달러짜리라고 분류할 수 있는 객관적 품질의 척도는 분명히 없다. 후자의 경우, 고객이 지불하여 얻으려는 것은 거의 모든 경우 그저 자신이 커트 한 번에 1500달러를 냈다거나, 킴 카다시안(방송인이자 패션 디자이너, 사업가로 활동하는 미국의 유명 인사—옮긴이)이나 톰 크루즈가 다니는 미용실에서 머리 손질을 했다고 말할 수 있는 능력뿐이다. 이는 낭비와 사치의 노골적인 과시다. 자, 낭비적 사치와 불쉿 사이에 깊은 구조적 유사성이 있다는 주장은 분명히 가능하다. 소스타인 베블런부터 지크문트 프로이트, 조르주 바타유 같은 사회철학자들이 부의 피라미드 정점에서는 극도의 사치와 완전한 쓰레기가 거의 구별되지 않는다고 지적한 바 있다. 트럼프 타워의 금박 입힌 엘리베이터를 생각해 보라.(꿈에서 똥이 흔히 금을 상징하는, 혹은 금이 똥을 상징하는 데는 이유가 있다.)

게다가 문학에는 이 주제를 다루는 긴 전통, 에밀 졸라의 『여인들의 행복 백화점(Au Bonheur des Dames)』(1883)에서 시작하여 수많은 영국 희극에 흐르고 있는 전통이 있다. 그 전통은 소매 양판점의 상인과 영업 사원이 고객에게, 그리고 자신이 판매하는 상품에 대해 느끼는 깊은 경멸과 혐오감을 찬양한다. 소매점 직원이 자신이 고객에게 아무 가치 없는 것을 제공한다고 진심으로 믿는다면, 그 소매점 직원이 불쉿 직업을 가졌다고 말할 수 있을까? 기술적으로 말하자면, 우리 작업 정의에 따른다면 그 대답은 긍정이어야 할 것이다. 하지만 적어도 내가 조사한 바에 따르면 이렇게 느끼는 소매점 직원은 실제로는 극히 드물었다. 값비싼 향수를 만드는 조향사들은 자기 제품의 가격이 너무 비싸게 매겨져 있고 그걸 사는 고객이 멍청한 바보라고 생각할지 모르지만, 그렇다고 향수 산업 자체가 사라져야 한다고 생각하는 조향사는 거의 없다.

내 조사에 따르면, 서비스업 내에서는 이에 대한 예외가 셋 있다. IT 서비스 공급자, 텔레마케터, 성노동자다. 첫째 범주의 많은 수, 그리고 둘째 범주의 대다수는 자기들이 기본적으로 사기에 관련되어 있다고 확신했다. 마지막 범주는 좀 더 복잡하며, 불쉿 직업의 엄밀한 한계를 넘어서서 보다 해로운 영역에 가까워지지만 그래도 주의할 필요는 있다고 생각한다. 봉춤 댄서나 플레이보이 클럽의 바니걸, '슈거 대디(Sugar Daddy, 젊은 여자와 만나는 나이 많은 남자를 가리키는 은어―옮긴이)' 웹사이트 이용자, 그리고 이와 유사한 경험이 있는 많은 여성들이 직접 나를 만나거나 편지로 자신의 일에 대해 이야기하고, 이 책에서 이런 일을 다루어야 한다고 제안한 것이다. 가장 설득력이 강한 주장은 이그조틱 댄서(일종의 나체 공연을 보여 주는 스트리퍼―옮긴이)를 하다 지금은 교수로 있는 사람의 사례인데, 그녀는 거의 모든 성노동을 불쉿 직업으로 간주해야 한다고 주장했다. 왜냐하면 성노동을 원하는 실제 고객의 수요가 있는 것은 그녀도 인정하지만, 여성 인구의 절대다수에게 재능이나 성취와 상관없이 나이가 더 들었을 때보다 열여덟 살에서 스물다섯 살 사이에 상자 위에서 춤출 때 더 비싼 값이 매겨질 것이라고 말하는 사회에는 뭔가 끔찍하게, 지독하게 잘못된 점이 있기 때문이다. 한 여성이 세계적으로 인정받는 학자로서 가르치는 것보다 스트립쇼로 다섯 배는 더 많이 벌 수 있다면, 단순히 그 이유만으로도 스트리퍼가 불 쉿 직업으로 간주될 수 있지 않을까?[32]

이 주장이 가진 위력을 부정하기는 힘들다.(성산업에서 서비스 제공자와 구매자 간의 상호 경멸이 최고급 매춘 업소에서 얻을 수 있는 쾌락보다 훨씬 더 큰 경우가 많다는 점도 지적할 수 있다.) 내 가 여기서 제기할 수 있는 유일한 반대는 그녀의 주장이 충분치 않 을 수도 있다는 것이다. 아마도 이 상황은 스트리퍼가 불쉿 직업일 뿐만 아니라 우리가 불쉿 사회에 살고 있음을 보여 준다는 말이다.[33]

부분적 불쉿 직업,
대부분이 불쉿인 직업,
순수하고 완전한 불쉿 직업의
차이는 무엇일까?

마지막으로 피할 수 없는 질문 하나를 아주 간단히 던져야겠다. 부분적으로만 불쉿인 직업에 대해서는 어떻게 생각하는가?

이 질문은 대답하기 쉽지 않다. 적어도 무의미하거나 어이없는 점이 전혀 없는 직업은 세상에 거의 없으니까. 어느 정도는 복잡한 조직이 작동하는 데 따르는 불가피한 파생 효과일 뿐이다. 그렇기는 해도 문제가 있고 그 문제가 점점 더 악화되고 있다는 것은 명백하다. 내가 아는 한 같은 직업을 30년 이상 유지하면서 그 기간 동안 불쉿 요소가 늘었다고 느끼지 않는 사람은 거의 없었다. 내가 교수로 있던 기간에도 이 점은 확실했다. 고등교육기관의 교수들이 행정 서류 작업을 하는 데 쓰는 시간이 갈수록 늘어난다. 정말 이 문제를 자료화해 둘 수도 있다. 우리 교수들 모두가 요청받는(그리고 예전에는 한 번도 요청받은 적 없는) 무의미한 업무 가운데 하나는 매주 행정 업무에 얼마나 시간을 쓰는지 정확하게 기록하라는 시간 할당 조사서 작성이다. 이런 일들은 모두 이 추세가 점점 더 고조되고 있음을 시사한다. 《슬레이트(Slate)》 프랑스어판이 2013년에 지적했듯이, "경제의 불쉿화는 이제 막 시작되었을 뿐이다.(la bullshitisation de l'économie n'en est qu'à ses débuts.)"[34]

불쉿화가 아무리 멈추지 않고 진행된다 하더라도, 그 과정은 매우 기복이 심하다. 그것은 노동계급보다 중산계급의 고용에 더 큰 영향을 미쳤는데, 거기에는 명백한 이유들이 있다. 또 노동계급 내에서도 전형적인 여성 노동인 돌봄 노동(caregiving work)이 불쉿화의 주된 표적이 되어 왔다. 예를 들면 많은 간호사들이 근무시간의 80퍼센트가 서류 작업, 회의 같은 업무에 소모된다고 불평하곤 했다. 그에 비하면 트럭 운전수와 벽돌공은 아직은 대체로 별 영향을 받지 않은 상태다. 이 영역에 관한 통계 자료가 있다. 표 1은 「2016~2017년 기업 노동 상태 보고서(2016~2017 State of Enterprise Work Report)」에서 발췌한 내용이다.

이 조사에 따르면, 미국 사무직 노동자들이 실제 임무에 할애한다고 주장하는 시간의 양은 2015년에서 2016년까지 한 해 동안 46퍼센트에서 39퍼센트로 줄어들었다. 이메일 처리(12퍼센트에서 16퍼센트로 증가)와 '소모적' 회의(8퍼센트에서 10퍼센트로 증가), 행정 업무(9퍼센트에서 11퍼센트로 증가)에 할애되는 시간이 늘어난 탓이었다. 이 정도로 급격한 수치 변화는 부분적으로는 임의적인 통계적 잡음의 결과이기도 하지만(어쨌든 그런 추세가 정말로 계속된다면 10년도 지나지 않아 미국의 사무직 노동자들은 진짜 일을 거의 하지 않게 될 것이다.) 적어도 이 조사는 첫째, 미국 사무실 노동시간의 절반 이상이 불쉿 업무에 소모되고 있으며, 둘째, 문제가 급

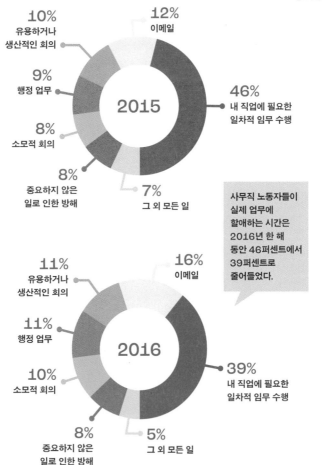

[표 1]

10%
유용하거나
생산적인 회의

12%
이메일

9%
행정 업무

2015

46%
내 직업에 필요한
일차적 임무 수행

8%
소모적 회의

8%
중요하지 않은
일로 인한 방해

7%
그 외 모든 일

사무직 노동자들이
실제 업무에
할애하는 시간은
2016년 한 해
동안 46퍼센트에서
39퍼센트로
줄어들었다.

11%
유용하거나
생산적인 회의

16%
이메일

11%
행정 업무

2016

10%
소모적 회의

39%
내 직업에 필요한
일차적 임무 수행

8%
중요하지 않은
일로 인한 방해

5%
그 외 모든 일

속도로 심각해지고 있음을 명백히 보여 준다.

그 결과 부분적 불쉿 직업과 대부분이 불쉿인 직업, 그리고 순수하고 완전한 불쉿 직업이 있다는 이야기를 확실히 할 수 있다. 어쩌다 보니 이 책은 둘째와 셋째의 경우를 다루고 있다.(더 정확하게 말하자면, 전적이거나 압도적인 불쉿 직업이 이 책의 대상이다. 불쉿 정도가 절반에 그치는 직업은 다루지 않는다.)

나는 경제의 불쉿화가 심각하게 중요한 사회적 이슈임을 어떤 의미로도 부정하지 않는다. 위에서 든 수치만 고려해도 좋다. 37퍼센트에서 40퍼센트의 직업이 완전히 무의미하며, 무의미하지 않은 사무실 업무 가운데 적어도 50퍼센트가 똑같이 무의미하다면, 우리 사회에서 행해지는 노동의 적어도 절반은 사라져도 별 상관이 없다는 결론을 내릴 수 있다. 그 수치는 실제로 더 높을 것이 틀림없다. 위의 결론에서는 이차적 불쉿 직업, 즉 불쉿 직업 종사자들을 지원하기 위해 진짜 일을 하는 업종은 고려하지도 않았으니 말이다.(이 유형은 2장에서 다루려고 한다.) 우리는 이미 어렵지 않게 여가를 누리는 사회를 만들 수 있고, 주 20시간 노동을 제도화할 수 있다. 주 15시간 노동도 가능하다. 그런데도 그렇게 하지 않고 사람들이 거의 모든 시간을 직장에서 보내도록, 하든 말든 세상에는 아무 영향도 없다고 느끼는 그런 일을 하도록 만드는 사회에 살고 있는 것이다.

이 책의 남은 부분에서 우리가 어쩌다 이 걱정스러운 상황에 처하게 되었는지 따져 보려고 한다.

2

불쉿 직업의 종류

내 조사에 따르면 불쉿 직업의 기본 유형은 다섯 가지다. 이 장에서 각각의 유형과 그 기본적인 특징의 윤곽을 그려 보려고 한다. 우선 이 조사에 대해 좀 설명하자면, 두 개의 큰 자료군을 활용하고 있다. 2013년에 쓴 「불쉿 직업이라는 현상에 관하여」가 일으킨 여파로 여러 나라의 수많은 신문들이 내 글을 논설 기사로 다루었고, 수많은 블로그에도 재수록되었다. 그 결과 수많은 참여자들이 각자 부분적으로 터무니없거나 무의미하다고 여기는 직업들에 대한 개인적 경험을 소개하는 온라인 토론이 아주 활발하게 이루어졌다. 나는 그런 토론 가운데 124개를 다운로드하여 한동안 그 내용을 분류했다.

두 번째 자료군은 내가 능동적으로 수집한 것이다. 2016년 하반기에 조사용 이메일 계정을 만들고, 트위터를 통해 현재든 과거든 불쉿 직업을 가졌다고 생각하는 사람들은 누구든 직접 증언을 보내 달라고 알렸다.[1] 반응은 대단했다. 내가 받은 증언은 250건이 넘었고, 한 단락짜리 짧은 메모에서 열한 페이지에 달하는 긴 글에 이르기까지 다양했다. 그런 긴 글은 온갖 종류의 불쉿 직업에 대한 자세한 이야기와 그런 것을 만들어 내는 조직적이거나 사회적인 역학에 대한 성찰, 그리고 이로 인한 사회적, 심리적 영향까지 다루고 있었다. 대부분은 영어권 국가의 사람들이 보낸 것이었지만 유럽 대륙 전역에서, 그리고 멕시코, 브라질, 이집트, 인도, 남아프리카, 일본에서 온 증언도 있었다. 이런 증언 가운데 일부는 깊은 감동을 주었고, 읽기 고통스러운 내용도 있었다. 우스운 것도 많았다. 말할 필요도 없지만, 그들 대다수가 자신을 익명으로 처리해 달라고 부탁했다.[2]

답변을 정리하고 불필요한 재료를 쳐내고 나니 내용에 따라 다른 색으로 표시한 11만 단어가 넘는 분량의 자료가 남았다. 그 결과물이 통상적인 통계적 분석에는 적합하지 않은 형태일지 모르지만, 내가 보기에는 질적 분석을 위한 매우 풍부한 자료였다. 정보 제공자들에게 후속 질문을 건네고 가끔 긴 대화까지 나눌 수 있었으니 특히 더 유익했다. 이 책에서 전개할 핵심 개념 몇 가지는 그런 대화에서 처음 제시되었거나 영감을 얻어서 나온 것들이다. 그러므로 어떤 면에서 이 책은 협동 기획물이라 할 수 있다. 다음에 소개할 유형론은 특히 더 그러해서, 나 자신만의 창작이라기보다는 진행 중인 대화의 직접적인 산물로 여기고 싶다.[3]

불쉿 직업의
다섯 가지 유형

어떤 유형론도 완벽하지 않다. 나는 경계선을 긋는 방법은 여러 가지가 있고, 어떤 방법이든 나름대로 의미가 있다는 걸 확신한다.[4] 그렇지만 조사를 진행하는 과정에서 불쉿 직업의 유형을 다섯 가지로 나누는 것이 가장 유용했다. 이것들을 제복 입은 하인(flunkies), 깡패(goons), 임시 땜질꾼(duct tapers), 형식적 서류 작성 직원(box-tickers), 작업반장(taskmasters)이라고 부르겠다.

각각 하나씩 살펴보자.

(1) 제복 입은 하인

'제복 입은 하인' 직업은 누군가를 중요하게 보이게 하거나 그렇게 느끼게 만드는 것이 유일한, 또는 우선적인 존재 목적인 직업이다. 이 유형의 다른 이름은 '봉건 신하(feudal retainers)'일 것이다. 역사시대 전체에 걸쳐 부자와 권력자들은 하인, 의뢰인, 아첨꾼, 기타 온갖 종류의 사람들을 주위에 두곤 했다. 이들 모두가 귀족들의 집안에 실제로 고용된 것은 아니지만, 만약 고용되었다면 대부분 진짜 일도 좀 해야 했다. 하지만 그 피라미드의 정점에는 대개 그냥 서 있으면서 위풍당당하게 보이는 것을 주 업무로 하는 사람들이 상당수 있었다.[5] 주위에 거느린 신하가 없으면 장엄해 보이지 않으니까. 그리고 진정으로 장엄한 사람들에게는 주위를 에워싸고 있는 제복 입은 부하들의 쓸모없음 자체가 그의 위대함을 말해 주는 가장 큰 증거가 된다. 빅토리아시대가 한참 지날 때까지도 영국의 부유한 가문들은 여전히 풋맨(footman, 주인의 체면을 지키기 위한 업무만 보는 남자 하인—옮긴이)을 고용했다. 풋맨의 유일한 업무는 제복 차림으로 마차를 따라 달리면서 도로가 울퉁불퉁하지 않은지 살피는 것이었다.[6]

이런 종류의 하인은 보통 그들의 존재를 정당화해 줄 사소한 업무를 할당받는데, 이 업무는 사실 핑계에 불과하다. 진짜 핵심은 당신이 장내의 관심을 받는 동안 멋진 제복을 입고 문 곁에 서 있거나, 방에 들어갈 때 당신 앞에서 위엄 있게 걸어갈 잘생긴 젊은 남자들을 고용한다는 데 있다. 이들은 흔히 군복 스타일의 제복과 의상을 걸쳐, 그들을 고용한 부자가 궁정 근위병 비슷한 부하들을 거느린다는 인상을 만들어 낸다. 그런 역할은 지대 차출과 이로 인한 약탈물의 재분배에 기초하는 경제에서 증식하는 경향이 있다.

사고실험을 하나 해 보자. 당신이 모든 농민 가구 생산물의 50퍼센트를 세금으로 받는 봉건 계급이라고 상상해 보라. 그러면 당신은 엄청나게 많은 식량을 갖게 된다. 사실 식량을 생산하는 농민 인구와 똑같은 수의 인구를 부양하기에 충분한 양이다.[7] 당신은 그것으로 뭔가를 해야 한다. 봉건영주가 요리사, 와인 전담 하인, 식기 전담 하녀, 하렘(이슬람권에서 부인들이 거처하는 방―옮긴이) 담당 내관, 음악가, 보석상 따위의 직능별로 거느릴 수 있는 인원은 한정되어 있다. 반란 가능성을 억누르기 위해 무기 훈련을 받은 인원을 충분히 많이 거느린다고 해도 십중팔구 엄청난 양이 남을 것이다. 그 결과 빈민, 도망자, 고아, 범죄자, 비참한 처지의 여성, 기타 유랑민들이 당신의 저택 주위에 모이지 않을 수 없다.(먹을 것이 있는 장소니까.) 그들을 쫓아 버릴 수도 있지만 그렇게 하면 정치적 위협 세력으로 발전할 수 있는 위험한 부랑자 계급이 형성되기 쉽다. 그러니 그들에게 제복을 입히고 필요하지도 않은 사소한 업무를 배당하는 것이 당연한 일 처리였다. 제복을 입혀 놓으면 근사해 보이고, 적어도 그들을 감시할 수 있다.

자, 나중에 나는 이와 크게 다르지 않은 역학이 지금의 자본주의 체제에서 발생한다고 주장할 예정이지만, 여기서는 주인공을 인상적으로 보이게 할 사람들을 주위에 거느리기 위한 핑계로 그들에게 사소한 업무를 맡기는 일이 오랜 역사를 지녔다는 점을 강조하고 지나가기로 한다.[8] 그래서 그것의 현대판 등가물은 무엇일까?

- - - - -

구식 봉건적 스타일의 하인 직업 몇 가지는 지금도 남아 있다.[9] 가장 명백한 보기는 수위(doorman)다. 그들은 큰 부자의 집에서 적어도 1950년대 이후 다른 사람들은 모두 전자식 인터컴으로 처리해 온 일을 직접 맡아 한다. 관리인(concierge)으로 일했던 빌은 이렇게 불평한다.

빌　이런 건물의 관리인은 불쉿 직업의 하나다. 내가 보낸 세월의 절반은 입주민을 위해 정문을 여는 단추를 누르고, 그들이 로비를 지나치는 동안 인사하는 데 썼다. 내가 단추를 제때 누르지 않아 입주민이 손으로 문을 열게 되면 지배인에게 책망을 듣는다.

브라질 같은 일부 국가에는 지금도 그런 건물에 유니폼을 입은 엘리베이터 운전수가 있다. 그가 하는 일이라고는 오로지 승객을 위해 단추를 누르는 것뿐이다. 이런 유형의 명백히 봉건적인 잔재가 명백히 필요하지도 않은 장소에 존재하는 접수계원과 프런트데스크 직원에게 남아 있다.

게르트　2010년에 나는 어느 네덜란드 출판사에서 접수계원으로 일했다. 전화받을 일은 고작 하루에 한 번 정도라서, 두어 가지 다른 일도 맡았다.
예를 들면 박하사탕을 사탕통에 채워 둔다.(박하사탕을 조달하는 일은 다른 사람의 몫이다. 나는 그저 사탕통 옆의 서랍에서 사탕을 한 움큼 꺼내 통에 채워 두면 된다.)
매주 한 번씩 회의실에 가서 큰 벽시계 태엽을 감는다.(이 일은 사실 스트레스를 준다. 태엽 감는 걸 깜빡하거나 너무 늦게 하면, 무게추가 떨어져서 벽시계를 수리해야 하는 골치 아픈 업무가 내 몫이 되기 때문이다.)
제일 시간을 많이 잡아먹는 업무는 다른 접수계원의 에이본 화장품 영업을 통제하는 일이었다.

확실히 하루에 전화 한 통은 누구나 집에서 하는 것과 똑같은 방식으로 처리할 수 있다. 전화기에 제일 가까이 있고, 다른 일을 하고 있지 않은 사람이 수화기를 집어 들어 응답하는 것이다. 왜 한 명을(게르트의 사례에서는 사실 두 명인 것 같다.) 프런트데스크에 앉히고 종일 아무 일도 시키지 않으면서 풀타임 봉급에 온갖 혜택까지 얹어 줄까? 그에 대한 대답은 이렇다. 그렇게 하지 않으면 충격적이고 괴상하게 보이니까. 프런트데스크에 아무도 앉혀 두지 않는 곳을 제대로 된 기업이라고 진지하게 여길 사람은 아무도 없을 테니까. 이런 관례에 도전하는 출판사가 있다면 미래의 저자나 상인이나 계약자들은 의문을 품을지도 모르니까. "접수계원을 둘 필요가 없다고 생각하는 출판사라면, 통상 하게 되어 있는 다른 일들 역시 할 필요가 없다고 판단하지 않을까? 예를 들면 대금 지불 같은 것을?"[10]

접수계원은 설사 하는 일이 하나도 없더라도 진지함의 표식 (Badge of Seriousness)으로 요구되는 존재다. 다른 제복 입은 하인들은 중요성의 표식(Badge of Importance)이다. 다음은 어느 하급 보안 회사에서 전화 영업자로 근무했던 잭이 해 준 이야기다. 그의 설명에 따르면, 이런 기업은 "도둑맞은 기업 전화번호부로 운영된다. 어떤 개인 사업자가 회사 내부 전화번호부의 사본을 훔쳐다가 여러 회사에 파는 것이다." 그다음에는 주식 중개인들이 그 회사의 상위급 직원들에게 전화하여 주식을 팔려고 시도한다.

잭 전화 영업자로서의 내 업무는 이런 사람들에게 전화를 거는 일이다. 그들에게 주식을 파는 것이 아니라 "곧 상장될 전망 좋은 회사에 대한 연구 자료를 공짜로 제공하면서" 내가 중개인을 대신하여 전화한다고 강조하는 것이다. 수련받을 때 그 마지막 사항이 특히 강조되었다. 그 배후의 논리는 중개인 본인이 돈을 버느라 너무 바빠서 이런 전화를 대신할 조수를 써야 할 정도라면 더 유능하고 전문적인 사람으로 보인다는 것이다. 이 직업에는 문자 그대로 다른 목적이 없다. 오로지 내 옆에 있는 주식 중개인이 실제보다 더 성공적인 사람으로 보이게 하기 위한 직업이다.

나는 중개인을 더 돈 잘 쓰는 사람(high-roller)처럼 보이게 해 주는 대가로 매주 200달러를 현금으로 받았는데, 중개인 본인이 비용을 부담한다. 하지만 이것이 창출하는 성과는 고객들과의 관계에서 중개인의 사회적 자본을 키워 주는 것만이 아니었다. 사무실 내에서도 본인의 전화 영업자를 고용한 주식 중개인이란 상당한 지위의 상징이며, 지나치게 남성적이고 경쟁적인 사무실 환경에서 중요한 존재가 된다. 나는 그를 위한 일종의 토템 같은 존재였다. 나를 거느림으로써 사무실에 방문한 지역 유지와 미팅을 따내는지 성패를 가를 수 있다. 하지만 대부분의 경우는 나를 거느리더라도 직장의 사회적 사다리에서 살짝 더 높은 계단에 올라가는 데 그친다.

이런 주식 중개인들의 궁극적 목적은 그들의 상사에게 좋은 인상을 주어 낮은 "트레이딩 구덩이"에서 빠져나와 상층부 사무실로 이동하는 것이다. 잭의 결론은 다음과 같다.

잭 이 회사에서 내 자리는 완전히 불필요하고, 아무런 목적에도 봉사하지 않았다. 오로지 내 직속 상사가 거물처럼 보이고 느끼도록 하는 기능뿐이었다.

이것이 제복 입은 하인의 정확한 정의다. 여기서 벌어지는 게임의 작은 규모는(1990년대에도 200달러는 많은 돈이 아니었다.) 더 크고 복잡한 기업 환경에서 불분명한 방식으로 표현되는 역학을 적나라하게 드러내는 데 기여한다. 이를 통해 우리는 흔히 어떤 지위가 왜 그리고 어떻게 만들어지고 유지되는지 아무도 확실하게 알지 못하는 사례들을 보게 된다. 다음은 오필리어의 사례다. 그녀는 소셜 마케팅 캠페인을 진행하는 조직에서 일한다.

오필리어　현재 내 직업은 포트폴리오 코디네이터(Portfolio Coordinator)인데, 그 단어를 들으면 다들 그게 무슨 뜻인지, 또 구체적으로 내가 무슨 일을 하는지 물어본다. 그런데 나도 전혀 모른다. 지금도 이게 무슨 뜻인지 알아내려고 노력하는 중이다. 내 직업 소개란에는 파트너들 사이의 관계를 용이하게 하는 온갖 일들이라고 되어 있다. 내가 아는 한 이 말은 그저 이따금 들어오는 질문에 대답한다는 뜻이다. 내 실제 직함은 불쉿 직업이 아닐까 하는 생각이 들었다. 그러나 내 노동의 현실은 사장의 개인 보좌관 노릇이다. 그 역할에서 내가 해야 하는 일은 오로지 내가 보조하는 사람들이 그런 일까지 직접 하기에는 너무 '바쁘거나' 너무 중요한 인물이기 때문에 존재한다. 실제로 대부분의 시간 동안 내 직장에서 뭔가 할 일이 있는 사람은 오직 나뿐인 것처럼 보인다. 어떤 날은 미친 듯이 돌아다니는데, 그동안 중간 관리자들은 자리를 지키고 앉아 벽만 쳐다보면서 지루해 죽겠다는 표정을 하고 있다. 그저 무의미한 일들을 하면서 시간을 때우려고 애쓰는 것이다.(어떤 남자는 매일 자기 백팩을 다시 정리하는 데 30분을 쓴다.)

분명히 우리 대부분이 일해야 할 만큼 일이 많지 않은데, 우리는 또 관리자를 채용하려 한다. 모두가 자기 직업을 조금 더 중요하게 느끼도록 하기 위해서라는 기묘한 논리에서다. 이는 우리에게 일이 너무 많다는 착각을 무너뜨리지 않기 위해서가 아닐까?

오필리어는 자신의 직업이 그냥 자리 채우기용으로 생긴 게 아닌가 의심한다. 자기 상사에게 부하 직원이 그만큼 많다고 뽐낼 수 있게 해 주는 용도 말이다. 하지만 일단 자리가 만들어지고 나면 사악한 역학이 작동하기 시작하여, 관리자는 자기 일의 점점 더 많은 부분을 최하위 여성 부하에게 떠넘기고, 자신은 그런 일을 직접 하기에는 너무 바쁘다는 인상을 심어 주며, 물론 그럼으로써 예전보다 일을 더 적게 하게 된다. 이는 종일 벽만 처다보거나 포켓몬 게임을 하고 지낼 또 다른 관리자를 채용한다는 괴상한 결정으로 점점 더 심화된다. 새 관리자를 채용하는 이유는 오로지 다른 모든 사람이 그런 행동을 하고 있지 않은 것처럼 보이게 할 수 있을 것 같아서다. 그 결과로 오필리어는 가끔씩 정신 나갈 정도로 바쁘게 일하곤 한다. 이는 부분적으로 극소수의 필수 업무(그녀에게 떠넘겨진)가 하급 직원을 분주하게 부리기 위해 고안된 완전한 허구적 책임으로 보강되기 때문이다.

오필리어 우리는 두 개의 조직과 두 개의 건물로 나뉘어 있다. 내 보스(사실은 그 작업장 전체의 보스)가 다른 건물로 가면 나는 그녀가 쓸

방을 예약할 서류를 작성해야 한다. 매번 그렇게 해야 한다. 정말 지독하게 미친 짓이지만, 그곳의 접수계원은 이 일 때문에 굉장히 바빠지며, 그래서 없으면 안 되는 사람이 된다. 또 그 때문에 그녀는 아주 조직적이고 분주하게 재주를 부리면서 온갖 서류를 작성하는 것처럼 보인다. 이것이야말로 사무실 내 업무를 보다 효율적으로 처리해 주기를 기대한다는 신입 사원 모집 광고 문안의 진정한 의미라는 생각이 든다. 즉 시간만 때우는 관료를 더 많이 만든다는 말이다.

오필리어의 사례는 흔히 보는 애매모호성을 강조한다. 누가 진짜 불쉿 직업인가? 제복 입은 하인인가, 아니면 보스인가? 가끔은 잭의 사례에서 보듯이 전자임이 명백하다. 제복 입은 하인 직업은 정말 그 상관들을 중요한 인물로 보이게 하고 그렇게 느껴지게 만들려는 용도로만 존재한다. 그런 경우에는 제복 입은 하인이 아무런 일을 하지 않아도 관여하는 사람이 없다.

스티브 나는 막 졸업했다. 내가 얻은 새 '직업'의 주 업무는 기본적으로 보스가 "스티브, 아래 내용을 조회해 보게."라는 메시지를 붙여 이메일들을 내게 전달하면 그 메일이 중요하지 않거나 말 그대로 스팸이라고 답하는 것이다.

오필리어의 경우도 그랬지만 또 다른 사례에서도 제복 입은 하인은 사실상 보스의 업무를 대신한다. 이는 물론 20세기 대부분의 기간 동안 남성 사장들을 위해 일하는 여성 비서들(지금은 '행정 보좌관'이라는 새 호칭을 얻었다.)의 전통적인 역할이었다. 이론상 비서의 존재 이유는 그저 전화를 받고 구술을 받아 적고 가벼운 서류 작성을 하는 데 있지만, 실제로는 흔히 보스 업무의 80~90퍼센트를, 가끔은 그 업무 가운데 불쉿이 아닌 일까지 전부 해내게 된다. 실제로는 비서들이 써 준 유명 인사들의 책과 디자인과 기획과 자료의 역사를 집필해 보면 아주 흥미로울 것이다.[11] 아마 불가능한 일이겠지만.

그러니까, 이런 경우 누가 불쉿 직업인가? 여기서 다시 한번 주관적 요소에 기대지 않을 수 없다. 오필리어의 사무실에서 매일 30분씩 백팩을 정리하는 중간 관리자는 자기 업무가 무의미함을 인정할 수도, 그렇지 않을 수도 있지만, 오로지 그와 같은 사람을 중요하게 보일 목적으로 고용된 사람들은 거의 예외 없이 이 사실을 알고 있으며 원망한다. 설사 불필요한 잡무가 없을 때도 말이다.

주디 내가 일했던 유일한 풀타임 정규직은 어느 민영화된 엔지니어링 기업의 인사부 소속이었는데 전혀 필요 없는 자리였다. 그 자리가 존재한 이유는 오로지 인사관리 전문가가 게을러서 자기 책상을 떠나기 싫어했기 때문이다. 나는 인사부 조수였다. 내 업무를 처리하는 데는 거짓말하지 않고 하루에 한 시간…… 기껏해야 한 시간 반만 있으면 됐다. 남은 근무시간 일곱 시간가량은 컴퓨터로 2048 퍼즐 게임을 하거나 유튜브를 보면서 지냈다. 전화가 오지도 않았고, 데이터는 5분도 안 되어 처리됐다. 나는 지루해하는 대가로 봉급을 받았다. 내 보스는 내 업무를 손쉽게 해치울 수 있었다. 그러나 그는 징글징글하게 게으른 작자였다.

마다가스카르 고원 지대에서 인류학 현장 조사를 할 때, 유명한 귀족의 무덤을 발견할 때마다 그 발치에는 예외 없이 아주 검소한 무덤 두세 개가 있었다. 그것이 뭔지 물어보면 귀족의 '병사'(실로 '노예'의 완곡어라 할 수 있다.)라는 답변이 나왔다. 무슨 뜻인지는 분명하다. 귀족이란 사람들에게 지시할 권력이 있다는 뜻이다. 죽어서도 부하가 없다면 귀족이라고 할 수 없다.

이와 유사한 논리가 기업 환경에서도 작동하고 있는 것 같다. 왜 그 네덜란드 출판사는 접수계원을 꼭 두어야 할까? 왜냐하면 진짜 기업으로 간주되려면 지시 단계가 셋은 되어야 하니까. 적어도 보스와 편집자가 있어야 하고, 그런 편집자들은 어떤 종류든 부하직원, 또는 조수라도 거느려야 했다. 최소한 그들 모두에게 일종의 집단적 부하 노릇을 하는 접수계원도 있어야 했다. 그런 것이 없으면 회사가 아니라 히피 집단 같은 것에 그친다.

필요 없는 제복 입은 하인이 채용되고 난 뒤 그에게 일이 주어지는지 아닌지는 모두 부차적인 고려 사항일 뿐이다. 그것은 온갖 외적 요소들에 달려 있다. 일거리가 있는지 여부, 상사들의 태도와 그들이 필요로 하는 것, 성별 역학 관계, 그리고 제도적 제약 등등 말이다. 만약 조직의 규모가 커지면 고위층들이 얼마나 중요한지는 거의 언제나 그들 밑에서 일하는 전체 직원 수를 기준으로 측정된다. 그래서 조직 사다리의 최고위층은 직원을 채용하려는 동기가 더 강해지고, 직원들을 일단 채용한 다음에 어디에 활용할지를 결정하거나, 아니면 이쪽이 더 흔한 경우겠지만, 어떤 일자리는 불필요한 여분임이 밝혀진 뒤에도 그것을 없애려는 일체의 노력을 가로막는다. 앞으로 보겠지만, 대기업(은행이나 의약품 공급 업체 같은 곳)에서 효율성을 높이기 위해 채용된 컨설턴트들은 경영진이 그런 류의 효율성이 자동화를 통해 대다수 부하들을 해고하는 결과를 낳는다는 것을 깨달을 때 어색한 침묵과 노골적인 적대감으로 반응한다고 증언한다. 그렇게 함으로써 관리자를 실질적으로 아무것도 아닌 존재, 공기의 왕으로 위축시킬 수 있기 때문이다. 제복 입은 하인이 없으면 그들은 대체 누구의 '상관'이 되겠는가?

(2) 깡패

'깡패'라는 단어는 물론 은유적으로 쓰인 것이다. 그것은 실제 강도나 청부 폭력배라기보다, 공격적 요소가 있는 직업의 종사자이지만 결정적으로는 다른 누군가가 채용해야만 존재하는 그런 부류의 사람들을 가리킨다.

이 유형의 가장 알기 쉬운 예는 군대다. 나라에 군대가 있어야 하는 이유는 다른 나라들에 군대가 있기 때문이다.[12] 모든 나라에 군대가 없다면 군대는 필요하지 않을 것이다. 하지만 같은 이야기를 로비스트, 홍보 전문가, 텔레마케터, 기업 변호사에 대해서도 할 수 있다. 또 문자 그대로의 깡패들처럼 그들은 대체로 사회에 부정적인 영향을 미친다. 텔레마케터가 없어지면 세상이 더 나아질 것이라는 데 거의 모두가 동의할 거라고 생각한다. 마찬가지로 기업 변호사, 은행 로비스트, 마케팅 전문가 들이 모두 홀연히 사라진다면 세상은 좀 더 견딜 만한 곳이 된다는 데 모두 동의할 것이다.

뻔한 질문을 던져 보자. 이것들이 정말 모두 불쉿 직업인가? 이런 것은 앞 장에 나온 마피아 행동 대원과 더 비슷하지 않을까? 어쨌든 거의 대부분의 경우 깡패는 설사 그들 직업의 존재가 분명히 인류 전체에 전반적으로 해로운 영향을 미친다고 간주될지라도 그들을 채용하는 사람들에게는 이익이 되는 일을 한다.

여기서 다시 주관적 요소에 호소해야 한다. 가끔은 어떤 작업 라인이 너무 지독하게 의미가 없어서, 그런 사실을 부정하려는 사람도 거의 없을 때가 있다. 영국의 거의 모든 대학교 홍보실은 현재 그 대학과 비슷한 규모의 은행이나 자동차 회사 홍보실의 통상적인 인원수보다 직원이 몇 배는 더 많다. 옥스퍼드대학교는 정말 일류 대학이라는 사실을 대중에게 납득시키기 위해 열두 명이 넘는 홍보 전문가를 채용할 필요가 있을까? 내가 보기에 옥스퍼드가 일류 대학이 아님을 납득시키는 게 더 힘들다. 최소한 그만큼의 홍보 요원이 몇 년을 고생해도 거의 불가능한 일이 아닐까 싶다.

내 말이 분명히 좀 우습게 들릴 것이다. 홍보 부서가 이 일만 하는 것은 아니니까. 장담하건대 그들은 일상적 관심사의 대부분을 석유 재벌이나 부패한 외국 정치가들의 자녀를 케임브리지가 아니라 옥스퍼드로 끌어오는 따위의 더 실제적인 업무에 둘 것이다. 그렇기는 해도 영국 내 여러 일류 대학에서 홍보와 전략적 커뮤니케이션 등의 업무를 담당하는 사람들의 증언을 들어 보면, 그들이 실제로 자신의 직업이 대체로 무의미하다고 느끼는 것은 분명하다.

내가 '깡패'를 불쉿 직업의 한 범주로 포함시킨 것은 주로 이런 이유 때문이다. 즉 그 직업 종사자들 가운데 자신의 직업이 아무런 사회적 가치가 없고 존재하지 말아야 한다고 느끼는 사람이 너무나 많다. 서문에서 소개한 세무 변호사의 말을 떠올려 보라. "나는 기업 변호사인데 (……) 이 세상에 기여하는 바가 하나도 없고, 거의 언제나 지독하게 비참하다." 불행하게도 기업 변호사 가운데 이런 속마음을 공유하는 사람의 수가 얼마나 되는지 확인하기는 거의 불가능하다. 내 연구는 그런 감정이 결코 한 사람만의 것이 아님을 확인해주지만 그런 감정을 느낀다고 말한 사람은 모두 그리 고위직이 아니었다. 마케팅이나 홍보 부문에서 일하는 사람들의 상황도 마찬가지였다.

내가 '깡패'라는 단어가 적절하다고 생각하는 이유는 깡패들은 거의 모든 경우 자신의 직업이 남들이 싫어할 만한 것이라고 여기기 때문이다. 이는 그 직업이 긍정적 가치가 결핍되었기 때문만이 아니라, 본질적으로 남을 휘두르고 공격하는 것이라고 보기 때문이다.

톰 나는 런던에 본부를 둔 미국인 소유의 아주 큰 영상 편집 회사에서 일했다. 내 일 가운데 일부는 아주 재미있고 만족스러웠다. 나는 영화 스튜디오를 위해 차를 날아다니게 하고, 빌딩을 폭파시키며, 공룡들이 우주선을 공격하게 만들어서 전 세계 관객들에게 즐거움을 준다. 그러나 최근 들어 우리 고객 가운데 홍보 대행사가 차지하는 비중이 점점 더 커지고 있다. 그들은 유명한 브랜드의 제품 광고를 맡긴다. 샴푸, 치약, 수분 크림, 분말 세제 같은 것들 말이다. 우리는 이런 제품이 실제로 효과를 내는 것처럼 보이도록 시각 효과 기술을 쓴다.

우리는 텔레비전 쇼와 뮤직비디오도 제작한다. 여성들의 눈밑 지방 주머니를 줄이고, 머리칼에 윤기를 더하며, 치아에 미백 효과를 넣고 팝스타와 영화배우들을 더 날씬해 보이게 손을 쓴다. 에어브러시 효과를 써서 피부의 점을 지우고 치아 부분을 분리해 더 하얗게 보이도록 색채를 보정한다.(분말 세제 광고에서는 의류에도 같은 조작을 가한다.) 샴푸 광고에서는 갈라진 머리칼 끝에 칠을 하고 광택을 더하며, 사람들을 더 날씬하게 보이게 해 주는 특별한 변형 도구가 있다. 이런 기법은 문자 그대로 텔레비전에 나오는 모든 광고에 쓰이며, 거의 모든 텔레비전 드라마와 수많은 영화에도 쓰인다. 여배우가 주요 대상이지만 남자 배우에게도 쓰인다. 우리는 본질적으로 시청자들이 주요 프로그램을 보는 동안에는 어딘가가 모자라다는 기분이 들게 한 다음 상업 광고 시간에 그 '해결책'의 효과를 과장하여 제공한다. 이런 일을 하는 대가로 나는 연봉 10만 파운드를 받는다.

톰은 자신의 직업이 (말하자면 그냥 악한 것과는 반대로) 불셋 직업이라고 느끼는 근거를 이렇게 말했다.

톰 내가 생각할 때 가치 있는 직업이란 기존의 필요를 충족시키거나 이제껏 사람들이 생각지 못했던 서비스나 제품을 만들어서 어떤 식으로든 그들의 삶을 고양시키고 개선하는 직업이다. 나는 거의 모든 직업이 이런 유형의 직업이던 시대는 이미 오래전에 지나갔다고 본다. 거의 모든 산업에서 공급이 수요를 한참 추월했기 때문에 지금은 수요가 만들어진다. 내 직업은 수요를 만들어 내고, 그런 다음 이 사태를 처리하기 위해 판매되는 제품의 쓸모를 과장하는 것의 복합물이다. 사실 광고 산업에 종사하는 사람들의 일이 모두 그렇다고 주장할 수 있다. 제품을 팔기 위해 무엇보다 먼저 사람들로 하여금 그 제품이 필요하다고 생각하도록 속이는 단계가 있다면, 이런 직업들이 불셋 직업이 아니라고 주장하기는 무척 힘들 것이다.[13]

광고, 마케팅, 홍보 산업에서는 이런 불만이 너무 큰 나머지, 생계를 위해 해야 하는 일은 싫어하고 자신이 쌓은 능력을 악이 아니라 선을 위한 광고에 쓰기를 원하는 업계 종사자들이 모여 출간한 잡지《애드버스터(Adbusters)》가 있을 정도다. 이 잡지에서는 예를 들면 소비문화 전체를 공격하는 야단스러운 '전복적 광고(subvertis-ing, 파괴(subvert)와 광고(advertise)의 합성어로, 특정 기업이나 캠페인에 대한 광고를 비판하는 것을 말한다. ─옮긴이)'를 낸다.

톰 본인은 자기 직업이 불쉿 직업인 것이 소비문화 자체에 반대하기 때문이라고 보지 않는다. 그보다는 그가 말하는 "미화 작업"이 원천적으로 고압적일 뿐 아니라 사람들을 휘두른다고 보기 때문에 비판하는 것이다. 톰은 정직한 착각과 부정직한 착각을 구분했다. 공룡이 우주선을 공격하는 장면을 보고 그것이 실제라고 생각하는 사람은 없다. 무대에서 공연하는 마술사도 마찬가지다. 그런 기술이 주는 재미의 절반은 속임수가 벌어지고 있음을 다들 안다는 데 있다. 단지 그것이 정확하게 어떻게 가능한지 모를 뿐이다. 이와 반대로 유명 인사의 외모를 미묘하게 개선시킬 때는 일상 현실(여기서는 남녀 신체에 관한 현실)이 원래 어떠해야 한다는 시청자들의 무의식적 가정을 바꾸려고 한다. 그렇게 해서 그들이 살아온 현실이 진정한 실재에 못 미치는 대체물이라는 불쾌감을 이끌어 내는 것이다. 정직한 착각이 세계에 기쁨을 더해 준다면, 부정직한 착각은 의도적으로 사람들로 하여금 세상이란 허접하고 비참한 곳이라고 믿게끔 한다.

이와 비슷하게, 나는 콜센터 직원들로부터 엄청난 양의 증언을 얻었다. 그들의 직업이 불쉿 직업인 이유가 고용 여건 때문(사실 이들의 고용 여건은 매우 여유로운 경우에서 지옥 같은 감독을 받는 경우까지 아주 다양하다.)이라고 여기는 사람은 없다. 그보다는 그들의 업무에 고객들을 구슬리거나 압박해 실제로는 최선의 이익이 아닌 것을 하게 만드는 일이 포함되어 있기 때문이다. 다음은 그런 예시다.

"나는 사람들이 진정으로 필요하지 않거나 원하지 않는 것들을 판매하는 불쉿 콜센터 업무를 많이 했다."

"이건 미끼 던지기 작업이다. 처음에는 '공짜' 서비스를 제공하고, 그다음에는 1.95달러를 내고 2주간 시험적으로 사용해 보라고 하는데, 이는 시험 기간을 마치고 원래 웹사이트에 들어가서 그 기간의 열 배도 넘는 월간 서비스를 자동 갱신하는 서명을 받기 위해서다."

"이것은 사람들의 일상에 긍정적 기여는커녕 적극적으로 부정적인 영향을 미치는 일이다. 나는 사람들에게 필요하지도 않은 쓰레기 같은 것들을 팔아 치우기 위해 전화를 건다. 특히 매달 6.99파운드를 내면(멍청한 광고들을 함께 붙여서) '신용 등급 점수'를 조회해 준다고 제안하는데, 이건 다른 곳에서는 얼마든지 공짜로 할 수 있다."

"지원의 거의 대부분은 모두 고객이 쉽게 검색할 수 있는 기본적인 컴퓨터 작동법이다. 내 생각에 그들은 노인들 혹은 그런 걸 잘 모르는 사람들을 노린다."

"우리 콜센터의 인력 대부분은 고객들이 전화로 호소하는 진짜 문제를 해결하는 것보다는 필요치 않은 물건을 사도록 고객들을 설득하는 기술을 담당자들에게 가르치는 데 투입된다."

다시 한번 말하지만, 정말 짜증 나는 일은 첫째는 공격성, 둘째는 기만이다. 여기서 아주 잠깐씩이기는 해도 온갖 직업을 전전한 내 경험에 입각하여 말할 수 있다. 자신의 양심을 어기고 사람들에게 상식에 위배되는 일을 하도록 설득하라고 강요당하는 일만큼 불쾌한 일은 없다. 이 논의는 다음 장에서 더 자세히 논의할 것이다. 하지만 여기서는 '깡패'라는 존재의 핵심에 이 주제가 있다는 것을 지적하고 넘어가기로 한다.

(3) 임시 땜질꾼

'임시 땜질꾼(duct tapers, 덕트테이프는 포장이나 수리에 쓰이는 강력 접착 테이프로, 심지어 부서진 총기나 전투기를 긴급 수리할 때 쓴다고 할 정도로 뛰어난 접착력과 내구성을 인정받는다. 덕트테이퍼는 여기에서 비롯한 용어다.─옮긴이)'은 조직에 생긴 균열이나 오류 때문에 존재하는 고용인이다. 즉 존재하지 말아야 하는 문제를 해결하기 위한 고용인을 가리킨다. 이 용어는 소프트웨어 산업에서 가져왔지만 더 일반적으로 적용될 수 있다. 한 개발자는 소프트웨어 산업을 다음과 같이 설명한다.

파블로 기본적으로 우리에게는 두 종류의 직업이 있다. 하나는 핵심 기술을 가지고 작업하여 어렵고 도전적인 문제를 해결한다. 다른 하나는 핵심 기술을 이것저것 모아다가 함께 작동할 수 있도록 덕트테이프로 갖다 붙이는 것이다.

전자는 일반적으로 쓸모 있어 보인다. 후자는 그에 비해 흔히 쓸모가 덜하거나 나아가 쓸모없는 것으로 간주되는데, 어쨌든 전자보다는 훨씬 덜 만족스럽다. 이런 느낌은 아마 핵심 기술들이 제대로 적용된다면 땜질할 일이 거의 없으리라는 판단에서 올 것이다.

파블로가 말하는 핵심 요점은 무료 소프트웨어(프리웨어)에 대한 의존도가 높아짐에 따라 유급 고용이 갈수록 땜질 작업에 한정된다는 점이다. 개발자들은 흔히 핵심 기술에 관한 흥미롭고 보람찬 작업이라면 야간에 보수도 받지 않고 기꺼이 한다. 하지만 그럴 경우 그런 창의적 작업이 궁극적으로 어떻게 유급 고용 안에서 공존할 수 있을지 생각할 유인 동기는 점점 줄어든다. 그래서 바로 그 개발자들이 낮 동안에는 그런 무료 소프트웨어를 조립하는 지루한(그러나 유급인) 작업만 하게 된다. 이는 매우 중요한 통찰이며, 여기에 담긴 함의를 뒤에서 길게 논의하려 한다. 지금 여기서는 그저 임시 땜질(duct taping) 작업이라는 개념 자체를 살펴보기로 하자.

청소는 필수 기능이다. 물건은 그냥 자리만 지키고 있어도 먼지가 앉고, 일상생활을 하다 보면 흔적이 남아 정리 정돈이 필요해진다. 하지만 너무나 당연하게도 필요하지도 않은 일로 어지르는 사람의 뒷정리를 하는 것은 언제나 짜증스러운 일이다. 그런 사람들의 뒷정리를 풀타임으로 해야 하는 직업에 종사하다 보면 원망만 남는다. 프로이트는 '가정주부 신경증(housewife's neurosis)'이라는 것을 언급하기까지 했다. 그의 설명에 따르면 이는 여성들이 평생 타인을 위해 뒷정리만 하고 이로 인한 보복 심리로 집 안 위생에 광적으로 집착하게 되는 상태를 일컫는다. 이것이 흔히 임시 땜질꾼이 처하는 도덕적 고뇌다. 이들은 더 중요한 다른 사람들이 특정한 가치(가령 청결성 같은 것)에 대해 전혀 상관하지 않는다는 바로 그 이유로, 그 특정한 가치를 지키는 데 자신의 직업 경력을 바치도록 강요당한다.

임시 땜질꾼의 대표적인 사례는 허술하거나 무능한 상사들이 입힌 손해를 처리하는 것이 업인 부하 직원들이다.

마그다 한번은 어느 중소기업에서 "테스터(tester)"로 일했다. 그러니까 사치스러운 저명 연구자이자 통계학자가 쓴 연구 보고서를 감수하는 일을 맡았다.

그 사람은 통계에 대해서는 아무것도 모르고, 문법적으로 정확한 문장을 쓰려고 아등바등했다. 그는 동사 사용을 기피하는 성향이 있었다. 글이 어찌나 형편없었는지, 일관성을 유지한 단락이 하나 나오면 나는 스스로에게 주는 상으로 케이크 한 조각을 먹곤 했다. 그 회사에서 일하는 동안 체중이 5킬로그램이 넘게 줄었다. 보고서마다 태반을 다시 써야 한다고 그를 납득시키는 것이 내 일이었다. 물론 그는 재작업은 물론 일체의 수정도 하지 않겠다고 거부하곤 했는데, 그러면 나는 회사 간부들에게 보고서를 그냥 제출했다. 그들 역시 통계에 무지했지만, 간부이니 더 오래 질질 끌 수 있었다.

업무 능력과 무관한 이유로 직위를 차지하고 있는 상사들이 입힌 피해를 시정하는 데 수없이 많은 직업이 관여되는 것 같다.(이것은 상급자의 업무를 해야 하는 제복 입은 하인과도 약간은 중복되지만 완전히 같지는 않다.) 여기 또 다른 예가 있다. 빈의 한 심리학자가 경영하는 회사에 취직한 어느 프로그래머의 경우다. 그 심리학자는 자신을 옛날식 과학 혁명가라고 여겼으며, 회사 안에서 그저 "알고리즘"이라고만 불리는 어떤 것을 발명한 사람이었다. 그 알고리즘은 사람의 말을 재현하는 것을 목표로 했다. 회사는 웹사이트를 구축하려는 약사들에게 알고리즘을 판매했는데, 문제는 그것이 작동하지 않았다는 것이다.

누리　회사를 창립한 '천재'는 빈 출신의 연구 심리학자였는데, 그는 자신이 알고리즘을 발명했다고 주장했다. 여러 달 동안 나는 그것을 볼 허락도 한 번 받지 못했다. 그냥 그 알고리즘을 사용한 것들을 쓰기만 했다. 심리학자의 코드는 계속 알아볼 수 없는 결과물을 내놓았다. 전형적인 사이클은 다음과 같다.

— 나는 그의 잘못된 코드를 말도 안 되게 기본적인 문장으로 예시한다.

— 그는 내가 막 데스 스타(「스타워즈」 시리즈에 나오는 거대한 전투용 인공위성 — 옮긴이)의 아주 작은 약점 하나를 발견하기나 한 것처럼 혼란스러운 표정으로 찡그리곤 한다. "아, 어쩌면 이렇게 이상하지……."

— 그는 두 시간 동안 자기 동굴 속으로 사라진다.

— 그러고는 의기양양하게 버그의 해결책을 갖고 등장한다. 이제 완벽해!

— 처음으로 돌아간다.

결국 프로그래머가 하는 일은 그 알고리즘이 횡설수설에 불과하다는 사실을 은폐하기 위해 웹페이지에 말을 흉내 내는 아주 원시적인 엘리자 스크립트(Eliza script, 1960년대에 만들어진 인공지능 프로그램. 사용자가 한 말을 몇 개의 문법 규칙에 따라 재구성하여 대화를 이어가는 최초의 채터봇 프로그램이었다. — 옮긴이)를[14] 쓰는 일밖에 없었다. 또 알고 보니 그 회사는 체육관을 경영하던 월급제 사장이 순전히 허영심에서 경영하던 프로젝트였다.

수많은 임시 땜질꾼 일자리들은 아무도 시정하려고 애쓰지 않았던 시스템 내의 틈새가 만들어 낸 결과다. 손쉽게 자동화될 수 있지만 아무도 신경을 쓰지 않았거나, 관리자가 최대한 많은 부하를 거느리고 싶어 했거나, 모종의 구조적 혼란이 있었거나, 아니면 위세 가지 모두가 합쳐져 자동화되지 못한 과제들이다. 이런 증언은 얼마든지 있다.

"나는 여행사 프로그래머로 일했는데, 이메일로 받은 최신 항공 운항 시간표를 손으로 일일이 엑셀에 입력하는 일을 한 주에도 여러 번 하는 사람이 있었다."

"내 업무는 그 나라의 유정에 관한 정보를 원래의 노트북에서 다른 노트북들로 이동시키는 것이다."

"나의 하루는 매일 7.5시간씩 퇴역 군인들의 건강 기록을 복사하는 일로 채워진다. 작업자들은 디지털화 기기 가격이 너무 비싸 구비할 수 없다는 말을 수도 없이 여러 번 들었다."

"내 임무는 하나다. 기술적 도움을 요청하는 회사 직원들로부터 특정 양식의 이메일을 받는 수신함을 지켜보다가, 이메일을 받으면 복사하여 다른 양식에 붙이는 일이다. 이것은 자동화할 수 있는 업무의 교과서적인 보기일 뿐만 아니라 실제로 자동화되었던 업무다! 그러나 중간 관리자들 사이에서 의견 충돌이 생겨 고위층에서는 자동화를 폐기하는 것을 표준 절차로 정했다."

사회적 차원에서 본다면 임시 땜질은 전통적으로 여성들의 노동이었다. 역사를 통틀어 저명한 남성들은 자기 주위에서 벌어지는 일의 태반은 알지 못한 채 말썽을 1000개쯤 일으키며 돌아다닌다. 자아를 다독이고 신경을 안정시키고 그들이 저지른 문제의 해결책을 협상하는 감정 노동은 늘 그렇듯이 아내, 누이, 어머니, 딸들의 몫이었다. 더 물질적인 의미에서 보면, 임시 땜질은 고전적인 노동계급의 기능이라 할 수 있다. 건축가는 종이 위에서는 근사해 보일 설계를 구상할 수 있다. 하지만 실제로 원형의 방에 전기 소켓을 설치할 방법을 고안해 내고, 물리적 현실에서 청사진이 시키는 대로 하면 맞아 들어가지 않는 것들을 실제 테이프를 써서 붙들어 두어야 하는 것은 건설업자다.

마지막 건설업자의 사례는 결코 불쉿 직업이 아니다. 오케스트라 지휘자가 베토벤 교향곡의 악보를 해석할 때, 혹은 여배우가 맥베스 부인을 연기할 때 불쉿 직업이 아닌 것과 똑같다. 청사진이나 설계도, 기획과 그것이 현실 세계에서 실현된 것 사이에는 언제나 어느 정도의 간극이 있다. 따라서 반드시 이를 조정해야 하는 책임을 맡은 사람이 있게 마련이다. 이런 역할이 불쉿 직업이 되어 버렸다면, 누가 봐도 그 기획은 작동 불가능한 것이며 실력 있는 건축가라면 그 사실을 마땅히 알았어야 하는 상황이다. 시스템이 너무 터무니없이 설계되어서 작동하지 않으리라는 것을 완전히 예측할 수 있는 상황이다. 그러나 그 조직은 문제를 고치기보다 어리석은 설계가 낳은 피해를 임시방편으로 처리할 직원들을 풀타임으로 고용한다. 마치 어떤 집에 지붕이 새는데, 주인이 그것을 보고도 지붕 업자를 불러 지붕을 다시 잇게 하기 번거로우니 빗물이 새는 곳에 양동이를 놓아두고 양동이에 괸 물을 정기적으로 비울 사람을 고용하는 것과 마찬가지다. 임시 땜질꾼들은 거의 모든 경우 자신의 업무가 불쉿 직업임을 알고 있으며, 그래서 대개는 상당히 화가 난 상태임은 말할 필요도 없다.

영국의 어느 유명 대학에서 강사로 일할 때 임시 땜질꾼의 전형적인 사례를 본 적이 있다. 어느 날, 내 연구실 벽 선반이 떨어졌다. 그 덕분에 책들이 온 바닥에 떨어졌고, 선반을 버텨 주던 삐죽삐죽한 철제 프레임이 반쯤 떨어진 채 책상 위에 매달려 있었다. 한 시간 뒤 목수 한 명이 와서는 피해 상황을 점검하더니, 엄숙하게 말하기를, 바닥 전체에 책이 널려 있으니 안전 수칙상 자신은 방에 들어가거나 다른 행동을 취할 수 없다고 했다. 나는 책을 쌓아 올려야 하고, 다른 어떤 것도 건드리지 말아야 한다. 그렇게 해야 그가 최대한 빨리 다시 와서 매달려 있는 프레임을 제거해 준다는 것이다.

나는 고분고분하게 책을 쌓아 올렸지만 목수는 끝까지 오지 않았다. 그 이후 인류학과에서 건물관리국으로 매일 여러 번 전화가 오갔다. 매일 여러 번 인류학과의 누군가가 그 목수에 대해 문의하면 그는 항상 다른 일로 지독하게 바빴다. 한 주가 지나자 나는 바닥에 떨어진 책들을 가져다가 작은 둥지 같은 것을 쌓아 두고 거기서 일하는 데 익숙해졌다.

그런데 보아하니 건물관리국에는 오로지 목수가 오지 않았다는 사실을 사과하는 것만 담당하는 직원이 있는 모양이었다. 그는 괜찮은 사람 같았다. 아주 공손하고 차분하기까지 했으며, 언제나 약간 안타깝게 우울한 분위기를 지니고 있었다. 이런 분위기 덕분에 그 업무에 아주 적합해 보였다. 그렇기는 해도 그가 자신이 선택한 직업에서 그리 행복했다고는 생각하기 힘들다. 무엇보다 학교가 그냥 그를 해고하고, 그의 월급을 줄 돈으로 다른 목수를 더 고용하지 못할 이유가 없는 것 같았다. 그렇게 한다면 그의 업무는 애당초 필요 없었을 것이다.

(4) 형식적 서류 작성 직원

'형식적 서류 작성 직원'은 전적으로 어떤 단체에서 하지 않는 일을 하고 있다고 주장할 근거를 마련하기 위해 고용된 직원들을 가리킨다. 다음에 나오는 증언은 요양원에서 운영하는 레저 활동을 담당하는 여성이 한 것이다.

> **벳시** 내 일의 거의 대부분은 거주자들을 만나 상담하고, 레크리에이션 서류 양식에 그들이 선호하는 활동을 기록하는 것이다. 서류를 작성한 다음 컴퓨터에 저장하고, 그다음에는 즉각 그것에 대해 완전히 잊어버린다. 무슨 이유인지는 모르지만 종이 서류도 바인더로 철하여 보관한다. 상사들이 보기에는 양식을 채우는 것이 내 업무에서 가장 중요한 부분이었고, 이 일을 마치지 못하면 나는 호되게 질책을 받았다. 대개의 경우 단기 거주자들의 서류를 작성했는데, 그들은 바로 다음 날 퇴원하곤 했다. 나는 종이를 수없이 버렸다. 대부분의 거주자들은 상담을 무척 짜증스러워했다. 그것이 아무짝에도 쓸모없는 서류 작업일 뿐이고, 자기들이 개인적으로 무엇을 더 좋아하는지 아무도 상관하지 않는다는 것을 알기 때문이었다.

형식적 서류 작성 직원의 업무에서 가장 비참한 부분은, 종사자들이 대개 그 형식적 서류 작성(box-ticking) 업무가 표면상의 목적을 달성하는 데 아무런 기여도 하지 않을 뿐만 아니라 오히려 실제로는 그 반대 방향으로 시간과 자원을 돌려 버려 원래 목적을 훼손한다는 사실을 알고 있다는 점이다. 이 사례에서 벳시는 거주자들이 원하는 레크리에이션 활동에 대한 양식을 처리하는 데 들어간 시간이 그들을 실제로 즐겁게 해 주는 데 쓰이지 않음을 알고 있다. 그녀는 거주자들과 약간의 레저 활동을 하는 데 성공하기는 했다.("다행히 나는 매일 식사 시간 전에 거주자들 앞에서 피아노를 칠 기회가 있어서, 노래하고 울고 웃으며 아름다운 시간을 보냈어요.") 하지만 그런 상황이 자주 그렇듯이, 이런 순간은 그녀의 일차적인 임무, 즉 서류 양식을 적절하게 작성하고 처리하는 임무를 완수한 데 대한 보상으로 주어지는 취미 활동으로 인식된다.[15]

우리는 모두 정부가 수행하는 형식적 서류 작성 업무에 익숙하다. 정부의 직원이 아주 나쁜 일, 가령 뇌물을 받거나 사거리에서 시민들에게 총질하는 따위의 행위로 체포될 경우, 그에 대한 첫 반응으로 언제나 사태의 실상을 알아내기 위한 '진상 조사단'이 꾸려진다. 여기에는 두 가지 효과가 있다. 첫째, 그것은 소수의 이단자들을 제외하면 아무도 이런 일이 일어나고 있는 줄 전혀 몰랐다고(물론 이것은 거의 사실이 아니지만) 주장하는 방법이다. 둘째, 일단 모든 사실이 확인되고 나면 누군가는 분명히 어떤 조치를 취할 것임을 (이것 역시 대개 사실이 아니다.) 시사하는 방법이다. 진상 조사단은 정부가 실제로는 하지 않는 어떤 일을 하고 있다고 대중에게 알리는 방식이다. 하지만 대기업도 만약 그들이 노예나 아동을 운동화 공장에 고용하고 있음이 알려지거나 유독 물질을 몰래 버리다가 들키면 정부와 똑같이 행동할 것이다. 이 모든 것이 불럿이지만, 불럿 '직업'

의 범주에는 단순히 대중을 차단하는 것이 아니라(이것은 최소한 회사를 위해 유용한 목적을 수행하는 거라고 주장할 수 있다.) 조직 내부에서 이런 일을 하는 사람들이 해당한다.[16]

준법 감시 산업(the corporate compliance industry)은 그 중간 형태로 볼 수 있다. 이것은 명시적으로는 미국 정부의 규제 때문에 만들어진 제도다.

> **라일라** 내 직장은 연방 규정인 해외부패방지법(Foreign Corrupt Prac-
> tices Act) 때문에 만들어진 성장 산업이다. 기본적으로 미국 기업들은
> 해외의 부패 기업과 거래하지 않는다는 점을 확인하는 실사를 받아야
> 한다. 우리 회사의 고객은 테크놀로지, 자동차 회사 등의 대기업인데,
> 그런 기업에는 중국(내가 담당하는 지역) 같은 지역에서 운영되거나
> 부품을 공급하는 무수한 소기업이 딸려 있을 수 있다.
>
> 우리 회사는 고객사에 실사 보고서를 작성해 준다. 기본적으로는 인터
> 넷을 한두 시간 검색한 다음 그 내용을 편집하여 만든 보고서다. 모든
> 보고서에 일관성이 있도록 전문용어를 많이 사용하고 숙련도를 대폭
> 높인다.
>
> 가끔은 눈에 띄는 위험신호를 인터넷에서 찾아내기도 한다. 예를 들어
> 어떤 기업의 사장에게 범죄 경력이 있을 수 있다. 하지만 내가 볼 때 이
> 런 작업에서 사실성과 불쉿 요소의 비율은 20 대 80이다. 누군가가 범
> 죄로 기소되지 않는 한, 그들이 광저우에서 돈봉투를 받았는지 아닌지
> 를 브루클린의 아파트에 있는 내가 알아낼 방도는 없다.[17]

물론 어떤 층위에서는 모든 관료제가 이 원칙에 따라 움직인

다. 즉 성공을 정의하는 형식적 기준이 일단 도입되고 나면 조직에서 '현실'이란 곧 종이 위에 있는 것들이 되고, 그 뒤에 남아 있는 인간적 현실은 기껏해야 이차적 관심사일 뿐이다. 내가 예일대학교 신참 교수이던 시절에 벌어진 끝없는 토론 하나가 생생하게 기억난다. 한 고고학과 대학원 1년 차 학생의 남편이 회사에 출근한 첫날 자동차 사고로 사망하는 일이 있었다. 이유는 알 수 없지만 그 사고의 충격으로 그녀에게는 서류 작업을 하지 못하는 정신적 장벽이 생겼다. 그녀는 여전히 강의를 들었고, 수업 시간 토론에 열성적으로 참여했으며, 보고서를 제출해 좋은 성적을 받았다. 그러나 학기 말이 되면 언제나 교수들은 그녀가 공식적으로 수업을 등록하지 않았음을 알게 되었다. 학과의 막후 인물이 교수 회의에서 지적했듯이, 문제된 것은 오로지 그 점뿐이었다.

"교무처의 직원들이 볼 때, 서류를 제시간에 제출하지 않았으면 수업을 듣지 않은 것입니다. 그러니 당신의 학업 수행 성적은 전혀 매겨지지 않습니다." 다른 교수들은 투덜대고 잔소리를 할 것이고, 그녀의 "개인적 비극"(이 개인적 비극의 정확한 성격이 구체적으로 언급된 적은 한 번도 없었다.(나는 나중에 다른 학생들로부터 사정을 들었다.))을 이따금 조심스럽게 시사하기도 하겠지만, 교무처의 태도에 근본적으로 반대를 제기하는 사람은 아무도 없었다. 그것이 행정적 관점에서 본 현실이었다.

결국 그녀에게 마지막으로 후기 지원서 한 장을 제출하게 했지만 역시 아무 반응이 없었다. 오로지 자신을 도우려는 일념에서 움직이는 사람들을 그토록 힘들게 했으니 사려 깊지 못하다고 대학원 학장이 끝도 없이 퍼붓는 잔소리를 들은 뒤,[18] 그 학생은 서류 작업을 수행할 수 없는 사람은 결코 학자 경력에 적합하지 못하다는 이유로 과정에서 탈락했다.

정부 기능이 비즈니스와 비슷해지는 방향으로 개편되고 시민들이 "고객"으로 규정되는 상황에서 이러한 사고방식은 줄어들지 않고 더 늘어나는 것 같다. 마크는 영국의 지방의회에서 품질 성능 담당 주임으로 일한다.

> **마크** 내가 하는 일은, 특히 일선에서 고객을 상대하는 자리를 떠난 뒤에는 거의 모두 형식적인 서류 작성하기, 고위급 관리자들에게 상황이 아주 좋은 척하기, 또 의미도 없는 숫자를 "짐승에게 먹여"(기계에 입력하여—옮긴이) 상황을 잘 관리하고 있다는 착각을 주기 등이다. 이런 일 가운데 시민들에게 조금이라도 도움이 되는 일은 하나도 없다.
> 나는 화재 경보를 울려 직원들을 모두 주차장에 모이게 한 어느 고위 간부에 관한 야담을 들은 적이 있다. 그런 다음 그는 화재 경보가 울렸을 때 고객을 상대하는 중이던 직원들은 즉시 건물로 돌아가라고 했다. 다른 직원들은 고객을 상대하던 직원들 중 누군가가 도움을 요청하면 한 명씩 돌아갈 수 있었다. 그리고 계속 그런 식으로 진행되었다. 내가 그 시의회에 있을 때 이런 일이 일어났다면 아마 아주 오랫동안 주차장에 남아야 했을 것이다!

이어서 마크는 지방 정부를 매달 "목표 점수"를 둘러싼 끝없는 형식적 서류 작성 의식에 불과한 것으로 묘사한다. 이런 목표치는 사무실의 포스터에 실리고, 발전은 녹색으로, 정체는 노랑으로, 후퇴는 빨강으로 표시된다. 감독관들은 임의적인 통계 변화의 기본 개념에 대해서도 무지한 것으로 나타났다. 아니면 적어도 그런 척했다. 매달 녹색 표시를 받은 사람은 상을 받고, 빨강 표시를 받은 사람은 일을 더 잘하라는 독촉을 받았다. 이 중에 서비스 업무에 실제로 관련되는 것은 거의 없었다.

> **마크** 내가 수행한 프로젝트 가운데 하나는 "서비스 표준"을 수용하는 방도를 제시하는 것이었다. 그 프로젝트에는 고객들에게 입에 발린 칭찬을 하는 것이나 회의에서 관리자들과 오랜 토론을 하는 일, 그런 다음 보고서를 써서 회의에 참석한 관리자들에게 칭찬을 많이 받는(주로 그것을 소개하고 보고한 방식이 근사하기 때문에 칭찬받는다.) 일도 포함되어 있었다. 그런 다음 그 보고서는 파일에 철해져 보관된다. 주민들의 삶은 전혀 달라지지 않지만, 직원의 시간은 많이 잡아먹었다. 주민 본인들이 설문 조사에 응답하거나 포커스 그룹에 참여하느라 보낸 시간은 말할 것도 없다. 내 경험상 지방 정부의 정책 업무는 거의 모두 이런 식으로 진행된다.[19]

여기서 보고서가 갖는 물리적 매력의 중요성에 주목하라. 이는 형식적 서류 작성 활동에 관한 증언에서 자주 등장하는 주제인데, 정부보다는 기업 부문에서 더욱 그렇다. 만약 어느 관리자의 현재 중요성이 휘하에서 일하는 부하 직원 수에 따라 평가된다면 그 관리자의 권력과 특권을 직접 물질적으로 나타내 주는 것은 그의 프레젠테이션과 보고서의 시각적 품질일 것이다. 그런 상징물들이 전시되는 회의는 기업 세계에서 고위급 의례로 간주될 수도 있다. 또 봉건 영주의 수행원 중 마상 경기가 시작되기 전에 영주의 말 갑옷에 윤을 내거나 영주의 콧수염을 다듬는 일만 전담하는[20] 하인들이 있는 것처럼, 오늘날의 간부들은 오로지 그들의 프레젠테이션을 준비하거나 보고서에 첨부할 지도, 만화, 사진, 삽화 작성 업무만 전담하는 직원들을 거느린다.

이런 보고서의 대다수는 가부키와 비슷하게 기업이라는 극장에서 상연되는 연극에 지나지 않는다. 보고서를 전부 다 읽는 사람은 없다.[21] 하지만 그렇다고 해서 야심적인 사장들이 단지 "아 그래요, 우리는 그 주제로 보고서를 써 달라고 위촉했어요."라고 말하기 위해 직원의 연봉 절반에 달하는 액수를 회삿돈으로 즐겁게 처리해 버리는 행동을 그만두지는 않는다.

> **해니벌** 나는 세계적인 제약 회사의 마케팅 부서를 위해 디지털 컨설턴트로 일한다. 세계적 홍보 회사들과 함께 일할 때가 많으며, "주요 디지털 보건 관계자들의 참여를 어떻게 개선시킬 것인가"와 같은 제목을 단 보고서를 쓴다. 그런 것은 순수하고 완전한 불쉿이며, 마케팅 부서의 형식적 서류 작성 이상의 다른 어떤 목적에도 기여하지 못한다. 하지만 그런 불쉿 보고서를 써내고 거액의 보수를 요구하기는 아주 쉽다. 최근 나는 어떤 제약 회사의 의뢰를 받아 글로벌 전략 회의 때 발표할 두 쪽짜리 보고서를 쓰고 1만 2000파운드를 청구할 수 있었다. 그 보고서는 결국 사용되지도 않았다. 그들에게 할당된 회의 시간 내에 그 의제까지 나아가지도 못했기 때문이다. 하지만 내가 보고서를 써 준 그 팀은 어쨌거나 행복해했다.

오로지 이런 형식적 서류 작성 행동을 촉진할 용도로 존재하는 하층 산업이 있다. 나는 시카고대학교 과학 도서관에 있는 도서관 상호 대차 부서(Interlibrary Loan office, 여러 도서관을 연결하여 필요한 도서를 찾을 수 있게 해 주는 기관)에서 몇 년 일했는데, 그곳 사람들이 하는 업무의 적어도 90퍼센트는《세포생물학 저널》,《임상 내분비학》,《미국 내과학 저널》같은 간행물에 실린 논문을 복사해 우송하는 일이었다.(나는 운 좋게도 다른 일을 했다.)

처음 몇 달 동안 나는 순진하게도 이런 논문들을 의사들에게 보낸다고 생각했다. 한 동료가 나중에 재미있다는 표정으로 내게 설명해 준 사실은 그와 반대였다. 압도적 다수가 변호사들에게 발송된다는 것이다.[22] 당신이 의사를 오진으로 고소할 경우, 극적인 순간에 맞춰 인상적인 과학적 자료들을 쾅 하고 테이블에 내려놓고 증거를 제시하는 일도 있을 수 있다. 실제로는 아무도 이런 자료들을 읽지 않으리라는 걸 모두 알고 있지만, 피고 측 변호사나 그의 전문가 증인들이 확인을 위해 그런 자료 중 아무것이나 집어 들어 읽을 가능성은 언제나 있다. 그러니 우리 측 법률 보조원들이 적어도 사건에 어떤 식으로든 관련되어 있다고 그럴듯하게 언급할 만한 논문을 찾아낼 수 있는지가 중요하게 여겨지는 것이다.

이 책 후반에서 보겠지만, 사기업들은 자신이 실제로 하고 있지 않은 어떤 일을 하고 있다고 말해 줄 사람들을 무척 다양한 방법으로 고용한다. 가령 많은 대기업에서 사보나 텔레비전 채널을 운영한다. 그런 매체들의 표면상 목적은 직원들에게 흥미로운 최신 뉴스와 시사 문제를 알려 주는 것이지만, 실제로는 경영진이 미디어로부터 자신들에 대한 우호적인 이야기를 들을 때나 혹은 완전히 기자처럼 보이지만 듣고 싶지 않은 질문은 절대로 던지지 않는 사람들과 인터뷰할 때와 같은 따뜻하고 기분 좋은 감정을 느끼도록 하는 것 외의 다른 존재 이유는 없다. 그런 매체들은 대체로 작가와 프로듀서, 기술자들에게 상당히 넉넉한, 때로는 시세보다 두세 배는 더 많은 보수를 주는 경향이 있다. 하지만 내가 만난 사람들 중 이 일을 전업으로 하던 사람들은 모두 이것이 불쉿 직업이라고 말했다.[23]

(5) 작업반장

'작업반장'은 두 가지 유형으로 나뉜다. 한 유형은 사람들에게 업무를 배당하는 일만 하는 사람들이다. 만약 작업반장 본인이 스스로 개입할 필요가 전혀 없는 상황이라고 믿는다면, 또 그가 없어도 부하 직원들이 자체적으로 완벽하게 업무를 수행할 수 있다면 이 업무는 불쉿일 수 있다. 그래서 이 유형의 작업반장은 제복 입은 하인의 정반대로 볼 수 있다. 즉 이들은 불필요한 일을 하는 부하가 아니라 불필요한 일을 하는 상사다.

첫째 유형의 작업반장이 그저 쓸모없기만 하다면, 둘째 유형은 실제로 해를 끼친다. 이들은 타인에게 불쉿 업무를 만들어 내고 감독하며, 심지어 완전히 새로운 불쉿 업무를 만드는 것을 일차적 임무로 삼는 사람들이다. 이들을 '불쉿 생성자(bullshit generators)'라 불러도 좋겠다. 둘째 유형 역시 작업반장 역할 외에 진짜 임무가 따로 있을지도 모른다. 하지만 그들이 하는 일 대부분이 타인에게 불쉿 업무를 만드는 것이라면, 자신의 업무 역시 불쉿으로 분류할 수 있다.

예상할 수 있겠지만 작업반장으로부터 증언을 얻기는 특히 어렵다. 마음속으로는 본인의 업무가 쓸모없다고 생각할지라도 그것을 인정할 가능성은 낮다.[24] 그러나 나는 몇 안 되지만 속마음을 털어놓은 사람들을 만났다.

벤은 첫째 유형의 전형적인 사례로, 중간 관리자다.

벤 나는 불쉿 직업을 갖고 있는데, 어쩌다 보니 그게 중간 관리자의 위치다. 내 밑에서 일하는 사람이 열 명 있지만, 내가 아는 한 그들 모두 내 감독 없이도 업무를 볼 수 있다. 내가 하는 유일한 기능은 그들에게 업무를 나눠 주는 것이다. 짐작하건대 업무를 실제로 만들어 내는 사람들이 충분히 직접 분배할 수 있다.(많은 경우 할당된 작업은 불쉿 직업에 종사하는 다른 관리자들이 만든 결과물이다. 그런 점에서 내 업무는 이중의 불쉿이 된다.)

나는 이제 막 이 자리로 승진했는데, 업무 시간 중 많은 부분을 그저 주위를 돌아보면서 무얼 해야 하는지 궁금해하며 보낸다. 기껏해야 일하는 사람들에게 동기부여를 하는 역할에 불과하다. 내가 아무리 진정으로 노력한다 한들 이 일이 내가 받는 봉급에 걸맞는지 의심이 든다.

벤의 계산으로는 업무를 배당하고 부하 직원들을 감독하는 데 근무시간의 적어도 75퍼센트를 소모한다. 하지만 설사 자신이 자리에 없어도 부하들이 달리 행동하리라고 의심할 이유가 전혀 없다는 것이 그의 주장이다. 또 그는 자신도 슬그머니 진짜 일을 맡아 보려고 계속 애를 쓰지만, 상관들이 결국은 알아차리고 그렇게 하지 말라고 지시한다고 한다. 벤이 내게 증언을 보내 준 것은 그 일자리에 있은 지 고작 두 달 반밖에 안 되었을 때였다.(그래서 그가 솔직할 수 있었는지도 모른다.) 만약 그가 결국 굴복하고 자신의 새 역할을 받아들인다면 그는 또 다른 증언의 말대로 "중간 관리자들이 하는 일은 오로지 하급 직원들이 그들의 '생산성 수치'를 확실하게 달성하도록 하는 일"임을 이해하게 될 것이며, 그럼으로써 그의 부하들이 눈속임하려고 애쓸 수도 있는 공식적인 측정 기준을 제시하기 시작할 것이다.

감독할 필요가 없는 사람들을 감독하라고 강요당하는 것은 실제로 아주 흔한 불평이다. 다음은 지역화 부서에서 관리 차장으로 일하는 알폰소의 증언이다.

> **알폰소** 나는 통역가 다섯 명이 있는 팀을 감독하고 운영하는 일을 한다. 문제는 팀이 자체 관리 능력을 완벽하게 갖추고 있다는 사실이다. 팀원들은 사용해야 하는 도구를 모두 잘 다루며, 당연히 자신의 시간과 업무를 관리할 수 있다. 그래서 나는 보통 '업무 문지기' 역할만 한다. 지라(Jira, 업무 관리를 위한 관료제 방식의 온라인 툴—옮긴이)를 통해 업무 요청이 오면 나는 각 업무를 적절한 사람에게 전달한다. 그 외에 관리자에게 정기적으로 보고서를 보내는 일도 하는데, 내 관리자는 또 그것들을 모아 사장에게 보내는 '더 중요한' 보고서를 작성한다.

이런 식으로 작업반장과 형식적 서류 작성 직원의 업무를 합친 것이 중간 관리자의 핵심일 것이다. 알폰소는 사실 유용한 기능을 하나 수행한다. 하지만 그것은 일본에 있는 본사가 아일랜드에 있는 그의 통역가 팀에게 할당할 일이 너무 없기 때문에, 그들이 아주 바쁘게 일하고 있으며 해고할 사람이 없는 것처럼 보이도록 보고서를 끊임없이 지어내야 하기 때문에 생기는 기능이다.

계속해서 작업반장의 두 번째 유형으로 넘어가 보자. 타인에게 시킬 불쉿 업무를 만들어 내는 유형 말이다. 클로이의 사례로 시작해 보자. 그녀는 영국의 저명한 대학에서 학장직을 맡고 있으며, 말썽 많은 캠퍼스에 "전략적 리더십"을 도입하는 특별한 책임을 진 사람이다. 여전히 스스로를 교수나 학자로 여기기를 좋아하며 학문의 방앗간에서 고생스럽게 일하는 사람들은 이제 '전략적'이라는 단어를 두려워한다. "전략적 임무 보고(Strategic mission statements)"(더 심하게 말하면 "전략적 비전 자료")는 특히 공포감을 심어 준다. 이런 것들이 기업 경영 테크닉(수행 평가를 위한 정량적 방법을 설정하고, 교수와 학자들이 실제로 일하는 시간을 줄이고 대신 그들이 하는 일을 평가하고 정당화하는 데 더 많은 시간을 쓰도록 압박하는 기술)을 학계에 주입하는 일차적 수단이기 때문이다. 품질, 탁월성, 리더십, 투자자 같은 단어를 자주 쓰는 자료에도 동일한 의혹을 품을 수 있다. 그래서 나는 클로이가 "전략적 리더십" 지위에 있다는 말을 듣고 즉각 그녀의 직업이 불쉿 직업일 뿐만 아니라 타인의 삶에도 적극적으로 불쉿 업무를 끼워 넣었으리라는 의심이 들었다.

클로이의 증언에 따르면 이것은 정확히 사실이었다. 비록 처음에는 내가 생각한 바로 그 이유 때문은 아니었지만 말이다.

클로이　　내가 맡은 학장의 역할이 불쉿 직업이었던 이유는 대학교의 모든 비집행 학장이나 부총장, 다른 "전략적" 직책들이 불쉿 직업인 것과 같은 이유다. 대학 내에서 권력과 책임이 따르는 진짜 직책은 조직을 관통하는 돈의 흐름을 따라간다. 집행 부총장이나 학장(달리 말해 예산을 쥐고 있는 사람)은 돈이라는 채찍(또는 당근)을 활용해서 학과들이 해야 하는 일, 할 수 있는 일, 하고 싶어 하는 일을 놓고 구슬리고 강압하고 격려하고 윽박지르고 협상할 수 있다. 전략적 학장과 다른 직책들은 당근도 채찍도 없다. 그들은 비집행 직책으로 돈도 없고 (내게 설명한 내용으로 볼 때) 설득력과 영향력도 없다.

나는 대학교 리더십 부서에 있지 않았으므로, 대상, 전체 전략, 수행 척도, 감사 등에 관한 논의에는 전혀 연루되지 않았다. 내게는 예산이 없었다. 건물이나 시간표나 다른 어떤 운영 문제에 대해서도 권한이 없었다. 할 수 있는 거라고는 오로지 새로운 전략을 제출하는 것뿐이었는데, 사실 그것은 이미 합의된 대학 전략을 다시 손질한 것이었다.

그러므로 그녀가 일차적으로 할 일은 영국 학계가 그토록 중요시하는 숫자 놀음과 형식적인 서류 작성을 정당화하기 위해 정기적으로 채택되는 또 다른 전략적 비전 보고서를 내는 것이었다.[25] 하지만 클로이에게는 실제적 권력이 전혀 없었으므로 그런 발언은 모두 의미 없는 그림자놀이였다. 그녀가 실제로 얻은 것은 모든 고위급 대학 경영자들이 일차적 명예의 상징으로 얻는 것, 즉 그녀만의 자그마한 행정 직원들의 제국이었다.

클로이　내게는 75퍼센트 풀타임으로 근무하는 개인 조수, 역시 75퍼센트 풀타임인 "특별 프로젝트와 정책 지원 사무원", 그리고 풀타임 박사후과정 연구원, 그리고 2만 파운드의 "경비"가 주어졌다. 다른 말로 하면 불쉿 직업을 지원하는 (공적) 자금의 한 조각이 주어진 것이다.

특별 프로젝트와 정책 지원 사무원은 프로젝트와 정책을 수립하는 일을 도와주었다. 개인 조수는 똑똑했지만 그냥 여행사 직원이나 일정 비서의 미화된 버전일 뿐이었다. 연구원은 시간과 돈의 낭비였다. 나는 혼자 일했고 조수가 별로 필요 없는 연구자였기 때문이다. 그래서 나는 2년 동안 나 자신과 다른 사람들을 위해 일을 만들어 내면서 살았다.

클로이는 아주 너그러운 상사인 것 같다. 무시당할 걸 이미 알고 있는 전략을 개발하느라 그녀가 시간을 쏟아붓는 동안, 그녀의 특별 프로젝트에 소속된 사무원은 "시간표 시나리오를 작성하면서" 유용한 통계를 수집했다. 개인 조수는 자기 일기를 썼으며, 연구원은 자신의 연구를 했다. 이것은 그 자체로는 전혀 잘못이 아니다. 적어도 그들 중 누구도 해를 끼치지는 않았으니까. 그 연구원이 나중에 인류의 지식에 중대한 기여를 하게 될지 모르는 일 아닌가. 클로이에 따르면, 이런 사태 전체에서 정말 언짢은 것은 자신도 진짜 권력을 쥐었더라면 아마 피해를 입혔을 것이라는 궁극적인 깨달음이었다. 왜냐하면 학장직을 2년간 맡은 뒤 그녀는 현명치 못하게도 학과장 자리를 받아들였는데, 덕분에 사태를 다른 측면에서 볼 수 있었기 때문이다. 그녀는 6개월 뒤 비참하고 역겨운 심정으로 학과장 자리를 떠났다.

클로이 학과장을 지낸 아주 짧은 기간 동안 나는 업무의 최소한 90퍼센트가 쓸모없다는 사실을 깨달았다. 학장이 지휘 계통에 따라 상신할 전략 자료를 작성할 수 있도록 서류 양식 채워 보내기, 연구와 교수 활동을 감사하고 모니터링하는 잡다한 서류 작성하기, 학과에 이미 주어진 예산과 직원을 정당화하는 5개년 계획을 되풀이하여 수립하기, 서랍 속에 보관되어 다시는 읽히지 않을 연례 평가서 작성하기 등이 학과장의 업무다. 또 이런 과제들을 수행하기 위해 직원들을 불러 힘을 보태라고 부탁한다. 그렇게 하여 불쉿이 증식한다.

그래서 내가 무슨 생각을 하느냐고? 불쉿 직업을 생산하는 것은 자본주의 자체가 아니다.[26] 복잡한 조직 내에서 실행된 경영주의 이데올로기다. 경영주의가 정착하면 경영주의의 접시돌리기(전략, 수행 목표, 감사, 리뷰, 평가, 갱신된 전략 등)를 멈추지 않게 하는 것만을 업무로 삼는 온갖 교직원이 생긴다. 그런 일은 대학교의 진정한 살아 있는 피, 즉 교육으로부터 전적으로 차단된 방식으로 발생한다.

이 점에 관해 마지막 말은 클로이의 몫으로 남겨 둔다. 클로이는 적어도 직원을 배정받은 다음에 그들에게 계속 일거리를 주려고 궁리했다. 그에 비해 공공 부문과 민간 부문 양쪽에서 작업반장 직업을 계속 맡아 온 타니아는 완선히 새로운 불쉿 일자리들이 이떤 식으로 생기는지 설명해 준다. 타니아의 증언은 이 장에서 전개한 유형론을 명시적으로 통합하는 것이어서 특별하다. 연구가 끝날 무렵 나는 그때 막 만든 다섯 가지 유형의 분류법을 트위터에 올려 의견과 개선할 점을 알려 달라하고 반응을 지켜보았다. 타니아는 이 분류법이 자신의 경험에 잘 들어맞는다고 여겼다.

타니아 불쉿 직업에 대한 당신의 분류법에 따르면 나는 작업반장에 속할 것 같다. 나는 6억 달러의 예산과 1000명의 직원이 딸린 부서 두 곳을 위해 인사관리, 예산, 교부금, 계약, 출장을 처리하는 경영지원실의 두 부국장 중 하나였다.

관리자 자리에 있다 보면(아니면 기능적 틈새를 메우도록 돕는 임시 땜질꾼으로 있다 보면) 언젠가는 조직의 필요를 충족시키기 위해 새 직원을 채용할 필요가 있음을 깨닫게 된다. 대부분의 경우 내가 채우려고 애쓰는 그 필요란 형식적 서류 작성 직원이나 임시 땜질꾼을 요구하는 나 자신의 수요, 또는 불쉿이 아닌 업무를 위해 사람을 채용하거나 각자 깡패와 제복 입은 하인 비율을 맞춰야 하는 다른 관리자들의 수요다.

내게 임시 땜질꾼이 필요한 이유는 대개 효율이 낮은 프로그램 관리자 시스템(자동화된 워크플로와 사람이 직접 해야 하는 워크플로 모두)을 보완해야 하기 때문이다. 가끔 업무 효율이 낮은 형식적 서류 작성 직원과 심지어는 예전 상사들 밑에서 25년간 계속 일하면서 탁월한 업무 능력을 보여 온 불쉿이 아닌 직업을 맡은 부하들까지 보완해야 할 때도 있다.

이 마지막 사항이 중요하다. 기업 환경에서도 연령대가 높고 업무 평가가 좋은 부하들을 무능하다고 해고하기는 무척 힘들다. 정부 관료 조직에서 그런 사람을 처리하는 가장 쉬운 방법은 "그들을 위층으로 던지는" 것이다. 즉 다른 누군가에게 골치 아픈 사람이 될 만한 자리로 그들을 승진시키는 것이다. 하지만 타니아는 이미 이 특별한 위계질서의 꼭대기에 있으므로, 무능한 직원이 설사 위층으로 던져진다 하더라도 계속 그녀의 골칫거리로 남는다. 그녀에게는 두 가지 선택지가 있었다. 무능한 부하를 의미 있는 책임이 주어지지 않는 불쉿 일자리로 이동시키거나, 그런 직책이 없다면 그를 그냥 자리에 두고 다른 사람을 채용해 그의 일을 하게 하는 것이다. 하지만 후자를 선택한다면 또 다른 문제가 생긴다. 무능한 직원의 일을 시키려고 사람을 채용할 수는 없다. 그 무능한 직원이 이미 그 자리에 있기 때문이다. 그러니 새 일자리를 만들어야 한다. 새 일자리에는 교묘한 업무 설명이 붙지만 그 설명이 허튼소리란 건 알 것이다. 뭔가 다른 일을 시키려고 채용하는 것이니 말이다. 그런 다음 새 직원이 들어오면 그렇게 꾸며 낸 업무, 실제로는 그가 해내기를 바라지 않는 업무를 해낼 이상적인 자격을 갖추었다는 시늉을 해야 한다. 이 모든 일에는 엄청난 수고가 필요하다.

> **타니아** 직업 분류와 직위 설명이 체계적으로 갖추어진 조직에서는 누군가를 채용하려면 그 일자리가 확립되고 구분되어 있어야 한다. (이는 불쉿 직업과 협잡의 직업적 우주다. 장학금 지원서나 계약 제안서를 쓰는 사람들의 세상과 비슷하다.) 그러므로 불쉿 업무를 만들어 내려면 흔히 불쉿 서사의 우주 전체를 지어내야 할 때가 많다. 그런 우주에는 그 직위의 목적과 기능뿐만 아니라 업무를 제대로 수행하기 위해 필요한 자격 요건도 기록되며, 그런 기록은 인사관리국과 회사의 인사부 직원들이 규정한 양식에 맞아야 하고 특별한 관청 용어도 적절하게 써야 한다.
>
> 그런 과정을 처리하고 나면 같은 부류의 직업에 대해 설명하는 공고를 내야 한다. 채용 자격을 갖추려면 지원자는 그 공고의 주제와 표현법을 활용한 이력서를 제출해야 한다. 그래야 우리 회사가 쓰는 채용 소프트웨어가 그들의 자질을 인식하니까. 그 사람이 채용되고 나면 그들의 임무가 연례 평가의 기반이 될 또 다른 서류에 기록되어야 한다. 나는 채용 소프트웨어를 확실하게 통과하도록 지원 후보자의 이력서를

내 손으로 다시 쓴 적이 있다. 그래야 내가 그들에게 면접 기회를 주고 선발할 수 있을 테니까. 그들이 컴퓨터를 통과하지 못한다면 검토 대상도 되지 못한다.

우화처럼 표현해 보자. 다시 당신이 봉건영주라고 상상하라. 당신은 정원사를 구한다. 정원사는 20년간 충실하게 근무했는데, 술 때문에 심각한 문제를 일으킨다. 걸핏하면 서양민들레 싹이 사방에서 돋아나고 사초가 시들기 시작하는 화단에서 구겨져 자곤 한다. 하지만 그는 인맥이 좋기 때문에 그를 해고한다면 기분을 거스르면 안 되는 사람들의 기분을 거스를 것이다. 그래서 당신은 새 하인을 고용한다. 표면적으로 새 하인은 문손잡이에 윤을 내거나 다른 사소한 일을 담당한다. 그런데 당신은 그 일을 할 사람으로 반드시 경험 많은 정원사를 데려오도록 지시했다.

그것까지는 좋다. 문제는 기업 환경에서 그냥 새 하인을 불러다 근사한 호칭이 붙은 직책('출입구 담당 선임 집사' 따위)을 주고, 실제 업무는 정원사가 술에 취했을 때 일을 대신하는 거라고 말해 줄 수는 없다는 사실이다. 문손잡이 닦는 사람이 실제로 무슨 일을 하는지 교묘한 가짜 설명을 궁리해 내야 하고, 새 정원사는 왕국 최고의 문손잡이 닦이인 척하도록 교육시켜야 하며, 그런 다음 그의 임무 설명을 형식적 서류 작성식 정기 평가의 기초로 사용해야 한다. 그리고 만약 술이 깬 정원사가 웬 낯선 젊은이가 자기 일에 끼어드는 걸 싫어한다면, 이제 당신은 문손잡이 닦이를 풀타임 직원으로 거느려야 한다. 타니아에 의하면 이것은 작업반장들이 불핏 직업을 만들어 내는 여러 방식 가운데 하나일 뿐이다.

복합적 다중 유형의
불쉿 직업

이 다섯 유형이 전부가 아니다. 새로운 유형도 제안할 수 있다. 내가 들은 설득력 있는 제안 하나는 '상상의 친구들'이라는 유형인데, 표면적으로는 비인간적 기업 환경을 인간적으로 만들 목적으로 채용되었지만 실제로는 주로 가공의 교묘한 게임을 치르도록 강요하는 사람들을 말한다. 창조성이나 마음챙김에 대한 강제 세미나, 의무적인 자선 행사 같은 것에 대해서는 나중에 이야기하자. 그냥 각자 알아서 하도록 내버려 두면 아마 더 즐거웠을 사무실 여건에서 화목을 만들어 내기 위해 코스튬을 입거나 멍청한 게임을 디자인하는 일을 경력의 전부로 삼아 온 노동자들이 있다. 이런 유형은 형식적 서류 작성 직원의 일종으로 볼 수도 있지만, 별도의 현상으로 볼 수도 있다.

앞선 사례로 짐작하겠지만, 어떤 직업이 불쉿 직업이기는 한데 다섯 유형 가운데 정확하게 어디에 속하는지 판단하기 힘들 수 있다. 여러 유형의 요소가 섞인 것처럼 보일 때가 많다. 형식적 서류 작성 직원이 동시에 제복 입은 하인일 수도 있고, 소속된 조직의 규칙이 변해 결국 단순한 제복 입은 하인이 되어 버리기도 한다. 제복 입은 하인 역시 파트타임 임시 땜질꾼일 수도 있고, 문제가 생기면 상관이 그것을 고치는 게 아니라 그냥 나태한 아랫사람 하나를 재배치하는 편이 더 쉽겠다고 판단하여 풀타임 임시 땜질꾼이 될 수도 있다.

비집행 학장인 클로이의 경우를 생각해 보라. 어떤 면에서 그녀 역시 제복 입은 하인이었다. 그녀의 직위는 대체로 상징적인 이유로 상관들이 만들었기 때문이다. 하지만 그녀는 부하들에게는 작업반장이었다. 그녀와 부하들은 할 일이 많지 않았으므로 그녀는 임시방편으로 땜질할 수 있는 일거리를 찾아다니느라 시간을 썼고, 결국 권력이 더 주어지더라도 자신이 하게 될 일은 거의 형식적 서류 작성 작업에 불과하리라는 것을 깨달았다.

텔레마케팅 회사에서 일한 남자가 해 준 증언이 있다. 그 회사는 주요 IT 기업(애플이라고 해 두자. 애플인지 아닌지 나는 모른다. 그는 기업 이름을 말해 주지 않았다.)과 계약한 회사였다. 그의 업무는 기업에 전화를 걸어 애플 영업 사원들과 만나 보라고 설득하는 일이었다. 문제는 그가 전화하는 모든 기업에 이미 같은 사무실에서 일하는 애플의 전담 영업 사원이 있었다는 점이다. 게다가 그들은 이 사실을 완벽하게 인지하고 있었다.

짐 나는 우리 거물 테크놀로지 고객 기업에서 온 영업 사원이 이미 사무실에 자리 잡고 있는데 같은 기업에서 파견된 다른 영업 사원과 미팅을 하는 것이 어떤 장점이 있는지를 미래의 단골들에게 어떻게 설득할지 상사들에게 자주 물어본다. 어떤 사람은 나처럼 대책이 없었지만 보다 유능한 관리자들은 내가 핵심을 놓치고 있다고 참을성 있게 설명해 주었다. 약속을 정하는 전화는 사교적 호의의 게임이라는 것이다. 단골 후보자들이 미팅을 잡는 것은 비즈니스상의 문제를 해결하는 데 도움이 된다고 생각해서가 아니다. 미팅을 잡지 않는 것이 무례한 처신이기 때문이다.

이는 말할 수 없이 무의미한 짓이다. 하지만 그것을 어떻게 정확하게 분류하겠는가? 짐은 분명히 다른 텔레마케터처럼 깡패(goon)가 되기에 족하다. 하지만 그는 오로지 사람들을 형식적 서류 작성 직원이 되도록 조종하는 것만 목적으로 삼는 깡패였다.

또 애매하게 다중 유형에 속하는 범주가 '고충 처리자(flak-catchers)'다. 이것은 제복 입은 하인과 임시 땜질꾼이 섞인 형태로 보일 수 있지만 나름 확실하게 고유한 성격이 있다. 고충 처리자는 흔히 타당한 불만을 접수하는 부서에 고용된 하급 직원들이지만, 제기된 불만 사항에 대해 아무 조치도 취할 권한이 없다는 바로 그 이유로 그 역할을 맡은 사람들이다.

물론 고충 처리자는 모든 관료 사회에서 친숙한 역할이다. 목수가 오지 않았다는 사실에 대해 사과하는 것이 업무인 남자는 일종의 고충 처리자로 간주할 수 있고, 그렇다면 그의 자리는 지극히 안락한 편이다. 고함을 지르지 않고 테이블을 주먹으로 두들기지도 않으며 또 화난 기색을 드러내지도 않을 대학교수들과 행정 직원들만 상대하면 되기 때문이다. 다른 상황에서는 고충 처리자가 정말로 위험에 처할 수 있다. 내가 영국에 처음 왔을 때 놀란 것 중 하나는 시민들이 말단 행정 공무원들에게 폭력을 행사하면 안 된다는 안내문이 공공장소에 붙어 있다는 사실이었다.(나는 당연히 그런 행동을 하지 말아야 한다고 생각해 왔는데, 실은 당연하지 않았던 모양이다.)

가끔 고충 처리자가 자신이 그 자리에 있는 목적을 잘 아는 경우도 있다. 가령 캐나다의 한 단과대학에서 근로장학생으로 일한 너새니얼은 등록처에서 사람들에게 잘못 기입된 서류를 지적해 주고 전부 다시 작성하라고 말해 주는 일을 맡았다.

너새니얼 일선의 직원들이 모두 학생이었기 때문에, 사무실에서 사람들이 얼마나 화를 낼 수 있는지 상한선이 정해져 있는 것이나 마찬가지였다. 사람들이 화를 내기 시작하면 첫마디는 이렇게 해야 한다. "미안해요. 나도 이게 아무 의미 없는 거 알아요. 나도 학생이니까."

다른 고충 처리자들은 감동적일 만큼 순진무구해 보인다.

팀 나는 여름 동안 대학교 기숙사에서 일한다. 이 일을 한 지 3년이 되었는데, 지금 봐도 내 실제 임무가 무엇인지 아직도 전혀 감을 못 잡고 있다. 일차적으로는 프런트데스크에 물리적으로 존재하는 것이 내 업무인 것 같다. 업무 시간의 약 70퍼센트는 이 일이다. 이 일을 하는 동안에는 "나 자신의 프로젝트"를 해도 좋다. 그러니 빈둥거리며 시간을 보내다가, 서류장에서 찾아낸 고무 밴드로 고무공을 만들어도 좋지 않을까 싶다. 이런 일 때문에 바쁘지 않을 때는 사무실의 이메일을 살펴보거나,(물론 기본적으로 나는 직업훈련을 받지 않았고 행정 능력도 없으니, 고작해야 이런 이메일을 상사에게 전달하는 정도밖에 하지 못한다.) 창고로 가는 길에 떨어진 짐 뭉치를 문간에서 치우거나, 전화를 받거나,(역시 나는 아는 것이 없으므로 전화한 사람이 만족할 만한 대답을 하지 못한다.) 책상 서랍에서 2005년 날짜가 찍힌 케첩 봉지를 찾아내거나, 관리부에 전화해 기숙사생이 포크 세 개를 쓰레기 디스포저에 떨어뜨리는 바람에 싱크대가 썩은 음식을 쏟아 내고 있다는 등의 사실을 보고하기도 한다.

이외에도 가끔 사람들이 확실히 내 잘못이 아닌 일로 소리 지르기도 한다. 쓰레기 디스포저에 포크 세 개를 빠뜨렸다거나, 근처에서 공사가 진행 중이라거나, 혹은 기숙사비를 연체했는데 나는 규정상 기숙사비 1400달러를 현금으로 받지 못하게 되어 있고 이를 처리할 권한이 있는 내 상사는 주말에 근무하지 않는다거나, 「베첼러(The Bachelor)」를 편하게 볼 수 있는 텔레비전이 없다는 등의 이유로 말이다. 이런 식으로 소리 지르는 것이 그들에게는 카타르시스가 되는 모양이다. 나는 고작 열아홉 살 밖에 안 되었고, 아무 권한이 없는 게 분명하니 말이다. 이런 업무를 하고 나는 시급 14달러를 받는다.

표면적으로 팀은 앞에 나왔던 네덜란드 출판사의 불필요한 접수계원처럼 그냥 제복 입은 하인으로 보일 수도 있다. 아무도 없는 프런트데스크는 보기에 좋지 않을 것이다. 하지만 실제로 팀이 고용인으로서 제공하는 진짜 용역은 바로 화가 난 학생들에게 화를 터뜨릴 대상이 되어 주는 일인 듯싶다. 그런 이유가 아니라면 3년이나 지났는데도 여전히 그에게 아무것도 알려 주지 않을 까닭이 있을까?

내가 고충 처리자를 불쉿 업무의 한 유형으로 분류하기를 망설이는 주된 이유는 이것이 진짜 업무이기 때문이다. 팀은 목수가 오지 않은 걸 사과하는 남자처럼 어떤 구조적 결점을 메워 주는 사람

이 아니다. 그가 그 자리에 있는 것은 10대들이 많이 모인 곳에서는
그중 몇몇이 터무니없는 일로 성질을 부리는 상황을 피할 수 없는데
팀의 고용주가 학생들의 분노를 자신이 아닌 다른 누군가에게 돌리
는 쪽을 택했기 때문이다. 다른 말로 하면, 팀의 직업은 쉿 직업이기
는 하지만 불쉿 직업인지는 분명치 않다.

이차적 불쉿 직업

마지막으로 애매모호한 범주는 어떤 면에서 봐도 그 자체로는 무의
미하지 않지만, 무의미한 기업을 지원하기 때문에 궁극적으로는 무
의미해지는 직업들이다. 알기 쉬운 예는 불쉿 기업에서 일하는 청소
부, 안전 요원, 관리인, 기타 지원 업무를 맡은 직원들이다. 독일 군
인들의 컴퓨터를 다른 사무실로 옮기는 데 필요한 서류 작업을 하는
쿠르트의 사무실을 생각해 보라. 아니면 작동하지 않는 알고리즘을
선전하는 누리의 회사를 생각해 보라. 또는 수많은 가짜 텔레마케팅
이나 협력 업체도 마찬가지다.

　이런 사무실에서도 항상 누군가는 화분에 물을 줘야 한다. 누군
가는 화장실을 청소해야 한다. 누군가는 방역 업무를 처리해야 한다.
사실 문제의 회사들은 대부분 온갖 종류의 수많은 기업을 수용하는
큰 사무용 건물을 쓴다. 그래서 대개 청소부나 전기 기사, 방역 업자
가 스스로 쓸모없는 직업에 종사하고 있다고 믿는 사람들만을 대상

으로 일할 가능성은 낮다. 하지만 궁극적으로 불쉿 직업을 지원하는 청소나 전기 업무의 비율을 측정해 본다면 그 수치는 매우 높을 것이다.(유고프 조사가 정확하다면 37퍼센트 정도다.[27])

만약 일자리의 37퍼센트가 불쉿 직업이며 나머지 63퍼센트 가운데 37퍼센트는 불쉿 직업을 지원한다면, 전체 일자리 가운데 50퍼센트를 약간 넘는 수치가 넓은 의미에서 불쉿 부문에 해당한다.[28] 이것을 유용한 직업의 불쉿화(사무직 업무의 최소한 50퍼센트, 아마 다른 형태의 업무에서는 비율이 좀 낮을 것이다.), 그리고 기본적으로 모두가 너무 열심히 일하기 때문에 존재하는 다양한 직업들(개 목욕시키기, 야간 피자 배달부 같은 것)과 합쳐 생각한다면, 우리가 진짜 일하는 시간은 한 주에 열다섯 시간, 심지어 열두 시간까지 내려갈 수도 있다. 누구도 제대로 알아차리지 못한 채로 말이다.

처음 질문으로
되돌아가기

스스로 불쉿 직업에
종사하고 있음을 모를 수 있을까?

이차적 불쉿 직업이라는 개념은 불쉿 직업이 어느 정도까지 주관적 판단의 문제인지, 또 어느 정도까지 객관적 실체를 갖는지의 이슈를 다시금 제기한다. 나는 불쉿 직업이 정말 실재하는 현상이라고 믿는다. 의지할 수 있는 기준이 노동자 본인의 판단뿐이라는 말은 그저 관찰자로서 알 수 있는 점만 말하는 것이다. 또 독자들에게 이 점도 상기시키고 싶다. 나는 그들의 작업이 실제로 어떤 일을 하는지 아닌지의 사실적 질문에 대해서는 노동자에게 결정권을 넘기는 편이 옳지만, 문제의 작업이 어떤 가치 있는 일을 하는가 하는 더 섬세한 이슈에 오면 그 산업에서 일하는 사람들 전반의 의견을 따르는 것이 최선이라고 생각한다. 그렇지 않으면 한 사무실에서 같은 일을 하는 법무 보조원 서른 명 가운데 스물아홉 명은 자신이 하는 일이 불쉿이라고 생각하기 때문에 불쉿 직업을 가졌고, 그 생각에 동의하지 않으며 진정으로 자기 일의 의미를 믿는 한 명은 불쉿 직업을 갖지 않았다고 말하는 다소 우스꽝스러운 입장에 처하게 된다.

개인의 지각 외에는 어떤 실재도 있을 수 없다는 철학적으로 골치 아픈 입장을 택하지 않는 한 사람들이 자신이 하는 일에 대해 착각할 가능성을 부정하기는 힘들다. 이 책의 목적에 비추어 볼 때 이것은 그리 큰 문제가 아니다. 계속 말하고 있듯이 내가 주로 흥미를 느끼는 대상은 주관적 요인이기 때문이다. 나의 목표는 사회적 효용성이나 사회적 가치에 대한 이론을 전개하는 것이 아니다. 그보다는 이토록 많은 사람들이 자신의 직업에 사회적 효용이나 사회적 가치가 없다고 내심 생각하면서 일하고 있다는 사실이 미치는 심리적, 사회적, 정치적 영향을 이해하려는 것이다.

또 나는 사람들이 대개 틀리지 않다고 생각하기 때문에, 누군가 경제의 어느 분야가 진짜이고 어느 분야가 불헛인지를 정말로 알고 싶다면, 어느 분야에서 노동자들이 자기 일이 무의미하다고 느끼고 어느 분야에서 그렇지 않은지의 성향을 검토하는 것이 최선이라고 생각한다. 더욱이 여기서 사회적 가치에 대한 암묵적 이론을 끌어내 다음 결론에 도달하려고 애쓸 수도 있다. "내 직업은 완전히 무의미해."라고 말할 때, 여기 적용된 언외의 기준은 무엇인가? 특수 효과 기술자인 톰처럼 누군가가 이런 일을 전부 다 생각해 보았고, 그래서 그냥 당신에게 이야기해 줄 수도 있다. 아니면 노동자가 이론을 만들어 낼 수 있는 것은 아니지만, 사람들이 쓰는 언어를 검토하고 일에 대한 그들의 본능적 반응을 관찰함으로써 이론을 유도해 낼 수 있도록 누군가가 현장에 있어야 한다고 말할 수도 있다.

내게 이것은 별로 문제되지 않는다. 나는 인류학자이고, 인류학자들은 사람들의 일상 행동과 반응 배후에 있는 암묵적인 이론을 유도하여 끌어내도록 훈련받는다. 그런데 사람들의 이론이 모두 똑같지 않다는 문제가 있다. 예를 들면, 이 조사를 하는 동안 금융 산업에 종사하는 많은 이들이 마음속에서는 은행이 하는 일의 99퍼센트가 인류에게 아무런 도움이 되지 않는 불쉿 업무라고 여긴다는 사실이 주의를 끌었다. 이 평가에 동의하지 않는 금융 산업 종사자도 있으리라고 추측할 수 있다. 여기에 어떤 패턴이 있을까? 연령대에 따라 판단이 달라질까? 직급이 더 높아지면 금융업이 사회를 이롭게 한다고 믿을 가능성이 더 클까? 아니면 그들 대다수가 자기 일이 아무런 사회적 가치가 없다는 주장에 내심으로는 동의하지만 신경 쓰지 않을 뿐일까? 심지어 자신의 일이 대중에 이익이 되지 않는다는 인식에서 기쁨을 느끼고, 자신을 어떤 낭만적인 의미에서 해적이나 사기꾼으로 여길지도 모른다. 판단은 불가능하다.(적어도 앞 장에 나온 제프리 색스의 증언에 따르면, 많은 최고위층 사람들이 자신이 손에 넣을 수 있는 건 무엇이든 가질 권리가 있다고 느낀다지만 말이다.)

내 접근법이 가진 진짜 문제는 다른 모두가 불쉿 직업의 최고 사례로 들지만 정작 해당 직업의 종사자들은 그렇게 여기지 않는 것 같은 직업들을 다룰 때 발생한다. 이 점에 대해 자세한 비교 조사 작업을 수행한 사람은 없지만, 내 자료에서 흥미로운 패턴을 발견했다. 내게 자료를 준 사람들 가운데 변호사는 아주 드물었다.(법률 보조원은 많았지만) 홍보 담당자는 고작 두 명뿐이었고, 로비스트는 한 명도 없었다. 이 사실로부터 이런 직업들이 대체로 불쉿 직업이 아니라는 결론을 끌어내야 할까? 반드시 그렇지는 않다. 그들의 침묵을 설명할 다른 방법이 많이 있다. 아마 그런 직업군은 트위터에서 활동하는 수가 더 적거나, 아니면 거짓말하는 성향이 더 크기 때문일 수 있다.

　마지막으로, 자신의 직업이 무의미함을 부정할 뿐만 아니라 우리 경제가 불쉿 직업으로 가득 차 있다는 생각 자체에 노골적으로 적대감을 표하는 이들은 오직 한 계급뿐이라는 말을 추가해야겠다. 예상할 수 있듯이 이런 계급은 기업 소유자, 또 고용과 해고의 권한을 가진 사람들이다.(타니아는 이 측면에서 좀 예외적인 사례다.) 사실 나는 여러 해 동안 내 전제가 완전히 틀렸다며 분개하는 기업가와 사장들로부터 원치 않은 메시지를 이따금씩 받아 왔다. 그들의 말에 따르면, 필요하지도 않은 직원을 고용하는 데 회삿돈을 쓸 사람은 아무도 없다. 그런 메시지에서는 정교한 논의를 전개하는 경우가 드물다. 대부분 그렇고 그런 순환논법을 늘어놓는 데 그친다. 즉 이 장에서 서술된 사례 중 시장경제에서 실제로 발생할 수 있는 것은 없고, 따라서 그런 일은 일어나지 않았으며, 그래서 자기 직업이 무가치하다고 확신하는 이들은 모두 현혹되었거나 자만했거나 단순히 자신의 진정한 역할을 이해하지 못한 것이고, 고위층 사람들 눈에는 그런 상황이 훤히 보인다는 논리다.

　이런 반응에서 자기들 직업이 불쉿이라고 진정으로 깨닫지 못하는 이들의 계급이 적어도 하나는 있다는 결론을 끌어내고 싶을지도 모르겠다. 다만 사장들이 하는 일이 진정으로 불쉿은 아니다. 좋건 나쁘건 그들의 행동은 세상에 영향을 주니까. 그들은 그저 자신이 만들어 내는 그 모든 불쉿을 보지 못할 뿐이다.

3

불쉿 직업을 가진 이들은 왜 걸핏하면 불행하다고 말할까?

누리 직장은 파시스트다. 그들은 당신 생명을 잡아먹도록 설계된 광신 현상이다. 상사들은 게걸스럽게 금을 끌어모으는 드래곤처럼 당신의 시간을 모은다.

3장에서는 불쉿 직업의 덫에 걸릴 때 나타나는 몇 가지 도덕적, 심리적 영향에 대해 탐구하려고 한다. 특히 이 알기 쉬운 질문을 던지고 싶다. 애당초 이것이 왜 문제가 될까? 더 정확하게 표현해 본다면, 무의미한 직업을 가지면 왜 번번이 비참한 기분이 들까? 표면적으로는 그럴 이유가 분명치 않다. 어쨌든 이들은 사실상 아무 일도하지 않고 봉급을(흔히 아주 후한 금액이다.) 받는 사람들이다. 생각해 보면 아무 일도 하지 않고 봉급을 받는 이들은 스스로 운이 좋다고 여길 수 있다. 특히 대체로 별 간섭 없이 각자 알아서 일하도록 허용된다면 더욱 그렇다.

가끔 그런 자리를 차지하게 되어 얼마나 행운인지 믿을 수 없다고 말하는 이들의 증언을 실제로 듣기는 했지만, 놀랍게도 그렇게 느끼는 이는 지극히 드물다.[1] 많은 사람이 자신의 반응에 당황하는 것 같다. 자신이 처한 상황이 왜 그처럼 무가치한 느낌이나 우울한 기분을 안겨 주는지 이해가 되지 않기 때문이다. 실로 그들의 감정을 명쾌하게 해명할 수 없다는 사실(자신이 처한 상황의 본질이 무엇인지, 또 무엇이 잘못되었는지 스스로에게 해 줄 말이 없다는 사실) 자체가 흔히 비참함을 더하는 요인이 되기도 한다. 갤리선의 노예도 최소한 자신이 억압받는다는 사실은 안다. 그에 비하면 하루 일곱 시간 반 동안 사무실에 앉아 시급 18달러를 받으면서 타자를 치는 시늉을 해야 하는 사무직 노동자나 연봉 5만 달러를 받으면서 혁신과 창의성에 관해 똑같은 세미나를 끊임없이 반복해야 하는 컨설턴트 팀의 사원은 그저 혼란스러울 뿐이다.

빚을 주제로 한 저서 『부채, 첫 5000년의 역사(Debt: The First 5000 Years)』(2011)에서 나는 "도덕적 혼란"이라는 현상에 대해 썼다. 그리고 그 예로 인류 역사를 통틀어 거의 모든 사람이 자신의 빚을 갚는 것이 도덕성의 본질이며 대금업은 악이라는 데 동의한 것으로 보인다는 사실을 들었다. 불쉿 직업의 증가는 비교적 최근 현상이지만 이와 비슷한 도덕적 수치심을 유발한다. 한편으로 모든 사람은 인간존재가 언제나 자신의 최선의 이익을 추구하는 경향이 있다는, 즉 시간과 노력을 최소한으로 소비하여 최대 이익을 얻을 수 있는 상황을 선호한다는 가정을 지지한다. 그리고 거의 모든 경우, 특히 그런 문제를 추상적으로 다룰 때, 우리는 실제로 그렇게 가정한다.("빈민들에게 그냥 시혜를 베풀 수는 없어! 그렇게 하면 그들은 일할 동기가 생기지 않을 거야!") 반면 우리 자신의 경험, 또 우리와 가장 가까운 이들의 경험은 여러 가지 면에서 이런 가정과 상충하는 경향이 있다. 사람들은 거의 절대로 인간 본성에 관한 이론들이 예측하는 방식대로 행동하거나 반응하지 않는다. 여기서 내릴 수 있는 유일한 타당한 결론은 적어도 어떤 중요한 본질에 관해서는 인간 본성에 관한 이론들이 틀렸다는 것이다.

이 장에서 나는 왜 사람들이 무의미한 '일만을 위한 일(make-work)'을 할 때 그토록 불행한지를 묻는 것에서 나아가 그 불행이 인간의 본성에 대해, 그리고 인간이 기본적으로 추구하는 바에 대해 무엇을 말해 줄 수 있는지 보다 깊이 다루고 싶다.

한직을 얻었지만 그 상황을 감당할 수 없었던 청년

사연 하나로 시작해 보자. 다음은 직업 세계에 들어와 겪은 첫 경험이 철저하게, 심지어 희극적일 정도로 무의미한 일이었던 에릭이라는 청년의 이야기다.

에릭 끔찍한 일자리를 여럿 겪어 보았지만 의심의 여지 없이 순수하게 불쉿인 직업은 12년 전 대학을 졸업한 뒤 처음 얻은 '전문적 직업'이었다. 우리 집안에서 대학에 간 것은 내가 처음이었고, 고등교육의 목적에 대해 지독하게 순진했기 때문에, 대학을 졸업하면 지금껏 보지 못한 기회의 전망이 열릴 거라고 기대했다. 그런 전망 대신 내게 주어진 것은 프라이스 워터하우스 쿠퍼스, KPMG 등의 회사에서 실시하는 대졸자 직업훈련 과정이었다. 나는 그곳에 가지 않고 실업수당을 받으면서 졸업생 자격으로 대학 도서관에서 프랑스와 러시아 소설을 읽으며 여섯 달을 보냈는데, 그러다가 실업수당 센터에서 구직 면담을 받으라고 강요했고, 슬프게도 취직하게 되었다. 어느 대형 디자인 회사의 "인터페이스 관리자" 자리였다. 그 인터페이스는 회사의 작업을 영국 전역의 사무실 일곱 군데에서 공유할 수 있도록 설계된 콘텐츠 관리 시스템(기본적으로는 그래픽 유저 인터페이스를 갖춘 인트라넷)이었다.

에릭은 얼마 안 가 자신이 조직 내 커뮤니케이션 문제로 채용되었음을 알게 되었다. 다른 말로 하자면 그는 임시 땜질꾼이었다. 컴퓨터 시스템은 단지 회사 파트너들이 전화로 업무를 조정하면 될 일을 그러지 못했기 때문에 필요한 것이었다.

에릭 그 회사는 파트너십으로 이루어졌다. 파트너 한 명이 사무실 하나를 운영했고, 파트너들은 모두 사립학교 셋 중 하나를 다녔고 같은 디자인 학교(로열 칼리지 오브 아트)를 나온 것 같다. 믿기 힘들 정도로 경쟁적인 이 마흔 명가량의 사립학교 출신들은 입찰을 따내기 위해 자주 서로를 이기려고 애썼으며, 다른 사무실 두 곳이 일감을 따내려고 같은 고객에게 달려갔다가 마주쳐서 음침한 회사 건물 주차장에서 서로의 제안을 합치는 일이 한두 번이 아니었다. 그 인터페이스는 회사의 모든 사무실이 서로 잘 협조할 수 있도록, 또 그런 사태가(그리고 그 밖의 무수한 실패가) 다시는 일어나지 않도록 구상되었다. 내 일은 그것을 개발하고 운영하여 직원들에게 가르쳐 주는 것이었다.

얼마 지나지 않아 에릭이 임시 땜질꾼이 될 필요도 없다는 사실이 분명해졌다. 그는 형식적 서류 작성 직원이었다. 한 파트너가 이 프로젝트를 고집하면 다른 파트너들은 그와 논쟁하기보다 동의하는 척하면서 프로젝트가 진행되지 않도록 최선을 다해 방해했기 때문이다.

에릭 이것이 한 파트너의 생각이었고, 다른 파트너들은 아무도 원치 않았다는 사실을 진작 깨달았어야 했다. 그런 이유가 아니라면 무엇하러 IT 관련 경험이 전혀 없는 스물한 살짜리 역사학 전공 대학 졸업생에게 이 일을 하라고 봉급을 주겠는가? 그들은 완전한 사기꾼들로부터 최대한 싼 값으로 소프트웨어를 샀기 때문에 소프트웨어는 버그투성이였고 걸핏하면 프로그램이 충돌했으며, 윈도 3.1 화면 보호기 같은 모양새였다. 직원들은 모두 그것이 자신들의 생산성을 모니터링하고 타자 입력 내용을 기록하며 회사용 인터넷으로 포르노를 다운로드 받는 것을 확인할 수 있도록 설계되었다는 생각에 강박적으로 집착했기 때문에, 이 상황에 대해 아무것도 하지 않기를 원했다. 나는 코드 작업이나 소프트웨어 개발에 대한 배경지식이 전혀 없었기 때문에 사태를 개선하기 위해 할 수 있는 일이 거의 없었다. 결국 내가 맡은 업무는 오작동률이 높고 사람들이 원치 않는 물건을 관리하고 안내하는 일이 되었다. 두어 달 지내 보니 어떤 날이든 파일을 업로드하거나 누군가의 이메일을 주소록에서 검색하는 방법을 궁금해하는 혼란에 빠진 디자이너의 질문을 몇 가지 받아 주는 것 외에는 할 일이 거의 없음을 깨달았다.

전적으로 무의미한 그의 상황은 눈에 띄지 않는 반항으로 이어졌다. 그리고 그의 반항은 점점 더 거침없어졌다.

에릭 나는 늦게 출근하고 일찍 퇴근하기 시작했다. "금요일 점심엔 맥주 한 잔"이라는 회사 정책을 "매일 점심 때 여러 잔"으로 늘렸다. 나는 사무실 책상에서 소설을 읽었다. 점심시간에 산책하러 나갔다가 세 시간이나 지나서 돌아왔다. 프랑스어 독해 실력을 거의 완벽하게 다듬었고, 신발을 벗고 앉아서 프티로베르 사전을 들고 르몽드 신문을 읽었다. 퇴직하겠다고 했더니, 상사가 봉급을 2600파운드 올려 주겠다고 해서 마지못해 승낙했다. 나는 그들이 수행하고 싶지 않은 어떤 것을 수행할 기술이 없다는 바로 그 이유 때문에 필요한 존재였고, 그들은 나를 그 자리에 묶어 두기 위해 기꺼이 돈을 낼 의사가 있었다.(마르크스의 『경제학-철학 수고』의 문장을 이렇게 바꾸어 볼 수도 있겠다. 그들은 자신의 노동에서 소외되는 공포를 막기 위해 나를 희생시켜 잠재적인 인간 성장으로부터 더 크게 소외되게 했다.)

시간이 흐르면서 에릭은 점점 더 뻔뻔스럽게 행동했다. 그러다 보면 실제로 해고당할 구실이 생기지 않을까 기대한 것이다. 그는 술에 취한 채 출근하기 시작했고, 있지도 않은 미팅에 간다고 회사 비용으로 '출장'을 갔다.

에릭 연차 총회에 갔다가 술에 취해 에든버러 사무실에서 온 동료에게 불만을 쏟아 냈더니, 그가 나와 가짜 미팅을 잡아 주었다. 에든버러 외곽에 있는 골프장에서 나는 두 사이즈는 더 큰 빌린 골프화를 신고 잔디밭에서 공을 찾아다녔다. 그 일이 무사히 넘어간 뒤에는 런던 사무실의 사람들과 가짜 미팅을 잡기 시작했다. 회사는 블룸즈버리의 세인트 애신스 호텔에 니코틴 냄새가 풀풀 나는 방을 예약해 주었는데,

나는 소호에 있는 펍에서 오랜 런던 친구들과 만나 옛날 스타일로 종일 술을 마시다가 걸핏하면 쇼어디치에서 밤새 마시곤 했다. 지난 수요일에 입고 출근한 셔츠를 그다음 월요일에도 입고 술에 취한 채 출근한 것이 여러 번이었다. 면도를 하지 않은 지도 오래되었고, 이쯤 되니 머리는 마치 록그룹 레드 제플린 매니저 같은 몰골이었다. 사직서를 두 번 더 냈지만, 그때마다 상사가 더 많은 봉급을 제안했다. 마지막에는 기껏해야 하루에 두 번 전화 받는 일만 하는 자리에서 터무니없이 많은 봉급을 받고 있었다. 결국 어느 여름날 오후에 나는 브리스틀 템플미즈 기차역 승강장에서 쓰러졌다. 나는 항상 브리스틀을 보고 싶어 했으므로, 브리스틀 사무실의 '사용자 점유율'을 살펴보러 '방문하기로' 결정했다. 실제로는 브리스틀의 세인트폴에 있는 무정부주의적 노동조합주의자들의 하우스파티에서 엑스터시에 취해 사흘을 보냈다. 약 성분이 사라지고 나자 철저한 목적 부재 상태에서 사는 것이 얼마나 지독하게 불쾌한지를 깨닫게 되었다.

영웅적으로 분투한 끝에 에릭은 마침내 그 일자리에서 벗어날 수 있었다.

에릭 결국 압박에 반응한 내 상사는 컴퓨터학과를 갓 졸업한 신입 사원을 채용하여 그래픽 유저 인터페이스를 조금이라도 개선시킬 여지가 있는지 알아보았다. 신입 사원이 출근한 첫날 나는 무슨 조치를 강구해야 하는지 목록을 써 주었고, 그다음에 곧바로 사직서를 써서 상사가 다음 번 휴가를 떠났을 때 그의 방문 아래로 밀어 넣었고, 법정 통고 기간 안에 전화로 마지막 봉급을 반납했다. 그리고 그 주에 모로 코로 날아가 에사우이라의 해변가 마을에서 거의 아무것도 하지 않고 지냈다. 돌아온 뒤 여섯 달 동안 나는 빈집을 점거하여 지내면서 1만 2000제곱미터의 땅에 야채를 심어 먹고 살았다. 당신이 쓴 글이 《스트라이크!》에 처음 게재되었을 때 읽었다. 자본의 바퀴가 계속 돌아가게 하기 위해서라는 이유만으로 자본주의가 불필요한 직업을 만들어 낸다는 이야기가 누군가에게는 처음 듣는 소리일 수 있지만 내게는 아니었다.

이 이야기에서 놀라운 점은 에릭의 일자리를 꿈의 직업이라고 여길 사람들이 많다는 것이다. 그는 아무 일도 하지 않으면서도 많은 봉급을 받았다. 또 감독도 거의 받지 않았다. 존경도 받았고, 시스템으로 장난 칠 기회도 많았다. 그러나 그 모든 혜택에도 불구하고 이런 상황은 그를 점차 망가뜨렸다.

왜 그랬을까?

나는 이것이 사실은 상당히 사회적 계급에 관한 이야기라고 생각한다. 에릭은 노동계급 출신(공장노동자의 자녀 정도)의 젊은이였고 대학을 갓 졸업했으며 기대에 부풀어 있었는데, 갑자기 '현실 세계'와 충격적으로 만나게 된 것이다. 이 경우 현실이란 첫째, 중년의 사장들은 단순하게 20대 백인 남자라면 누구나(설사 에릭처럼 컴퓨터 훈련을 전혀 받지 못한 사람일지라도) 적어도 약간은 컴퓨터 귀신일 거라고 상정한다는 것, 둘째, 그들의 일시적 목적에 부합하기만 한다면 에릭 같은 이들에게 호사스러운 여건을 허용할 수도 있다는 것, 셋째, 그들은 기본적으로 그를 농담 같은 존재로 보았다는 것으로 이루어진다. 문자 그대로 그의 일자리는 일종의 장난이었다. 회사 내에서 그의 존재는 몇몇 디자이너들이 서로에게 하는 장난에 아주 가까웠다.

에릭을 더욱 미치게 한 것은 자신의 직업이 어떤 목적에 기여하는지 해석할 방법이 전혀 없다는 사실이었다. 심지어 가족을 부양하기 위해 하는 일이라고 스스로를 납득시킬 수도 없었다. 아직 가족이 없었으니까. 그가 자란 배경에서는 대부분의 사람들이 무언가를 만들고 유지하고 수리하는 데서 자부심을 느꼈기 때문에, 에릭은 대학에 가고 직업 세계에 들어가는 것이 그런 일을 더 키우고 더 많은 의미를 부여할 거라고 추측했다. 그러나 에릭은 자신이 그 일을 할 능력이 없다는 바로 그 이유로 채용되고 말았다. 그는 그냥 사직하려고 노력했다. 그러나 그들은 더 많은 돈을 계속 제안했다. 그는 해고당하려고 애썼다. 그러나 그들은 해고하지 않았다. 에릭은 뻔뻔스럽게 굴면서 그들이 생각하는 모습대로 자신을 패러디했다. 그래 봤자 전혀 소용이 없었다.

여기서 벌어진 일을 이해하기 위해 역사학을 전공한 두 번째 학생을 상상해 보자. 그를 안티 에릭이라고 부르자. 그는 에릭과 완전히 똑같은 상황에 놓였지만 전문직 집안 배경을 가진 젊은이다. 안티 에릭이라면 어떻게 행동했을까? 글쎄, 아마 십중팔구 회사의 장난에 장단을 맞추었을 것이다. 안티 에릭이라면 가짜 출장을 이용해 자기 파괴적 행동을 하기보다는 나중에 더 나은 일자리로 가게 해 줄 사회적 자본과 인맥을 축적했을 것이다. 안티 에릭은 그 일자리를 징검다리로 여겼을 것이고, 직업적 발전이라는 프로젝트는 그에게 목적의식을 부여했을 것이다. 하지만 그런 태도나 성향이 자연스럽게 생기지는 않는다. 전문직 집안의 자녀들은 어릴 때부터 그렇게 생각하도록 교육받는다. 그러나 이런 식으로 생각하고 행동하도록 배우지 않은 에릭은 그렇게 처신할 수가 없었다. 그 결과 에릭은 빈 주택을 점거하고 토마토를 기르며 살았다.[2]

불쉿 직업의 핵심인
허위와 목적 없음의 경험을
청년들에게 전달해야 하는 이유

더 깊이 들어가 보면, 에릭의 사연에는 불쉿 직업을 가진 이들이 불쾌하다고 말하는 거의 모든 요소가 모여 있다. 목적 없음도 분명히 문제이기는 하지만 허위(falseness) 또한 문제다. 텔레마케터들이 고객들로 하여금 최선의 이익에 반하는 일을 하도록 속이기를 강요당할 때 느끼는 분노에 대해 앞에서 언급했다. 이것은 복잡한 감정이다. 딱히 부를 만한 이름도 없다. 사기에 대해 생각하면 보통 야바위꾼, 사기꾼 등을 떠올린다. 이런 사람들은 쉽사리 낭만적 존재, 재치로 먹고 사는 반항아로 보이지만, 동시에 감탄의 대상이 되기도 한다. 어느 정도 숙련도를 달성한 사람들이기 때문이다. 그래서 그들은 할리우드 영화의 주인공이 되기도 하는 것이다.

사기꾼은 자신이 하는 일에서 즐거움을 느낄 수 있다. 하지만 누군가에게 사기를 치라고 강요당하는 것은 완전히 다른 문제다. 이런 상황에서는 궁극적으로 사기의 대상과 자신이 같은 상황에 처해 있다고 느끼지 않기가 힘들다. 다만 후자의 경우, 고용주에게 압박을 받고 조종되고 있을 뿐만 아니라 편을 들어 주어야 하는 누군가의 신뢰를 배신하고 있다는 모욕감까지 더해진다.

거의 모든 불쉿 직업이 도발하는 감정은 이와는 아주 다를 거라고 생각할지도 모른다. 어쨌든 고용인이 누군가에게 야바위를 친다면 그건 그 고용주의 문제이고, 고용인은 고용주의 전적인 동의로 그런 일을 하는 것이니까. 하지만 이것이야말로 상황을 그토록 불쾌하게 만드는 점이다. 누군가를 속이고 있다는 인식에서 오는 만족감도 없다. 자신의 거짓말을 참아 내는 것도 아니고, 또 대개 다른 누군가의 거짓말을 참아 주는 것도 아니다. 이런 직업은 상사의 바지 지퍼가 열려 있는 것을 모두가 알지만 말해 주지 않는 게 현명하다는 것도 아는 상황과 비슷하다. 적어도 이것은 목적 없음의 느낌을 더 악화시키는 것으로 보인다.

아마 안티 에릭이라면 목적 없음의 방향을 돌려서 자신을 농담처럼 여길 방법을 찾아냈을 것이다. 아마 그가 진정한 노력파라면 자신의 관리 기술을 사용해 효율적으로 사무실을 장악했을 것이다. 하지만 부와 권력을 가진 집안의 자녀들에게도 이런 일이 쉽지는 않다. 다음의 증언은 그들이 흔히 느끼는 도덕적 혼란이 무엇인지 알려 준다.

루퍼스　내가 일자리를 얻은 건 아버지가 그 회사의 부사장이었기 때문이다. 내가 맡은 일은 불만 처리 업무였다. 그 회사가 (명목상으로는) 생의학 회사라는 점을 감안할 때, 반품된 제품은 모두 생물학적 위험물로 간주되었다. 그래서 나는 사무실에서 감독도 받지 않고 할 일도 없이 혼자 많은 시간을 보낼 수 있었다. 그 일자리에 대해 남은 기억 대부분은 팟캐스트를 듣거나 지뢰찾기 게임을 한 것이다.

스프레드 시트에서 숫자를 들여다보고, 워드 문서에서 변경 사항을 찾아내는 등의 일에도 많은 시간을 쓰기는 했지만, 장담하건대 내가 이 회사에 기여한 바는 하나도 없다. 사무실에 있는 동안 내내 헤드폰을 쓰고 지냈다. 주위 사람들이나 내게 할당된 '업무'에는 최소한의 관심만 보였다. 나는 거기서 일하는 시간을 지독히 싫어했다. 사실 나는 대부분 일찍 퇴근했고, 점심을 두세 시간씩 먹었으며, '화장실에서'(즉 자리에서 이탈하여) 시간을 보냈다. 그런데도 내게 뭐라 하는 사람이 없었다. 그 모든 시간에 대해 나는 보수를 받았다. 돌이켜 생각하면 일종의 꿈의 직업이었다.

돌이켜 생각할 때 루퍼스는 자신이 터무니없이 유리한 대우를 받은 걸 알고 있다. 사실 당시에는 그 일자리를 왜 그렇게 싫어했는지 좀 당혹스러워하는 것 같다. 물론 동료들이 자신을 어떻게 보았는지 그가 전혀 모를 수는 없다. 부사장 아들이 농땡이 치면서 봉급을 받는다고, 너무 잘난 척하면서 사람들과 말도 하지 않는다고, 또 관리자들은 그를 건드리지 말라고 확실하게 지시받았다고 말이다. 그런 상황에서 호감을 줄 수는 없다.

그렇기는 해도 이 이야기는 또 다른 질문을 제기한다. 루퍼스의 아버지가 자기 아들이 실제로 일할 거라고 기대하지 않았다면, 애당초 왜 취직하라고 요구했을까? 그냥 아들에게 용돈을 주거나, 아니면 필요한 업무를 맡기고 해야 할 일을 가르치고 임무가 실제로 수행될 수 있도록 최소한의 노력을 기울일 수도 있었다. 그러나 아버지는 루

퍼스가 실제로 일하는 경험을 쌓는 것보다는 취직했다고 말할 수 있음이 더 중요하다고 느낀 것 같다.[3]

　이 점이 당혹스럽다. 그 아버지의 태도가 지극히 흔한 현상이 되는 것 같아 더욱 혼란스럽다. 한때는 부모가 학비를 댈 능력이 있는 대학생도, 장학금이나 보조금 받을 자격을 갖춘 대학생도 거의 모두 장학금을 받았다. 청년들의 인생에서 돈이 일차적인 행동 동기가 아닌 시기, 그래서 예를 들면 철학이나 시, 운동, 성적 경험, 변화된 의식 상태(향정신성 의약물로 인한 환각 상태를 말한다.—옮긴이), 정치, 서양 미술사 같은 돈 외의 다른 가치를 자유롭게 추구할 수 있는 시기가 몇 년 정도 있는 것은 좋은 일로 여겨졌다. 요즘은 젊은이들이 일해야 한다는 것을 중요시한다. 그런데 그들이 유용한 일을 해야 한다는 사실은 중요시되지 않는다. 사실 루퍼스의 경우처럼, 그들이 무슨 일을 해 주리라는 기대가 거의 없으며, 그저 출근해서 일하는 척할 거라 생각한다. 많은 학생들이 내게 메일을 보내 이런 현상에 불만을 표현했다. 패트릭은 학생회 편의점의 비정규직 판매원으로 일했던 경험을 이야기해 주었다.

패트릭　그 일자리가 꼭 필요한 것은 아니었다.(금전적으로는 그 일을 하지 않아도 살 수 있었다.) 그러나 가족에게 압력을 좀 받은 뒤 대학 졸업 후의 앞길에 대비하기 위해 노동 경험을 쌓아야겠다는 일종의 뒤틀린 의무감으로 일자리를 구했다. 실상 그 일자리는 그 일을 하지 않았으면 했을 수도 있는 사회운동이나 취미 독서 같은 다른 활동을 하지 못하게 시간과 에너지를 앗아 갔을 뿐이었다. 덕분에 원망이 더 심해졌다고 생각한다.

그 일은 학생회 편의점에서 아주 전형적인 업무로, 금전등록기 앞에서 사람들을 상대하는 것이었다.(기계가 얼마든지 할 수도 있는 일이다.) 수습 기간이 지난 뒤 내 업무 수행 평가에는 "고객을 대할 때 더 적극적이고 즐거운 태도를 보일 것."이라는 솔직한 요구 사항이 붙어 있었다. 즉 그들은 나더러 기계가 할 수도 있는 업무를 그것과 똑같이 효율적으로 수행하면서 동시에 상황을 즐기는 척하는 것까지 바란 것이다.

내 근무가 정말 바빠지는 점심시간에 걸쳐 있었다면 견딜 만했을 것이다. 시간이 비교적 빨리 지나갈 테니까. 학생회에 들르는 사람이 거의 없는 일요일 오후의 근무시간은 말 그대로 끔찍했다. 매니저들은 상점에 손님이 없을 때에도 우리가 아무것도 하지 않는 꼴을 견디지 못했다. 그래서 우리는 그냥 등록기 앞에 앉아 있으면서 잡지를 읽거나 할 수 없었다. 그 시간에 매니저는 그저 무의미할 뿐인 일을 만들어 냈다. 예를 들면 상점 전체를 돌아보면서 유통기한을 넘은 상품이 있는지 체크하거나(거래 회전율에 따라 기한을 넘지 않았다는 것을 알고 있는데도), 아니면 선반에 이미 정돈되어 있는 상품들을 더 깔끔하게 재배치하는 일을 시킨다.

그 일에서 가장 심한 것은 지적인 활동이 워낙 없어서 생각할 시간이 너무 많다는 점이었다. 그래서 나는 내 직업이 불쉿이며 기계도 충분히 할 수 있는 일이고 전면적 공산주의가 너무나 기다려진다는 생각을 아주 많이 했다. 그리고 수백만 명이 그저 생계를 위해 평생 그런 일을 해야 하는 시스템을 대체할 대안을 끝없이 생각했다. 그 일 때문에 내가 얼마나 비참해졌는지 생각을 멈출 수 없었다.

이것이 젊은 정신을 대학에 보내 처음에는 사회적, 정치적 가능성의 세계를 활짝 열어 준 다음, 그들에게 이제 생각하는 일은 그만하고 이미 깔끔한 선반을 다시 깔끔하게 정돈하라고 지시할 때 발생하는 사태다. 부모들은 젊은 정신들이 이런 경험을 해 봐야 한다고 느낀다. 하지만 패트릭이 이 훈련을 통해 정확하게 무얼 배워야 했을까? 또 다른 예가 있다.

> **브렌던** 나는 매사추세츠주 어느 작은 대학에서 고등학교 역사 교사가 되기 위해 공부하는 중이다. 최근에 구내식당에서 일하기 시작했다. 처음 출근한 날 동료가 말해 주었다. "이 일의 절반은 깨끗한 것처럼 보이게 하는 거고, 나머지 절반은 바빠 보이는 거야."
> 처음 두어 달 동안 그들은 내게 뒷방을 '모니터링'하는 일을 시켰다. 뷔페 슬라이더를 치우고, 디저트를 다시 채워 놓고, 손님들이 떠나면 테이블을 닦는 일이었다. 뒷방은 크지 않았으므로 5분이면 일을 마칠 수 있었다. 결과적으로 나는 수업 준비에 필요한 책을 많이 읽을 수 있었다. 그러나 이해심이 부족한 관리자들도 종종 있었다. 그들이 근무할 때면 나는 그들 눈에 내가 바빠 보이는 게 확실한지 내내 실눈을 뜨고 살펴봐야 했다. 그 일자리가 할 일이 별로 없다는 점을 왜 그냥 인정하지 않는지 도무지 모르겠다. 바쁜 척하는데 그토록 많은 시간과 에너지를 쓸 필요가 없었더라면 독서와 식탁 청소를 더 빠르고 효율적으로 해치웠을 것이다.

여기서 중요한 것은 효율성이 아니다. 실제로 우리가 이야기하는 것이 단순히 효율적인 작업 습관을 학생들에게 가르치는 문제라면 그들이 알아서 익히도록 내버려 두는 것이 최선이다. 학교 공부는 보수가 없다는 점만 제외한다면 모든 의미에서 진짜 일(real work)이다.(물론 장학금이나 학비를 받는다면 보수를 받고 있다고 할 수도 있겠지만) 사실 패트릭이나 브렌던이 '현실 세계'의 직업을 가져야 한다는 요구에 따르지 않았다면 했을 수도 있는 거의 모든 활동들처럼 학교 수업은 그들이 강요당한 '일만을 위한 일'보다는 더 진짜 일에 가깝다.

학교 수업에는 내용(content)과 현실성(reality)이 있다. 수업에 들어가야 하고 책을 읽어 가야 하며, 연습 문제를 풀거나 리포트를 써야 하고, 그 결과에 따라 성적을 받는다. 하지만 실질적인 관점에서, 학생들에게 현실 세계도 가르쳐야 한다고 느끼는 권력자들(부모, 교사, 정부, 운영진)은 바로 이 때문에 학교 수업이 적합하지 않다고 여긴다. 수업은 너무 결과 지향적이다. 시험에 통과하기만 한다면 원하는 어떤 방식으로든 공부할 수 있다. 성공하는 학생은 자율성을 배워야 하지만, 이것은 지시에 따라 작업하는 방법을 배우는 것과는 같지 않다.

물론 학생들이 수업 외에 참여할 수 있는 거의 모든 프로젝트와 활동도 사정은 동일하다. 파티를 계획하는 일이든 연극 리허설을 하든 밴드에서 연주하든 정치적 활동을 하든 쿠키를 굽거나 화분을 길러 학생들에게 파는 일이든 마찬가지다. 그 모든 것들은 자영업을 위한 적절한 훈련이 될 수 있다. 아니면 대학에서 예전에 배출하려고 했던 대체로 자율적인 전문직(의사, 변호사, 건축가 등)을 위한 준비가 될 수도 있다. 패트릭이 "전면적 공산주의"를 꿈꾸며 생각했던 주제인, 민주적으로 조직된 공동체를 청년들에게 훈련시키기에도 적절할 수 있다. 하지만 브렌던이 지적하듯이, 그것은 오늘날 점점 더 불쉿화되어 가는 직장에서 일하기 위한 준비는 아니다.

브렌던 이런 학생용 일자리의 대다수는 ID 검사, 빈방 모니터링, 이미 깨끗한 테이블 닦기 같은 불쉿 업무를 맡긴다. 다들 일의 내용에 대해서는 상관하지 않는다. 공부하는 동안 돈을 받기 때문이다. 그렇지 않다면 그냥 학생들에게 돈을 주고 업무를 자동화하거나 없애 버리지 않을 이유가 전혀 없다.

전체 과정이 어떻게 돌아가는지 잘 모르지만, 이런 업무 가운데 많은 부분이 연방 재정으로 이루어지며 학자금 대출과 연동되어 있다. 그것은 학생들을 고액의 빚에 묶어 두도록 설계된 전체 연방 시스템의 일부이며, 그럼으로써 그들을 장래에 노동하지 않을 수 없게 강제한다. 갚기 힘든 학자금 대출과 함께 미래의 불쉿 직업을 위해 우리를 훈련하고 준비시키도록 설계된 불쉿 교육 프로그램도 딸려 있다.

브렌던의 이야기는 확실히 일리가 있으며, 뒤에서 그의 분석을 다시 살펴볼 예정이다. 여기서는 이런 '일만을 위한 일'을 강요당한 학생들이 실제로 무엇을 배우는지, 즉 시험공부나 파티 계획 같은 더 전통적인 학생용 직업과 소일거리에서 배우지 못하는 교훈이 무엇인지에 집중하고 싶다. 브렌던과 패트릭의 설명만 봐도(또 다른 많은 사례를 어렵지 않게 들 수 있다.) 이런 직업에서 학생들은 최소한 다섯 가지를 배운다고 결론지을 수 있다.

첫째, 타인의 직접 감독하에서 일하는 법.
둘째, 아무 일도 할 필요가 없을 때도 일하는 척하는 법.

셋째, 아무리 유용하고 중요한 일이라도 실제로 즐기는 일에는 보수를 주지 않는다.

넷째, 유용하지도 않고 중요하지도 않지만 즐기지 않는 일을 할 때 보수를 받는다.

다섯째, 적어도 대중을 상대하는 직업이라면, 즐기지 않는 업무를 수행하고 보수를 받을 때 업무를 즐기는 척해야 한다.

일만을 위한 일자리에 학생을 고용하는 것이 학생들을 장래의 불쉿 직업을 위해 "훈련하고 준비시키는" 방법이라고 한 브렌던의 말은 이런 뜻이다. 그는 고등학교 역사 교사가 되려고 공부하는데, 분명히 의미 있는 직업이다. 하지만 미국의 다른 모든 가르치는 직업처럼 교사들이 수업하고 수업 준비를 하는 시간의 비율은 대폭 줄어든 반면 행정 업무에 쓰는 시간은 대폭 늘었다. 브렌던이 주장하는 바는 다음과 같다. 대학 학위가 필요한 직업에 불쉿 요소가 가득해질수록 대학생들에게 현실 세계를 배우게 하라는 압력은 더 커진다. 이로써 학생들은 자율적이고 목적 지향적인 활동에 할애하는 시간을 줄이고, 장래 직업의 보다 무성의한 측면에 대비하는 일에 시간을 더 많이 들이게 된다.

인간 행동 동기에 관한
수많은 근본 가정은 왜 틀렸을까?

인간 심장을 관통하는 전율 가운데 인간 두뇌가 만들어 낸 것들이 성
공하는 과정을 지켜보면서 발명가가 느끼는 것에 비할 만한 전율은 없
다고 생각한다. (……) 그런 감정은 인간이 먹는 것도 자는 것도 친구
도 사랑도 모든 것도 잊게 만든다.

— 니콜라 테슬라

앞에서 전개한 논의가 옳다면 에릭의 문제는 그저 그가 현대 직
장의 무의미함에 충분히 대비되지 않았기 때문이라고 결론지을 수
도 있다. 그는 (아직 그 흔적이 일부 남아 있는) 구식 교육 시스템을
거친 사람이었다. 그런 시스템은 학생들이 '실제로' 일하도록 준비
시킨다. 여기서 잘못된 기대가 발생했고, 그는 기대가 깨진 환멸감이
주는 충격을 극복할 수 없었던 것이다.

아마 그럴지도 모른다. 하지만 나는 그것이 전부가 아니라고

생각한다. 여기에는 훨씬 더 깊은 차원의 뭔가가 벌어지고 있다. 첫 직업의 무의미함을 견뎌 내기 위해 에릭이 특히 준비가 부족했을지는 모르지만, 거의 누구나 그런 무의미성을 견뎌 내야 할 것으로 본다. 우리 모두는 누군가 에릭의 처지에 있다면, 즉 일하지 않고 봉급은 많이 받는다면 분명 기뻐할 거라고 생각하도록 훈련받는데도 말이다.

원래 문제로 돌아가 보자. 왜 아무 일도 하지 않고 봉급을 받는 사람이 스스로를 운 좋은 처지로 여겨야 한다고 보는지 이유를 묻는 것으로 시작하자. 이런 상황을 초래하는 인간 본성 이론의 기초는 무엇인가? 금방 생각해 낼 수 있는 것은 경제학 이론이다. 경제학은 이런 종류의 사유를 학문으로 만든 것이다.

고전 경제학 이론에 따르면, 호모 이코노미쿠스 즉 '경제적 인간'(경제학에 의해 만들어지는 모든 예측의 배후에 있는 모델 인간)은 무엇보다 비용과 편익의 계산을 행위 동기로 삼는다. 고객이나 대중의 눈을 어지럽히는 경제학자들의 수학 공식들은 단순한 가정 하나, 모든 인간은 혼자 내버려 두면 최소한의 자원과 노력을 소모하여 최대한의 이익을 얻을 수 있는 행동을 선택한다는 가정에 기초하고 있다. 방정식이 성립할 수 있는 것은 공식이 단순하기 때문이다. 인간의 동기가 복잡함을 인정하게 되면 고려해야 할 요소가 너무 많아져서 제대로 측정하기가 불가능하며, 따라서 예측은 불가능해질 것이다. 경제학자는 물론 인간이 정말 이기적인 계산 기계가 아니라는 걸 모두가 안다고 말하겠지만, 그렇게 가정하는 것이 인간이 하는 일의 아주 많은 부분을 설명해 주며 이 설명 가능한 부분(그리고 이것만)이 경제학의 주제다.

여기까지는 어느 정도 합리적인 발언이다. 문제는 인간의 삶에서 그런 가정이 확실히 통하지 않는 영역이 많다는 점이다. 또 그중 일부가 정확하게 '경제학'이라 불리는 학문 영역 속에 들어 있다. 최소-최대(최소 비용-최대 이익)의 가정이 옳다면, 에릭 같은 사람은 자신의 상황에 대해 기뻐할 것이다. 자원과 에너지를 거의 하나도 소모하지 않으면서 많은 보수를 받으니 말이다. 그가 쓰는 것은 버스 요금과 사무실에서 돌아다니고 전화 몇 통 받는 데 드는 에너지뿐이다. 그런데 다른 모든 요인들(계급, 기대치, 성품 등등)은 이런 상황에 처한 사람이 불행한지 아닌지를 결정해 주지 않는다. 그런 상황에 처하면 누구나 불행해 보일 테니까. 다른 요인들은 이들이 얼마나 불행한지에 대해서만 영향을 미친다.

일에 대한 대중적 담론 가운데 많은 부분은 경제학자들의 모델이 옳다는 가정에서 출발한다. 사람들은 강요당해야만 일한다. 빈민들이 굶어 죽지 않도록 구호물자를 받을 경우, 구호품은 가장 굴욕적이고 성가신 방식으로 전달되어야 한다. 그렇게 하지 않으면 그들은 의존적이 되고 제대로 된 직업을 찾을 동기가 없어지기 때문이다.[4] 그 기저에는 사람들에게 기생충이 될 선택지가 주어진다면 당연히 그것을 선택하리라는 전제가 깔려 있다.

사실 수집할 수 있는 거의 모든 증거에 따르면 이 가정은 틀렸다. 분명히 인간은 불필요하거나 저열해 보이는 일을 하게 되면 괴로워하는 경향이 있다. 1920년대 이후 '과학적 관리자들'이 주장한 작업 속도나 강도에 맞추어 일하고 싶어 하는 사람은 거의 없다. 사람들은 또 굴욕당하는 데 특히 거부감이 있다. 하지만 그냥 내버려 두면 거의 예외 없이 쓸모 있는 일을 전혀 못 할지도 모른다는 전망 때문에 더욱 괴로워할 것이다.

이 주장을 지원하는 경험적 증거는 무수히 많다. 특히 특색 있는 사례를 두어 가지 골라 보자. 노동계급 사람들은 복권에 당첨되어 거액을 받더라도 직업을 떠나는 일이 별로 없다.(떠나도 대개 얼마 지나지 않아 후회한다고 말한다.)[5] 의식주가 무료로 제공되는 감옥에 수감되어 실제로 일할 필요가 없는 경우에도 교도소 세탁방에서 셔츠를 다림질할 권리, 교도소 체육관에서 바닥 청소를 할 권리, 교도소 작업장에서 마이크로소프트사를 위해 컴퓨터를 포장할 권리를 금지하는 것은 처벌에 해당한다. 무급 작업이거나 죄수들에게 다른 수입원이 있는 경우에도 이는 사실이다.[6] 이들은 사회가 배출한 가장 비이타적인 사람들인데도 종일 앉아 텔레비전만 보는 것을 가혹하고 보상 없는 노동보다 더 나쁜 처지로 여긴다.

도스토옙스키가 지적했듯이 교도소 노동은 적어도 쓸모 있는 일로 간주된다는 점에서 구원적 성격이 있다. 설사 죄수 본인에게 쓸모 있는 것은 아니더라도 말이다. 실제로 감옥의 존재에 따라오는 몇 가지 긍정적인 파생 효과는 극단적인 결핍 상황에서 어떤 일이 일어나며 인간이 어떻게 행동하는지에 대한 정보를 제공함으로써 인간존재에 관해 근본적인 사실을 알려 줄 수 있다는 데 있다.

또 다른 사례를 들어 보자. 죄수를 한 번에 여섯 달 넘게 독방에 가두면 신체적으로 관찰되는 두뇌 손상이 반드시 생긴다는 것을 우리는 알고 있다. 인간은 단순한 사회적 동물이 아니다. 인간은 원천적으로 사회적인 존재여서, 다른 인간과의 관계가 완전히 차단되면 신체적으로 쇠퇴하기 시작한다.

노동 실험도 이와 비슷한 관점에서 파악할 수 있지 않을까? 오전 9시에서 오후 5시까지라는 노동 규칙이 인간에게 적합한지 아닌지는 모른다.(내가 보기에는 적합하지 않다는 증거가 상당히 있는 것 같다.) 하지만 중범죄 죄수들도 일반적으로 아무 일도 하지 않고 앉아 있기만 하는 것을 더 힘들어한다. 왜 그럴까? 이런 성향은 인간 심리 속에 얼마나 깊이 박혀 있을까? 정말 깊이 박혀 있다고 믿을 이유가 있다.

- - - - -

1901년에 이미 독일의 심리학자 카를 그로스는 어린 아기들이 세상에서 예측 가능한 영향을 스스로 만들어 낼 수 있음을 처음 알게 될 때 아주 크게 기뻐한다는 사실을 발견했다. 그 영향이 무엇인지, 자신에게 어떤 혜택을 준다고 해석될 수 있는지와는 대체로 상관없다. 가령 자기 팔을 아무렇게나 움직여 연필을 움직일 수 있다는 것을 알면, 같은 방식으로 움직임으로써 동일한 결과를 달성할 수 있다. 지극한 기쁨의 표현이 따라 나온다. 그로스는 "원인이 된다는 즐거움(the pleasure at being the cause)"이라는 표현을 만들어 이것이 놀이의 기초라고 주장했다. 그가 보기에 이것은 오직 행사 자체를 목적으로 하는 권력의 행사였다.

이 내용은 인간의 동기부여를 더 일반적으로 이해할 수 있는 강력한 함의를 담고 있다. 그로스가 나오기 전 서구 정치철학자(그 뒤에는 경제학자와 사회과학자) 대부분은 인간의 권력 추구가 단순히 정복과 지배를 향한 내적 열망 때문이라고, 또는 신체적 혜택, 안전, 재생산 성공의 원천을 손에 넣도록 보장해 주는 순수하게 실용적인 열망 때문이라고 보는 쪽으로 기울어져 있었다. 그러나 그로스가 발견한 (그리고 그 이후 한 세기 동안 실험적 증거로 확인된) 내용은 니체가 "권력에의 의지"라고 부른 것 배후에 훨씬 단순한 어떤 것이 있을지도 모른다는 점을 시사했다.

아이들은 대개 '자신'이 어떤 현상을 일어나게 만든 원인임을 이해함으로써(그 증거는 자신이 그 현상을 다시 일으킬 수 있다는 점이다.[7]) 자신이 존재하며 주위 세계와 구분되는 별도의 실체라는 사실을 알게 된다. 또한 중요한 것은, 이 깨달음이 처음부터 그 이후 내내 모든 인간 경험의 근본적 배경이 되어 줄 기쁨으로 새겨진다는 사실이다.[8] 우리가 어떤 일, 특히 운동경기에서 달리는 것이든 복잡한 논리 문제를 푸는 것이든 아주 잘할 수 있는 일에 정말로 몰입해 있을 때는 존재한다는 사실 자체를 잊어버리는 경향이 있기 때문에 자아 감각이 행동에 기초한다고 생각하기가 어려울 것이다. 하지만 우리가 하는 일 속에 융합되는 순간에도 그 근본에 있는 "원인이 된다는 즐거움"은 여전히 겉으로 드러나지 않는 우리 존재의 기반이다.

그로스 본인은 처음에 인간이 왜 게임을 하는지, 게임의 경계를 벗어나면 경기에서 이기든 지든 아무 차이가 없음을 알고 있을 때조차 왜 경기 결과에 그토록 열정적이 되고 흥분하는지에 흥미를 가졌다. 그로스는 상상의 세계를 창조하는 것을 단순히 "원인이 되는 즐거움" 원리의 연장으로 보았다. 그럴지도 모른다. 하지만 유감스럽게도 우리의 관심은 건강한 발전에 미칠 함의보다는 뭔가가 지독하게 잘못되어 갈 때 무슨 일이 일어나는지에 있다. 사실 실험 결과에 따르면, 처음에는 아이가 어떤 결과를 유발하는 원인이 될 수 있음을 알고 기뻐하는 것을 허용했다가 갑자기 그것을 금지할 때 아주 큰 영향을 미친다. 먼저 분노하고, 참여하기를 거부하다, 일종의 긴장성 자폐와 세상 전체에서 물러나는 반응이 나타난다. 아동심리학자 프랜시스 브루첵은 이것을 "실패한 영향력의 트라우마(trauma of failed influence)"라 불렀으며, 이런 트라우마 경험이 나중에 여러 가지 정신건강 문제를 낳을지도 모른다고 의심했다.[9]

만약 그렇다면 유용한 역할로 고용된 것처럼 대우받고 유용한 일자리에 고용된 척하면서 장단을 맞추어야 하지만, 동시에 스스로 유용하게 고용되어 있지 않음을 예민하게 인식하는 상황에서 그런 일자리에 묶여 있는 것이 아주 나쁜 결과를 가져오리라는 점이 이해되기 시작한다. 그것은 단지 한 사람의 자존감에 대한 공격만이 아니라 그가 자아로 존재한다는 인식의 기초 자체에 대한 정면공격이다. 세상에 유의미한 영향을 미칠 능력이 없는 인간은 존재하기를 멈춘다.

일만을 위한 일의 역사

특히 타인의 시간을 산다는 개념에 대한 보충 설명

상사: 자네는 왜 일하지 않는가?

직원: 할 일이 없습니다.

상사: 그런가, 당신은 일하는 척하게 되어 있지 않던가?

직원: 이봐요, 더 좋은 생각이 있어요. 내가 일하고 있는 것처럼 당신이 시늉하는 건 어때요? 당신 봉급이 나보다 더 많잖아요.

—빌 힉스의 코미디

그로스는 "원인이 되는 즐거움" 이론에서 나아가, 가공 세계로서의 놀이 이론(theory of play as make-believe)을 구상했다. 인간은 게임과 오락거리를 발명한다. 또 같은 이유에서 어린 아기는 연필을 움직일 수 있는 자신의 능력에서 기쁨을 얻는다. 우리는 권력을 다른 이유 없이 그 자체를 위해 행사하기를 원한다. 가공의 상황이라고 해도 우리의 관심은 사라지지 않는다. 오히려 발명품의 수준이 한 단계 올라간다. 그로스의 주장에 따르면 이 점이야말로 자유의 모든 것이다. 여기서 그는 낭만주의 철학자 프리드리히 실러의 사상에 의거하고 있다.(실러는 예술 창조 욕구가 단지 놀고 싶은 충동의 표현, 그저 자유 그 자체를 위한 자유의 행사일 뿐이라고 주장했다.[10]) 자유는 그저 어떤 행동을 할 수 있기 때문에 그 행동을 하는 능력이다.

하지만 동시에 패트릭과 브렌던 같은 학생 노동자들은 그들이 하는 일의 바로 그런 가공적 측면에 가장 분노한다. 실제로 꼼꼼히 감독받는 임금노동 일을 해 본 사람이라면 누구나 이것이 자기 일에서 가장 짜증스러운 면이라고 여길 것이다. 노동은 어떤 목적에 봉사하거나 아니면 적어도 그런 것으로 여겨진다. 오로지 일한다는 것만을 목적으로 일하는 척하라고 강요당하는 것은 모욕이다. 그런 요구 자체가 순수한 권력 행사로 이해되기 때문인데, 이는 옳다. 만약 가공의 놀이가 인간 자유의 가장 순수한 표현이라면 타인에 의해 강요되는 가공의 일은 자유가 결여되었다는 순수한 표현 형태다. 그렇다면 특정 범주의 인간들은 할 일이 없을 때조차도 항상 일하고 있어야 한다는 견해, 일이 그들의 시간 전부를 차지해야 한다는 견해를 뒷받침하는 최초의 역사적 증거가 죄수와 노예(이 두 범주는 대체로 역사적으로 중첩된다.)라는 자유롭지 못한 인간을 가리키는 것은 별로 놀랍지 않다.[11]

- - - - -

아마 가능하지는 않겠지만, 일만을 위한 일의 역사를 쓴다면 아주 재미있을 것 같다. 언제, 어떤 상황에서 처음으로 '게으름'이 문제시되었으며 나아가 죄악으로 여겨지기 시작했는지를 역사적으로 탐구하는 것이다. 이런 탐구를 실제로 해 본 사람이 있는지 모르겠다.[12] 하지만 모든 증거가 패트릭과 브렌던의 불만 대상인 일만을 위한 일의 근대적 형태가 역사적으로 새로운 것임을 시사한다. 이렇게 생각하는 부분적인 이유는 지금까지는 인간이 일하는 양상이 보통 에너지의 폭발 다음에 이완이 오고 그다음에 다시 서서히 에너지가 축적되어 또다시 강렬한 폭발을 향해 가는 주기적 형태를 띤다고 여겨져 왔기 때문이다.

농사가 그런 예다. 파종과 수확기에는 모든 일손이 동원되지만, 그 외에는 대체로 관리와 수리 및 자잘한 계획을 처리하고 살피고 돌아다니는 일로 채워진다. 하지만 일상적 업무, 혹은 집을 짓거나 잔치를 준비하는 등의 프로젝트도 크게 보면 주기 형태를 띠는 경향이 있다. 다른 말로 하면 학생들이 평소에는 나태하다가 시험을 앞두고 치열하게 집중하고, 그런 다음 다시 느슨해지는 전통적인 공부 패턴(나는 이것을 '단속적 히스테리(punctuated hysteria)'라고 부르고 싶다.)은 해야 할 일이 있는 인간들이 달리 행동하도록 감독하는 사람이 없을 때 보이는 전형적인 모습이다.[13] 일부 학생들은 이 패턴을 만화처럼 과장된 버전으로 실행할 수도 있다.[14] 하지만 좋은 학생들은 대략 올바른 페이스를 찾아낸다. 인간은 내버려 두면 대체로 그렇게 할 뿐만 아니라, 이와 다르게 행동하라고 강제할 때 효율이나 생산성이 더 높아지리라고 믿을 이유도 없다. 오히려 정반대 결과가 나올 때가 더 많다.

확실히 다른 것들보다 더 극적인 과제, 미친 듯한 행동의 분출과 상대적인 무기력이 번갈아 드는 패턴이 더 잘 맞는 과제가 있다. 이는 항상 사실이었다. 야채 수확도 이따금 폭발적인 보조로 이루어질 때가 있지만 동물 사냥은 그보다 더 극적이다. 집짓기는 청소보다 영웅적인 노력에 더 적합하다. 이런 사례는 거의 모든 인간 사회에서 남자들이 가장 흥분되고 극적인 작업을 독점하려 하는 성향이 있고 대개 성공한다는 사실을 함축한다. 예를 들면 남자들은 숲에 불을 질러 태워 버리고 그 땅에 작물을 심으며, 김매기 같은 더 단조롭고 시간이 많이 드는 과제를 여자들에게 미룬다.

이렇게 표현할 수도 있겠다. 남자들이 일이 끝난 뒤 떠들어 댈 수 있는 일거리를 항상 자기들 몫으로 차지하고, 여자들에게는 일하는 도중에 떠들 수 있는 일거리를 맡기려 한다고.[15] 사회가 가부장적이 될수록, 남자가 여자보다 더 많은 권력을 가질수록 이런 경향은 더 커질 것이다. 한 그룹이 명백하게 다른 그룹에 대해 권력자인 위치에 있을 때마다 같은 패턴이 재생산된다. 예외는 거의 없다.

봉건영주에게 직업이 있다고 한다면 그것은 전사였다.[16] 그들은 무기를 극적으로 휘두르는 기간과 거의 전적으로 게으름과 무기력에 잠기는 기간을 왔다 갔다 하며 삶을 보냈다. 농민과 하인들은 더 꾸준하게 일해야 했다. 하지만 그렇다 해도 그들의 작업 스케줄은 현재 9시에서 5시까지 일하는 것처럼 규칙적이고 통제된 노동 시간과는 거리가 멀었다. 중세 평균적인 남녀 농노들은 아마 한 해 중 20일에서 30일은 새벽부터 해 질 녘까지 일했으나, 그 밖의 날은 하루 몇 시간만 일했을 것이고 축일엔 전혀 일하지 않았다. 그리고 축일은 자주 돌아왔다.

노동이 불규칙적인 형태로 행해진 주된 이유는 대체로 감독이 없었기 때문이었다. 이는 중세 봉건시대만이 아니라 비교적 최근까지 거의 모든 노동 여건에서도 그러했다. 그런 노동의 계약관계는 깜짝 놀랄 정도로 불평등했으나 위의 말은 사실이었다. 밑바닥에 있는 사람들이 요구받은 것을 생산할 때 꼭대기에 있는 사람들은 그것이 어떤 결과를 가져오는지 알거나 관심을 가져야 한다는 생각조차 하지 않았다.

이런 사실은 성별 관계에서도 아주 분명히 나타난다. 사회가 더 가부장적일수록 남자와 여자 구역의 격리가 더 심해질 것이다. 그로 인해 남자는 여자의 일에 대해 더 모르게 되고, 여자가 사라졌을 때 남자가 여자의 일을 해낼 수 있는 확률이 더 낮아질 것이다.(이와 반대로 여자는 대개 남자의 일에 무엇이 필요한지 잘 알고 있고, 어떤 이유로든 남자가 사라지더라도 상당히 잘 지낼 수 있다. 이 때문에 과거의 수많은 사회에서 전쟁이나 교역 등을 이유로 남성 인구의 큰 부분이 장기간 자리를 비워도 별다른 혼란이 벌어지지 않을 수 있었다.) 가부장적 사회에서 여자들이 감독을 받을 경우, 여기에는 다른 여자들의 감독도 포함된다. 이것은 흔히 여자가 남자들과 달리 항상 바쁘게 지내야 한다는 통념과 관련 있었다. "게으른 손가락은 악마의 옷을 짠다." 폴란드에 살던 내 증조모는 딸에게 이런 경고를 자주 했다. 하지만 이런 종류의 전통적 설교는 실제로는 "기댈(lean) 시간이 있으면 그 시간에 청소(clean)하라."라는 현대의 설교와는 아주 다르다. 왜냐하면 그 저변에 깔린 의미는 일해야 한다는 것이 아니라 다른 일을 해서는 안 된다는 뜻이기 때문이다. 본질적으로 내 증조모는 폴란드 유대인 사회에서 10대 소녀가 뜨개질하지 않을 때 할 만한 일이란 십중팔구 말썽을 일으킨다고 말하고 싶었던 것이다.

이와 비슷하게 19세기 미국 남부나 카리브해 지역의 대농장 소유주들이 간혹 하는 경고도 있다. 노예들을 농한기에 할 일 없이 내버려 두느니 일을 만들어서라도 바쁘게 만드는 게 낫다는 것이다. 왜냐하면 노예들이란 언제나 한가한 시간이 생기면 달아나거나 반란을 일으킬 음모를 꾸미기 때문이다.

"당신은 내 시간을 소비하고 있다. 당신이 노닥거리라고 봉급을 주는 것이 아니다."라는 현대의 도덕성은 아주 다르다. 이것은 자신의 것이 강탈당한다고 느끼는 사람의 분노다. 노동자의 시간은 노동자의 것이 아니고, 그 시간을 구매한 사람에게 속한다. 일하지 않는 고용인은 고용주가 많은 돈을 낸(혹은 한 주가 끝나면 많은 돈을 주기로 약속한) 어떤 것을 훔치고 있는 것이다. 이런 도덕적 논리에 의하면 게으름은 위험한 것이 아니다. 게으름은 도둑질이다.

이는 밑줄 쳐 강조할 만하다. 한 인간의 시간이 타인에게 속할 수 있다는 생각은 실로 아주 특이하기 때문이다. 이제껏 존재한 거의 모든 인간 사회는 그런 생각을 절대 해 본 적이 없을 것이다. 위대한 고전학자 모지스 핀리는 이렇게 지적했다. 고대 그리스인이나 로마인은 도자기공을 보고 그의 도자기를 산다는 생각을 할 수 있다. 또 도자기공을 사겠다고 생각할 수도 있다. 고대 세계에서 노예제는 흔히 있는 제도였으니까. 하지만 도자기공의 '시간'을 살 수 있다는 생각 앞에서는 말 그대로 혼란스러워할 것이다.

핀리가 주장하는 대로 이런 사고방식은 지극히 현학적인 로마법 이론가들도 이해하기 힘들어할 두 가지 개념적 비약을 거쳐야 한다. 첫째, 도자기공의 작업 능력, 즉 그의 '노동력'을 도자기공 본인과 구별되는 것으로 생각하는 것. 둘째, 그렇게 구분된 능력을 말하자면 균등한 시간 그릇(시간, 날, 근무 교대 시간 등) 안에 쏟아부은 다음 현금으로 구매할 수 있게 하는 방법을 고안하는 것이다.[17]

평범한 아테네인이나 로마인들에게 이런 생각은 괴상하고 낯설고 신비스럽기까지 할 것이다. 시간을 어떻게 산다는 말인가? 시간은 추상적인 것인데![18] 그가 떠올릴 수 있는 가장 가까운 생각은 도자기공을 일정한 기간 동안(예를 들면 하루 정도) 노예로 빌려준다는 정도일 것이다. 그 기간 동안 도자기공은 일반 노예처럼 주인이 지시하는 무슨 일이든 해야 한다. 하지만 바로 이 이유로, 도자기공이 그런 조치를 기꺼이 받아들이는 일은 아마 없을 것이다. 아무리 일시적이더라도 노예가 된다는 것, 자유의지를 강제로 포기하고 타인의 일개 수단이 된다는 것은 한 인간(자유민―옮긴이)에게 닥칠 수 있는 가장 비참한 일로 여겨졌다.[19]

그 결과 고대 세계에서 볼 수 있는 임금노동 사례는 이미 노예인 사람들이 압도적으로 많다. 노예 도자기공은 정말로 주인과 의논하여 도자기 작업장에서 일하면서 임금의 절반을 주인에게 바치고 나머지를 자기가 가질 수도 있다.[20] 가끔 자유계약을 맺고 일하는 노예도 있다. 부두에서 짐꾼 같은 일을 하는 것이다. 자유민 남녀는 그렇게 하지 않는다. 그리고 이런 관행은 상당히 최근까지 유지되었다. 임금노동은 중세에 등장했을 때 베네치아나 말라카, 잔지바르처럼 거의 전적으로 노예노동에 의지하던 상업 항구도시에서 전형적인 형태였다.[21]

그렇다면 현재와 같은 상황, 즉 민주국가의 자유 시민들이 자신을 이런 식으로 임대하는 것이 완전히 자연스럽게 여겨지고, 보스가 '그의' 시간의 매 순간에 부하 직원들이 일하고 있지 않으면 분노하는 이런 상황은 어떻게 해서 벌어졌을까?

그렇게 되려면 무엇보다 먼저 시간이 실제로 무엇인가에 대한 공통된 이해가 변해야 했다. 인간은 오랫동안 천체가 정확하고 예측 가능한 규칙성에 따라 움직이는 하늘을 관찰하면서 절대적인, 혹은 성좌의 시간이라는 개념을 얻었다. 하지만 이것은 전형적으로 완벽의 영역으로 취급되었다. 사제나 수도사들은 천체의 시간을 기준으로 생활했지만 지상의 삶은 그보다 혼란스러웠다. 하늘 아래에서는 절대적인 척도가 없다.

알기 쉬운 예를 들어 보자. 새벽에서 황혼까지를 열두 시간으로 나눈다면, 계절을 모를 때는 이곳에서 저곳까지 세 시간 걸리는 거리라는 말이 의미가 없다. 겨울의 시간은 여름 시간의 절반밖에 안 될 테니까. 내가 마다가스카르에 살 때 (시계를 거의 쓰지 않는)농촌 사람들은 여전히 거리를 옛날식으로 묘사했다. 다음 마을까지 걸어가려면 밥 두 솥을 짓는 시간이 걸린다는 식으로 말이다. 중세 유럽 사람들은 어떤 일이 "주기도문 두 번 욀 시간" 혹은 달걀 하나 삶을 시간이 걸린다는 식으로 이야기했다. 이런 일은 아주 흔하다. 시계가 없는 곳에서는 행동이 시간에 의해 측정되는 것이 아니라 시간이 행동에 의해 측정된다. 인류학자 에드워드 에번 에번스프리처드가 이 주제에 대해 남긴 고전적인 언급이 있다. 그가 이야기하는 대상은 동아프리카의 농경민족인 누에르족이다.

누에르족은 우리 언어에서 '시간'에 해당하는 표현이 없다. 따라서 그들은 우리처럼 시간이 뭔가 실제로 있는 것이고, 지나가고, 허비할 수 있고, 아낄 수 있다는 식으로 말할 수 없다. 빠듯한 시간에 맞추느라 분투한다거나 추상적인 시간의 흐름에 행동을 맞추어야 하는 그런 기분을 한 번도 느껴 보지 않았을 것이다. 그들이 의거하는 기준은 주로 행동 자체인데, 일반적으로 그런 행동은 느긋하게 이루어진다. 사건들은 논리적인 순서에 따르지만 추상적 시스템에 의해 통제되지 않는다. 행동을 엄밀하게 맞춰야 할 자율적 참조 기준이 없기 때문이다. 누에르족은 운이 좋은 사람들이다.[22]

시간은 일을 측정하는 좌표가 아니다. 일 자체가 척도이기 때문이다. 영국 역사가 E. P. 톰슨은 근대 시간 감각의 기원을 다룬 「시간, 노동규율, 산업자본주의(Time, Work Discipline, and Industrial Capitalism)」라는[23] 굉장한 논문에서 "하나가 다른 하나를 추진하면서 움직이는 도덕적인 동시에 기술적인 변화가 발생했다."라고 지적했다. 14세기가 되자 거의 모든 유럽 마을에는 시계탑이 만들어졌다. 대개 그 지역 상인길드가 자금을 대고 건설을 독려한 시설물이었다. 책상에 메멘토 모리(Memento Mori, '죽음을 기억하라' 혹은 '네가 죽을 것을 기억하라'는 라틴어 문구─옮긴이)로서 두개골을 올려 두는 습관을 만든 것도 바로 그런 상인들이었다. 시계가 한 번 종을 울릴 때마다 죽음에 한 시간 더 가까워지는 것이니 시간을 잘 활용해야 한다고 스스로에게 상기시키는 것이다.[24]

벽시계와 회중시계의 보급은 훨씬 더 오래 걸려서 1700년대 후반에 시작한 산업혁명의 도래와 대체로 일치한다. 하지만 한번 보급되기 시작하자 비슷한 태도가 중산층에 더 보편적으로 파급될 수 있었다. 천체의 시간, 하늘의 절대적 시간은 지상으로 내려와 아주 친숙한 일상사도 규제하기 시작했다. 하지만 시간은 동시에 고정된 좌표고 소유물이었다. 모두 시간을 중세 상인들처럼 한정된 자산으로 보도록, 돈을 쓰듯이 신중하게 예산을 짜고 소모하도록 권장되었다. 더욱이 신기술은 지상에서 사람들의 고정된 시간을 균일한 단위로 잘라서 돈을 받고 매매할 수 있게 만들었다.

일단 시간이 곧 돈이 되자, 그냥 '시간을 보낸다'기보다 '시간을 소모한다'고 말할 수 있게 되었고, 마찬가지로 시간을 허비하고, 시간을 죽이고, 시간을 아끼고, 시간을 잃고, 시간에 늦지 않으려고 애쓴다는 등의 표현이 가능해졌다. 청교도, 감리교도, 복음주의 전도사들은 얼마 지나지 않아 신도들에게 "시간 농사(husbandry of time)"에 대해 설교하고, 시간 계획을 신중하게 세우는 것이 도덕성의 본질이라고 주장했다. 공장에서는 시간기록계를 쓰기 시작했다. 노동자들은 공장에 들어오고 나갈 때 시간을 찍어야 했다. 빈민들에게 규율과 시간성을 가르치기 위해 만들어진 자선 학교는 모든 사회 계급 출신의 학생들이 종소리에 따라 한 시간마다 일어나 이 방에서 저 방으로 행진해 가는 공립학교 체제로 바뀌었다. 이것은 아이들에게 장래에 겪게 될 유급 공장노동을 훈련시키기 위해 의식적으로 설계된 조처였다.[25]

현대의 노동규율과 자본주의적 감독 기술 역시 처음에는 상선과 식민지 노예제 대농장에서 개발된 완전 통제 형태가 본국의 빈민 노동자들에게 적용되면서 나름대로 고유하게 발전해 왔다.[26] 하지만 그것을 가능케 한 것은 새로운 시간 개념이었다. 이것이 기술적 변화인 동시에 도덕적 변화였다는 점을 강조하고 싶다. 그것은 대개 청교도주의에 헌신했고, 청교도주의는 확실히 그것과 상관이 있다. 하지만 우리는 칼뱅적 금욕주의의 더 극적인 형태가 새로운 시간 감각의 그저 과장된 버전, 즉 이런저런 방식으로 기독교 세계 전체 중간 계층의 감수성을 재편하는 버전에 불과하다고 똑같이 주장할 수 있다. 그 결과 영국에서 시작해, 18세기와 19세기 동안 옛날식 간헐적 노동 스타일(episodic style of working)은 점점 더 사회문제로 간주되었다. 중간 계층은 빈민들이 시간 규율이 없어서 가난해졌다고 보았다. 도박에 돈을 탕진하는 것처럼 시간을 마구잡이로 써 버린다는 것이다.

한편 억압적 여건에 반항하는 노동자들도 같은 화법을 쓰기 시작했다. 초기 공장은 노동자들이 시계를 지니지 못하게 금지하는 곳이 많았다. 공장주가 공장 시계를 정기적으로 빠르거나 느리게 돌렸기 때문이다. 그러나 오래지 않아 노동자들이 고용주들과 시간 비율을 두고 싸우기 시작하여, 고정된 시간제 계약, 잔업 수당, 50퍼센트 초과 근무 수당, 하루 열두 시간 근무, 나중에는 하루 여덟 시간 근무를 요구했다. 그러나 '자유 시간'에 대한 요구는 당시 상황에서는 나올 법한 요구였지만, 노동자가 '시간제'로 일하면 그 시간은 그것을 구매한 사람에게 속한다는 사고방식을 미묘하게 강화하는 결과를 가져왔다. 이것은 그들의 증조부들에게는, 그리고 실제로 그때까지 살아온 거의 모든 사람들에게 괴상하고 터무니없어 보일 사고방식이었다.

시간의 도덕성과
일의 자연스러운 리듬이
충돌할 때 발생하는 적의

걸핏하면 고용주의 도덕성과 고용인들의 상식 간의 정면충돌로 이어지는 이 역사를 알지 못하면 현대 노동의 정신적 폭력을 이해할 수 없다. 고용인들은 아무리 초등학교에서 시간 규율에 훈련되었다 하더라도 할 일이 있든 없든 상관없이 하루 여덟 시간씩 꾸준한 속도로 일하라는 요구를 들으면 상식에 대한 도전이라고 생각할 것이다. 그리고 그들이 지시받은 일만을 위한 일을 지독하게 분통 터지는 일로 여길 것이다.[27]

나는 내 첫 직업을 생생히 기억한다. 어느 해변의 이탈리아 식당에서 접시 닦는 일이었다. 여름 시즌이 시작할 때 고용된 10대 소년 셋은 미친 듯이 바빴던 첫날을 기회로 여겼다. 가장 영웅적인 최고의 접시 닦이임을 입증하려고 결심한 것이다. 우리는 번개처럼 효율적인 설거지 기계가 되어 기록적인 시간에 엄청난 분량의 반짝이는 접시 무더기를 만들어 냈다. 그런 다음 주저앉아 우리가 달성한 업적에 자랑스러워하면서 아마 담배를 한 대 피우거나 대마초를 하나쯤 맛보려 했다. 그러자 보스가 나타나더니 왜 이렇게 노닥거리고 있느냐고 물었다.

"지금 당장은 씻을 접시가 없더라도 상관없어. 지금은 내 시간이야! 너희 시간이 되면 놀러 다녀도 돼. 일하러 돌아가!"

"그러면 우리는 무얼 해야 합니까?"

"철수세미 가지고 와. 걸레받이를 문질러 닦아."

"걸레받이는 이미 닦았는데요."

"다시 닦으라고!"

우리는 교훈을 배웠다. 시간제로 일한다면 너무 효율적으로 일하지 말라. 아무리 잘해도 무뚝뚝하게 고개 끄덕이는 정도(우리는 정말 그 정도만 기대했는데)의 보상도 없을 테니까. 대신 무의미한 분주한 노동이라는 벌을 받게 된다. 그리고 일하는 척하라고 강요당하는 것이 가장 지독한 모욕임도 알게 되었다. 실제로는 전혀 그렇지 않은 것을 하는 척하기란 불가능했기 때문이었다. 이는 순수한 불명예이며, 순전히 보스의 권력 그 자체를 위해 권력을 행사하는 것이다. 걸레받이를 닦는 척할 뿐이라는 것은 문제되지 않았다. 걸레받이를 닦는 척하는 내내 마치 학교 불량배들이 어깨 너머로 우리를 고소해하며 구경하는 것 같은 기분이 들었다. 물론 이번에는 법과 관습이 그 불량배 편이라는 점이 다를 뿐이었다. 그래서 다음번에 손님이 몰려들 때 우리는 확실하게 즐거운 시간을 질질 끌도록 행동했다.

- - - - -

고용인들이 일만을 위한 일거리를 불쉿이라고 규정하는 이유는 쉽게 알 수 있다. 내가 얻은 증언 몇 가지는 그런 일이 유발하는 적의를 상세히 묘사하고 있다. 다음은 '전통적으로 일만을 위한 일'이라 불릴 수 있는 사례로, 와이오밍주 목장에서 일했던 미치의 증언이다. 그의 말에 따르면 목장 일은 힘들지만 보람이 있고, 운이 좋아 편하게 대해 주는 고용주를 만나면 한동안 치열하게 노력을 쏟아부은 다음 한동안 빈둥대는 통상적인 주기를 즐겁게 따를 수 있다. 그러나 미치는 운이 좋지 않았다. 그의 보스는 "고장에서 존경받는 원로였고, 모르몬교회에서 나름의 지위에 오른 사람"이었는데, 일꾼들이 원칙적으로 아무 할 일이 없을 때에도 "돌을 줍는" 일로 시간을 채워야 한다고 주장했다.

미치 그는 우리를 아무 데나 데려다 놓더니, 땅에 있는 돌을 전부 주워 돌 더미를 쌓아 두라고 말했다. 트랙터의 날이 돌에 찍히지 않도록 땅을 고르기 위해서라고 했다.

나는 그 자리에서 불쉿이라고 내뱉었다. 그 땅은 내가 가기 전에도 이미 여러 번 갈아엎어졌고, 게다가 혹독한 겨울 서리 때문에 시간이 흐르면 땅 밑에 있던 돌이 지표로 솟아오르게 마련이었다. 그래도 그 땅은 고용인들을 '분주하게' 만들고, 올바른 노동 윤리('복종'을 말한다. 이것은 모르몬교에서 매우 높은 원칙이다.)를 가르쳐 준다는 따위의 이야기를 들었다. 잘도 그렇겠지. 10제곱미터당 주먹만 한, 아니면 그보다 더 큰 돌이 수백 개는 있을 것이다.

한번은 밭에서 여러 시간 계속 혼자 있으면서 돌을 주웠는데, 나는 진심으로 최선을 다했다.(도대체 왜 그랬는지는 아무도 모를 일이지만)

그래도 얼마나 쓸데없는 일인지 알 수 있었다. 등골이 휘는 일이었다. 다른 일을 시키려고 온 늙은 보스는 내가 쌓아 둔 돌 무더기를 흡족하지 않다는 눈길로 보더니 내가 일을 별로 하지 않았다고 단정했다. 육체적 노동 그 자체를 위해 육체적 노동을 하라는 것만으로는 모욕이 부족했는지, 내가 여러 시간 힘들게 일한 것이 흡족하지 않다는 말까지 들으니 더욱 모욕적이었다. 외발 수레나 다른 어떤 도구도 없이 전적으로 손으로만 일했는데 말이다. 그래 고맙군. 게다가 그 돌 더미를 치우러 온 사람도 없었다. 그날 이후 돌 더미는 내가 쌓아 둔 그대로 남아 있었고, 바로 오늘까지 그대로 있다고 해도 놀라지 않겠다. 나는 노인이 죽는 날까지 내내 그를 증오했다.

미치의 이야기는 종교적 요소를 부각시킨다. 다른 누군가의 권위에서 이루어지는 무의미한 작업에 충실히 복종하는 것이 더 나은 인간을 만드는 도덕적 자기 훈련이라는 생각 말이다. 이것은 물론 청교도주의의 현대적 버전이다. 그러나 지금은 주로 이 요소가 게으름이 다른 사람의 시간을 훔치는 것이라고 주장하는 비틀린 도덕성에 어떤 식으로 더 분통 터지는 층위를 추가하는지를 강조하고 싶다. 미치는 극도로 무의미한 과업을 극복해야 할 도전으로 받아들이려 애쓰면서 동시에 자신이 만든 것도 아니고 도저히 이길 수도 없는 허구적인 게임을 해야만 한다는 데 본능적으로 분노를 느꼈다.

아무것도 하지 않도록 강요받는 것 역시 아무 목적 없이 일하도록 강요받는 것만큼 심한 영혼 파괴다. 어떤 면에서 그것은 더 심하다. 감옥에 갇힌 죄수가 1년 동안 혼자 빈 벽을 바라보느니 차라리 사슬에 매여 채석장 일을 하겠다고 하는 것도 같은 이유에서다. 가끔 최고의 부자들은 동료 인간들을 고용해 자신이 파티를 즐기는 동안 잔디밭에서 조각처럼 포즈를 취하고 있게 한다.[28] '진짜' 직업 중 일부는 이것과 아주 비슷한 것 같다. 다만 꼼짝하지 않고 서 있을 필요는 없지만 훨씬 더 긴 시간 동안 해야 한다는 차이가 있다.

클래런스 나는 세계적인 대형 경비 회사에 소속되어 박물관 경비원으로 일했다. 그 박물관에는 거의 영구히 사용되지 않는 빈 전시실이 하나 있었다. 내 일은 그 빈방을 지키는 일이었다. 박물관 방문객들이 빈방에서 아무것도 건드리지 않고, 아무도 불을 지르지 못하게 지키는 것이다. 날카로운 정신으로 주의를 계속 집중하기 위해 나는 책을 읽거나 전화기를 쓰는 따위의 어떤 정신적 자극도 일으켜서는 안 되었다. 아무도 그곳에 오지 않았기 때문에, 근무할 때 나는 일곱 시간 반 동안 조용히 앉아 방화벨이 울릴지 기다리면서 손가락만 흔들고 있었다. 방화벨이 울리면 조용히 일어나 걸어 나가면 된다. 그게 다였다.

그런 상황에 처한다면(나도 대략 비슷한 상황에 처한 적이 있기 때문에 그의 증언을 인정한다.) 이렇게 계산하려는 유혹을 떨치기 힘들다. "내가 여기 앉아서 소설을 읽거나 혼자 카드놀이를 하다가 방화벨이 울리는 것을 알아차리기까지 얼마나 걸릴까? 2초? 3초?" 그런 일을 하지 않는다 해서 경보를 더 빨리 알아차리지도 않을 거라고 추정하는 것이다. 딴 일이라도 하고 있었더라면 내 정신이 지금처럼 지루한 나머지 액체가 될 정도로 흐늘흐늘하게 녹아 버려 사실상 작동하기를 정지한 상태는 아닐 테니 말이다.

하지만 경보를 듣기까지 3초가 더 걸린다고 가정하더라도 그 3

초의 차이를 줄이기 위해 인생의 얼마나 많은 시간이 박탈당했을까? 한번 계산해 보자.(어차피 지금 당장 나는 한가하니까.) 근무 교대 한 차례에 2만 7000초, 일주일이면 13만 5000초가 지나간다. 한 달이면 54만 초다……. 이렇게 지독하게 공허한 노동을 떠맡긴 당사자는 위층 누군가가 그를 불쌍히 여겨 다른 일을 주지 않는다면 1년도 채 견디지 못할 것이라고 해도 놀랍지 않다. 클래런스는 여섯 달 견뎠다.(대략 324만 초다.)(원문에는 한 달 337만 5000초, 여섯 달 약 2000만 초라고 되어 있으나 계산 오류로 보인다. —옮긴이) 그런 다음, 봉급은 절반에 불과하지만 적어도 약간의 정신적 자극을 누릴 수 있는 일자리를 구했다.

- - - - -

이는 명백히 극단적인 사례다. 하지만 "너희의 시간은 내 것이다."라는 훈계가 너무나 당연시된 나머지 우리 대부분은 내가 일했던 레스토랑 주인의 관점으로 세상을 보도록 배웠다. 대중 하나하나가 자신을 보스로 보도록 장려되고, 공무원(가령 대중교통 종사자 같은)이 빈둥대는 것은 물론 일을 대충하거나 느긋하게 하는 것을 보면 분개한다. 자신의 무의미한 직업에 대한 긴 이야기를 써 보낸 웬디는 그런 수많은 일자리가 만들어진 것은 고용주가 필요에 따라 호출받는 방식으로 일하는 사람에게 보수를 지불한다는 생각을 용납하지 못하기 때문이라고 회상했다.

웬디 사례 하나. 작은 업계 잡지사에서 접수계원으로 있던 나는 전화기가 울리기를 기다리는 동안 일을 받곤 했다. 그건 좋다. 하지만 그런 일은 거의 예외 없이 불쏘시개 업무였다. 어느 날 평생 기억에 남을 일이 있었다. 광고 영업 사원 한 명이 내 책상으로 오더니 수천 개는 되는 종이 클립을 올려놓고는 색깔에 따라 분류해 달라고 부탁했다. 나는 그녀가 장난하는 줄 알았는데 아니었다. 나는 그 일을 다 했는데, 나중에 그녀가 색상은 전혀 상관하지 않고 아무렇게나 골라 쓰는 것을 보았다.

사례 둘. 내 할머니는 1990대 초반까지 뉴욕 시내 한 아파트에서 혼자 살았다. 그래도 도움이 필요했기 때문에 우리는 함께 살면서 할머니를 지켜봐 줄 아주 좋은 여자분을 채용했다. 기본적으로 그녀는 할머니가 넘어지거나 도움이 필요할 때를 대비해, 또 장보기와 빨래를 돕기 위해 그 집에 살았다. 하지만 별일이 일어나지 않으면 그녀는 기본적으로 할 일이 하나도 없었다. 이 때문에 할머니는 너무나 화가 났고 이렇게 불평했다. "그 여자는 그냥 앉아만 있어!" 우리는 할머니에게 그게 중요한 핵심이라고 설명했다.

할머니의 면목을 세워 주기 위해 우리는 그 여자분에게 다른 일이 없을 때는 서랍장을 정리해 줄 수 있는지 물어보았다. 그녀는 얼마든지 할 수 있다고 대답했다. 하지만 아파트는 작았고, 옷장과 서랍장은 금방 정리가 되었고, 또다시 할 일이 없어졌다. 또다시 그녀가 그냥 앉아만 있자 할머니는 미칠 지경이 되었다. 결국 그 여자분은 떠났다. 그녀가 떠날 때 어머니가 물어보았다. "왜 그만두세요? 제 어머니는 상태가 아주 좋으신데요!" 그녀는 이렇게 대답했다. "당연히 할머니는 좋아 보이시지요. 난 체중이 7킬로그램 가까이 줄었고 탈모증이 생겼어요. 나는 할머니를 더 이상 감당할 수 없어요." 이 일은 불쏘시개 아니었지만 분주하게 움직이는 불쏘시개 업무를 많이 만들어 냄으로써 위장해야 한다는 사실을 그녀는 심히 굴욕적으로 느꼈다. 나는 이것이 노인들을 위해 일하는 사람들이 공통적으로 겪는 문제라고 생각한다.(아기를 돌보는 일도 이런 문제가 있지만 표현되는 방식이 아주 다르다.)[29]

이뿐만이 아니다. 논리를 알고 나면 모든 직업, 커리어, 심지어 산업도 이 논리에 맞출 수 있다. 그리 오래지 않은 과거에는 어디에서나 완전히 괴상한 것으로 여겨졌을 논리다. 게다가 전 세계에 퍼졌다. 한 예를 들어 보자. 라마단 알 소커리는 이집트 카이로의 공기업에서 일하는 젊은 엔지니어다.

라마단　나는 내 나라 최고의 엔지니어링 학교의 전자통신학과를 졸업했는데, 거기서 복잡한 전공 과목을 공부했다. 다른 학생들도 다들 신기술의 연구와 개발에 관련된 직업 경력의 수준이 높을 것으로 기대했다. 그래, 적어도 공부한 내용을 보면 그렇게 생각할 만했다. 하지만 실정은 달랐다. 졸업하고 나서 내가 찾을 수 있는 유일한 직업은 민영화된 정부 기업에서 제어와 공조 설비(냉난방 및 환기 시스템)를 관리하는 엔지니어 자리뿐이었다. 그랬다가 내가 절대 엔지니어로서가 아니라 일종의 기술 관료로 채용된 것임을 금방 알게 되었다. 하는 일은 오로지 점검표와 서류 양식을 기입하는 것뿐이었고, 실제로는 그 서류가 제대로 작성되었는지 신경 쓰는 사람이 아무도 없었다. 그 자리는 공식적으로는 다음과 같이 설명된다. "엔지니어와 기술자 팀의 우두머리로서 예방적 관리 및 긴급 관리 작업을 수행하고 최대 효과를 달성하기 위해 제어 엔지니어링의 새 시스템을 구축한다." 실제로는 시스템 효율성을 매일 간단하게 점검한 다음 일간 서류와 유지 관리 보고서를 작성한다.

문제를 솔직하게 이야기하자면 이렇다. 회사는 매일 아침 에어컨이 제대로 작동하는지 점검하고 그다음엔 문제가 터질 경우를 대비해 어슬렁거리는 엔지니어팀 하나만 있으면 된다. 물론 경영진은 그 점을 인정할 수 없었다. 라마단과 다른 팀원들은 종일 카드놀이를 하면서 빈둥댈 수도 있고, 아니면 대학에 다닐 때 꿈꾸던 것처럼 장비들을 가지고 작업하며 돌아다닐 수도 있다. 적어도 난방기가 고장이 날 때 금방 손쓸 준비만 되어 있다면 말이다. 그러나 회사는 하루에 여덟 시간 내내 그들을 분주하게 할 끝없는 양식, 훈련, 형식적 서류 작성 의례를 만들어 냈다. 다행히 회사에는 그들이 실제로 지시에 복종하는지 점검해 볼 만큼 관심이 있는 임원은 없었다. 라마단은 지시 사항 가운데 어떤 것이 실제로 수행되어야 하고 어떤 것은 무시해도 알아차리는 사람이 없을지를 알아내, 그렇게 얻은 시간을 영화와 문학에 대한 점점 더 커지는 관심을 채우는 데 쏟아부었다.

그래도 그런 일 처리는 공허한 기분을 안겨 주었다.

라마단　내 경험상 이런 일은 심리적으로 피곤했고, 무의미하게 생각하는 업무를 보러 매일 출근해야 하다 보니 우울해졌다. 점차 나는 일에 흥미를 잃고, 근무시간의 공허함을 메우기 위해 영화를 보고 소설을 읽기 시작했다. 지금 나는 근무 교대 때마다 여러 시간 동안 자리를 비우는데, 그래도 알아차리는 사람이 없다.

다시 한번 말하지만, 최종 결과는 사람을 피곤하게 하기는 하지만 구제 불능이라고 할 정도는 아니다. 라마단이 시스템에서 승리하는 방법을 알아내고 나면 특히 그렇다. 그렇다면 라마단은 회사에 팔아 버린 시간을 다시 훔쳐 오는 것으로 여길 수는 없었을까? 왜 흥내와 무목적성이 그를 갉아먹었을까?

처음 시작한 출발점에 다시 돌아온 것 같다. 하지만 이제는 대답을 알아낼 장비가 훨씬 더 잘 갖추어져 있다. 심한 감독을 받는 임금노동 직업에서 가장 가증스러운 측면이 혹독한 보스를 흡족하게 만들기 위해 일하는 척해야 하는 점이라고 한다면, 라마단(또는 에릭)과 같은 직업은 본질적으로 같은 원리에 따라 조직된다. 그것은 몇 시간씩(그 정도로 길게 느껴졌다.) 완벽하게 깨끗한 걸레받이를 철수세미로 다시 닦아야 했던 내 경험보다 이루 말할 수 없이 즐거울 것이다. 그런 일자리는 십중팔구 임금 체계(wage, 업무에 따라 보수를 지급하는 방식 — 옮긴이)가 아니라 봉급 체계(salary, 일정 기간 동안 계약하여 그 기간 동안 정기적으로 정해진 액수를 지급하는 방식 — 옮긴이)에 속한다. 부하를 혹독하게 굴리는 실제 보스가 없을 수도 있다. 사실 대개 그런 보스는 없다. 하지만 궁극적으로 자신이 만들지 않은 가공의 게임, 즉 오로지 자신에게 가해지는 권력의 형태로만 존재하는 게임을 해야 한다면 내적으로 의기소침해진다.

최종적으로 말하건대, 나와 내 동료들이 강제로 걸레받이를 닦는 척해야 했던 때와 상황이 근본적으로 다르지 않다. 마치 임금노동 일자리의 가장 나쁜 측면을 가져와, 다른 상황이었다면 당신의 존재에 의미를 부여했을 법한 직업을 대신하게 한 것 같다. 영혼이 비명을 지르는 것도 놀랄 일이 아니다. 이는 인간을 인간답게 하는 모든 것에 대한 정면공격이다.

4

불욋 직업에 종사하면 어떤 기분일까?

우리 모두 민주 사회에서 살 권리가 있고 그런 사회에 살고 있다는 것
이 공식 입장이다. 우리처럼 자유롭지 못한 불운한 자들은 경찰국가에
살아야 한다. 이런 불운의 제물들은 아무리 임의적인 명령일지라도 명
령에 복종해야 한다. 당국은 그들을 정기적인 감독하에 둔다. 국가 공
무원들은 일상생활의 아주 사소한 세부 사항까지 통제한다. 그들을 휘
두르는 관료들은 공적으로든 사적으로든 고위층에 대해서만 책임을
진다. 저항파나 불복종파 어느 쪽이든 처벌을 받는다. 정보원들이 당
국에 정기적으로 보고한다. 이런 것은 모두 심한 해악으로 간주된다.
참으로 그렇다. 이건 단지 현대의 직장을 묘사한 것뿐이지만 말이다.
　　　　　　　　　—밥 블랙, 「작업의 폐지(The Abolition of Work)」에서

　3장에서 왜 인간이 아무 일도 안 하면서 정기적으로 보수를 받
는 것을 분통 터지고 참을 수 없으며 억압적인 경험으로 느끼는지

물었다. 고용조건이 아주 좋은 경우가 많은데도 그렇다. 나는 그 대답이 경제학에 의해, 그리고 대중적 상식의 회의적 버전에 의해서도 대체로 무시되어 온 인간 본성에 관한 어떤 진실을 밝혀 준다고 주장했다.

인간은 다른 인간과 정기적인 접촉을 하지 못하면 위축되는(심지어 신체적으로도 쇠퇴하는) 사회적 존재다. 세상과 타인들로부터 격리된 자율적 실체라는 느낌은 자신을 세상과 타인에 대해 예측 가능한 방식으로 행동할 수 있는 존재로 인지하는 데서 온다. 이런 주체감이 없다면 인간은 아무 존재도 아니다. 게다가 일반적인 상황에서라면 인간 행동의 최고 형태로 간주할 수 있는 가공적 행위를 수행하는 능력(특히 그렇게 창조된 가공적 세계가 어떤 식으로든 현실화될 때)이 불쉿 직업에서는 역효과가 난다. 그래서 일하는 시늉의 역사 및 한 사람의 시간이 타인의 것이 될 수 있다는 개념의 사회적, 지적 기원에 대해 탐구하게 된 것이다. 할 일이 없어서 일하지 않는 것이 어째서 고용주의 눈에는 도덕적 잘못으로 보이게 되었을까?

강제로 일하는 시늉을 하는 것이 타인의 권력에 철저하게 예속된 정도를 분명히 보여 주기 때문에 그처럼 분통 터지는 일이라면, 앞에서 거론한 불쉿 직업들은 바로 그 원리에 따라 조직된 직업들이다. 당신은 일하고 있거나 일하는 시늉을 한다. 어떤 충분한(적어도 스스로 찾을 수 있는) 이유가 있는 것이 아니라 오로지 일하기 위해 일한다. 그러니 화가 날 수밖에 없다는 것이 별로 이상하지 않다.

하지만 불쉿 직업과 걸레받이 닦기 사이에는 확연한 차이도 있다. 후자의 경우는 강압이 있음을 입증할 수 있다. 누가 손을 휘두르는지 정확하게 알 수 있다. 반면 불쉿 직업에서는 그것이 분명하게 드러나는 경우가 거의 없다. 당신에게 일하는 시늉을 하라고 강요하는 자가 정확하게 누구인가? 회사? 사회? 모두에게 돌아갈 만큼 진짜 일이 충분하지 않은데 누구든 일하지 않고는 먹고살 수 없어야 한다고 주장하는 사회적 관습과 경제적 권력의 어떤 이상한 합류점인가? 적어도 전통적인 일터에서는 분노를 터뜨릴 대상이 될 누군가가 있었다.

이것이 내가 수집한 증언에서 이상하리만치 강하게 감지되는 특징 중 하나였다. 사람을 분통 터지게 하는 모호성 말이다. 뭔가 끔찍하고 우습고 터무니없는 등의 일이 있다. 그런데 그런 느낌을 인정해도 되는지조차 분명치 않으며, 누가 혹은 무엇이 그 책임을 져야 하는지는 더욱더 불분명하다.

불쉿 직업을 갖는 것이
항상 나쁘지만은 않다

하지만 이런 주제들을 파고들기 전에 불쉿 직업의 종사자들이 모두 똑같이 비참하지는 않다는 걸 인정해야 한다. 3장에서 언급했듯이, 자신들의 불쉿 직업에 상당히 만족하는 사람들로부터 대체로 긍정적인 증언을 몇몇 얻을 수 있었다. 그들의 공통점을 일반화하기는 어렵다. 그런 증언 자체가 별로 많지 않기 때문인데, 그래도 몇 가지는 추려 볼 수 있을 것 같다.

워런 나는 코네티컷주의 공립학교에서 대리 교사로 일한다. 내 일은 출석을 체크하고, 학생들이 각자 받은 과제를 계속하도록 감독하는 것이다. 교사들은 어떻게 가르치라는 지시는 거의 하지 않는다. 그래도 나는 이 일이 싫지 않다. 책을 읽고 중국어를 공부할 자유 시간이 넉넉하기 때문이다. 가끔은 학생들과 흥미 있는 대화를 나눈다. 내 일자리가 어떤 식으로든 없어질 수도 있겠지만 지금 당장은 아주 만족한다.

이것이 불쉿 직업이기는 한지 분명하지 않다. 현재 공립 교육의 운영 방식에 따르면 교사가 병가를 낼 경우 해당 수업에 누군가가 들어가 학생들을 돌봐야 한다.[1] 여기서 불쉿적인 요소는 워런 같은 대리 교사는 정식 교사가 아닌 걸 다들 알고 있는데도 그가 교실에 들어가 가르치는 척해야 한다는 점일 것이다. 아마 그래야 학생들에게 돌아다니지 말고 과제를 하라고 말할 때 권위를 존중받을 확률이 더 높아지기 때문일 것이다. 워런의 역할이 완전히 쓸모없지 않다는 사실이 분명 도움이 좀 될 것이다. 또 결정적으로 이 일은 감독받지 않고 단조롭지 않으며 사회적 상호작용의 여지가 있고, 워런이 좋아하는 일을 하면서 시간을 보낼 수 있다. 마지막으로 그는 이 일을 평생 직업으로 삼을 생각은 분명히 없다. 이것은 불쉿 직업으로서는 아마 최선일 것이다.

일부 전통적 관료 일자리 역시 아무 목표도 없지만 상당히 즐거운 직업일 수 있다. 그 자리가 프랑스 공무원처럼 위대하고 자랑스러운 전통의 일부일 때는 특히 그렇다. 프랑스 그르노블의 세무 공무원인 폴린의 예를 들어 보자.

폴린 나는 영국의 국세청에 해당하는 정부 부서에서 파산 자문관으로 일한다. 업무의 약 5퍼센트는 기술적 조언을 해 주는 일이다. 나머지 시간 동안에는 동료들에게 이해 불가능한 처리 과정을 설명해 주고, 아무 쓸모도 없는 지시를 내리게 도와주며, 부서원들의 사기를 북돋고, 시스템이 잘못 배당한 파일을 재배치한다. 참 이상한 일이지만 나는 출근하는 것이 즐겁다. 마치 스도쿠 숫자 퍼즐이나 크로스워드 퍼즐을 하는 대가로 연봉 6만 달러를 받는 것 같다.[2]

이렇게 자유분방하고 태평스러운 정부 관료의 근무 환경은 과거만큼 흔하지 않다. 국내 시장 개혁(클린턴 행정부의 표현에 따르면 "정부의 재발명")이 공무원들에게 가해지는 형식적 서류 작성 작업의 압박 정도를 높이기 전인 20세기 중반에는 그런 환경이 아주 흔했다. 그래도 아직 일부 부서에는 그런 것이 남아 있다.[3] 폴린의 직업이 그처럼 즐거울 수 있는 원인은 아마 그녀가 동료들과 사이가 좋고, 자신이 주도하여 일하기 때문인 것 같다. 이 점을 정부 일자리가 받는 존경과 안전성과 합쳐 본다면 그 일이 궁극적으로는 우스운 놀이라는 사실을 그녀가 인지하고 있는 것은 별로 흠이 되지 않는다.

두 사례의 공통 요인이 또 있다. 누구나 미국의 대리 교사와 프랑스의 조세 관리 일이 대체로 불쉿임을 안다. 그러니 환멸이나 혼란이 일어날 여지가 거의 없다. 이런 직업을 구하는 사람들은 자신이 어떤 일을 하게 될지 잘 알고 있고, 그들 머릿속에는 대리 교사나 세무 관료가 어떻게 처신해야 할지에 대한 명료한 문화적 모델이 이미 들어 있다.

그렇다면 불쉿 직업을 즐기는 행복한 소수파는 분명히 있는 것 같다. 그들의 전체 숫자를 추산하기는 힘들다. 유고프 조사에 따르면, 영국의 전체 노동자 중 37퍼센트가 자신의 일이 아무 소용이 없다고 느끼는 반면 33퍼센트만 그것이 만족스럽지 않다고 느꼈다. 그렇다면 논리적으로 노동 인구의 최소한 4퍼센트는 자신의 직업이 무의미하지만 어쨌든 그 일을 즐긴다는 결론이 나온다. 아마 실제 숫자는 그보다 조금 높을 것이다.[4] 네덜란드의 조사에서는 그 수치가 대략 6퍼센트였다. 그러니까 자신의 직업이 무용하다고 여기는 40퍼센트의 노동자 가운데 18퍼센트는 그 일을 하면서 적어도 어느 정도는 즐겁다고 말했다는 것이다.

이 결과가 개인의 차원에서 사실일 수도 있는 이유는 당연히 많다. 어떤 사람은 자기 가족을 싫어하거나 가정생활이 너무나 피곤해서 어떤 핑계로든 벗어나고 싶어 할 수도 있다. 또는 단순하게 동료 근무자들과 함께 있는 것을 즐길 수도 있다. 대도시에서, 특히 북대서양 세계의 대도시에서 흔한 문제는 거의 모든 중산층 사람들이 직장에서 너무 많은 시간을 보내다 보니 그 밖으로 나가면 사회적 연대가 거의 없다는 점이다. 그 결과 마을이나 소도시 주민들이나 도시에서는 그나마 가까이 엮인 이웃 주민들에게 재미를 안겨 주는 가십과 개인적 음모라는 일상적 드라마의 많은 부분이 대체로 사무실에만 한정되거나, 소셜 미디어(사무실에서 일하는 척하면서 사용할 수 있는)를 통해 간접적으로 체험되는 데 그친다. 하지만 만약 이게 다 사실이고 사람들의 사회생활이 정말로 사무실에 연원을 두는 경우가 많다면, 불쉿 직업 종사자의 절대다수가 그토록 비참하다고 주장하는 것은 더욱 놀라운 일이다.

모호함과 강요된 시늉으로 인한 비참함

가공(make-believe)이라는 주제로 돌아가 보자. 확실히 수많은 직업에 가공이 필요하다. 거의 모든 서비스 업종은 최소한 어느 정도는 그렇게 한다. 알리 러셀 혹실드는 『감정 노동(The Managed Heart: Commercialization of Human Feeling)』(1979)에서, 델타 항공 승무원들을 연구하여 "감정 노동(emotional labor)"이라는 개념을 도입했다. 스튜어디스들은 채용 조건의 일부인 활발하고 공감 능력과 인성이 뛰어난 페르소나를 만들고 유지하는 데 너무나 많은 노력을 쏟아부어야 한다. 때문에 공허함과 우울함이나 혼란에 자주 시달리며, 자신이 진정으로 누구인지, 어떤 사람인지 확신을 잃게 된다는 것이다. 이런 종류의 감정 노동은 물론 서비스 업종에만 국한된 것이 아니다. 수많은 회사가 고객들과 직접 만날 일 없는 사무실 근무자들에게까지 이런 노동을 요구한다. 특히 여성들에게 그렇다.

3장에서 계산원 역할을 즐기는 척하라는 요구를 받은 패트릭의 분노를 관찰한 바 있다. 지금 항공 승무원이 불쉿 직업이라는 뜻이 아니다. 앞에서 주장했듯이, 서비스 업종 종사자들 가운데 자신이 제공하는 서비스가 전혀 무의미하다고 느끼는 사람은 거의 없다. 그러나 거의 모든 불쉿 직업 종사자들에게 요구되는 감정 노동은 대개 그와 좀 다르다. 불쉿 직업 역시 가짜 표정을 유지할 필요가 있고, 가공의 게임을 해야 한다. 하지만 불쉿 직업의 경우에는 규칙이 무엇인지, 게임을 왜 하는지, 내 편에 누가 있고 누가 없는지를 좀처럼 확신할 수 없는 맥락에서 게임을 해야 한다.

적어도 항공 승무원들은 자신에게 요구되는 바를 정확하게 안다. 불쉿 직업 종사자들에게는 대개 훨씬 덜 귀찮은 일이 기대되지만, 대체 그것이 무엇인지 종사자들이 도무지 확신하지 못한다는 사실 때문에 문제가 복잡해진다. 내가 그들에게 꼬박꼬박 던진 질문은 "당신의 감독자는 당신이 아무 일도 하지 않는다는 걸 아는가?"였다. 종사자들의 절대다수가 모른다고 답했다. 그리고 대부분이 감독자가 무슨 일이 벌어지는지 완전히 모를 수 있다고는 생각할 수 없지만, 그런 사실을 공개적으로 이야기하는 것이 금기처럼 보였기 때문에 확신할 수 없다는 말도 덧붙였다. 그러나 분명히 그들은 금기의 범위가 어디까지인지에 대해서도 완전히 확신하지 못했다.

언제나 예외는 있다. 할 일이 없다는 사실을 비교적 솔직하게 인정하고 부하들에게 상황에 따라 "각자 하고 싶은 일을 해도 좋다"고 말하는 감독자도 있다. 하지만 이런 경우 관용은 합리적인 범위에 그치는데, 어디까지가 합리적인 범위인지 자명한 경우는 드물다. 이런 문제의 답은 시행착오를 거치지 않으면 알 수 없다.

가끔 관리자들은 행동으로 이런 사실을 전달한다. 예를 들면,

비어트리스가 일한 영국의 지역 행정관청에서 감독자들은 중요한 축구 경기를 생중계로 보거나 그와 비슷한 취미 활동을 허용함으로써 주중에 적정한 시늉이 어느 정도(아주 조금)인지를 암시했다. 반대로 주말 근무 때는 시늉이 전혀 필요 없었다.

비어트리스 '선임 관리자'라 알려진 내 롤 모델은 기회가 있으면 월드컵 축구 경기 생중계를 사무실 안 데스크탑으로 보곤 했다. 나는 이 행동을 멀티태스킹의 형태라고 이해했기 때문에, 나도 할 일이 없을 때는 개인 프로젝트에 관한 조사를 하곤 했다. 반면 주말의 역할은 산들바람처럼 편안했다. 시간외수당이 많아서 원하는 사람이 많은 직책이었다. 사무실에서 우리는 아무 일도 하지 않았다. 일요일 저녁 식사를 만들었고, 심지어 누군가가 선베드를 사무실에 갖고 왔다는 말도 들었다. 텔레비전을 보는 동안 편안히 누워 쉬기 위해서였다. 우리는 인터넷을 검색하고, DVD를 보고, 대부분의 시간은 할 일이 없어서 그냥 자러 갔다. 그러면 월요일 아침이 오기 전에 휴식을 취할 수 있을 테니까.

규칙이 명시적으로 설정되지만 깨지도록 되어 있는 경우도 있다.[5] 노스캐롤라이나에서 비정규직 사원으로 채용되었지만 할 일을 배당받지 못한 로빈은 기술적 지식으로 경험을 나아지게 하는 데 성공했다. 어느 정도까지는.

로빈 나는 계속 바쁘게 움직여야 하지만 인터넷으로 게임을 하거나 검색을 해서는 안 된다는 지시를 받았다. 내가 일차적으로 맡은 역할은 의자 하나를 차지하고 앉아 사무실 장식물 노릇을 하는 것이었다.

처음에는 이것이 아주 쉬워 보였다. 하지만 바쁘지 않은데도 바빠 보이는 것이 상상할 수 있는 사무실 활동 가운데 가장 즐겁지 못하다는 사실을 금방 알게 되었다. 이틀이 지나자 이것이 내가 얻은 최악의 직업이라는 것이 분명해졌다.

나는 기본적으로는 도스(DOS) 입력창처럼 보이는 텍스트 전용 브라우저 링크스(Lynx)를 설치했다. 이미지도, 플래시도, 자바스크립트도 없고 오직 끝없이 이어지는 검은색 바탕에 같은 간격으로 배열된 텍스트만 있었다. 아무 생각 없이 인터넷을 검색하는 것이 이제는 숙련된 기술자의 작업처럼 보였다. 명령어들이 부지런하게 타자되고 있는 웹 브라우저는 나의 끝없는 생산성을 표시해 주었다.

덕분에 로빈은 근무시간 거의 내내 위키피디아 페이지를 편집할 수 있었다.

비정규직의 경우, 노동자의 능력을 시험하는 기준이 그냥 앉아서 일하는 척하는 능력일 때가 많다. 대부분의 경우 노동자들은 로빈처럼 컴퓨터게임을 하면 안 된다고 명시적으로 듣지 못한다. 하지만 비정규직 인원이 많다면 그곳의 규칙이 무엇인지, 또 얼마나 야단스럽게 설쳐야 해고되는지 동료에게 조용히 물어볼 수도 있다.

가끔 더 장기간의 고용직에서는 직원들 사이에 동료 의식이 생겨서 상황에 대해 드러내 놓고 논의하고, 감독자들을 상대로 쓸 공통 전략을 찾아낼 수도 있다. 이런 상황에서 이루어지는 연대는 일종의 공통의 목표 의식을 이끌어 낼 수 있다. 로버트는 어느 부패한 로펌에서 일하는 법무 보조원들의 사례를 이야기한다.

로버트 이 직업에서 제일 이상한 것은 그것이 어쩐지 좀 비꼬인 방식으로 재미있어진다는 점이다. 법무 보조원들은 모두 똑똑하고 흥미로운 사람들인데, 너무나 분명하게 무의미한 직업에 종사하다 보면 팀 사이에 굉장한 연대감이 생기고 블랙 유머가 발휘된다. 나는 어쩌다 보니 벽을 등진 자리를 차지하게 되었는데, 덕분에 인터넷 검색이나 컴퓨터 프로그래밍을 연습하는 데 최대한 많은 시간을 쏟을 수 있었다. 우리가 하는 많은 일은 수천 건의 파일에 일일이 손으로 라벨을 다시 붙이는 것처럼 명백히 비효율적인 일이다. 그래서 나는 그 일을 자동화하고, 대신 절약한 시간을 하고 싶은 일에 쓴다. 또 서로 다른 보스 두 명이 운영하는 프로젝트를 최소한 두 개는 확보하도록 노력했다. 그래서 두 보스에게 각각 다른 프로젝트에 시간이 많이 든다고 말할 수 있었다.

적어도 기피 전략에는 침묵의 음모가 있을 수 있고, 때로는 적극적인 협동도 가능하다. 다른 경우 그들은 운이 좋아서 상당히 정직하려고 노력하면서도 빈둥거림의 범위를 거의 공공연히 설정해 줄 만큼 호인인 감독자를 만날 수도 있다. 여기서 강조되는 부분은 '거의'다. 절대로 단순히 물어볼 수 있는 일은 아니다. 다음은 여행 보험사에서 호출 대기조로 일하는 캘빈의 이야기다. 그는 기본적으로 임시 땜질꾼이고, 한두 달마다 한 번씩 파트너 회사들과의 관계에서 어떤 일이 예측 가능한 수준으로 잘못될 때 바로잡아 주는 사람이다.

캘빈 (우리의 파트너 회사가) 우리 팀에 연락하여 조언을 구하는 상황이 일주일에 몇 번 생긴다. 그래서 일주일에 20분 정도 실제로 업무를 본다. 하지만 평소에는 하루에 열다섯 단어짜리 이메일을 다섯 통에서 여덟 통가량 보내며, 며칠에 한 번씩은 10분짜리 팀 미팅에 참석한다. 그 주의 남은 시간은 기능적으로는 내 것이지만, 어떻게든 내놓고 자랑할 수 있는 것은 아니다. 그래서 나는 두 개의 모니터 중 보조 모니터에 넓지만 짧은 창을 몰래 띄워 두고 짬짬이 소셜 미디어나 RSS 구독을 훑어보거나 과제를 한다. 그러고는 두어 시간마다 내가 직장에 있음을 기억해 내고 대기 중인 이메일에 이런 내용으로 응답한다. "당신이 한 말에 동의합니다. 일을 진행하십시오." 그런 다음, 매일 일곱 시간이 넘게 과로하고 있다고 피곤한 시늉을 하면 된다.

데이비드 그러니 당신이 바빠 보이지 않으면 누가 알아차리겠는가? 사람들이 실은 할 일이 없는데 그냥 당신이 바빠 보이기를 원한다고 생각하는가, 아니면 그것이 진짜 풀타임 일자리라고 실제로 믿어 줄까?

캘빈 우리 팀 관리자는 상황을 아는 것 같지만, 거기에 문제가 있다고는 절대로 말하지 않는다. 이따금 나는 종일 할 일이 하나도 없는 날이 있기 때문에 그녀에게 그 사실을 말하고 다른 부서에 말썽이 생기면 도와주겠다고 자원한다. 그런데 실상 도움이 필요할 일은 전혀 없으므로, 내가 매니저에게 한 얘기는 내 나름의 방식으로 다음과 같이 선언하는 것이다. "나는 여덟 시간 내내 트위터를 하려고 하는데, 당신에게 미리 알려 주었으니, 나의 이런 행동은 지극히 훌륭한 것이다." 그녀는 내용만 봐서는 10분도 안 걸릴 주간 미팅을 한 시간 일정으로 잡아 둔다. 우리는 10분을 제외한 나머지 시간에 편하게 수다를 떤다. 그리고 그녀의 상사들도 아무리 자리가 높다 한들 다른 회사가 일으킬 수 있는 진짜 말썽들을 알고 있으니만큼, 우리가 그들의 몰상식에 대해 논쟁하고 있거나 적어도 언제든 그럴 수 있다고 여기는 것 같다.

그런데 모든 감독자가 "너희의 시간은 내 것"이라는 이데올로기를 지지하는 것은 아니다. 특히 관리자들이 소유 의식이 별로 많지 않고, 부하들이 느슨해지는 것을 알아차려도 상급자들에게 곤욕을 치를 일이 없는 대형 조직이라면 사태가 저절로 흘러가도록 내버려 둘 수도 있다.[6]

이런 예의 바르고 규준에 따르는 상호 배려는 아마 그런 상황에서 사람이 최대한 정직해질 수 있는 한계일 것이다. 사실 그런 최대한 자비로운 상황에서도 너무 명시적으로 굴지 말라는 금기가 있다. 즉 누군가 "기본적으로 당신은 긴급 상황에 대비하여 여기 있는 것이다. 그런 일이 없을 때는 하고 싶은 일을 뭐든 하면서 다른 사람을 방해하지 않으면 된다."라고 말해 주는 일은 절대 일어나지 않는다. 그러니 심지어 캘빈도 감사와 존중에 대한 호혜적인 몸짓으로 과로하는 척해야 한다고 느낀다. 더 전형적인 감독자들은 그저 "그냥 입 닥치고 장단이나 맞춰."라는 말을 섬세하게 할 방법을 찾을 뿐이다.

마리아 이 업무를 시작한 첫날 내 라인 관리자와 첫 미팅을 가졌다. 그녀는 내 업무를 맡았던 사람이 실제로 무슨 일을 했는지 전혀 모른다는 뜻을 아주 빠르게 설명했다. 하지만 내게는 다행스럽게도 그 전임자가 아직 남아 있었다. 그녀는 그저 팀 내에서 승진했으니, 자신이 이전 자리에서 했던 일을 보여 줄 수 있었고, 모두 보여 주었다. 한 시간 반밖에 걸리지 않았다.

"그녀가 한 모든 일"은 알고 보니 거의 하나도 없었다. 마리아는 게으름에 대처할 줄 몰랐다. 그녀는 동료들에게 그들 업무의 일부를 하게 해 달라고, 자신이 그 자리에 있을 이유를 느끼게 해 줄 어떤 것을 나눠 달라고 간청했다. 미칠 지경이 된 그녀는 결국 관리자에게 드러내 놓고 불평하는 실수를 저질렀다.

마리아　나는 내 관리자에게 이야기했는데, 그녀는 내가 엄청나게 바쁘지 않다는 "사실을 광고"하지 말라고 아주 분명히 말했다. 나는 그녀에게 최소한 아무도 담당하지 않는 일이라도 달라고 부탁했고, 그녀는 자기 업무 가운데 몇 개를 내게 알려 주겠다고 말했지만, 끝내 그렇게 하지 않았다.

이는 일하는 시늉을 하라고 직접 지시하는 것과 아주 비슷하다. 대형 출판사 IT 부서에 디지털 프로덕트 프로젝트 매니저로 채용된 릴리언의 경험은 이 맥락에서 좀 더 극적이지만 그렇다고 결코 특이한 것도 아니다. 직책명이 좀 허세적으로 들리지만 릴리언은 이런 자리가 반드시 불쉿은 아니라고 주장한다. 예전에도 그녀는 비슷한 일을 한 적 있었는데, 상대적으로 힘은 덜 들었지만 진짜 문제점을 해결하는 친근한 분위기의 소규모 팀에서 일했다. "그런데 새 직장은……."

그녀가 최대한 재구성한 바에 따라 무슨 일이 일어났는지(대부분은 그녀가 오기 직전에 일어난 일)를 추적해 보면, 그녀의 직속 상관은 최신 비즈니스 유행과 폼 잡는 전문 용어에 집착하는 거만한 사람으로, 일련의 괴상하고 모순적인 지시를 내렸다. 그로 인해 의도와는 달리 릴리언에게 아무 책임도 맡겨지지 않았다. 문제가 있다고 그녀가 정중하게 지적하려고 했더니, 다들 눈을 흘기거나 그와 비슷하게 성급하게 무시하는 태도를 보이며 그녀의 말을 일축했다.

릴리언 프로젝트 매니저로서 내가 어떤 식으로든 그 과정을 '운영'하리라고들 생각할 것이다. 그런데 그 과정에는 그런 일이 일어날 여지가 없었다. 아무도 이 과정을 운영하지 않았다. 모두가 혼란스러워했다. 내가 프로젝트 매니저라는 직함을 달고 있으니 다른 사람들은 내가 자신을 도와주고 일을 체계화하고 프로젝트 매니저에게서 대개 얻기를 기대하는 확신을 줄 거라고 기대했다. 그러나 내게는 그럴 권위도, 어떤 것에 대한 권한도 없었다. 그래서…… 나는 책을 많이 읽었다. 텔레비전도 보았다. 내가 종일 무슨 일을 한다고 보스가 생각하는지 알 길이 없다.

처지가 이렇다 보니 릴리언은 상당히 어려운 가짜 얼굴 두 개를 가져야 했다. 하나는 상관들에게 보여 줄 얼굴이며, 다른 하나는 부하들에게 보여 주는 얼굴이다. 첫 번째 얼굴의 어려움은 감독자들이 실제로 그녀가 해 주기를 바라는 것이 있더라도 그것이 무엇인지 짐작만 할 수 있다는 데 있다. 두 번째 얼굴에서는 그녀에게 허용된 아마 유일하게 긍정적인 기여가 부하들이 일을 더 잘하게 자극할지도 모를 유쾌하고 자신 있는 분위기를 지니는(폴린의 표현에 따르면 "부서원들의 사기를 북돋는 것") 것이라는 어려움이 있다. 아니면 적어도 자신의 절망과 혼란을 부하들에게 전염시키지는 말아야 한다. 릴리언은 내적으로 불안에 시달리고 있었다. 그녀의 발언은 길게 인용해 둘 만하다. 이런 상황이 정신적으로 얼마나 고통스러운지를 알려 주기 때문이다.

릴리언 이런 직업에 종사하면 어떤 기분이 되는가? 의기소침해지고 우울해진다. 나는 직업에서 삶의 의미 거의 전부를 얻는데, 지금 내 직업에는 아무런 의미도 목표도 없다. 그것은 나를 불안하게 한다. 내가 여기 없어도 아무것도 변하지 않을 것이고, 그렇다면 비용을 절약할 수 있음을 누군가가 깨달을 거라는 생각이 한순간도 떠나지 않기 때문이다.

내 자신감도 쓰레기통에 처박혔다. 극복할 도전이 주어지지 않는데 내가 능력이 있는지 없는지 어떻게 알겠는가? 아마 좋은 일을 할 능력이 모두 시들어 버렸는지도 모른다. 아마 나는 쓸모 있는 것을 하나도 할 줄 모르는 것 같다. 더 크고 복잡한 프로젝트를 처리할 능력이 있으면 좋겠다고 생각하지만, 지금 나는 아무것도 처리하지 않는다. 이런 기술은 훈련하지 않으면 사라진다.

또 사무실에 있는 다른 사람들이 내게 문제가 있다고 생각할까 봐 걱정되기도 한다. 게을러지기를, 혹은 무용지물이 되기를 내가 택한 것이라고 말이다. 이 중 어느 것도 내 선택이 아니다. 더 유용한 사람이 되거나 일에 헌신하고자 하는 노력은 모두 거부당하며, 조직을 흔들고 보스의 권위에 도전하려 한다고 적지 않게 조롱당한다.

나는 일찍이 이렇게 일을 적게 하고서 이렇게 많은 보수를 받은 적이 없었다. 그 돈을 받을 만한 일을 하지 않았음을 나는 안다. 다른 직책에 있는 동료들이 훨씬 더 많은 일을 한다는 것을 안다. 그런데 내가 받는 보수가 그들보다 많을지도 모른다니! 이게 얼마나 빌어먹을 일인가?

이 이유만으로도 그들이 나를 증오하지 않으면 다행일 것 같다.

릴리언의 사례는 자신의 직업에서 극복할 수 있는 유일한 도전이 아무 도전도 없다는 사실을 받아들여야 하는 것일 때 따라올 수 있는 비참함을 웅변적으로 증언한다. 또 자신의 힘을 행사할 수 있는 유일한 길이 자신의 힘을 행사할 수 없다는 사실을 은폐할 창의적인 방법을 구상하는 것일 때 느끼는 비참함, 그리고 자신의 선택과는 완전히 반대로 기생충이 되고 사기꾼이 되어 버린 사실을 감당해야 하는 비참함도 증언한다. 피고용인은 그런 상황에서 자신에 대한 의심의 싹을 틔우지 않도록 진정으로 확신을 가져야 한다.(그리고 애당초 그녀의 상황을 만들어 낸 것은 보스의 멍청한 자신만만함이었다.)

심리학자들은 이 장에서 묘사된 종류의 딜레마를 "대본 없음(scriptlessness)"이라 칭한다. 가령 심리학 연구들에 따르면, 사춘기 때 이루어지지 않는 사랑을 경험한 남자나 여자는 대부분의 경우 그 경험과 화해하고 영구적인 정신적 상처는 거의 드러나지 않는다고 한다. 그런데 이루어지지 않는 사랑의 대상이 된 사람은 사정이 전혀 달라서 죄책감과 혼란으로 계속 힘들어하는 경우가 많다. 연구자들에 따르면 그 중요한 이유 하나는 바로 문화적 모델이 부족하기 때문이다. 애정을 되돌려 주지 않는 사람을 사랑하는 사람은 이 상황에 대해 정확하게 어떻게 느끼게 될지를 알려 주는 낭만적 문학의 수천 년 역사가 있다. 그러나 이런 문학은 시라노(에드몽 로스탕의 희곡 『시라노 드 베르주라크』에 등장하는 주인공. 큰 코에 열등감이 있어 8촌 여동생 록산느를 사랑하지만 고백하지 못한다. ─옮긴이)가 겪은 경험에 대해서는 상세한 통찰을 제공하지만, 록산느가 어떤 감정을 느껴야 하는지(어떻게 행동하고 처신해야 하는지는 말할 것도 없고)에 대해서는 일반적으로 알려 주는 바가 거의 없다.[7]

대다수, 아마 거의 모든 불쉿 직업에는 이와 비슷하게 고통스러운 대본 없음이 포함되어 있다. 행동의 규범이 모호할 뿐 아니라 자신이 무슨 말을 하게 되어 있는지, 자신의 상황에 대해 어떤 감정을 가져야 하는지에 대해 확실히 알지 못한다.

스스로가 원인이 되지 못할 때
느끼는 비참함

어떤 모호성이 있든 간에, 불쉿 직업을 둘러싼 최악의 문제는 '그것이 불쉿이라는 인식'이라는 데 거의 모든 자료가 동의한다. 3장에서 지적했듯이 자아의식, 즉 주변 환경과 다른 존재라는 의식은 그 환경에 예측 가능한 영향을 미칠 수 있다는 즐거운 깨달음에서 온다. 이는 유아기뿐 아니라 이후의 일생에도 사실이다. 그 즐거움을 완전히 앗아 가는 것은 인간존재를 벌레처럼 짓밟는 처사다.

자신의 환경에 영향을 미치는 인간의 능력이(백팩에 든 물건을 다시 정돈하거나 컴퓨터 마작 게임을 하는 등의 일은 여전히 세계에 어떤 방식으로든 영향을 미친다.) 완전히 사라질 수 없는 것은 분명하다. 그러나 오늘날 거의 모든 사람, 특히 거의 모든 도시 거주자들은 자신이 세계에 영향을 미치는 중요한 방법이 일이며, 그 일에 보수를 받는다는 사실을 자신의 노력이 실제로 유의미한 영향을 미친다는 증거로 여기도록 배운다. 누군가에게 "당신은 무슨 일을 합니까?"라고 물으면, 그들은 당신이 말하는 일이 곧 생업을 가리킨다고 짐작할 것이다.

그런데 사람들은 아무 일도 하지 않으면서 보수를 받는다는 것을 차츰 알게 되었을 때 느끼는 강한 좌절감을 빈번하게 이야기한다. 예를 들면 찰스는 대학교를 졸업한 뒤 비디오게임 회사에서 첫 직장을 얻었다. 첫 직장인 세가에서 그는 테스터로 시작했지만 곧 "현지화" 담당 업무로 승진했다. 다만 그것이 평균 일주일에 한 번 정도 발생하는 말썽을 처리하기 위해 자리에 앉아 있으면서 종일 일하는 척해야 하는 전형적인 호출 대기형 직업임을 알게 되었다. 그도 릴리언처럼 이런 상황에서 자신의 가치에 의심을 품었다. "본질적으로 아무 일도 하지 않고 앉아 있는데 보수를 주는 회사를 위해 일하다 보니 나 자신이 완전히 가치 없는 존재라는 느낌이 들었다." 그는 지각한 일로 상관에게 책망을 들은 뒤 회사를 떠났고, 질풍 같은 연애에 빠졌다. 한 달 뒤 그는 다시 취직했다. 처음에 그는 역시 게임 회사인 새 일자리가 전과는 다를 것이라고 생각했다.

> **찰스** 2002년에 나는 로스앤젤레스 소재의 어느 대형 게임 회사에 조감독으로 채용되었다. 여기에 취직하면서 나는 몹시 들떴다. 예술가들의 소망과 프로그래머들이 할 수 있는 현실을 연결해 주는 디자인 기획서(design document) 작성을 맡게 될 거라는 말을 들었기 때문이다. 그런데 첫 두어 달 동안 한 일이 아무것도 없었다. 매일 내가 맡은 큰 임무는 어느 배달 음식점에 다른 직원들의 식사를 주문하는 일이었다. 또다시 그냥 앉아 있으면서 이메일 업무만 처리하는 신세가 되었다. 나는 거의 매일 일찍 퇴근했는데, 그러지 않을 이유가 있을까? 주어진

시간이 너무 많아 내 사업을 할 꿈을 꾸기 시작했고, 여유 시간을 온통 바쳐 사업을 위한 웹사이트를 만들기 시작했다. 결국 상사 프로듀서가 내 행동을 사장에게 알리겠다고 위협했다. 그래서 중지해야 했다.

마침내 나는 사운드 디자인 기획에 착수할 허락을 받았다. 나는 이 일에 몰두했다. 일을 하고 있으니 너무나 행복했다. 그 일을 끝내자 프로듀서는 게임 작업을 하는 사람들이 모두 쓸 수 있도록 공유 서버에 그것을 올리라고 말했다. 그러자 순식간에 난리가 났다. 나를 채용한 프로듀서는 게임마다 이런 기획서를 만들어 주는 사운드 디자인 부서가 우리 한 층 아래에 있는 줄을 몰랐다. 내가 한 일이 알고 보니 다른 사람들의 업무였던 것이다. 이 프로듀서는 이미 큰 잘못을 저지른 적이 있었기 때문에, 해고를 피하려고 내게 책임을 져 달라고 부탁했다. 나의 온 영혼이 그 부탁을 들어주지 말라고 난동을 부렸다. 그러나 프로그래밍 부서에 있던 친구들은 사실 무능한 프로듀서 밑에서 일하는 것을 즐기고 있었기 때문에, 내게 그들을 위해 총알받이 역할을 해 달라고 부탁했다. 그들은 그 프로듀서가 해고되고 자신들을 통제할 새 프로듀서가 오는 것을 원치 않았다. 그래서 나는 책임을 지기로 했고, 그 다음 날 회사를 떠났으며, 그후로는 고용되어 일하지 않았다.

이로써 찰스는 공식적인 유급 고용 세계에 작별을 고했고, 기타를 쳐서 생계비를 벌고 밴에서 잠을 잤다.

이처럼 명백하게 아무 일도 하지 않는 경우는 드물다.(앞에서 보았듯이 이런 일이 확실히 일어날 수는 있지만 말이다.) 대개는 일이 적더라도 아주 조금씩은 있고, 노동자는 그 일이 무의미함을 금방 혹은 서서히 알게 된다. 일하는 사람들은 거의 누구나 자신이 하는 일의 사회적 가치에 대해 생각한다. 그리고 그들이 적용하는 암묵적인 척도가 무엇이든 일단 자신의 작업이 무의미하다고 판단하고 나면 그들의 체험은 깊은 영향을 받지 않을 수 없다. 일의 성격이나 고용 여건이 어떻든 간에 말이다. 물론 이런 여건들까지 나쁘다면 문제는 더욱 견디기 힘들어진다.

최악의 시나리오를 하나 살펴보자. 불쾌하고 명백히 쓸모없는 일이며, 작업 여건도 나쁜 경우다. 나이절은 비정규직 노동자로서, 회사 멤버십 카드 신청서 수십만 장을 스캔하는 계약을 따낸 회사에 채용되었다. 그 회사가 사용하는 스캔 장비는 불완전했고, 계약에 따르면 각 신청서가 승인되기 전에 적어도 세 번 이상 오류 점검을 받아야 하기 때문에, 회사는 매일 "자료의 최종 확인" 책임을 맡을 비정규직 노동자 여러 명을 데려오지 않을 수 없었다. 다음은 자신의 업무에 대한 나이절의 설명이다.

나이절 이런 수준의 강화된 지루함이 어떤 식인지는 설명하기 어렵다. 나는 다음 기록에, 아니면 그다음에, 아니면 또 그다음 기록에 오류가 담겨 있게 해 달라고 신에게 빌었다. 하지만 시간은 일종의 임사 체험처럼 빠르게 지나가는 것 같았다.

이 직업이 사회적으로 완전히 순수하게 무용하다는 사실은 절차의 심각한 엄격성과 함께 최종 확인자들을 단합시키는 특징이 있다. 우리는 다들 이것이 불쉿이라는 것을 알고 있었다. 우리가 좀 더 분명한 사회적 가치를 지닌 신청서(장기이식 등록이라거나 글래스턴베리 록 페스티벌 입장권 같은 것)를 처리했다면 기분이 좀 달라졌을지도 모른다. 그 과정이 덜 지루했을 것이라는 뜻이 아니다.(신청 양식은 어떻게 해도 신청 양식이니까.) 하지만 아무도 이 일에 관심이 없다는 인식, 우리가 이 업무를 어떻게 처리하든 아무런 가치도 발생하지 않는다는 인식 때문에 일종의 체력 테스트를 하는 것 같았다. 그러니까 지루함 견디기 올림픽 같은 것 말이다. 정말 이상했다.

마침내 나와 몇몇 사람들은 더 이상 견딜 수 없는 지점에 도달했다. 어느 날 우리는 감독자 한 명이 무례하게 군다고 불만을 터뜨렸고, 바로 그다음 날 아침에 인력 회사에서 더 이상 나오지 않아도 된다는 연락을 받았다.

나이절은 운이 좋았다. 그의 동료 작업자들은 모두 회사에 어떤 충성심도 없고 무슨 일이 일어나는지 입을 닫고 있을 이유가 없는 비정규직이었다. 더 장기적인 작업에서는 정확하게 누구를 믿을 수 있고, 누구는 믿지 못할지 알기 힘든 경우가 더 많다.

어떤 사람에게는 무의미함이 지루함을 악화시키고, 다른 사람에게는 무의미함이 걱정을 악화시킨다. 그레그는 마케팅 업체에서 디지털 디스플레이 광고 디자이너로 "웹사이트에 들어가면 거의 언제나 보게 되는 짜증 나는 배너를 만드는" 일을 2년간 했다. 그는 배너 광고를 만들고 파는 사업 전체가 기본적으로 사기라고 확신했다. 웹사이트 방문자들이 대체로 그런 광고를 의식하지도 않고 거의 한 번도 클릭하지 않는다는 사실을 분명히 밝히는 학술 연구들이 있고, 광고를 만들어 판매하는 회사들도 이를 분명히 알고 있다. 그렇다고 해서 그 광고 회사들이 고객에게 광고 효과를 뒷받침하는 정교한 '증거'를 보여 줄 때 장부를 조작하거나 간접으로 모객하는 일을 중단하지도 않는다.

광고의 효과는 사실 별로 없기 때문에 고객 만족이 전부다. 디자이너들은 아무리 기술적으로 구현하기 어렵거나 자기만족적이거나 터무니없는 것이라 해도 고객의 변덕을 모두 맞춰 주라는 지시를 받는다.

그레그 거액을 내는 고객들은 일반적으로 배너 광고 안에서 텔레비전 광고를 재현하고 싶어 한다. 그래서 여러 개의 '장면'과 반드시 들어가야 하는 요소를 갖춘 복잡한 스토리보드를 요구한다. 자동차 광고 고객들은 손톱 크기의 이미지 안에 있는 운전대나 연료 탱크 뚜껑의 위치를 바꾸라고 요구한다.

디자이너들은 그런 까다로운 요구들이 내려오면 수용해야 했다. 웹사이트 방문자들이 흘낏 봐서는 재빠르게 움직이는 이미지 속에서 그처럼 미세한 세부 사항을 거의 판독할 수 없을 거라고 생각하면서도. 이런 것은 모두 견디기 힘들었다. 그레그는 위에서 언급한 연구들, 방문자가 설사 그런 세부 사항을 보더라도 배너를 클릭하지는 않으리라는 사실을 밝힌 보고서를 한번 본 뒤로는 의학적 불안 징후를 겪기 시작했다.

그레그 그 업무는 내게 무의미함이 스트레스를 더 심화시킨다는 걸 알려 주었다. 배너 작업을 처음 시작했을 때는 그 과정을 감당할 인내심이 있었다. 그런데 과제가 대체로 무의미하다고 깨닫고 나자 인내심은 모두 증발해 버렸다. 결과에 신경 쓰는 척하면서 실제로는 그 과정에 신경 쓰는 인지 부조화를 극복하려면 노력이 필요하다.

스트레스가 너무 심해진 나머지 그는 결국 퇴사하고 다른 직업을 찾았다.

----–

스트레스는 걸핏하면 등장하는 또 하나의 주제다. 그레그처럼 불쉿 직업이 그냥 앉아 빈둥대면서 일하는 시늉만 하는 것이 아니라 다들 그것이 무의미함을 알면서도 입 밖에 내지 못하는 일을 하는 것이라면, 긴장감의 수준이 높아진다. 또한 흔히 그로 인해 사람들이 제멋대로 일을 후려친다. 우리는 앞서 해니벌의 사례를 보았다. 그는 제약업계 마케팅 미팅에서 써먹었다가 나중에는 던져 버리는 용도의 보고서를 써 주고 엄청난 돈을 번다. 사실 그는 자기 일의 불쉿 부분을 필요한 돈을 벌기에 꼭 충분한 정도로, 일주일에 하루나 이틀 정도로 한정시킨다. 나머지 시간에는 세계의 빈곤 지역에서 결핵을 퇴치하기 위한, 아무도 비용을 지불하려는 사람이 없는 의학 연구에 몰두한다. 이로써 그는 자신이 일하는 두 곳의 행동을 비교할 기회를 얻는다.

해니벌 내가 알아낸 또 다른 문제가 있다. 사람들을 보니 직장 내 공격성과 스트레스의 양은 그들이 하는 작업의 중요성과 역의 상관관계가 있다. "고객이 보스로부터 월요일에 있을 3분기 기획 회의 프레젠테이션을 준비하라는 압박을 받고 있기 때문에 미친 듯이 성질을 부리고 있어요! 내일 오전까지 보고서를 전달하지 않으면 빌어먹을 계약을 취소하겠다고 위협하네요! 우리 모두 그 일을 마치기 위해 밤늦게까지 남아서 일해야 할 것 같습니다!(걱정하지 말게. 정크푸드 피자와 오줌 같은 맥주를 야식으로 주문할 테니, 밤새 일할 수 있어.)" 불쉿 보고서 작성 일에서 늘 일어나는 일이다. 반면 의미 있는 일을 할 때는 항상 더 협동적인 분위기가 되고, 모두가 더 큰 목표를 향해 일한다.

이와 비슷하게, 잔인함과 심리전의 요소가 전혀 없는 직장은 거의 없지만, 많은 응답자들은 자신들이 별로 대단한 일을 하지 않는다는 걸 다들 알면서도 인정하기 싫어하는 직장에서 그런 요소가 특히 지배적이라고 느끼는 것 같았다.[8]

애니　나는 의료비 관리 회사에서 일했다. 내가 채용된 부서는 회사 내에서 여러 가지 역할을 수행하는 특별 태스크팀이었다. 그들은 내게 그에 필요한 훈련을 절대 시키지 않았다. 대신 내가 한 일은 이런 것들이었다.

— 자료 풀에서 양식을 꺼내 작업용 소프트웨어로 열기.

— 양식에서 특정한 부분을 강조하기.

— 그 양식을 다른 사람도 활용할 수 있도록 자료 풀로 다시 갖다 놓기.

이 일자리는 다른 사람들과 말하지 말라는 아주 엄격한 문화가 있었고, 내가 일한 직장 중 가장 고압적인 환경이었다.

특히 취직하고 첫 2주 동안 나는 잘못된 부분을 강조하는 실수를 거듭 저질렀다. 나는 이것이 잘못임을 알게 된 즉시 수정했다. 그러나 내가 그 회사에 있는 내내 이렇게 잘못 강조된 양식이 발견될 때마다 내 이름이 불려 나왔다. 매번, 마치 새로운 오류인 것처럼 그랬다. 매번, 마치 그런 실수를 저지른 것이 그 시기뿐이며 더 이상 일어나지 않았다는 걸 관리자가 모르는 것처럼 그랬다. 그때마다 내가 그녀에게 사실을 이야기했는데도 말이다.

이런 사소한 사디즘 행동은 직장에서 일한 적 있는 대부분에게는 분명 익숙하다. 사람들은 스스로에게 물어야 한다. 애니를 수시로 호출하여 오래전 시정되었음을 완벽하게 알고 있는 잘못에 대해 이야기해 보라고 요구한 감독자는 실제로 무슨 생각을 하고 있었을까? 그 감독자는 무슨 이유로 문제가 해결되었음을 매번 잊어버린 걸까? 그랬을 것 같지 않다. 그녀의 행동은 순수한 권력의 행사 그 자체로 보인다. 그런 행동의 무의미함(이미 시정된 문제를 시정하라고 부하에게 말한다고 해서 실제로 성과가 추가되는 것은 하나도 없다는 사실을 애니와 상관 둘 다 알고 있으니)은 이것이 순수하게 자의적인 권력관계라는 사실을 애니에게 뼛속까지 각인시키는 한 가지 방식에 불과한 것으로 만든다. 감독관이 누가 상관인지를 보여 주고 부하에게 제 위치를 알려 주는 굴욕의 의례다. 그것은 물론 부하들이 최소한 정신적 불복종이라는, 상관의 독재를 원망하는 죄를 범했다는 이유로 합리화된다. 이는 경찰이 무죄임을 알면서도 용의자를 구타하면서, 그가 당연히 다른 죄를 범했으리라고 스스로에게 말하는 것과 같은 방식이다.

애니 나는 이 일을 여섯 달 동안 계속했는데, 결국 그러다간 차라리 죽는 게 낫겠다고 판단했다. 그러나 그 일은 내가 처음으로 일해서 생계비를 번 때이기도 했다. 그전에 나는 유치원 교사였는데, 아주 중요한 일이었지만 고작 시급 8달러 25센트를 받았다.

이것은 그런 상황이 고용인들의 신체적 건강에 미치는 영향이라는 또 다른 문제를 드러낸다. 통계적 증거는 없지만 사람들이 하는 말을 믿을 수 있다면, 스트레스와 관련된 질병은 불쉿 직업의 흔한 부산물이다. 나는 일을 그만두면 신기하게도 증세가 사라져 버리는 손목 터널 증후군부터 자가면역 기능장애에 이르는 온갖 종류의 신체적 징후 및 이에 겹쳐진 우울증과 불안에 관한 보고서를 여럿 읽었다. 애니 역시 갈수록 병약해졌다. 그녀는 돌이켜 보건대 예전 직업과 이번 직업의 근무 여건이 극단적으로 달랐던 것이 그 이유 중 하나라고 생각한다.

데이비드 오로지 집세를 내기 위해 교사라든가 아이 돌보기 같은 진짜 일을 그만두고 완전히 무의미하고 굴욕적인 일로 이직하는 게 어떤 기분이었을지 상상해 보고 있다. 이런 상황에 처한 사람들이 많다고 생각하는가?

애니 아주 흔하다고 생각한다! 보수가 낮은 아이 돌보기 직업은 이직률이 정말 높다. 직업훈련을 추가로 받고 좀 더 실속 있는 다른 일로 이직할 수도 있지만, 내가 본 많은 이직자(거의 모두 여성)들은 결국 사무직이나 상점 점원에 그치고 만다. 내 경험 가운데 생각을 많이 하게 되는 부분은 내가 종일 사람과 직접 만지고 닿는(그러니까 아이들을 데려오고, 안아 주고, 업어 주고, 안고 흔들어 재워 주는 것 같은) 환경에서 아무도 서로 이야기를 나누지 않는 환경으로 옮겼다는 점이다. 일을 하던 때에는 그런 접촉이 신체에 미치는 영향을 알아차리지 못했지만, 지금 돌이켜 보니 나의 신체적, 정신적 건강에 엄청난 영향을 미쳤음을 깨닫는다.

추측하건대 애니의 말은 맞을 뿐만 아니라 실은 아주 흔한 역학을 비상하게 극적인 사례로서 서술하는 것이 아닌가 싶다. 애니는 그녀가 일한 바로 그 직업이 무의미할 뿐 아니라 그 사업 전체가 실은 존재하지 말아야 한다고 확신했다. 그것은 기껏해야 거대한 임시 땜질 활동이며, 기능 불량으로 악명 높은 미국 의료 보건 시스템이 초래한 피해의 일부분을 보완하는 것에 불과하다. 물론 사무실에서는 누구도 그런 문제를 논의할 수 없다. 사무실에서는 어떤 논의도 허용되지 않는다. 신체적 고립은 사회적 고립과 이어져 있다. 그곳에서 모두들 스스로 작은 거품이 되도록 강요당한다.

그런 미니멀하지만 명백히 불평등한 사회적 환경에서는 이상한 일들이 일어나기 시작한다. 과거로 돌아가서 1960년대에 에리히 프롬은 고도로 청교도적이고 위계적인 환경에서 사디즘과 네크로필리아(시체 성애자—옮긴이)의 "비(非)성적인" 형태가 일상에 침투하는 경향이 있다고 처음 주장했다.[9] 1990년대에 사회학자 린 챈서는 여성주의 정신분석학자 제시카 벤저민의 연구와 이런 생각을 종합하여 "일상생활 속의 사도마조히즘(Sado-Masochism in Everyday Life)" 이론을 만들어 냈다.[10]

챈서는 자신이 가공의 게임을 하고 있다는 사실을 완전히 의식하고 있는 실제 BDSM(구속과 훈육, 지배와 복종, 사디즘과 마조히즘(Bondage/ Discipline, Dominance/ Submission, Sadism/ Masochism)의 성적 기호를 뜻하는 약어.—옮긴이) 하위문화의 멤버들과는 달리 위계적 환경에서 소위 '정상적'인 사람들이 일반적으로 그와 같은 사도마조히즘적 역학의 병적인 변형에 귀착되고 만다는 사실을 발견했다. 그래서 당하는(역할을 맡은) 사람들은 정의상 절대로 주어질 수 없는 인정을 받기 위해 필사적으로 분투하고, 지배하는(역할을 맡은) 사람들은 양쪽 모두 궁극적으로는 거짓임을 알고 있는 지배권을 더욱 강하게 주장하게 된다. 지배하는 사람들이 그런 척하는 만큼 정말로 전능하고 확신 있고 숙련된 존재라면 자기 아래의 당하는 사람들이 자기 힘을 틀림없이 인정하게 만들기 위해 그토록 터무니없이 힘들여 노력할 필요도 없을 것이기 때문이다.

물론 가공적인 사도마조히즘 놀이(그것에 참여하는 사람들은 실제로 '놀이(play)'라 부른다.)와 실제 삶 속의 비성적인 행동 사이에는 가장 중요한 차이가 있다. 사도마조히즘 놀이 버전에서는 놀이의 조건이 모두 상호 동의하에 미리 꼼꼼하게 설정되어 있다. 그리고 미리 합의된 안전 용어(safe-word)를 말하면 양편 모두 놀이가 언제든 취소될 수 있음을 알고 있다. 가령 '오렌지'라는 말을 하면 놀이 파트너는 즉각 당신에게 뜨거운 밀랍을 붓는 일을 멈출 것이고, 사악한 후작이었다가 당신이 정말 다치지 않았는지 확인하고 싶어 하는 다정한 인간으로 변할 것이다.(당하는 사람들이 느끼는 쾌감의 많은 부분은 자신이 이런 변신에 자기 뜻대로 영향을 미칠 수 있는 힘이 있음을 아는 데서 온다고 주장할 수도 있다.[11])

현실의 사도마조히즘적인 상황에 없는 것이 바로 이런 점이다. 당신은 보스에게 '오렌지'라고 말할 수 없다. 감독관들은 절대로 고용인들이 다양한 종류의 위반을 범할 때 어떤 식으로 호되게 질책을 듣거나 듣지 않을 수 있는지를 미리 구상해 두지 않는다. 또 애니와 같은 고용인은 꾸중을 듣거나 또 다른 방식으로 모욕당할 때 그런 상황을 중단시키기 위해 할 수 있는 일이 전혀 없다는 것도 안다. 안전 용어는 없다. 아마 '사직하겠다'는 말 외에는 없을 것이다.

그러나 이 안전 용어를 입밖에 내뱉는 것은 그저 굴욕의 시나리오를 떨쳐 버리는 것 이상을 의미한다. 그것은 일을 매개로 한 관계 전체를 파기한다는 것이다. 나아가 아주 다른 게임을 하게 될 수도 있다. 바로 먹을 것을 찾거나 난방이 끊기는 것을 막기 위해 필사적으로 돌아다니는 그런 게임 말이다.

감내할 만한 가치가 없는
고통을 받을 때의 비참함

불쉿 고용의 무의미함 자체가 모든 위계적 관계에 잠재적으로 존재하는 사도마조히즘적 역학을 악화시키곤 한다는 것이 내 생각이다. 그런 추세는 불가피한 것은 아니다. 어떤 감독관들은 관대하고 친절하다. 하지만 공통의 목적의식이 결여된 것, 그리고 집단의 행동이 어떤 방식으로든 직장 밖에 있는 사람들의 삶을 더 낫게 하거나 조금이라도 중요한 영향을 미친다고 믿을 만한 이유가 결여된 것은 직장 생활에서 행해지는 사소한 모욕, 절제 부족, 원망, 잔인함을 확대하는 경향으로 흘러갈 것이다. 왜냐하면 직장 내 정치는 실제로 벌어지고 있는 일이기 때문이다.

많은 이들이 애니처럼 건강을 잃을까 봐 두려워 한다. 독방에 수감된 죄수가 두뇌 손상을 겪지 않을 수 없는 것처럼, 목적의식이 사라진 작업자는 흔히 정신적, 신체적 쇠퇴를 경험한다. 2장에서 언급된, 무능한 심리학자를 위해 코드를 고쳐 주던 누리는 자신이 종

사한 불쾃 직업들과 그것이 그의 심신에 미친 영향에 대해 일종의
기록을 남겼다.

직업 1 프로그래머, (무의미한) 스타트업 회사.
내게 미친 영향 처음에는 자기혐오를 배웠다. 매달 감기에 걸렸다. 가면
증후군이 면역 체계를 파괴했다.

직업 2 프로그래머, (허영심 프로젝트) 스타트업 회사.
내게 미친 영향 스스로를 너무 심하게 몰아붙여 눈에 탈이 생기는 바람
에 쉬지 않을 수 없었다.

직업 3 소프트웨어 개발자, (사기꾼) 소기업.
내게 미친 영향 평소 우울증을 달고 살았고, 무기력했다.

직업 4 소프트웨어 개발자, (망할 운명이었고, 제대로 돌아가지 않았
던) 스타트업 회사였던 곳.
내게 미친 영향 떨쳐 버릴 수 없는 구태의연함과 집중력 저하로 인한 공
포감이 내 마음을 불구로 만들었다. 매달 감기에 걸렸고, 스스로에게
동기를 부여하기 위해 의식을 왜곡하다 보니 면역 체계가 망가졌다.
PTSD(외상 후 스트레스 장애). 내 생각은 철저하게 구태의연했다.

　　누리는 불운하게도 끊임없이 부조리하고 가혹한 기업 환경 속
에서 허덕이며 헤쳐 나가야 했다. 누리는 다른 종류의 목적의식을
찾아냄으로써 제정신을(적어도 완전한 정신적, 신체적 붕괴를 막아

닐 정도는) 지킬 수 있었다. 그는 실패한 기업 프로젝트 배후에 있는 사회적, 제도적 역학을 상세하게 분석하기 시작했고, 사실상 인류학 자가 되었다.(이는 내게 큰 도움이 되었다. 고마워요, 누리!) 그다음 에 그는 정치를 알게 되었고, 그런 어리석은 직업을 만들어 낸 시스 템 자체를 무너뜨리기 위해 궁리하는 방향으로 시간과 능력을 쏟기 시작했다. 누리의 말에 따르면, 이 지점에서 건강이 극적으로 나아지 기 시작했다고 한다.

상대적으로 양호한 사무실 환경에서도 목적의식의 결여는 사람 들을 좀먹는다. 노동자들은 실제로 심신의 퇴화를 겪지는 않을지 몰 라도 최소한 공허함이나 무가치함의 감정과 씨름하게 된다. 이런 감 정은 그런 지위가 흔히 수반하는 특권, 존경, 후한 보상 같은 것으로 도 전혀 누그러지지 않고 오히려 더 심화된다. 릴리언처럼 불쉿 직 업 종사자들은 자신이 실제 생산적인 업무를 담당하는 부하들보다 더 많은 보수를 받는 것 같다는 의혹으로("만약 그렇다면 이게 얼마 나 빌어먹을 일인가?"), 아니면 다른 사람들이 자신을 미워할 타당한 이유가 있다는 생각으로 남몰래 괴로워할 수도 있다. 이 문제로 인 해 많은 이들이 스스로 어떤 기분이어야 하는지에 대해 진심으로 혼 란스러워했다. 어떤 도덕적 나침반도 없었다. 일종의 '도덕적 대본 없음'이라고 볼 수 있다.

다음은 비교적 양호한 사례다. 핀은 구독형으로 소프트웨어에 라이선스를 주는 회사에서 일한다.

핀 2년 전쯤 '불쉿 직업' 글을 처음 읽은 순간부터 나는 그 내용에 공 감했다. 그 뒤로도 계속 다시 꺼내 읽고 친구들에게 이야기해 준다.

나는 소프트웨어 서비스(SaaS) 회사의 기술 지원 매니저다. 내 업무는 주로 미팅에 참석하고, 이메일을 보내고, 팀의 변동 사항을 알리고, 고객들이 제기한 문제를 상부에 보고하며, 업무 평가를 작성하는 일이다.

핀은 업무 평가가 쓸모없다는 걸 인정한다.("다들 임무 태만자가 누구인지 이미 아는데 뭘.") 사실 그는 자신의 업무 거의 전부가 쓸모없음을 인정한다. 그가 수행하는 일 가운데 쓸모 있는 것은 주로 땜질 업무다. 회사 내에서 불필요하게 뒤얽힌 다양한 관료제적 절차 때문에 생긴 문제를 해결하는 것이다. 게다가 회사 자체도 아주 무의미하다.

핀 여기 앉아 이걸 쓰면서도 머릿속 한구석에서는 여전히 내 불웟 직업을 옹호하고 싶어 한다. 주 이유는 그 직업이 나와 가족을 부양해 주기 때문이다. 이 지점에서 인지 부조화가 생긴다고 생각한다. 감정적 관점에서 볼 때 나는 내 직업이나 회사에 어떤 식으로든 몰두하지 않는다. 월요일에 출근했는데 회사 건물이 사라졌더라도 사회는 물론 나조차 상관하지 않을 것이다. 내 직업에서 생기는 만족감이 조금이라도 있다면 그것은 이 비체계적 조직의 물길을 항해하는 전문가가 되었고 업무를 처리할 능력이 있다는 점이다. 하지만 짐작할 수 있듯이 불필요한 어떤 일에 전문가가 된다는 것은 그리 만족스럽지 않다. 나는 소설과 논문 쓰는 쪽을 더 좋아해서 여가 시간이 생기면 그 일을 한다. 하지만 내 불웟 직업을 떠나면 생활이 어려워질 것 같아 겁이 난다.

이것은 물론 흔히 보는 딜레마다. 직업 자체는 불필요할지도 모른다. 하지만 그것이 당신 자녀들을 부양할 수 있게 해 준다면 나쁜 것이라고 하기는 힘들다. 대체 어떤 경제 시스템이 자녀를 부양하기 위해 깨어 있는 거의 모든 시간을 쓸모없는 위장용 작업을 하거나 존재해서는 안 될 문제를 해결하는 데 몰두해야 하는 세상을 만드는가 하는 질문이 나올 수 있다. 하지만 이 질문을 거꾸로 돌려, 이 모든 것이 보이는 것처럼 정말 쓸모없는지 물어볼 수도 있다. 이런 직업을 만든 경제 시스템이 내 자녀를 부양할 수 있게 해 준다면? 우리는 정말 자본주의를 지레짐작하고 싶은가? 아마 그 시스템의 모든 면모는 외견상 아무리 무의미해 보일지라도 그렇게 되어야 하는 바로 그 모습인지도 모른다.

하지만 동시에, 뭔가가 지독하게 잘못되어 있다는 자신의 경험도 무시할 수 없다. 릴리언처럼 사회에서 받는 외적인 존경과 자신이 실제로 무슨 일을 하는지 아는 것 사이의 괴로운 균열에 대해 언급한 이들이 많았다. 캐나다 토론토에 있는 영국 기업체 사무실에서 행정직으로 일하는 댄은 자신이 진짜 일을 하는 것은 일주일에 한두 시간밖에 안 된다고 확신했다. 게다가 집에서도 얼마든지 할 수 있는 일이다. 나머지는 완전히 무의미했다. 양복을 걸치고 사무실에 오는 것은 그저 정교한 희생 제의, 그러니까 자신이 받을 자격이 없는 존경에 값하는 존재임을 입증하기 위해 수행해야 하는 일련의 무의미한 몸짓에 불과하다고 댄은 생각한다. 그는 일터에서 동료들도 똑같이 느끼는지 항상 궁금해했다.

> 댄 무슨 카프카적인 꿈이라도 꾸는 것 같다. 다만 내게는 우리가 하는 대부분의 일이 얼마나 멍청한 것인지 깨달았다는 불운이 일어났을

뿐이다. 마음속 깊이 나는 이 체험이 암묵적으로 공유되었어야 했다고 느낀다. 우리 모두 알았어야 했다! 우리 사무실의 직원은 여섯 명인데, 모두가 관리자다. (……) 이 건물에는 실무자보다 관리자가 더 많았다. 이런 상황은 완전히 부조리하다.

댄의 사무실에서는 모두가 가장행렬에 맞추어 연기했다. 그 환경은 절대 폭력적이지 않다. 여섯 명의 관리자와 그들의 감독관인 관리자들의 관리자는 공손하고 친근하며 서로 도와준다. 그들은 서로서로 다들 얼마나 일을 잘하는지, 팀에 들어오지 않았다면 모두에게 얼마나 큰 재앙이 되었을지 이야기한다. 다만 댄이 느끼기에 그것은 자신들이 하는 일이 거의 없다는, 그리고 그 일이 아무런 사회적 가치가 없고, 자신들이 그 자리에 없어도 아무 차이가 없으리라는 것을 내심 알면서 서로를 위로해 주는 방식일 뿐이다.

사무실 밖에서 일가족 중 출세한 인물로 대접받기 시작하면 문제가 더 심각하다. "솔직히 말해 내가 스스로 얼마나 미쳤고 쓸모없는 존재로 느끼는지는 설명하기가 힘들다. 나는 진지하게 '젊은 전문가' 대우를 받았는데, 그들 중 누구든 내가 정말 무슨 일을 하는지 알았을까?" 결국 댄은 퇴직하고 퀘벡주 북부에 있는 크리 인디언 공동체에 가서 과학 교사가 되었다.

- - - - -

이런 상황에서 고위층이 수시로 무익성을 인식하는 것이 명백하게 터무니없다고 주장하는 것은 도움이 되지 않는다. 항상 그런 것은 아니다. 앞에서 본 것처럼 몇몇 관리자들은 기본적으로 윙크하고 미소도 짓는다. 무슨 일이 벌어지는지 솔직하게 의논하는 사람이 희귀하나마 있을지도 모른다. 하지만 중간 관리자들은 일반적으로 자신의 역할을 직원 사기와 작업 규율을 유지하는 것으로 보기 때문에, 흔히 상황을 정당화하는 것 외에 달리 선택지가 없다고 느낄 것이다.(사실상 그것이 그들의 직업에서 불숏이 아닌 유일한 부분이다.) 그에 더하여 계층의 사다리에서 더 높이 올라갈수록 관리자들의 망각 증세는 더 커지고 동시에 그들에게 주어지는 공식적 권한은 더 많아지는 경향이 있다.

바실리는 유럽 어느 국가 외무부에서 연구 분석관으로 일한다. 그의 말에 따르면 사무실에는 연구자들만큼 많은 감독관이 있고, 연구자들이 만든 자료의 모든 문장은 두 직급을 올라가면서 읽히고 편집되어 다시 내려오는데, 이 과정을 여러 번 거치다 보면 나중에는 무슨 뜻인지 말이 안 통할 정도가 된다. 사무실 밖의 누구든 그 자료를 읽을 기회가 있다면, 아니 그런 연구 보고서의 존재를 알기라도 한다면 문제는 더 커질 것이다. 바실리는 가끔 이런 사정을 상급자에게 지적하려고 노력한다.

> **바실리** 우리 작업의 효용이나 의미에 의문을 제기하면 보스들은 마치 내가 외계인인 것처럼 쳐다본다. 그럴 만도 하다. 그들에게는 우리가 하는 작업이 총체적 난센스로 보이지 않는 것이 결정적으로 중요하다. 만약 난센스로 보이게 되면 그들의 지위는 폐기되고 실직자가 생긴다.

이 경우 전 세계에서 문자 그대로 수백만의 (대개 고액의 연봉에 존경도 받으면서 안락한 여건을 누리는) 외교관이나 장관 지위를 만들어 내는 것은 자본주의 경제 시스템이 아니라 현대의 국제적 국가 시스템이다. 모든 일에서 그렇듯이 이런 지위 가운데 어느 것이 정말 쓸모 있는지, 또 무엇을 위해 쓸모 있는지를 따져볼 수 있다. 짐작건대 몇몇은 중요한 업무를, 예를 들면 전쟁 예방 같은 일을 할 수도 있다. 그렇기는 해도 적어도 하위 직원들의 눈에는 완전히 과잉으로 보이는 관료 기구 안쪽의 고립 지대가 있다. 이런 사실을 알게 되면 죄책감과 수치감이 생긴다.

> **바실리** 공직에 있을 때 사람들이 내 직업에 대해 물어보는데, 대답하고 싶지 않았다. 말할 것도 없고 자랑스러울 것이 없었다. 외무부는 직장으로서 평판이 높다. 그래서 외무부에서 일한다고 하면 사람들은 주로 존경심과 함께 내가 하는 일을 제대로 알지 못하는 데서 나오는 복합적인 반응을 보인다. 나는 그 존경심이 사태를 더 악화시킨다고 생각한다.

인간이 자신을 가치 없는 존재로 느끼게 만드는 방법은 100만 개는 있다. 이런 영역에서 흔히 개척자 노릇을 해 온 미국은 어떤 것에 대한 권리를 주장하는 사람들이 얼마나 바보 같은지 설교하는, 본질적으로 미국적인 정치적 담론 양식을 완벽하게 다듬어 냈다. 그것을 '권리-책망(rights-scolding)'이라고 부르자. 권리-책망은 여러 가지 형식과 표현 방식이 있다. 우익 버전은 세상이 자기들을 먹고 살게 해 주어야 한다거나, 중병에 걸릴 때는 자신들을 치료해 주어야 한다거나, 보육 휴가를 주거나, 직장의 안전이나 법적 평등을 보장해 주어야 한다고 생각하는 이들을 혹독하게 비난하는 것이 핵심이다. 좌익 버전도 있는데, 더 가난하거나 더 억압받는 사람들이 갖지 못하는 어떤 것을 가질 자격이 있다고 생각하는 사람들에게 "당신의 특권을 검토해 보라."라고 말하는 것이다.

이런 기준에 따르면, 설사 아무 이유 없이 경찰봉으로 머리를 구타당하거나 감옥에 끌려가더라도, 그런 일을 겪을 확률이 더 높은 사람들의 범주를 먼저 모두 구체적으로 밝혀 버리면 그다음에는 오로지 그런 행위의 부정의함에 대해 불평할 일밖에는 남지 않는다. 권리-책망이 가장 왜곡된 형태로 발전한 것은 북아메리카의 사례였지만, 그것은 신자유주의 시장 이데올로기의 부상과 함께 전 세계로 확산되었다. 그런 여건에서 완전히 새롭고 낯선 권리(유의미한 고용의 권리 같은 것)에 대한 요구가 가망이 없다고 여겨지는 것도 이해할 만하다.[12] 오늘날에는 당신이 이미 갖고 있어야 하는 것을 요구해도 상대방이 진지하게 응해 주리라고 기대하기 힘들다.

권리-책망의 부담은 무엇보다 청년 세대에게 지워진다. 거의 모든 부국에서 현재의 20대는 한 세기 만에 처음으로 전반적으로 부모 세대가 누린 기회와 생활수준에 비해 상당히 열악한 상황을 겪을 것으로 예상되는 세대다. 하지만 그와 동시에 그들은 다른 어떤 것을 누릴 자격이 있을지도 모른다는 권리 감각 때문에 좌우 양편에서 끊임없이 훈계를 듣고 있다. 그래서 청년 세대는 무의미한 고용에 대해 불평하기가 특히 더 힘들어진다.

레이철의 사례를 통해 한 세대가 겪는 참상을 표현하며 마무리해 보자. 레이철은 물리학 학사 학위가 있는 수학 천재였지만, 빈민 가정 출신이었다. 그녀는 대학원에 가고 싶어 했지만 영국 대학교의 수업료가 세 배로 뛰고 재정 지원은 대폭 줄어들었기 때문에, 학비를 마련하기 위해 대형 보험회사의 재난 위험 분석가로 취직해야 했다. 인생에서 1년을 바쳐야 했지만 세상이 끝난 것은 아니라고 스스로를 다독였다.

레이철 "그건 세상에서 최악의 일은 아니야. 새 기술을 좀 배우고 돈도 벌고 약간의 인맥도 쌓을 수 있는 일이지." 나는 그렇게 생각했다. "현실적으로 나빠 봤자 얼마나 나쁘겠어?" 그런데 머리 뒤편에서는 "수많은 사람들이 평생 쥐꼬리만 한 돈을 벌기 위해 지루하고 등골이 휘는 일을 하면서 살아간다. 네가 무슨 특별한 사람이라고 지루한 사무 일을 1년도 못 하겠다는 거야?"라는 소리가 울려 퍼졌다.

마지막 말은 자기 분수를 아는 밀레니엄 세대에게는 무엇보다도 우선하는 공포다. 페이스북을 돌아다니면 우리 세대의 특권 의식과 빌어먹을 일상 노동을 꺼리는 성향을 훈계하는 설교조의 글을 피할 수가 없다, 젠장! "받아들일 만한" 직업을 고르는 내 기준이 합리적인 탓인지, 아니면 어리석은 눈송이 세대(인내력과 정신력이 약해서 남의 비판을 잘 견디지 못하는 젊은 층을 비꼬는 조로 지칭하는 말—옮긴이) 같은 "특권 있는 멍청이들"(할머니가 잘 하시는 말이다.) 때문에 생긴 결과인지는 헤아리기 어렵다.

말이 나온 김에 말하자면, 이것은 유독 영국적인(비록 유럽 전역으로 점점 더 번지고 있기는 하지만) 권리-책망의 한 종류다. 요람에서 무덤까지의 복지국가 보호 정책과 함께 성장한 연장자들은 젊은 층이 자기들도 같은 대우를 받을 자격이 있다고 생각하는 것을 조롱한다. 또 다른 요인도 있다. 비록 레이철은 인정하기를 살짝 민망하게 여기지만, 그 일자리는 보수가 아주 좋았다. 그녀의 부모가 버는 것보다 더 많았다. 성인이 된 후로 돈 한 푼 없이 비정규직과 콜센터와 배달 일을 전전하며 혼자 힘으로 학창 시절을 보낸 사람에게 마침내 맛보는 부르주아 생활은 색달랐을 것이다.

> **레이철**　나는 사무실 일도 쓰레기 같은 일도 해 봤다. 그러니 쓰레기 같은 사무실 업무가 나빠 봤자 얼마나 나쁘겠는가? 그러나 관료제와 끔찍한 경영진과 무수한 불쉿 업무의 덩어리 밑에서 가라앉게 될 바다 밑바닥 같은 어두운 지루함이 어느 정도일지는 전혀 예상하지 못했다.

레이철의 직업은 자본 보유에 따르는 다양한 규제 때문에 필요해진 것이었는데, 비슷한 상황에 처한 기업들이 다들 그렇듯이 그녀의 고용주는 이를 존중할 의사가 전혀 없었다. 그녀의 전형적인 하루 일과를 보면, 매일 아침 이메일을 열어 회사의 여러 지점들이 어떤 가상의 재난 시나리오에서 얼마나 손해를 입을지 추산하는 자료를 확인한다. 자료를 '청소'하고 스프레드시트로 복사해(그 스프레드시트 프로그램은 언제나 깨져서 재가동해야 한다.) 전체 손실을 보여 주는 수치를 얻는다. 그런 다음 법적 문제가 생길 여지가 있다면 그 문제가 사라질 때까지 수치를 관리해야 한다. 문제 없이 일이 잘 돌아가는 날이 그렇다. 상황이 나쁜 날, 아니면 나쁜 달에는 그녀의 감독관들이 그녀를 바쁘게 만들 정교하고 명백히 무의미한 마인드맵 작성하기 같은 훈련 거리를 만들어 낸다.[13] 아니면 그냥 아무 일도 주지 않는다. 하지만 아무 일도 하지 않는 동안 그녀는 일하고 있는 척해야 한다는 전제가 있다.

레이철 내 직업에서 가장 괴상하고 (직책명과는 별개로) 아마 가장 심하게 불쾟인 요소는 실제로는 할 일이 별로 없음이 전반적으로 인정받는데도 겉으로는 일하지 않는 모습을 드러내선 안 된다는 사실이다. 인터넷이 도입된 초기 시절이 떠오르는 분위기였는데, 심지어 트위터와 페이스북도 금지되었다. 학교에 있을 때 내 전공 주제는 상당히 재미있었고 공부를 많이 해야 했으므로, 아침에 일어나 종일 사무실에 앉아 눈에 띄지 않게 시간을 허비하려고 애쓰면서 끔찍한 공포를 느끼게 되리라고는 조금도 예상하지 못했다.

마지막 지푸라기는 몇 달씩 불평이 이어진 다음, 한 주 동안 지독한 불쾟 작업을 한 뒤 친구 민디를 만나 술을 한잔하고 있을 때 왔다. 그날은 "가지면 좋을 것들, 가져야 하는 것들, 미래에 가지면 좋을 것들"을 보여 주는 "마인드 맵"에 색칠을 하라는 요구가 내려왔다.(아니, 나도 저런 용어가 무얼 뜻하는지 전혀 모른다.) 민디도 비슷하게 불쾟 프로젝트에서 일하고 있었다. 아무도 읽지 않는 회사 사보의 지면에 내용을 채우는 일이었다. 그녀는 내게 울화를 털어놓았고 나는 그녀에게 분통을 터뜨렸다. 나는 열기로 가득 찬 장광설을 편 끝에, "해수면이 상승해서 세계의 종말이 오기까지 기다릴 수가 없어. 이 빌어먹을 바보짓을 하고 있느니 차라리 낚시로 물고기를 잡고 내가 직접 장대로 만든 창으로 사냥을 해서 살겠어."라고 소리쳤다.

우리 둘 다 한참을 웃은 다음, 나는 울기 시작했다. 나는 그다음 날 사직했다. 대학 생활 내내 온갖 종류의 이상하고 비천한 직업을 전전한 데서 얻은 큰 보상은 이거다. 언제라도 쉽게 일자리를 구할 수 있다는 것. 그렇다. 나는 쾌적하게 에어컨이 작동하는 사무실의 열기에조차 녹아 버리는 눈송이 세대의 유리 공주지만, 하느님 맙소사, 노동 세계 는 쓰레기다.

"쓰레기 같은 사무실 업무"가 세상의 끝은 아니라고 생각하던 레이철은 결국 세상의 끝이 차라리 낫겠다는 결론을 내리지 않을 수 없었다.[14]

자신이 해를 끼치고 있음을
알 때의 비참함

여기서 끝내야 할지도 모르겠다. 하지만 알아 두어야 할 약간 다른 형태의 사회적 고통이 하나 더 있다. 그것은 자신이 인류에게 어떤 종류든 혜택을 주고 있는 척해야 하는데 실상은 완전히 그 반대임을 알고 있는 데서 오는 비참함이다. 왜 그런지는 명백하겠지만, 정부나 비정부기구(NGO)에서 일하는 사회복지 활동가들에게 보이는 가장 흔한 사례다. 그들은 거의 모두 형식적 서류 작성 의례에 간여하고 있지만 대다수가 자신이 하는 일이 무용지물 수준에도 못 미친다는 것을 알고 있다. 원래 도와주기로 되어 있는 사람들에게 피해를 입히고 있기 때문이다. 시히는 지금은 화가이지만 예전에는 뉴욕에서 커뮤니티 치료사로 일했다.

시히 1990년대와 2000년대에 나는 브롱크스의 커뮤니티 정신 건강 센터에서 치료사로 일했다. 나는 사회복지사 자격증을 갖고 있다.

내 고객들은 소소한 말썽(클린턴의 범죄 소탕안에 따르면)을 부려 '관리'받도록 위임되었거나, 수감 생활을 한 뒤 일자리와 집을 잃었거나, 아니면 일자리 복지 센터나 사회보장국에 그들이 정신적인 질병이 있어서 사회보장 보조금 SSI(supplementary security income)나 다른 식품 및 집세 보조금이 필요한 사정임을 입증해야 하는 사람들이었다. 그들 중 일부는 정말로 중증 정신 질환자였다. 하지만 그 외 대다수는 지독하게 가난할 따름이었고, 경찰로부터 끊임없이 학대당하고 있었다. 누구든 그들의 생활 여건에 놓인다면 정신병에 걸릴 것이다.

내가 일하는 곳에서 행하는 치료법은 근본적으로 그런 여건이 그들 자신의 잘못 때문이며, 삶을 개선하는 것은 그들 자신의 책임이라고 말해 주는 것이었다. 만약 그들이 치료 프로그램에 매일 참석하여 회사가 의료보험료(Medicaid)를 청구할 수 있다면 직원들은 그들의 의료 기록을 복사하여 사회보장국에 보내고, 장애 연금을 신청할 수 있다. 차트에 적힌 내용이 많을수록 기회도 더 많아진다.

내게는 "분노 관리", "적응 기술"과 같은 식으로 관리되어야 하는 그룹들이 있었다. 그런 것은 너무 심하게 모욕적이고 부적절한 방식이었다! 제대로 된 음식도 없는 상태에서 어떻게 견뎌 내며 경찰의 학대를 받을 때 느끼는 분노를 어떻게 통제할 수 있겠는가? 내 직업은 쓸모도 없고 해로운 것이었다. 불평등이 만들어 내는 참상을 통해 이득을 얻는 NGO가 너무 많다. 내가 한 일에서 얻은 수입으로는 아주 가난하게 살 수밖에 없었지만 그래도 빈곤에 기생하여 살았다는 사실은 나를 깊이 괴롭힌다.

서류 작업이라는 명분으로 터무니없고 끔찍한 일을 수행하는 하급 관리들 대다수가 자신이 하는 일이 무엇인지 잘 알고 있고, 그런 일이 인간에게 끼치는 폐해에 대해서도 잘 알고 있다는 사실은 지적해 둘 만하다. 그들은 대개 대중을 상대할 때는 감정을 드러내지 말아야 한다고 생각하지만 말이다. 그것을 정당화하거나, 일부는 가학적인 쾌감을 느끼기도 한다. 하지만 "그런 사람들은 대체 어떻게 견뎌 낼 수 있을까?"라고 자문해 본 적 있는 그 시스템의 희생자라면 많은 경우 그들이 견디지 못한다는 사실에서 약간의 위안을 얻을지도 모르겠다. 종종 "해변의 작은 우범지대"로 지칭되는 영국 어느 소도시의 지방의회에서 일하는 미나는 처음 일자리를 받아들였을 때 자신의 직업이 노숙자들을 다루는 일이라고 소개받았다. 그녀가 볼 때 이 소개는 어떤 의미에서는 옳았다.

> **미나** 내 직업은 어떤 식으로든 노숙자들을 정착시키거나 조언하거나 도와주는 것이 아니었다. 그보다는 그들의 서류(신분증, 국민보험 번호, 소득 증명서 등등)를 모아 노숙자 임시 거처 단체가 주거 혜택을 요구할 수 있게 해 주는 일이었다. 노숙자들은 사흘 이내에 서류를 만들어 와야 했다. 필요한 서류를 가져오지 못하면 나는 담당 활동가들에게 임시 거처에서 그들을 쫓아내라고 요청해야 했다. 확실히 마약에 중독된 노숙자들은 다른 서류들보다 특히 소득 증명서 두 종류를 제출하는 것을 어려워하는 편이었다. 하지만 부모에게서 버림받은 열다섯 살 난 아이들과 외상 후 스트레스 장애가 있는 퇴역 군인들, 또 가정 폭력을 피해 도망친 여성들 역시 그런 일을 힘들어했다.

결국 그녀의 역할은 전에 노숙자이던 사람들을 다시 한번 노숙자로 만들겠다고 위협하는 일이 되어 버렸다. "그 모두가 어느 한 부서에서 다른 부서로 현금 이동을 요구하기 위해서였다." 어떤 기분이었을까? "영혼이 파괴되는 일이었다." 여섯 달을 일한 뒤 그녀는 더 이상 감당할 수가 없어서 공무원직을 완전히 포기했다.

미나는 떠났다. 다른 지방 당국에서 일한 비어트리스 역시 의회가 부당한 연체료를 매길 수 있도록 연금 수혜자들을 혼란에 빠뜨리는 고의적 오류가 포함된 편지를 두고 동료들이 웃어 대는 것을 본 뒤 참을 수 없었다. 이것은 빙산의 일각에 불과했다. 그녀의 말에 따르면 시민들을 사취하는 것을 적극적으로 좋아하는 사람은 소수에 불과했지만, 그들이 없었다면 소탈하고 친근한 분위기였을 사무실을 끔찍이도 고통스럽게 만든다. 그녀는 이 점에 대한 불만을 고위층에 말하려고 했지만("정말 이건 아니잖아요!") 그들은 마치 미친 사람이라도 보듯이 그녀를 쳐다보았다. 그래서 그녀는 기회가 생기자마자 사직했다.

영국 정부가 장애자 명단에서 최대한 많은 시민을 몰아내기 위해 고용한 프랑스 회사인 아토스(그 후 몇 년간 2000명 이상이 아토스가 "노동 적합"이라고 판정하여 지원금을 끊은 지 얼마 되지 않아 사망한 것으로 밝혀졌다.)에서[15] 일한 조지는 굴하지 않고 버텼다. 그는 회사에서 일하는 모든 사람은 무슨 일이 벌어지는지 알고 있고, "조용한 절망감 속에서 아토스를 혐오한다"고 전한다. 다른 사례에서, 정부 노동자들은 자기들 외에는 자신들이 하는 일이 얼마나 무용하고 파괴적인지 모른다고 확신한다. 비록 그들에게 자신의 견해를 동료들에게 직접 이야기한 적이 있는지 물어보자 거의 예외 없이 하지 않았다고 대답했지만, 그 동료들 역시 실상을 파악하고 있

는 것이 자신들뿐이라고 확신했을 가능성은 남아 있다.[16]

이 모든 상황에서 우리는 뭔가 다른 영역으로 들어가고 있다. 그런 사무실에서 벌어지는 일은 그저 무의미할 뿐이지만, 적극적으로 타인에게 해를 끼치는 일에 개입되어 있음을 알게 되면 죄책감과 공포심이라는 차원이 추가된다. 죄책감을 느끼는 이유는 명백하다. 공포는 그런 환경에서 내부 고발자들이 어떤 일을 당하게 될지 흉흉한 소문이 돌기 때문에 생긴다. 하지만 일상에서 이 모든 것은 그런 직업 종사자들이 느끼는 비참함의 질감과 성질을 악화시킬 뿐이다.

종결부

불쉿 직업이 인간의 창의성에 미치는 영향은 무엇일까? 자신을 창조적으로 내세우려는 시도나 무의미한 고용에 반대하는 정치적 주장이 일종의 정신적 전쟁으로 간주되는 이유는?

정신적 폭력이라는 주제로 돌아가서 결론을 내려 보자.

미나의 표현대로, 자신의 의지에 반하여 자의적인 관료제적 잔혹 행위를 자행하도록 강요당하는 것만큼 심한 영혼 파괴는 상상하기도 힘들다. 이는 자신이 경멸하는 기계의 얼굴마담이 되는 것이며 괴물이 되는 것이다. 예를 들면, 나는 인기 있는 소설에서 가장 끔찍한 괴물은 당신을 잡아가거나 고문하거나 죽이겠다는 것이 아니라 괴물로 만들어 버리겠다고 위협한다는 사실에 주목했다. 뱀파이어, 좀비, 늑대인간을 생각해 보라. 그들이 무서운 것은 당신의 신체뿐만 아니라 영혼까지 위협하기 때문이다. 특히 사춘기 청소년들이 그것들에 매력을 느끼는 이유도 아마 이 때문일 것이다. 어떤 의미로든 그들이 경멸하는 괴물이 되지 않을 도전에 생애 처음 직면하는 때이니 말이다.

공공 업무라는 평계에 결부된 쓸모도 없고 해로운 직업들이 아마 최악이겠지만, 이 장에서 언급된 거의 모든 직업은 각기 다른 방식으로 영혼을 파괴한다. 불쉿 직업은 걸핏하면 절망감과 우울함과 자기혐오를 유발한다. 그것은 인간의 의미란 무엇인가 하는 본질을 겨냥하는 정신적 폭력의 형태다.

3장에서 논의한 대로 인간 정신의 온전성, 나아가 신체적 온전성(이 두 가지가 완전히 구별될 수 있다면 말이지만)이 타인들과의 관계 및 세계에 영향을 미치는 능력에 대한 감각에 달려 있다면, 불쉿 직업들은 정신적 폭력이 아닐 수 없다.

그렇다고 해서 영혼에게 저항 수단이 전혀 없는 것은 아니다. 이 장에서는 불쉿 직업이 초래하는 정신적 전쟁에 대해 알아보고, 노동자들이 다른 프로젝트에 참여하여 정신 건강을 유지하는 몇 가지 방식을 기록하는 것으로 마무리하는 편이 좋겠다. 원한다면 그것을 '게릴라 목적'이라고 불러도 좋다. 실제로는 웹 검색 중이었으면서 마치 프로그래밍 작업을 하는 것처럼 모니터를 세팅해 두었던 비정규직 로빈은 그렇게 해서 얻은 시간에 자신이 모니터링한 위키피디아 페이지들(나도 거기에 실렸던 모양이다.)을 대가 없이 편집하거나 대안 화폐를 발의하는 일에 힘을 보탰다. 다른 사람들은 새 사업을 시작하거나 영화 대본이나 소설을 썼고, 콜걸 서비스를 비밀리에 운영하기도 했다.

그러나 다른 사람들은 월터 미티(영화 「월터의 상상은 현실이 된다」의 주인공으로 비현실적인 몽상에 빠지는 버릇이 있다. ─ 옮긴이) 스타일의 몽상으로 도피했다. 그것은 황량한 사무실 환경에서 인생을 소모하도록 명령받은 사람들의 전통적인 적응 메커니즘이다. 오늘날 이런 몽상이 제1차 세계대전의 조종사 영웅이나 왕자와 결혼하거나

10대 청소년의 숭배자가 되는 것이 아니라 더 나은(그저 완전히 우스울 만큼 나은) 직업을 갖는 것이라는 사실은 우연이 아니다. 예를 들면 보리스는 "주요 국제 기구"를 위해 일하면서 불쉿 보고서들을 쓴다.

보리스 그건 분명히 불쉿이다. 내 인생의 선택이 순전히 쓰레기 같다는 것을 깨닫고는 온갖 것을 해 보았다. 자기 계발 책도 읽고, 휴가를 써서 자위 욕망을 은밀하게 충족시키기도 했고, 어머니에게 전화해 울기도 했지만, 그래도 집세는 벌어야 하니 일을 계속한다. 더욱이 우울증을 점점 더 심화시키는 이 상황은 내 진정한 인생의 소명을 유보하라고 강요한다. 제니퍼 로페즈나 비욘세의 개인 조수(각각 따로든 동시에 하든)가 되는 것이 내 소명이었는데. 나는 열심히 일하고 결과를 지향하는 사람이므로 그 일을 잘 처리할 수 있으리라고 믿는다. 카다시안 일가를 위해서라면 기꺼이 일할 수 있을 텐데. 특히 킴이라면 더욱…….

그런데 거의 모든 증언은 도전의 형태로서 창조성에 집중한다. 많은 사람들이 예술이나 음악이나 글쓰기, 시 창작을 추구할 때 보이는 완강한 자세는 그들의 '진짜' 유급 직업의 무의미함을 누그러뜨리는 해독제 역할을 한다. 확실히 여기에는 표본으로 인한 편견이 작용할지도 모른다. 나는 대체로 트위터의 내 팔로워들에게서 증언을 얻었는데, 대개 일반 대중보다 예술적이고 정치적 참여도가 더 높은 구성원들이다. 그래서 나는 이것이 얼마나 흔한 현상인지에 대해서는 생각하지 않겠다. 그렇기는 해도 몇 가지 흥미로운 패턴이 드러난다.

예를 들면, 특정한 기술 때문에 고용되었지만 고용된 다음에는 그런 기술을 발휘할 허락을 좀처럼 얻지 못하는 노동자들의 경우 여유 시간이 나더라도 그 기술을 남몰래 훈련할 수 있는 여건이 마련되지 않는다. 그들은 거의 예외 없이 결국 다른 일을 하게 된다. 3장에서 우리는 과학과 기술이 만나는 접점에서 일하기를 꿈꾸던 엔지니어 라마단이 종일 서류 작업만 해야 한다는 것을 알게 되자 그냥 포기하고 마는 것을 이미 보았다. 그는 혼자 과학 프로젝트를 추진하기보다 영화와 소설, 이집트 사회운동의 역사에 몰두했다. 이것이 전형적인 반응이다. "기업 환경에서 영혼을 온전히 지키는 법"에 대한 소책자를 쓸 계획을 세웠던 페이는 음악에 빠졌다.

> **페이** 내 안에 있는 좌절된 음악가의 본성이 회사 책상에 박혀 있는 동안 조용하게 음악을 익힐 방법을 궁리해 냈다. 인도 전통음악을 한동안 공부했고, 그들의 리듬 체계 두 가지를 국제화시켰다. 인도식 접근법은 추상적이고 숫자적이고 문자화되어 있지 않기 때문에 머릿속에서 소리 없이, 또 보이지 않게 연습할 길을 열어 주었다. 이는 내가 사무실에 갇혀 있는 동안에도 음악을 즉흥으로 만들 수 있고, 주위 세상에서 들어오는 자료를 끌어다 쓸 수도 있다는 뜻이다. 지루한 회의가 질질 끄는 동안 시계 소리로 리듬을 탈 수도 있고, 전화번호를 리드미컬한 시로 바꿀 수도 있다. 기업 전문 용어의 음절을 가지고 힙합 비슷한 것을 읊거나, 파일 서류함의 비율을 폴리리듬으로 해석할 수도 있다. 이런 행동은 내가 설명할 수 있는 것 이상으로 일터에서의 전반적인 지루함을 막아 주는 방패가 되었다. 몇 달 전에는 리듬 게임을 써서

일터의 지루함을 줄여 보자는 이야기를 친구와 나누면서 지루한 미팅의 면모들을 펑크 작곡으로 바꾸는 방법을 실제로 보여 주기도 했다.

자신을 보스턴 소재의 재무 컨설팅 회사에 근무하는 "가짜 투자 은행원"이라고 설명하는 루이스는 연극 대본을 쓰고 있다. 회사 내에서 자신의 역할이 기본적으로 무의미한 것임을 깨달았을 때 그는 동기를 상실했고, 그와 함께 매일 한두 시간 정도 일에 쏟아부어야 하는 집중력도 상실했다. 생산성에는 놀랄 만큼 무관심하고 시간 엄수와 눈에 보이는 것에만 집착하는 그의 감독관은 자기보다 먼저 퇴근하지 않는 한 루이스가 무슨 일을 하든 상관하지 않는 것 같았다. 하지만 그 스스로 미국 중서부식 죄책감이라 부르는 것이 계속 그런 식으로 해 나갈 방도를 궁리하게 만들었다.

루이스 다행히 내게는 자동화된 입식 책상이 있었고, 약간의 죄책감에 물든 불쉿 업무를 하지 않아도 되는 시간이 많았다. 그래서 지난 석 달 동안 나는 그 시간을 활용해 첫 희곡을 썼다. 이상하게도 그 창작의 산물은 쓰고 싶다는 열망보다는 써야 하기 때문에 시작된 것이었다. 어떤 장면이나 대사를 궁리하고 나면 내가 더 생산적이고 효율적이 되는 것을 알았으니까. 하루에 해야 하는 실제 업무에 70분가량이 필요하다면 그만큼의 생산성을 얻기 위해 창작 집필을 서너 시간 정도는 해야 할 것이다.

페이와 루이스는 특이한 사례다. 종일 아무 일도 하지 않으면서 사무실에 갇힌 사람들이 실제로 가장 흔히 하는 불평은 가치 있는 일을 하기 위해 시간의 용도를 변경하는 게 얼마나 어려운가 하는 것이다. 교육을 잘 받은 젊은 남녀 수백만 명에게 실질적인 업무 책임을 맡기지 않고 인터넷(말하자면 인간의 지식과 문화적 성취물 거의 모두가 들어 있는 저장고) 접속권만 주는 것이 일종의 르네상스를 촉발하는 건 아닐까 생각하게 된다.

그러나 이런 방향에서 실제로 일어난 일은 하나도 없다. 그보다는 소셜 미디어, 페이스북, 유튜브, 인스타그램, 트위터 등 기본적으로 뭔가 다른 일을 하는 척하면서 생산하고 소비할 수 있는 디지털 미디어 형태들이 더욱더 번성한다. 나는 이것이 소셜 미디어가 성장한 가장 큰 이유라고 확신한다. 특히 불쉿 직업의 성장만이 아니라 진짜 직업의 불쉿화 증가 현상에 비추어 살펴보면 더욱 그렇다.

앞에서 보았듯이, 구체적 여건은 각각의 불쉿 직업에 따라 크게 달라진다. 몇몇 노동자들은 무자비한 감독을 받는다. 일부 노동자들은 몇 가지 필수 과제를 요구받지만 대체로 혼자 방치된다. 대부분의 노동자는 그 사이에 있다. 하지만 최선의 경우라 해도 대기 상태로 있어야 한다는 것, 다른 사람의 눈치를 보는 데 어느 정도는 에너지를 써야 한다는 것, 거짓 표정을 유지해야 한다는 것, 너무 눈에 띄게 몰두한 것처럼 보이지 말아야 한다는 것, 타인과 온전하게 협동할 수 없다는 것…… 이 모든 것은 20세기 중반 복지국가 여건에서 탄생한 로큰롤 밴드나 마약 복용 상태에서 쓴 시, 실험극장 같은 것들보다는 컴퓨터게임과 유튜브에서의 수다 떨기, 밈, 트위터 토론 문화에 훨씬 잘 어울린다. 지금 우리가 목도하는 것은 사무직 노동자들이 아무것도 할 일이 없는데도 그런 사실을 공개적으로 인정할 수 없는 일터에서 은밀하게 쓸 수 있는 산만하고 파편적인 시간 조각

동안 생산하고 소비할 수 있는 대중문화 형태의 성장이다.

일부 증언들도 이와 비슷하게 전통적인 예술 표현 형태는 불햇
여건에서 추구할 수 없다고 한탄했다. 아일랜드의 예술 학교를 졸업
한 퍼릭은 아일랜드의 복잡한 복지와 조세 시스템(그의 말에 따르면
이미 부자가 아닌 사람은 독립 사업자가 될 수 없는 시스템이라고
한다.) 때문에 어느 외국계 다국적 테크 기업의 무의미한 직업으로
몰렸고, 인생의 소명을 포기하도록 강요당했다.

> **퍼릭** 하지만 나를 가장 괴롭히는 것은 일을 떠나 그림을 그릴 수도 없
> 고, 머릿속에 있는 것을 화폭에 그리거나 긁어 내리려는 창조적 충동을
> 따를 수 없게 됐다는 사실이다. 취직하지 않았을 때는 그 충동에 아주
> 집중해 있었다. 하지만 그것으로는 돈을 벌 수 없었다. 그래서 이제 나
> 는 돈은 있는데 창조성을 발휘하기 위한 시간이나 에너지나 의식이
> 없다.[17]

퍼릭은 여전히 자신의 진짜 소명을 추구하지 못하게 하는 경제
체제를 무너뜨리기로 결심한 무정부주의자의 정치적 삶을 유지하고
있다. 한편 뉴욕의 법률 보조원인 제임스는 사소한 저항 행위로 후
퇴했다. "삭막한 사무실 환경에서 종일 보내는 동안 어떤 일에 대해
서도 정신적으로 무감각해져서 무의미한 미디어만 소비하고 있다."
"가끔은 그 모든 것에 대해 아주 우울한 기분이 들기도 한다. 고립된
상황, 무익함, 피곤함 등. 내가 하는 작은 반항 행위 하나는 매일 검
은색과 빨간색으로 된 별 모양(사회적 무정부주의 상징 ─ 옮긴이) 핀을
달고 출근하는 것이다. 그들은 도대체 아무 생각도 없다!"

마지막으로, 토니 블레어의 고등교육 개혁 정책으로 인해 교직에서 해임되어, 교사 해고가 미친 영향을 판단하는 "프로젝트 손해사정인"으로 재취직한 영국의 어느 심리학자가 있다.

해리 나를 놀라게 하는 것은 사람들이 보수를 받는 시간의 용도를 바꾸기가 믿기 힘들 만큼 어렵다는 것이다. 내가 불쉿 직업을 거부했다면, 그리고 그 시간을 소설을 쓰는 데 썼다면 죄책감을 느꼈을 것이다. 나는 내가 하기로 계약한 활동에 최선을 다해야 한다고 느꼈다. 설사 그런 활동이 완전히 헛수고임을 아는데도 말이다.

데이비드 내가 읽고 있는 증언에 계속 등장하는 주제다. 당신이 일을 적게 하거나 하나도 하지 않아도, 그리고 일하는 시늉조차 하지 않아도 월급을 많이 주기 때문에 근사한 직업인 건 분명하다. 하지만 그건 어째서인지 사람들을 미치게 한다. 그 시간과 에너지를 다른 것에 쏟아부을 방법을 모르기 때문이다.

해리 음, 당신의 주장을 뒷받침할 만한 사례가 하나 있다. 요즘 나는 버스 차고에서 훈련 매니저로 일하고 있다. 물론 그리 근사한 직업은 아니지만, 목적이 훨씬 더 분명한 일이다. 지금 나는 완전히 무기력한 불쉿 직업에 있을 때보다 즐기기 위한 프리랜서 일(단편소설이나 기사 쓰기)을 실제로 더 많이 한다.

데이비드 아마 여기서는 우리가 뭔가에 몰두하기 때문일 것이다.

해리 맞다, 정말 재미있다.

불쉿 직업을 활용해서 다른 프로젝트를 진행하는 것은 쉬운 일이 아니다. 먼저 평평해지고 균질화되었다가(모든 노동시간이 제임스의 표현을 빌려 "삭막한 사무실 환경"에 놓이는 경향이 있으므로) 그다음에는 제멋대로 부서지는 시간에서 어쩌다 큰 파편으로 남은 부분을 가져다가 생각과 창의성을 요하는 프로젝트에 사용하려면 독창성과 결단력이 필요하다. 그런 일을 해낸 사람들은 자신의 시간을 고양이 밈보다는 더 야심 찬 일에 쓸 수 있는 위치에 올라가기 위해 이미 창조적 에너지를(아마 유한한 것일 텐데) 엄청나게 소모해 버렸을 것이다. 고양이 밈이 나쁘다는 건 아니다. 나도 아주 멋진 것들을 본 적 있다. 하지만 우리 젊은이들이 보다 큰 일을 위해 존재한다고 생각하고 싶다.

불쉿 직업으로 인한 정신적 파괴를 대체로 극복했다고 생각하는 작업자들에 대해 내가 얻은 유일한 설명은 불쉿 직업을 일주일에 하루나 이틀로 한정시키는 방법을 찾아낸 사람들로부터 나왔다. 말할 필요도 없지만, 이 방법은 자원 관리 측면에서 실행하기가 지극히 힘들며, 재정상 또는 경력상의 이유로 대개 불가능하다. 해니벌은 이 측면에서 성공 사례로 볼 수 있다. 마케팅 회사들에 불쉿 보고서를 써 주고 한 번에 1만 2000달러를 받았으며, 이 일을 가능하다면 일주일에 하루로 한정하려고 노력하던 그를 기억할 것이다. 나머지 요일에 해니벌은 완전히 가치 있다고 생각하지만 그 자체로는 소득을 내지 못하는 프로젝트를 진행한다.

해니벌 내가 하고 있는 프로젝트 하나는 개발도상국의 결핵 환자들을 위해 저가 진단 검사지(스트립)를 읽어 내는 이미지 프로세싱 알고리즘을 만드는 일이다. 결핵은 세계 최대의 사망 요인으로, 언제라도 감염될 수 있으며 사망자는 한 해 150만 명에서 최대 800만 명까지 증가할 수 있다. 진단하는 것이 여전히 큰 문제이므로, 만약 감염된 환자 800만 명 가운데 1퍼센트만이라도 치료를 개선할 수 있다면 매년 수만 명의 삶을 개선한다고 볼 수 있다. 우리는 이미 효과를 내고 있다. 이 일은 참여하는 모든 사람을 뿌듯하게 한다. 그것은 기술적으로 어렵고, 우리 모두가 믿는 더 큰 목표를 달성하기 위한 문제 해결과 협동 작업을 필요로 한다. 이것은 불쉿 직업의 반대 형태다. 그러나 이 일을 위해 쥐꼬리만 한 자금 이상을 모으는 것은 거의 불가능하다.

이익을 낼 수 있는 이런저런 부수 효과가 있을 거라고 보건 관련 회사들의 사장을 설득하는 데 많은 시간과 에너지를 소모한 뒤에도 프로젝트의 운영비 정도만 간신히 모을 수 있었다. 해니벌 자신을 포함해 관련 작업자들에게 어떤 식으로든 보상을 해 주기에는 확실히 불충분한 액수였다. 그래서 해니벌은 결국 실제로 생명을 구하게 될 프로젝트의 자금을 대기 위해 마케팅 포럼에 의미 없는 말장난 수준의 보고서를 써 주고 있는 것이다.

해니벌 기회가 생기면 나는 홍보 회사나 세계적인 제약 회사에서 일하는 사람들에게 이런 상황에 대해 어떻게 생각하는지 물어보는데, 그들의 반응은 흥미롭다. 나보다 어린 사람들은 내가 자기들에게 일종의 시험을 하거나 함정에 빠뜨리려 한다고 생각하는 편이다. 자신들이 하는 일이 무가치함을 인정하게 만들어, 보스에게 그들이 잉여 인력임을 설득하려 한다고 말이다. 나보다 연상인 사람들에게 물어보면 그들은 대개 이런 식으로 대답한다. "현실 세계에 온 것을 환영하네." 마치 내가 "내 멋대로 하기"를 원하는 10대 낙오자인 것처럼, 그저 집에서 비디오게임만 하면서 대마초를 종일 피우고 있을 수만은 없음을 인정하라는 것처럼 말이다. 내가 10대 때 그런 짓을 상당히 한 걸 인정하지만 지금은 10대 아이가 아니고, 사실은 그들에게 불쉿 보고서를 써 주면서 엄청난 거액을 청구하는 사람이다. 그들이 정말 "내 멋대로 하지" 못하는 것이 누구인지 자문하면서 잠시 돌이켜 보는 순간이 있음을 나는 자주 감지한다.

해니벌은 자기 영역의 정상에 있으며, 기업 권력의 복도에서 자신 있게 걸을 수 있는 뛰어난 연구자다. 그는 또 전문가의 세계에서는 역할을 제대로 해내는 것이 전부임을 알고 있다. 형태가 내용보다 더 높게 평가받으며, 모든 지표로 볼 때 그는 자기 역할을 최고의 기량으로 수행할 수 있다.[18] 그래서 그는 자신의 불쉿 행동을 기본적으로 일종의 사기로, 기업 세계를 속여 넘기는 어떤 것으로 여길 수 있다. 그의 말에 따르면 해니벌은 단순히 "가치 있는 행동을 하는 것을 전복이라 받아들이는" 세상에서 현대판 로빈 후드 같은 존재다.

해니벌의 사례는 있을 수 있는 최고의 시나리오다. 다른 사람들은 정치적 행동주의로 관심을 돌린다. 이것은 작업자의 감정적, 신체적 건강에 아주 이로울 수 있고,[19] 더 전통적인 창조적 활동보다는 대개 사무실에서 보내는 시간의 파편화된 성질(적어도 디지털 행동주의에 관해서는 맞는 말이다.)과 통합하기가 더 쉽다. 그렇기는 해도 의미 있는 관심사와 불쉿 직업의 균형을 맞추는 데 필요한 심리적, 감정적 노동은 실로 어마어마하게 크다. 앞에서 이미 누리의 작업 관련 건강 문제를 언급한 바 있다. 이 문제는 그가 직장에서 노조를 조직하면서 눈에 띄게 개선되기 시작했다. 이는 확고한 정신 수

양을 필요로 하지만, 이로 인한 압박감은 자신의 작업이 아무 효과가 없음을 알고 있는 고압적인 기업 환경에서 효과적으로 작업하는 데 필요한 정신 수양만큼 크지는 않다.

누리 나는 예전에 문자 그대로 일에 몰입하기 위해 '정신을 갖다 버리기로' 했고, 그래서 '나'를 지워 버리고 이 일을 할 수 있는 존재가 되었다. 그 뒤로는 원 상태로 돌아오기 위해, 내가 누구인지를 기억해 내기 위해 하루 정도가 필요했다.(기억해 내지 못하면 사생활에서 사람들에게 까다롭고 짜증 부리고, 사소한 일에 화를 잘 내는 사람이 될 테니까.) 그래서 내 일을 감당하기 위해 온갖 종류의 정신적 기술을 찾아내야 했다. 가장 효과 있는 동기부여는 데드라인과 분노였다.(가령 모욕당한 시늉을 하며, 그래서 나의 뛰어난 생산성을 "그들에게 보여 주겠"다고 선언하는 식이다.) 하지만 그로 인해 나의 다른 부분을, '나' 속에 공존하고 있는 과거의 요소들을 관리하기가 힘들어졌다. 그래서 급속히 상태가 나빠졌다.

이와 반대로, 동료 작업자들에게 협상 방법, 프로그래밍, 프로젝트 관리 등을 가르치는 직장 조직 일을 할 때는 밤늦게까지 깨어 있을 수 있었다. 나는 그럴 때 가장 충실하게 본연의 나 자신이었다. 내 상상력과 논리가 조화를 이루었다. 정신이 몽롱해져서 끝내 잠을 자야할 때까지 계속.

누리 역시 뭔가 의미 있는 일을 하는 것을 완전히 다른 일로 경험했다. 해니벌과는 달리 누리는 사실 협력적인 팀에서 일하지 않는다. 하지만 역시 더 크고 의미 있는 목적을 위해 일하는 것이 부서진 자아를 재통합할 수 있다고 느꼈다. 그리고 결국은 공동체의 씨앗을 제대로 찾기 시작했다. 홀로 조직을 관리하는 한 동료를 만나 최소한의 접점을 찾을 수 있었다.

누리　나는 자기소개를 할 때 프로그래밍은 생계 유지용 직업이고 조직 관리가 진짜 직업이라고 말하기 시작했다. 내 직장은 나의 활동을 재정적으로 지원한다. 최근에 나와 아주 비슷한 사람을 온라인에서 발견했다. 우리는 아주 깊은 친구가 되었고, 지난주에는 일을 위해 '그 구역' 속으로 들어가기가 훨씬 더 쉽게 느껴졌다. 나는 그것이 누군가가 나를 이해하기 때문이라고 생각한다. 다른 '가까운' 친구들에게 나는 적극적으로 들어 주는 사람, 사운딩 보드(단상 상부 혹은 뒤편에 배치되어 연설자의 소리를 투사하는 데 도움을 주는 구조물, 혹은 더 잘 말할 수 있도록 연습할 때 들어 주는 사람―옮긴이)다. 내가 가장 깊이 관심을 가지는 일들에 대해 그들이 말 그대로 이해하지 못하기 때문이다. 내 활동에 대해 이야기해도 그들의 눈은 그저 거죽만 훑고 스쳐 간다. 하지만 지금도 나는 일하려면 마음을 비워야 한다. 나는 새 친구가 보내준 시규어 로스의 노래 「바르델뒤르(Varðeldur)」를 듣는다. 그런 다음 일종의 명상적 무아지경 속으로 들어간다. 노래가 끝날 때쯤 내 마음은 비워지고 아주 민활하게 일을 헤쳐 나갈 수 있다.

재미없는 장을 한마디 구원의 말로 끝내는 것은 언제나 좋은 생각이다. 이런 이야기들은 최악의 불쉿 직업에서도 목표와 의미를 찾을 수 있음을 잘 보여 준다. 또 그렇게 하려면 엄청난 노력이 필요하다는 것도 분명히 한다. 영국에서 흔히 "책임 회피(skiving)의 예술"이라 불리는 그것은 특정한 노동계급 전통에서는 고도로 개발되고 추앙될 수 있지만, 제대로 된 책임 회피는 회피할 실질적인 어떤 것이 있어야 한다.

정말 불쉿인 직업에서는 우리가 정말 무슨 일을 하고 있어야 하는지, 무엇을 하고 있고 무엇을 하고 있지 않은지에 대해 어떤 말을 할 수 있는지, 누구에게 무엇을 물어볼 수 있는지, 일하는 척하도록 예상되는 범위가 어느 정도이고, 얼마나 많이 그렇게 해야 하는지, 그 대신 어떤 종류의 일을 해도 되고 하면 안 되는지가 완전히 불분명할 때가 자주 있다. 이런 상황은 비참하다. 건강과 자존감에 참혹한 영향을 미칠 때가 많으며, 창조성과 상상력이 와해되어 버린다.

사도마조히즘적인 권력 역학은 자주 등장한다.(사실 목적 없는 하향식 상황에서는 거의 예외 없이 등장한다고 주장할 것이다. 그런 것이 등장하지 못하게 하는 명시적인 노력이 행해지지 않는 한, 또는 그런 노력이 행해지더라도 말이다.) 내가 그 결과를 "정신적 폭력"이라 부른 데는 이유가 없지 않다. 이 폭력은 우리의 문화와 감수성에 영향을 미쳤다. 무엇보다 우리의 젊은이들에게 영향을 미쳤다. 특히 유럽과 북아메리카의 젊은이들이 그런 영향을 크게 받았지만, 전 세계의 점점 더 많은 젊은 층이 쓸모없는 직업을 할 심리적 준비가 되어 있고, 일하는 시늉을 하는 것에 훈련되어, 다양한 수단에 의해 거의 누구도 의미 있는 목적에 봉사한다고 믿지 않는 직업으로 인도된다.[20]

이런 상황이 어떻게 발생했는지, 현재 상황이 어떻게 정상으로 간주되거나 권장되기까지 하는지는 5장에서 파헤쳐 볼 주제다. 이 문제는 반드시 다루어야 한다. 이것이 우리 공통의 영혼에 난 진짜 상처이기 때문이다.

5 불쉿 직업의 수가 늘어나고 있다

실리 제도에서 그 그룹에 속한 원주민들은 서로 세탁해 주면서 힘겨운
생계를 이어 갔다고 한다.

　　　　　　　　　　　　　　　　　　　　 ── 화자 미상, 19세기 농담

그로 인해 부르주아의 낙원이 생길 것이고, 그곳에서는 모두가 마음대
로 수탈한다. 하지만 수탈할 대상이 아무도 없을 것이다. 전체적으로
그 낙원의 형태란 내가 들은 적이 있는, 주민들이 서로의 세탁물을 맡
아 해 주면서 생계를 이어 가는 마을과 같은 것이라고 짐작하게 된다.

　　　　　　　　　　　　　　　　　　　 ── 윌리엄 모리스, 1887년

　앞 장들이 그저 어떤 식으로든 항상 우리와 함께 있어 왔고, 자
본주의가 동튼 이후 항상 존재해 온 무의미한 고용의 형태만 서술하
는 데 그쳤더라도 충분히 암담한 문제다. 하지만 사실 상황은 더 심

각하다. 불쉿 직업의 전체 숫자, 게다가 종사자들이 불쉿 직업이라고 간주하는 직업의 전체 비율이 최근 들어 급격히 늘어나고 있으며, 아울러 유용한 고용 형태가 갈수록 더 불쉿화되어 가고 있다. 다른 말로 하면, 이 책은 그저 노동의 세계에서 지금까지 소홀히 취급되어 온 측면들에만 관심을 갖지 않는다. 이것은 실제 사회문제에 관한 책이다. 전 세계 경제는 갈수록 더 난센스를 생산하는 거대한 엔진이 되어 가고 있다.

어쩌다 이렇게 되었을까? 그리고 왜 대중은 그처럼 무관심했을까? 이런 사태가 거의 알려지지 않았던 이유 중 하나는 현재의 경제 시스템에서 일어나지 말았어야 하는 사태이기 때문이다. 아무 일도 하지 않으면서 보수를 받는 데 그처럼 많은 사람이 불행하게 느낀다는 사실이 인간 본성에 관한 우리의 통상적인 가정과 어긋나는 것과 같이, 그처럼 많은 사람들이 아무 일도 하지 않으면서 보수를 받고 있다는 사실은 시장경제의 작동 방식에 관한 우리의 모든 가설과 어긋난다.

20세기 대부분의 기간 동안 완전고용을 위해 매진해 온 국가사회주의 체제는 공공 정책의 측면에서 가짜 직업을 만들어 냈다. 유럽 및 다른 곳에서 그들의 라이벌이라 할 사회민주주의자들은 대공황의 절정기에 미국이 그랬던 것처럼 공공사업진흥국(WPA, Works Progress Administration, 1935년에 프랭클린 루스벨트 대통령의 뉴딜 정책에 따라 설립된 공공사업 계획 기관. 대공황의 피해자들에게 일거리를 제공하여 그들의 기술과 자존심을 보존해 주려는 시도였다. —옮긴이) 같은 자의식적인 가공의 일자리 프로그램을 만들거나, 그렇지 않으면 적어도 공공 부문이나 정부 계약자들과의 관계에서 페더베딩(featherbedding, 사용자가 불필요하다고 판단하는 노동 또는 사실상 실행되지 않은 노동에 대해 임금을 지급할 것을 요구하거나, 불필요한 노동자를 고용하도록 요구하는 노동조합 활동―옮긴이)과 과다 고용(overstaffing)을 이끌어 냈다.

이 모든 것은 1990년대 구소련의 붕괴와 전 세계적 시장 개혁과 함께 종결되었어야 했다. 소련 치하에 "우리는 일하는 척한다. 저들은 우리에게 봉급을 주는 척한다."라는 농담이 있었다면, 새로운 신자유주의 시대는 효율성이 전부인 시대로 알려졌다. 하지만 고용의 패턴이라는 것을 어느 정도 참조한다면, 베를린 장벽이 무너진 뒤 실제로 발생한 일은 이와 정반대로 보인다. 그러므로 아무도 알아차리지 못한 이유 중 하나는 사람들이 그저 자본주의가 그런 결과를 낳을 수 있다는 사실을 믿기 거부했다는 점이다. 그렇게 하면 자신의 경험을 없는 셈 치거나 친구나 가족의 경험을 어딘가 변칙적인 것으로 치부해야 하는데도 말이다.

그 현상이 사람들 머리에서 그처럼 쉽게 지워질 수 있었던 또 다른 이유는 우리가 고용의 본성에서 일어난 변화에 대해 이야기하는 한 가지 방식을 개발했다는 데 있다. 그 방식은 이 측면에서 우리 주위 세계에서 일어나 우리의 눈과 귀에 들어온 것들을 설명해 주는 것 같지만 실제로는 심각하게 기만적이다. 여기서 내가 말하는 것은 소위 '서비스 경제(service economy)'의 등장이다. 1980년대 이후 고용 구조의 변화를 다루는 모든 대화는 전 세계, 특히 부국에서 농업과 제조업은 꾸준히 줄어들고 '서비스업'은 꾸준히 늘어난다는 것을 인정하는 데서 시작해야 한다. 예를 들어 미국 부문별 노동력에 대한 대표적인 장기 분석을 보자.(표 2 참조.)[1]

흔히 제조업의 쇠퇴(그런데 제조업은 미국 고용의 측면에서는 그리 많이 쇠퇴하지 않았고, 2010년이면 남북전쟁이 발발할 무렵의 수준으로 돌아가는 정도다.)란 곧 공장이 더 가난한 국가들로 옮겨 간다는 뜻에 불과하다. 어느 정도는 사실이지만, 그 공장의 일자리 가 수출된 국가에서도 고용 구성 면에서 전반적으로 같은 경향이 관 찰된다는 것은 흥미롭다. 예를 들면 인도의 경우를 보자.(표 3 참조.) 제조업 직업의 숫자가 그대로거나 조금 늘었지만 그 점을 제외하면 상황은 그리 다르지 않다.

진짜 문제는 '서비스 경제'라는 개념 자체에 있다. 내가 처음에 이 용어에 따옴표를 단 이유가 있다. 한 나라의 경제가 서비스 부문 에 지배된다고 설명하면 일차적으로 그 나라 국민들이 서로서로 아 이스커피를 대접하거나 압박함으로써 생계를 유지하고 있다는 인

[표 2] 1840년대에서 2010년대까지 미국의 부문별 노동력 분배

상을 준다. 분명히 이런 인상은 사실이 아니다. 그렇다면 그들은 달리 무슨 일을 하고 있을까? 경제학자들은 농업, 제조업, 서비스업 다음에 오는 4차 산업이나 4차 부문을 대개 금융(finance), 보험(insurance), 부동산(real estate)의 FIRE 부문으로 규정한다. 하지만 과거 1992년에 아마추어 과학자인 로버트 테일러는 정보 노동(information work)이라는 용어가 더 쓸모 있을 것이라고 주장했다. 결과는 의미심장했다.(표 4 참조.)

보다시피 1990년에도 실제로 웨이터, 이발사, 영업 사원 등의 직업군에 속하는 노동력의 비율은 정말 아주 작았다. 이 비율은 한 세기가 넘는 동안에도 대략 20퍼센트가량으로 놀랄 만큼 그대로 유지되었다. '서비스 부문'에 포함된 다른 직종들의 절대다수는 실제로는 행정직, 컨설턴트, 사무직, 회계 직원, IT 전문직 및 그런 부류들이었다. 이것이 실제로 1950년대 이후 아주 급격히 증가한 '서비

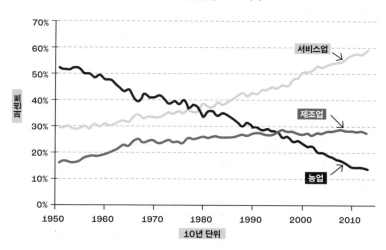

[표 3] 인도의 부문별 GDP 기여도

스 부문'의 일면이다. 또 내가 아는 한 현재까지 이어지는 이 특정한 변화를 탐구한 사람이 없지만, 정보산업 일자리의 비율은 20세기 후반에도 이미 급속히 증가하고 있었다. 그래서 이 추세가 계속되었으며, 경제에 추가된 새 '서비스' 직업군이 정말로 이런 종류라고 결론 짓는 것이 타당해 보인다.

물론 이것은 불쉿 직업들이 급증하는 바로 그 구역이다. 분명히 말하자면, 모든 정보산업 종사자들이 스스로 불쉿에 참여하고 있다고 느끼는 것은 아니며(테일러의 범주에는 과학자, 교사, 사서가 포함된다.) 자신이 불쉿 직업에 종사한다고 믿는 이들이 모두 정보 노동자도 결코 아니다. 하지만 우리의 조사가 신뢰할 만하다면, 정보

[표 4] 경제 요소로서의 정보

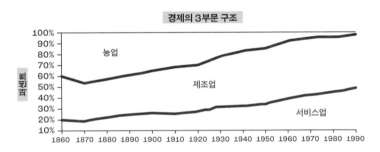

경제의 3부문 구조

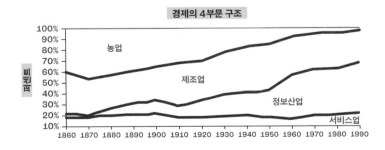

경제의 4부문 구조

노동자로 분류된 사람들 대다수가 자신의 직업이 사라져도 세상에는 별 차이가 없다고 느낀다는 것은 자명해 보인다.

나는 이 점을 강조해야 한다고 생각한다. 왜냐하면 통계 수치는 없지만 1990년대 이후 정보 지향적 직업의 부상과 그것이 사회에 미치는 영향력이 증가하는 현상을 두고 굉장히 논의가 많았기 때문이다. 미국 노동부 장관 로버트 라이시 같은 사람들은 테크놀로지를 선호하는 새로운 중산계층, 성장의 이익은 모두 차지하고 옛날식 노동계급은 빈곤으로 고통받게 내버려 두겠다고 위협하는 "상징 분석가"(symbolic analysts, 창조적 전문가, 또는 비반복적, 문제 해결형 업무를 맡는 사람들―옮긴이) 계층의 성장에 대해 언급했다. 어떤 사람들은 "지식 노동자"와 "정보사회"를 이야기했다.

일부 마르크스주의자들은 심지어 자신들이 "비물질적 노동"이라 부른 (마케팅과 엔터테인먼트와 디지털 경제를 기반으로 하지만 그 밖으로 넘쳐 흘러 브랜드에 흠뻑 젖고 아이폰에 걸신 들린 일상생활에까지 확산된) 노동의 새 형태가 가치 창출을 통해 새로운 중심이 되었다고 확신했고, 그로 인해 디지털 프롤레타리아가 결국은 반란을 일으킬 거라는 예언까지 나왔다.[2] 거의 모두가 그런 직업이 금융자본의 성장과 관련이 있다고 짐작했다. 어떤 관계인지에 대한 합의는 없었지만 말이다. 하지만 월가에서 얻는 이윤 가운데 상업이나 제조업 회사보다는 대부와 투기와 복잡한 금융 수단을 고안하는 쪽에서 나오는 이윤이 점점 더 커지고 있으니, 이와 비슷하게 추상적 도구를 조작함으로써 생계를 유지하는 노동자의 비율이 갈수록 커진다는 것도 이치에 맞는 듯싶다.

2008년까지 금융 부문이 걸치고 있었던 신비롭기까지 한 아우라를 요즘은 떠올리기 힘들다. 금융업자들은 너무 복잡해서 천체물리학자들이나 이해할 만큼 어려운 부채담보부증권과 고속 거래 알고리즘 같은 도구를 사용하여, 다른 사람들은 감히 이해할 엄두조차 내지 못하는 수단을 써서 무로부터 가치를 끌어내는 방법을 현대판 연금술사처럼 알아냈다고 대중을, 그리고 대중만이 아니라 사회 이론가들까지도(나는 똑똑히 기억한다.) 설득하는 데 성공했다. 그런 다음 물론 시장이 붕괴되었고, 위에 언급된 방법들 거의 모두 사기임이 드러났다. 대부분은 그리 정교한 사기도 아니었다.

어떤 면에서는 금융 부문 전체가 일종의 사기라고 주장할 수도 있다. 스스로는 상업과 제조업에서 이윤이 날 가능성이 높은 곳에 투자한다고 소개하지만 실제로 거의 그렇지 않기 때문이다. 금융 부문의 압도적으로 많은 비중은 다양한 부채 형태를 창조하고 거래하고 조작하기 위해 정부와 공모하는 데서 나온다. 이 책에서 주장하려는 것은 금융 부문에서 하는 많은 일이 그렇듯이 성장에 동반한 정보산업 부문의 직업 역시 기본적으로는 교묘한 속임수라는 것이다.

하지만 여기서는 앞 장에서 제기한 질문으로 돌아간다. 이런 것들이 사기라면, 정확하게 말해 누가 누구에게 사기를 치는 것인가?

사회학적 인과관계와
본성에 관한 보충 설명

이 장에서는 불쉿 직업의 성장을 이야기하고, 이런 현상이 일어나는 이유 몇 가지를 제시하려 한다. 물론 앞에서, 특히 2장에서 무용한 고용을 낳는 보다 직접적인 원인을 몇 가지 살펴보았다. 예를 들면 행정 보좌관이나 부하 직원들의 전체 숫자에 따라 자신의 특권이 결정되는 매니저, 기묘한 관료제적 기업 역학, 불량한 관리, 빈약한 정보 흐름 등……. 이런 것들은 전체 현상을 이해하는 데 중요하지만 그 현상을 실제로 설명하지는 않는다. 우리는 여전히 질문을 제기해야 한다. 왜 그런 나쁜 조직 역학이 1915년이나 1955년보다 2015년에 발생할 확률이 더 높은 걸까? 조직 문화가 변했을까? 아니면 뭔가 더 깊은 원인이 있을까? 우리가 생각하는 일이라는 개념 자체가 변했을까?

　여기서 우리가 마주한 것은 사회 이론에서 고전적인, 인과론의 수준이라는 문제다. 현실 세계에서 일어나는 어떤 사건이든 그것이 발생하게 된 다양한 원인들이 있다. 그리고 그 원인들은 다양한 원인 종류로 분류될 수 있다. 뚜껑 열린 맨홀에 빠지면 내가 부주의한 탓으로 돌릴 수 있다. 하지만 특정한 도시에서 맨홀에 빠지는 사람의 수가 갑자기 통계적으로 늘어나는 현상을 발견한다면, 단순한 부주의와 다른 종류의 설명을 찾아내야 한다. 왜 그 지역에서 부주의로 인한 사고 비율이 늘어나는지, 또는 왜 도시의 거리에 맨홀 뚜껑이 열린 채 있는지를 알아내야 한다. 이것은 일부러 장난처럼 만든 사례다. 더 진지한 사례를 들어 보자.

4장 끝부분에서 미나는 노숙자 신세가 되는 사람들 가운데 많은 수가 알코올의존증이나 마약중독, 또는 다른 개인적인 약점을 가진 한편, 부모에게 버림받은 10대, 외상 후 스트레스 장애가 있는 퇴역 군인, 가정 폭력을 피하려는 여성도 많다고 지적했다. 길거리나 움막에서 잠자는 사람을 아무나 골라 사연을 들어 보면 그러한 요인 여러 개가 단순하지만 엄청나게 큰 불운과 합쳐진 상황을 만나게 될 것이다.

그렇다면 어떤 개인이든 그저 도덕적으로 문제가 있어서 노숙자가 되었다고는 말할 수 없다. 하지만 설사 모든 노숙자가 정말 어느 면에서는 도덕적으로 타락했다 할지라도, 10년 단위로 노숙자 규모에 기복이 있다거나 특정한 시기의 인구 대비 노숙자 비율이 국가마다 달라지는 상황을 그런 요인으로 제대로 설명하기는 힘들 것이다. 이것이 결정적인 지점이다.

문제를 거꾸로 생각해 보자. 어느 시대에나 도덕주의자들은 가난한 이들이 도덕적으로 타락했기 때문에 가난하다고 주장하는 경향이 있었다. 어쨌든 가난하게 태어났다가 순전히 이 악물고 노력하여, 또는 결단력과 기업가 정신으로 부자가 된 사람들의 사례는 쉽게 찾아볼 수 있으니 말이다. 그렇다면 가난한 자는 스스로 할 수 있었던 노력을 하지 않았기 때문에 가난한 것이 확실하다. 개인 차원에서만 본다면 이 말은 설득력이 있는 것 같다. 그러나 상대적 통계를 찾아보고 계급 유동성 비율이 시대에 따라 급격히 변하는 것을 보면 설득력은 훨씬 줄어든다.

가난한 미국인들이 1930년대에는 이전 몇십 년에 비해 패기가 적었을까? 아니면 대공황과 무슨 관련이 있는 건 아닐까? 계급 유동성 비율이 국가에 따라서도 달라지는 것을 보면 순수하게 도덕주의적 접근법을 고수하기는 더욱 어려워진다. 스웨덴에서 중산층 부모에게 태어난 아이는 미국이나 영국에서 중산층 부모에게 태어난 아이보다 죽기 전까지 더 부유하게 살 확률이 높다. 그렇다면 스웨덴 아이들이 영국이나 미국의 아이들에 비해 전반적으로 패기와 기업가 정신이 더 많다고 결론지어야 하는가? 현대의 제아무리 심한 보수 도덕주의자들도 그렇다고 주장하려 하지는 않을 것 같다.

그렇다면 다른 종류의 해명을 찾아야 한다. 예를 들면, 더 많은 교육 기회라든가, 스웨덴의 최저 빈곤층 자녀들은 영국이나 미국의 최저 빈곤층 아이들만큼 가난하지 않다는 사실이 해당한다.[3] 그렇다고 해서 왜 스웨덴의 빈곤층 아동 가운데 일부는 성공하고, 다른 아이들은 성공하지 못하는가를 설명할 때 개인적 자질이 그 원인에 포함되지 않는다는 말은 아니다. 하지만 이런 것들은 다른 종류의 질문, 다른 층위의 분석이다. 왜 어떤 경기자가 게임에서 이겼는가 하는 질문은 그 게임이 얼마나 어려운가 하는 것과는 다른 질문이다.

아니면, 사람들은 애당초 왜 그 게임을 할까? 이것이 세 번째 질문이다. 이와 비슷하게 불쉿 직업의 성장 같은 광범위한 사회 변화 패턴을 살펴보면서 나는 두 가지가 아니라 세 가지 설명 층위를 볼 필요가 있다고 제안한다. 다시 말해 첫째, 어느 개인이 노숙자가 되는 특정한 이유들, 둘째, 노숙자가 늘어나게 되는 더 큰 사회적, 경제적 힘(가령 집세 상승이나 가족 구조의 변화 같은 것), 셋째, 마지막으로 아무도 개입하지 않은 이유를 봐야 한다. 이 마지막 이유를 정치적, 문화적 층위의 이유라고 칭할 수 있다. 이것은 또한 가장 간과하기 쉬운 이유이기도 하다. 왜냐하면 흔히 사람들이 하지 않는 것을 특정하여 거론하기 때문이다.

내가 마다가스카르에 있던 시절 미국의 노숙자 현상을 친구들과 처음 논의하던 때를 기억한다. 그들은 세계에서 제일 부유하고 강력한 나라인 미국에서, 길거리에서 잠을 자는 사람들이 있다는 사실을 알고 입이 딱 벌어졌다. "미국 사람들은 부끄럽게 생각하지 않아?" 한 친구가 내게 물었다. "그들은 정말 부자잖아! 온 세상 사람들이 그것을 국가적 수치라고 여기는 줄을 다들 알아도 상관없다는 말이야?"

나는 그것이 좋은 질문임을 인정하지 않을 수 없었다. 왜 미국인들은 이 현상을 국가적 수치라고 보지 않았을까? 미국 역사상 어떤 기간에는 분명히 그렇게 보았을 것이다. 만약 1820년대, 혹은 1940년대에도 대도시에서 많은 수가 노숙 생활을 했다면 어떤 조치가 취해졌을 것이다. 아주 좋은 조치는 아니었을지도 모른다. 어떤 시기에는 아마 부랑인들을 작업장에 데려다 놓는 방식이었을 것이다. 또 다른 시기에는 공용 주택을 짓는 방법으로 처리되었을 수도 있다. 그러나 어떤 방식이든 사람들이 길거리의 종이 상자 안에서 고통받도록 방치되지는 않았을 것이다. 1980년대 이후 거의 모든 미국인들이 보인 반응은 사회가 어쩌다가 이런 지경까지 왔는지에 대한 분노가 아니라, 첫째 층위를 해명하는 쪽으로 기울어졌다. 그리고 자기들이 보고 있는 것은 인간의 허약함이 낳은 어쩔 수 없는 결과물에 불과하다고 결론지었다. 인간은 변덕스러운 존재다. 항상 그랬다. 누가 무슨 일을 해도 이 사실을 바꾸지는 못한다.[4]

내가 셋째 이유가 정치적인 동시에 문화적 층위라고 강조하는 것은 이 때문이다. 그것은 사람들이 무엇을 하고 있는지, 그들에게 어떤 것을 기대할 수 있는지, 그들이 합당하게 무엇을 요구할 수 있는지에 대한 우리의 가장 기본적인 가정에 의거하고 있다. 또 거꾸로, 무엇이 정치적 이슈로 간주되고, 무엇이 그러지 않은지를 결정하는 데 엄청난 영향을 미친다. 나는 대중의 태도가 그런 문제의 유일한 결정 요인이라고 주장하고 싶지 않다. 정치 당국은 대중의 의지를 종종 무시한다. 여론조사는 매번 미국인의 3분의 2가 국민 의료 보험 제도를 선호한다는 결과를 주지만, 이 결과를 지지한 대중 정당은 지금까지 하나도 없었다. 또는 거의 모든 영국인들은 사형제를 재도입하는 쪽을 선호하지만, 어떤 주요 정당도 이 입장을 받아들이지 않았다.[5] 그러나 광범위한 문화적 기후는 분명 하나의 요인으로 작용한다.

이에 따라 불쉿 직업에 관해 세 가지를 질문할 수 있다.

첫째, 개인적 층위에서 왜 사람들은 불쉿 직업을 받아들이고 감당할까?

둘째, 사회적, 경제적 층위에서 불쉿 직업의 증식 현상을 유발하는 더 큰 힘은 무엇일까?

셋째, 문화적, 정치적 층위에서 왜 경제의 불쉿화가 사회적 문제로 다루어지지 않을까? 그리고 왜 아무도 그에 대해 조치를 취하지 않을까?[6]

전반적인 사회적 이슈에 관한 토론을 둘러싼 혼란의 많은 부분은 사람들이 그때마다 이런 상이한 설명들을 모두 한꺼번에 실행되는 요인들이라기보다 대안으로 받아들인다는 사실로 소급하여 설명할 수 있다. 예를 들면 사람들은 가끔 정치적 기준에서 불쉿 직업을 설명하려는 시도는 방향이 틀렸다고 내게 따진다. 사람들에게는 돈이 필요하기 때문에 그런 직업이 존재한다는 것이다. 그들은 내가이 이유를 한 번도 생각해 보지 않았다고 생각하는 모양이다. 불쉿 직업을 택하는 사람들의 주관적 동기를 살펴보는 입장은 애초 그런 직업이 아니면 돈을 벌 수 없는 처지에 놓인 사람들이 왜 그렇게 많은가 하는 질문의 대안 질문으로 취급하는 것이다.

문화적, 정치적 층위에서는 더 심각하다. 예의를 중시하는 그룹에서는, 개인적 차원에 대해 이야기할 때에만 동기를 감안할 수 있다는 사실이 암묵적으로 양해된다. 결국 힘 있는 사람들이 자신이 한다고 말하지 않는 일들을 조금이라도 한다는 주장, 혹은 일하는 모습이 공개적으로 관찰될 수 있는 일을 그들이 말한 것 외에 다른 이유로 한다는 주장은 순식간에 '편집증적인 음모 이론'이라는 비난을 흠씬 맞고 즉각 반박된다. 그래서 '법과 질서'에 집착하는 정치가들이나 사회복지 제공자들이 노숙자 현상의 기저에 깔린 원인을 다루는 것이 그들의 이익에 부합하지 않는다고 생각할지 모른다는 주장은 노숙자 현상 자체가 오로지 무슨 비밀 음모 단체의 음모 때문에 존재한다고 말하는 것과 동격으로 취급된다. 아니면 은행 시스템이 도마뱀에 의해 운영된다는 말이나 똑같다.

불쉿 직업을 창출하고 유지하는 데 정부가 한 역할에 대한 몇 가지 소소한 지적

2013년 불쉿 직업에 대해 쓴 글에서 나는 현행 노동 체제가 결코 의식적으로 설계된 것이 아닌데도 존속할 수 있었던 이유 중 하나는 사실 그 결과가 권력자들에게 정치적으로 상당히 편리했기 때문이라고 주장했다. 하지만 이 주장은 온 사방에서 미친 소리라는 비난을 들었다. 그러니 그 점에 관해 두어 가지 사항을 분명히 밝히고자 한다.

사회공학(social engineering, 사회학적 전문 지식을 실제 사회 분야에 응용, 적용하여 사회문제를 과학적으로 해결하고자 하는 학문 ― 옮긴이)은 정말로 실행된다. 가령 소련이나 공산주의 중국에 존재해 온 고용 창출용 직업 체제는 완전고용을 의식하는 정부의 정책에 의해 하향식으로 만들어졌다.

이런 설명에는 갈등의 소지가 전혀 없다. 그것이 사실이라는 것은 누구나 인정한다. 그런데 이것은 크렘린 궁전이나 인민대회장에 앉은 누군가가 실제로 "지금부터 나는 모든 관리들에게 실직이 완전히 사라질 때까지 필요도 없는 일자리를 발명하라고 명령한다."라는 지시를 내렸다는 말은 아니다. 그런 지시가 내려지지 않은 것은 그럴 필요가 없었기 때문이었다. 정책 자체가 자명했다. "완전고용을 목표로 하지만 다음의 기준을 만족시키지 못하는 한 일자리를 만들지 말라."라고 말하지는 않되 그런 기준이 틀림없이 준수되도록 매우 엄격하게 규제하리라는 것을 분명히 한다면 결과를 확신할 수 있다. 지방 관리들은 해야 하는 일을 할 것이다.

자본주의 체제에서는 이런 종류의 지시가 중앙에서 내려진 적이 없지만, 그럼에도 불구하고 적어도 내가 아는 한 제2차 세계대전 이후 모든 경제정책은 사실상 완전고용이라는 이상을 전제로 수립되어 왔다. 이제 정책 수립자들이 실은 이 이상적인 완전고용 달성을 원치 않는다고 믿을 이유는 얼마든지 있다. 진정한 완전고용 상태에서는 "임금 인상의 압박"이 너무 커질 테니 말이다.

마르크스는 자본주의가 원래 예상대로 작동하기 위해서는 "실직자라는 노동 예비군"이 있어야 한다고 주장했는데,[7] 그가 옳았던 것 같다. 하지만 '더 많은 일자리'가 좌파와 우파가 항상 합의할 수 있는 정치 슬로건임은 여전히 사실이다.[8] 그들은 어떤 수단이 일자리를 만들어 내는 데 가장 효율적인지에 관해서만 입장을 달리한다. 일자리를 요구하는 노조의 행진에서 높이 쳐들린 깃발에는 이런 직업이 어떤 쓸모 있는 목적에 봉사해야 한다는 점이 절대로 함께 명시되어 있지 않다. 그저 짐작만 할 뿐이다. 이는 물론 그렇지 않을 때가 많다는 뜻이기도 하다.

이와 비슷하게, 우파 정치가들이 '일자리 창조자들'의 손에 돈을 더 쥐여 주기 위해 감세를 요구할 때 그런 직업이 무슨 효용이 있을 것이라고 명시하는 것은 절대 아니다. 만약 시장이 그런 것을 만들어 냈다면 효용이 있기 때문이라고 단순히 추정할 따름이다. 이런 분위기에서 우리는 크렘린에서 나오는 지시와 비슷하게 정치적 압박이 경제를 관리하는 자들에게 가해지고 있다고 할 수도 있다. 그저 그 출처가 더 분산되어 있고, 그중 많은 부분이 민간 부문에 배당되어 있을 뿐이다.

마지막으로, 내가 강조했던 의식적인 공공 정책의 층위가 있다. 계획 자료를 발표하는 소련의 관리, 또는 일자리 창출을 요구하는 미국의 정치가는 그들의 행동이 낳을 잠재적 영향력을 전부 다 알지 못할 수 있다. 그렇기는 해도 의도치 않았던 부수 효과로라도 일단 상황이 만들어지고 나면 정치가들이 어떤 조치(어떤 것이든)를 취할지 결정할 때 그 상황의 정치적 함의를 헤아리고 있으리라고 예상할 수 있다.

이것은 정치 계급의 구성원들이 쓸모없는 고용을 유지하는 문제를 놓고 실제로 충돌할지도 모른다는 뜻인가? 이것이 과감한 주장 또는 음모론처럼 보인다면, 바로 다음 미국 대통령이 된 버락 오바마가 자신의 유권자들이 선호하는 견해를 거부하고, 사적이고 이윤 추구적인 의료보험 제도를 유지하는 쪽을 주장한 이유에 대해 답한 2006년 인터뷰를 살펴보자.

"나는 이데올로기적 용어로 사유하지 않는다. 한 번도 그런 적이 없다." 오바마는 의료보험 제도에 관해 계속 이야기했다. "단일 지불자 의료보험을 지지하는 사람들은 모두 이렇게 말한다. '보험과 서류 작업에서 절약할 수 있는 이 돈을 보라고.' 그것은 블루크로스 블루실드나 카이저나 다른 곳들에서 일하는 100만 개, 200만 개, 300만 개 직업 종사자들을 대표한다. 그들을 어떻게 조처할까? 그들을 어디에 고용할까?"[9]

독자들은 이 인터뷰에 대해 성찰해 보면 좋겠다. 그것이 유력한 증거로 간주될 수 있기 때문이다. 여기서 대통령은 무슨 말을 하고 있는가? 그는 카이저나 블루크로스 블루실드 같은 의료보험 회사에 속하는 수백만 개의 직업이 필요 없다는 사실을 인정한다. 심지어 사회화된 보건 시스템이 시장을 기반으로 하는 기존 시스템보다 더 효율적일 거라고 인정한다. 불필요한 서류 작업이나 경쟁적인 사기업 수십 곳이 끝없이 벌이는 중복된 노력도 줄일 수 있기 때문이다. 하지만 한편으로 바로 그 이유 때문에 매력이 없다고 말한다. 기존의 시장 기초적 보건 시스템을 유지하는 동기 가운데 하나가 바로 그 비효율성이니 말이다. 기본적으로 쓸모없는 사무직 수백만 개를 유지하는 편이 그 회사의 사무직원들에게 다른 할 일을 찾아주려고 애쓰는 것보다 낫기 때문이다.[10]

그러니까 여기 세계 최고의 권력자가 자신의 상징이라 할 입법 업적에 대해 당시에는 공개적으로 회의하고 있다. 그리고 그는 불쉿 직업을 그대로 두는 것이 그 법안의 당시 형태에서 중심 요인이었다고 주장하고 있다.[11]

'일자리 창출'을 전부로 삼는 정치 문화가 그런 결과를 만들어 낸다는 데 충격을 받아서는 안 되지만,(그러나 모종의 이유로, 사실상 특정한 구역에서는 충격으로 여겨진다.) 그 사실 자체는 그런 직업을 처음 만들어 낸 경제적, 사회적 역학을 설명해 주지 않는다. 이 장의 남은 부분에서 이런 역학에 대해 살펴볼 것이며, 그런 다음 정부의 역할을 간략히 서술하려 한다.

불쉿 직업의 등장에 대한
몇 가지 거짓 설명

실제로 일어난 일을 세세하게 설명하기 전에, 외견상 무의미한 고용의 성장에 대해 열성적인 시장주의자들이 자주 제안하는, 오해의 여지는 있지만 아주 흔히 듣는 설명을 폐기할 필요가 있다. 자유주의자(libertarian, 미국, 유럽 등지에서 현저해진 철저한 자유방임론자들. 정부의 규제나 보조를 최소한으로 억제하여 개인의 자유를 최대한 인정하려는 입장—옮긴이)들, '무정부주의적 자본주의자'들, 에인 랜드(소설가이자 극작가로 객관주의 철학(objectivism)을 창시하여 자유방임주의에 기초한 자본주의가 재능 실현에 가장 적합한 제도라고 주장했다.—옮긴이)나 프리드리히 하이에크(영국의 경제학자이자 정치철학자. 고전적 자유주의를 옹호했으며, 가격이 개인의 경제적 선택에 필요한 정보를 제공하는 방식을 설명했다.—옮긴이)의 열성 추종자들 등은 대중 경제학 포럼에서 아주 흔히 보이는 부류다. 또한 그런 시장 열성분자들이 시장경제란 정의상 아무 목적 없는 직업을 만들 수는 없다는 가정에 몰입해 있기 때문에,[12] 이런 주장은 상당히 많이 들리는 편이다. 그러니 그런 주장도 지금 다루는 것이 좋겠다.[13]

　기본적으로 그런 주장은 크게 두 가지 유형으로 나뉜다. 각 주장의 지지자들은 공공 부문에서 무의미한 직업을 갖고 있다고 믿는 사람들 가운데 적어도 일부는 옳다고 기꺼이 인정한다. 그러나 첫 번째 그룹은 민간 부문에서 그와 비슷한 의혹을 품고 있는 사람들은 틀렸다고 주장한다. 서로 경쟁해야 하는 기업들이 아무 일도 하지 않는 노동자들에게 봉급을 주는 일은 절대 없을 것이므로, 그들의 직업은 분명히 자신이 이해하지 못하는 어떤 방식으로든 유용하리라는 것이다. 두 번째 그룹은 민간 부문에도 쓸모없는 서류를 다루는 직업이 존재하며, 심지어 늘어나기도 했음을 인정한다. 그러나 이 그룹은 민간 부문의 불쉿 직업은 정부의 간섭이 낳은 결과물임에 틀림없다고 주장한다.

　첫 번째 주장의 완벽한 예시가 2013년에 나의 「불쉿 직업이란 현상에 관하여」 글이 발표된 지 하루 반 만에 《이코노미스트》에 실린 기고에서 제안되었다.[14] 기고문은 서둘러 쓴 티가 줄줄 났지만,[15] 이 시장 정통주의의 수호자가 그처럼 즉각적으로 반응할 필요를 느꼈다는 사실 자체가 이곳의 편집자들이 이데올로기적 위협의 존재를 식별할 방법을 알고 있음을 보여 준다. 그들은 자신들의 주장을 다음과 같이 요약했다.

　지난 세기 동안 세계경제는 갈수록 복잡해졌다. 시장에 나오는 상품들이 더 복잡하다. 상품을 보급하는 공급 체인이 더 복잡하다. 상품을 공급하고 판매하고 배포하는 시스템이 더 복잡하다. 그 모든 것의 자금을 댈 수단이 더 복잡하다. 그리고 또…… 우리를 부자로 만들어 주는 것은 이 복잡성이다. 하지만 그것을 관리하는 일은 엄청나게 힘들다. 그 모든 것을 관리할 한 가지 방법은 전체를 다 아우르는 기술자 팀에게 시키면 된다고 말하겠다. 설계 단계에서부터 고객 서비스 전화에 이르는 전체 과정을 관장하는 기술 관리자들(craftsman managers) 말이다. 그러나 이런 복잡성을 경제적으로 구사할 수 있는 방법은 세상에 없다.(전체를 관장하는 정비사 팀들이 자동차를 한 번에 한 대씩 만들어 내는 세상이었다면 자동차가 그처럼 값싸고 어디서든 구할 수 있는 물건은 되지 못했을 것이다.)

아니다, 일을 해낼 효율적인 방법은 업무를 여러 가지 상이한 종류의 과제로 쪼개어 고도의 전문화를 실시하는 것이다. 그래서 당신은 탭 A를 프레임 B에 부착하는 일, 종이를 정리하는 일, 공급 체인의 사소한 사항을 관리하는 등의 일을 반복하는 점원 같은 역할로 낙착된다. 분산화는 작업을 무의미해 보이게 할지도 모른다. 많은 작업자들이 작업 과정의 종착점에서 말할 수 없이 멀리 떨어진 일들을 하게 되기 때문이다. 철광석이 한쪽 문으로 들어가면 다른 쪽 문에서 완성품 자동차가 굴러 나오던 시절은 끝났다. 하지만 기본 발상은 똑같다.

다시 말해 저자는 우리가 '불쉿 직업'을 이야기할 때[16] 실제로는 그저 공장 제작 라인 노동자의 후기 산업사회 버전 같은 형태에 대해 말하고 있을 뿐이라고 주장한다. 그들은 점점 더 복잡해지는 생산과정을 관리하기 위해 반드시 필요하지만 반복적이고 마음이 마비될 정도로 지루한 과제를 수행해야 하는 난감한 운명을 가진 사람들이다. 공장노동자를 로봇이 대체하는 상황이니, 점점 남는 직업은 이런 것들뿐이다.(이 입장은 가끔 자존감에 대한 어딘가 경멸적인 주장과 뒤섞인다. 그처럼 많은 사람들이 자기 직업이 쓸모없다고 느낀다면, 사실 오늘날의 교육받은 인력 중에 자신이 보다 더 나은 대접을 받아야 한다고 믿는 철학이나 르네상스 문학 전공자가 득실거리기 때문이라는 것이다. 행정적 기계 장치 속의 일개 나사의 신세란 아무리 필요할지는 몰라도 그들의 기준으로는 충분히 존엄하지 않다.)

두 번째 주장에 대해 너무 깊이 살펴볼 필요는 없다고 생각한다. 독자들은 이미 그것의 다양한 변형을 1000번은 더 봤을 테니 말이다. 시장의 마법을 진심으로 믿는 사람은 언제나 시장에 의해 생성된 것처럼 보이는 모든 문제, 모든 부정, 모든 부조리가 실제로는 시장에 대한 정부의 개입 때문에 생겼다고 주장할 것이다. 시장은 자유이고 자유는 항상 선이기 때문에 위의 말은 반드시 옳아야 한다.

이것은 우습게 비튼 말처럼 들리겠지만, 나는 이와 거의 똑같은 이야기를 똑같은 단어로 기꺼이 하려는 자유주의자들을 만난 적 있다.[17] 물론 이런 주장에는 그것이 순환논법이며 반증 불가능하다는 문제가 있다. 실제로 존재하는 모든 시장 시스템이 어느 정도 국가에 의해 규제되기 때문에, 좋아하는 결과(가령 전체 부의 높은 수준)는 모두 시장이 작동한 결과이며, 싫어하는 결과(가령 높은 빈곤 수준)는 모두 국가가 시장의 작동에 개입한 탓이라고 주장하기는 쉽다. 그런 다음 증명해야 할 부담은 이 주장에 동의하지 않는 사람의 몫으로 넘긴다. 이런 것은 기본적으로 신념의 고백이기 때문에 주장을 뒷받침할 진짜 증거는 내놓을 필요가 없다.[18]

이제 이 점을 감안하더라도, 내 말이 정부 규제가 불럿 직업(특히 위장용 직원 유형)의 창출에 아무 역할도 하지 않았다는 뜻은 아니라는 점을 서둘러 지적해야겠다. 분명 영향을 미친다. 이미 보았듯이, 산업 전체가 불쉿인 것들이 있다. 예를 들면 준법 감시(corporate compliance) 같은 것은 정부의 규제가 없었다면 애당초 존재하지도 않았을 것이다. 하지만 여기서 문제되는 주장은 정부의 규제가 불쉿 직업이 성장하는 한 가지 이유가 아니라 그것이 일차적 이유, 아니면 유일한 이유라는 것이다.

요약하자면 두 가지 주장이 있다. 첫째, 세계화로 인해 생산과정이 너무 복잡해져서 그것을 운영하기 위해 사무직 노동자가 점점 더 많이 필요해지는 만큼 이것들은 불쉿 직업이 아니다. 둘째, 이것들은 불쉿 직업이다. 왜냐하면 정부 규제의 증가로 쓸모없는 관료의 수가 늘어났을 뿐만 아니라 기업들이 그들을 통제하기 위해 형식적 서류 작성 직원들을 수없이 채용할 수밖에 없기 때문이다.

두 주장은 모두 틀렸다. 둘을 모두 반박할 수 있는 사례가 하나 있다. 미국 사립대학의 사례를 검토해 보자. 다음의 표 두 가지는 미국 대학들이 행정직에 의해 점령당하는 상황을 다룬 벤저민 긴스버그의 『교수진의 몰락(The Fall of the Faculty)』(2011)에서 발췌한 것이다. 이 표만 보면 알아야 할 것들은 대략 알 수 있다. 첫 번째 표는 미국 대학 전체에서 대학 행정관 및 그 휘하 직원들의 비중이 커지고 있음을 보여 준다. 학비가 하늘 높은 줄 모르고 치솟던 문제의 30년 동안 학생 1인당 교수의 전체 숫자는 대체로 변함이 없었다.(사실 그 시기가 끝날 무렵 그 이전에 비해 학생당 교수의 수는 살짝 줄어들었다.) 동시에 행정관, 그리고 무엇보다 행정 직원의 수는 전례가 없을 정도로 크게 늘었다.(표 5 참조.)

[표 5] 대학의 행정 업무에 대한 수요와 공급의 변화(1985~2005)

직원	+240%
행정관	+85%
학생 등록	+56%
교수진	+50%
학위 수여 기관 수	+50%
수여된 석사 학위 수	+47%

출처: 미국 국립교육통계센터(NCES), 「다이제스트(Digest)」, 2006.

이것이 '생산' 과정(이 경우 생산이란 아마 수업, 읽기, 쓰기, 연구를 의미할 것이다.)이 1985년에서 2005년 사이 두세 배는 더 복잡해졌기 때문인가? 그래서 이것을 운영하기 위해 한 부대나 되는 사무직원이 필요할 만큼?[19] 분명히 그렇지 않다. 여기서 내 개인적 경험을 들어 이야기할 수 있다. 내가 대학에 다니던 1980년대에 비하면 확실히 좀 달라졌다. 강사들은 칠판에 쓰는 것이 아니라 파워포인트 장비를 제공받을 수 있다. 수업용 블로그, 무들(Moodle, 오픈소스 학습 관리 시스템―옮긴이) 페이지 같은 것들이 더 많이 쓰인다. 하지만 이런 것들은 모두 아주 사소한 수준이다. 선적 화물의 컨테이너화라든가, 일본식 '적기' 생산 체제, 또는 공급 체인의 세계화 같은 것들과는 비교하기조차 힘들다. 거의 모든 경우 교수들은 항상 해오던 일을 계속한다. 강의를 하고, 세미나를 주도하고, 상담 시간에 학생들을 만나고, 리포트와 시험 성적을 매긴다.[20]

그렇다면 정부의 무거운 손이란 어떤가? 긴스버그는 이 주장에 대해서도 알기 쉬운 표 하나를 들어 반박한다.(표 6 참조.) 사립 교육 기관에서 행정관과 관리자의 수는 공립 기관에서보다 사실상 두 배

[표 6] 공립 및 사립 교육기관의 행정 업무 증가(1975~2005)

	1975	1995	2005	변화
공립대학의 행정관과 관리자	60,733	82,396	101,011	+66%
사립대학의 행정관과 관리자	40,530	65,049	95,313	+135%

출처: 미국 국립교육통계센터(NCES), 「다이제스트」, 2006.

이상 증가했다. 정부의 규제 때문에 민간 부문 행정직이 정부 관료 조직보다 두 배나 더 많이 생길 가능성은 극히 작다. 사실 이런 수치에 대한 유일하게 타당한 해석은 정반대 이야기를 들려준다.

공립대학들은 궁극적으로 대중에 보고할 책임이 있으며, 그렇기 때문에 비용을 절감하고 낭비적인 소비를 하지 말아야 한다는 정치적 압박을 항상 받고 있다. 이로 인해 기묘한 우선순위(미국의 거의 모든 주에서 최고 보수를 받는 공직자는 주립대학의 축구 코치나 농구 코치다.)가 세워지곤 하지만, 새로 임명된 학장이 간단하게 결정해 버리는 일의 한도가 제한되는 면은 있다. 가령 학장 자신이 워낙 중요한 인물이라 자기 밑에서 일할 행정 직원 대여섯 명을 추가로 거느려야 하며 그런 다음에야 그 직원들이 실제로 어떤 일을 할지 알아보려 나서는 일은 생기기 어렵다. 사립대학 행정관들은 그들의 이사회에서만 해명할 책임을 진다. 이사들은 대개 아주 부자들이다. 본인이 원래 기업 세계 출신은 아니더라도 적어도 기업 세계의 관습과 감수성에 의해 형성된 환경에서 움직이는 데 익숙한 사람들이다. 따라서 그들은 학장들의 행동이 전적으로 정상적이며 반대할 수 없는 것이라고 보는 경향이 있다.

긴스버그 본인은 대학 행정관들의 숫자와 권력의 증가를 단순한 권력 찬탈이라고 본다. 그 결과 대학의 본질 및 그들의 존재 이유에 관한 가설에 심각한 변화가 발생했다고 말한다. 1950년대나 1960년대까지만 해도 대학은 중세 이후 크게 변하지 않은 채 살아남은 소수의 유럽식 제도 가운데 하나라고 말할 수 있었다. 무엇보다 중요한 것은 대학이 아직도 특정한 생산 형태(석조물이나 가죽 장갑의 생산이든 수학 공식이든)에 관련된 사람들만이 각자의 업무를 운영할 권한을 가지며 그들은 그럴 자격이 있는 유일한 사람들이라는 오래된 중세적 원리에 의거하여 운영되고 있었다는 점이다.

대학들은 기본적으로 학자들을 위해, 학자들에 의해 운영되는 장인 길드였고, 그들의 가장 중요한 사업은 학문을 생산하고 새 세대의 학자를 훈련시키는 것으로 간주되었다. 사실 19세기 이후 대학들은 정부와 일종의 신사협정을 맺은 상태였다. 정부가 대체로 간섭하지 않고 내버려 두는 대가로 대학은 공직자를 훈련시켜 주었다. 하지만 긴스버그의 주장에 따르면, 1980년대 이후 대학의 행정관들이 사실상 쿠데타를 일으켰다. 그들은 대학의 통제권을 교수진에게서 빼앗아 그 기관을 완전히 다른 목표를 향해 운영했다. 지금은 주요 대학들이 학문이나 수업에 관해서는 일언반구 없이 "학생 경험"이나 "연구 탁월성"(장학금 따기), 기업이나 정부와의 협업 등에 대해 장황하게 떠드는 "전략적 비전 자료" 따위를 제출하는 것이 일반적인 현상이다.

대학 현장을 잘 아는 사람에게는 이 모든 것이 정말 생생한 현실로 느껴지지만, 그래도 의문은 남는다. 만약 이것이 쿠데타라면 행정관들은 어떻게 그 와중에 무사할 수 있었을까? 추측건대, 1880년 대에도 당연히 이런 식으로 권력을 잡고 부하들을 거느리는 것을 기뻐했을 대학 행정관들이 있었을 것이다. 그런데 그 사이 한 세기 동안 무슨 일이 일어났기에 그들은 쿠데타에 성공할 수 있었을까? 또 어떤 일이 있었든 간에, 같은 기간 동안 대학 밖에서 관리자, 행정관, 무의미한 서류 처리 직원들의 전체 비율이 증가하는 현상과는 어떻게 관련될까?

이 기간은 금융자본주의가 성장한 기간이므로, FIRE 부문(금융, 보험, 부동산)으로 돌아가서 경제에서 어떤 전체적인 역학이 이런 변화를 촉발했는지 꿰뚫어 볼 방법을 찾는 것이 최선일 듯하다. 《이코노미스트》에 따르면 복잡한 세계적 공급 체인을 운영한다는 사람들이 실제로는 그렇지 않다면, 그들은 정확하게 무슨 일을 할까? 또 그런 직장에서 벌어지는 일은 다른 곳에서 무슨 일이 벌어지는지를 알려 주는 창문 역할을 할 수 있을까?

금융 산업을 불쉿 직업 창출이라는
패러다임으로 볼 수 있는 이유

첫째, 갈등 없는 수렴의 촉진

둘째, 상호적 시장 기관들의 협동

셋째, 가상 어음 교환소의 위축

넷째, 한계 조정(margin adjustments)의 지휘[21]

물론 피상적 층위에서 볼 때 FIRE 부문에서 불쉿 직업을 만들어 내는 즉각적인 메커니즘은 다른 부문에서도 똑같이 적용된다. 2장에서 불쉿 직업의 다섯 가지 기본형 및 그것들이 어떻게 생겨났는지를 서술하면서 그러한 메커니즘 몇 가지를 열거했다.

제복 입은 하인 일자리는 어떤 조직에서 권력을 쥔 사람들이 부하를 특권의 표식으로 여기기 때문에 만들어진다. 깡패 일자리는 독불장군식 역학 덕분에 채용된다.(만약 경쟁자들이 일류 로펌과 계약하면 우리도 그렇게 해야 한다는 식이다.) 임시 땜질꾼 일자리는 가끔 조직들이 어떤 문제 자체를 처리하는 것보다 문제의 결과를 처리하는 것이 더 쉽다고 여기기 때문에 만들어졌다. 형식적 서류 작성 직원 일자리가 존재하는 이유는 큰 조직 내에서 어떤 행동이 실행되었다는 사실을 증언하는 서류 작업이 흔히 행동 자체보다 더 중요시되기 때문이다. 작업반장은 대체로 비개인적 권위의 다양한 형태가 낳는 부수 효과로서 존재한다. 큰 조직이라는 것이 상충하는 여러 방향으로 끌어당기는 중력의 복합적 활동으로 인지된다면, 우리는 위의 다섯 가지 가운데 항상 어느 하나로든 당기는 힘이 있을 것이라고 말할 수 있다. 그래도 우리는 물어봐야 한다. 왜 반대 방향에서는 더 크게 당기는 압박감이 없을까? 이것이 왜 더 큰 문제로 취급되지 않을까? 어쨌든 회사란 자신들을 검약한 경영자로 보이고 싶어 한다.

내가 볼 때 FIRE 부문에서 저런 식으로 거액의 돈을 만들어 내고 장난하고 파괴하는 것이 위의 질문을 시작할 완벽한 장소를 제공하는 것 같다. 또 이 부문의 수많은 종사자들이 여기서 행해지는 거의 모든 일이 기본적으로는 사기라고 확신하는 것도 이유 중 하나다.[22]

엘리엇 그래서 나는 저 4대 회계 회사 가운데 한 곳에서 잠시 일했다. 그들은 은행과 계약을 맺어 지급보증보험(Payment Protection Insurance, 채무자가 갑작스러운 사고로 대출을 상환하지 못하는 경우에 대비해 보험회사가 각종 담보대출 채무를 대납하는 상품—옮긴이) 스캔들에 연루된 고객들에게 보상금을 지급해야 했다. 회계 회사는 수임 건수에 따라 보수를 받으며 우리는 시급을 받고 일했다. 그 결과 회사는 직원들을 고의로 잘못 훈련시키고 비조직적으로 만들어서 업무상 오류가 꾸준히 반복되었다. 시스템과 실무는 항상 바뀌고 수정되었다. 그래야 새로운 관행에 익숙해져서 실무를 제대로 해내는 사람이 없을 테니 말이다. 그렇게 되면 사건을 다시 처리해야 하며 회사의 계약도 연장된다.

혹시 독자들이 모를까 봐 언급하자면, 2006년 영국에서 일어난 지급보증보험(PPI) 스캔들은 수많은 은행들이 원하는 사람도 없고 흔히 고객에게 크게 불리한 보험 정책을 고객에게 떠넘기고 있었다는 것이 발각된 사건이다. 법원은 대부분의 돈을 돌려주라고 명령했고, 그 결과 PPI 상환 요구를 해결하기 위해 아예 새로운 산업이 형성된 것이다. 엘리엇의 말대로 이런 요구를 처리하기 위해 고용된 보험회사 중 몇몇은 고의적으로 발을 질질 끌면서 계약 수행의 단물을 최대한 빨아먹고 있었다.

엘리엇　고위급 관리자들은 분명히 이 문제를 알고 있었겠지만, 절대로 드러내 놓고 발언한 적은 없었다. 편한 분위기에서 관리자 몇 명은 이렇게 말했다. "우리는 물이 새는 파이프를 고쳐 주는 일로 돈을 버는데, 파이프를 고치겠어, 아니면 파이프가 계속 새도록 내버려 두겠어?" (아니면 그런 취지의 이야기였다.) 은행은 PPI의 보상금을 내기 위해 거액을 따로 챙겨 두었다.

이 이야기는 내가 받은 증언들 중 상당히 흔한 사례다. 석면 피해 보상을 담당한 법률 회사에서도 아주 비슷한 일이 벌어지고 있다는 말을 들었다. 수천만 단위의 거액이 한 계급 전체의 사람들에게 보상하기 위해 준비될 때마다 청구자들을 확인하고, 청구를 처리하고, 돈을 분배하기 위해 관료팀이 꾸려져야 한다. 이 관료팀 인원은 흔히 수백 명이며, 심지어 수천 명일 때도 있다. 그들의 봉급을 지불하는 돈이 궁극적으로는 같은 주머니에서 나오기 때문에 그들에게는 전리품을 효율적으로 분배하려는 동기가 별로 없다. 그러면 황금 달걀을 낳는 거위를 죽이게 될 테니까!

엘리엇의 말에 따르면, 이는 의도적으로 사무실을 다른 도시에 열어서 사람들을 억지로 그곳으로 출근하게 하거나, 아니면 똑같은 자료를 예닐곱 번이나 거듭 파기하게 하는 것 같은 "미친 비현실적 상황"으로 이어지며, 아울러 그동안 이런 정황을 외부에 알릴지도 모르는 사람들을 위협하는 법률적 행동이 계속 실행된다.[23] 여기서 핵심은 명백히 청구자들에게 돈을 분배하기 전에 최대한 많이 빼돌리는 데 있다. 하위급 직원들의 행동이 더 오래 걸릴수록 회사는 더 많이 벌게 된다. 하지만 앞 장에서 이야기한 바로 그 역학 덕분에, 그런 행사의 무의미성 자체가 스트레스와 가학적 행동의 수위를 심화시키는 것 같다.

엘리엇　이와 관련된 냉소주의는 놀라울 정도다. 짐작건대 이것은 기생의 형태로 작동하는 것 같다. 어쩌다 보니 이 직업은 또한 지독하게 까다롭고 스트레스가 심했다. 그들의 비즈니스 모델의 일부가 달성 불가능한 목표를 설정하는 것이었던 모양이다. 목표의 난이도는 항상 더 높아져서 직원들이 점점 더 많이 필요해지는데, 대다수가 미숙련 상태이니, 회사는 고객에게 계약을 더 연장해야 한다고 그럴듯하게 요청할 수 있다. 이것은 물론 사기를 떨어뜨린다. 지금 나는 청소부로 일하는

데, 내가 가진 직업 중 가장 덜 불쉿이고 덜 소외된 직업이다.

데이비드 그래서 이것은 완전히 새로운 범주인 것 같다. 의도적으로 잘못하는 직업이라니! 그런 일이 얼마나 흔하다고 생각하는가?

엘리엇 다른 회사에 근무하는 사람들로부터 들은 바에 의하면 PPI 산업은 기본적으로 원칙부터 불쉿이다. 정말 그런 계약을 따낼 능력이 있는 것은 대형 회계 회사뿐이라는 점을 볼 때 말이다.

데이비드 기본적으로 전리품 분배를 다루는 시스템에 속할 경우, 최대한 많은 기생 층위를 사이사이 만들어 넣는 것이 합리적이라는 주장을 어떻게 하는지 알겠다. 하지만 그들이 최종적으로 수탈하는 것은 누구인가? 고객들인가?

엘리엇 나는 최종적으로 이 돈이 누구의 지갑에서 나오는지 잘 모르겠다. 은행일까? 애초에 사기로 인한 손해에 대비해 은행이 보험을 체결한 보험회사일까? 물론 궁극적으로는 고객과 납세자가 낸 돈이다. 이 회사들은 모두 오로지 그것을 어떻게 수탈할지 궁리할 뿐이다.

1852년에 이미 찰스 디킨스는 『황폐한 집(Bleak House)』에서 잔다이스 대 잔다이스(Jarndyce and Jarndyce) 사건으로 법률 직업을 조롱하고 있다. 그 사건에서 변호사 두 팀은 거대한 장원을 두고 소송을 벌여 고객이 죽은 뒤에도 끝을 내지 않았고, 전리품을 몽땅 집어삼킨 뒤에야 간단하게 그 문제를 미결로 선언한 다음 다른 업무로 넘어갔다. 이 이야기가 주는 교훈은 이윤 추구 기업이 엄청난 거액의 돈을 분배하는 업무를 맡았을 때, 최대치의 이익을 챙기려면 최대한 비효율적으로 일하면 된다는 것이다.

물론 FIRE 부문 전체가 기본적으로 이런 일을 한다. 먼저 (대출을 통해) 돈을 만들고 그 돈을 흔히 지독하게 복잡한 방식으로 다양하게 움직여, 모든 거래에서 조금씩 자기 몫을 챙긴다. 그 결과 은행 직원들은 보험회사가 고용인들로 하여금 젖소에게서 젖 짜는 법을 고의로 잘못 훈련시키는 것처럼 전체 업무가 하나같이 무의미하다고 느끼게 된다. 심지어 자신이 속한 은행업의 진짜 존재 이유가 무엇인지도 제대로 파악하지 못한 은행 직원들이 놀랄 만큼 많다.

브루스 나는 어느 수탁은행(custodian bank)에서 펀드 회계사로 일한다. 나는 수탁은행이 무슨 일을 하는지 전혀 몰랐다. 수탁은행과 결부된 개념들은 알고 있지만 항상 회계에서 불필요하게 추가된 층위라고 생각했다. 수탁은행은 주식이나 채권 같은 개념을 보호한다. 그런 일은 실제로 어떻게 하는가? 러시아 해커들이 이런 개념을 훔치는가? 내가 아는 한 수탁은행이라는 산업 전체가 불쉿이다.

은행 직원들이 느끼는 혼란의 한 이유는 아마 전체적인 공포감과 스트레스와 편집증의 규모가 지금까지 우리가 보아 온 거의 모든 기업보다 은행에서 훨씬 더 커 보이는 데 있을 것이다. 직원들은 질문을 너무 많이 하지 말라는 압박을 엄청나게 받는다. 여기에 반기를 든 어느 은행원은 내게 대형 은행들이 정부에 로비를 벌여 자기들에게 유리한 규제를 도입한 다음, 단순히 그 규제가 부과되었을 뿐이라는 시늉을 하면서 모두가 장단을 맞춰 주기를 기대하는 기제를 자세히 설명해 주었다. 그러면서 그것이 1950년대에 게이라고 밝혔을 때에나 겪을 법한 정도의 끔찍한 결과를 초래할 것이라고 생각한다고 말했다.

「불쉿 직업이라는 현상에 관하여」를 읽은 사람들은 다들 이미 우리 산업의 현실을 알고 있지만, 그들은 (나도 포함해) 일자리를 잃을 공포에 사로잡혀 있기 때문에 이런 이슈를 드러내 놓고 언급하거나 논의하지 않는다. 우리는 스스로에게, 동료들에게, 가족들에게 거짓말을 한다.

이런 심리는 흔한 현상이다. 나와 연락을 주고받은 거의 모든 은행 직원들이 고용주와 연결될지도 모르는 세세한 내용을 지우고 빈틈없이 비밀을 지켜 달라고 요구했다. 동시에 많은 사람들이 마음속에서 오랫동안 끓어오르던 일을 마침내 털어놓을 수 있어서 얼마나 시원한지를 강조했다. 일례로, 다음은 런던의 금융가인 시티에서 일하는 오스트레일리아 출신 한 경제 난민이 현재 일하고 있는 금융 기관 내부의 불쉿화에 관해 말한 증언이다.

루퍼트 은행 업계에서는 전체 부문은 분명히 아무 가치도 더 만들어 내지 않으며 그렇기 때문에 불쉿이다. 하지만 그건 잠시 한쪽에 치워 두고, 은행 업계 안에 있으면서 문자 그대로 아무 일도 하지 않는 사람들을 살펴보자. 이런 사람들이 그리 많지는 않다. 은행 업무란 기묘한 혼합물이기 때문이다. 전체적으로 우리는 아무 일도 하지 않지만, 아무 일도 없는 그 범위 내에서 그것은 효율적이고 실력주의적이며 전반적으로 검박하다.

가장 명백한 것은 이런 추세를 부채질하는 치어리더 격인 인적자원부다. 어느 순간 은행은 모두가 자신을 미워한다는 것을 깨달았고, 그 직원들도 이 사실을 안다. 그래서 그들은 직원들이 모든 일에 기분이 나아지도록 일을 벌이기 시작했다. 우리 은행에는 인트라넷이 있는데,

인적자원부는 그것을 페이스북 같은 사내 "커뮤니티"로 만들라는 지시를 받았다. 그들은 사내 커뮤니티를 설치했다. 아무도 쓰지 않았다. 그래서 그들은 모두를 윽박질러 강제로 사용하게 했는데, 덕분에 직원들은 그것을 더 증오하게 되었다. 그러자 회사는 인적자원부로 하여금 감정에 너무 솔직한 글을 잔뜩 올리도록 하거나 사람들을 꾀어내 아무도 관심이 없는 "사내 블로그"를 쓰게 했다. 그래 봤자 아무도 들르지 않는다.

그들은 3년 동안 이 일을 해 왔지만, 사내 인트라넷 페이스북에는 여전히 인적자원부 사람들이 회사에 대해 뭔가 느끼한 이야기를 하고 다른 부원들이 "굉장한 글이에요! 나도 완전히 동의합니다." 따위의 댓글밖에 남기지 않는다. 이런 상황을 어떻게 견딜 수 있는지 나는 도저히 모르겠다. 이건 은행 업무에서 결속력이 전적으로 결핍되어 있다는 걸 알리는 기념물이다.

또 다른 사례는 그들이 강하게 추진한 일주일간의 자선 사업이다. 나는 참여하기를 거부했다. 자선을 한다면 우리 은행을 통해서 하지는 않을 것이다. 그들의 자선은 내적으로 사기를 북돋고 은행이 고리대금을 통해 노동을 착취하는 것처럼 보이지 않게 하려는 커다란 광고 사업일 뿐이다. 그들은 가령 참여도 90퍼센트(모두 "자발적인" 참여다.)라는 "목표"를 설정한 다음 두 달 동안 참여자들의 서명을 받으려고 애썼다. 서명하지 않는 사람들이 있으면 이름을 기록했다가 따로 찾아와서는 왜 서명하지 않았는지 따져 물었다. 지난번에는 1주 동안 사장이 우리더러 서명하도록 "권장하는" 것 같은 자동화된 메일을 받았다. 그때는 정말로 고집을 부리다가 실직하는 게 아닌지 걱정이 되었다. 내게 이런 것은 마치 체류 자격 없이 워킹 비자로 외국에 가 있는 것만큼 나쁜 상황이었다. 그래도 나는 내 입장을 고수했다. 이 "자발적인" 자선 업무를 추진하는 데 쓰인 업무량은 놀라울 정도다. 그것을 나타내는 기술적 용어는 "강요된 자발(Voluntold)"이다.

자선 활동 자체는 완전히 맹탕이다. 두 시간가량 쓰레기를 줍는 따위의 일을 하는 것이다. 노숙자에게 핫도그를 나눠 주기도 한다. 다만 핫도그를 장만하는 것은 다른 사람들이고, 은행 직원들은 그냥 등장해서 핫도그를 나눠 주기만 한 다음 저마다 근사한 차에 올라타고 집으로 돌아간다. 자선 업무의 대부분은 자선 활동 따위의 필요조건이 딸린 "X를 위해 일하는 최고의 회사" 상을 타기 위해 추진하는 것이다. 그러면 은행은 수상 대상에 포함되기 위해 그 조건을 충족시켜야 하고, 그런 조건은 구인 활동에 도움이 될 것이다. 그들이 매년 이 일을 하면서 얼마나 많은 시간을 보내는지는 아무도 모른다.

다음으로, 개인별 출퇴근 시간 기록지 담당자가 있는데…….

쉽게 자동화할 수 있는 몇 가지 지위를 열거한 다음 그는 마지막으로 얼핏 보기에도 가장 쓸모없을 것 같은 일자리를 언급한다.

루퍼트　마지막으로 중간 관리자가 있다. 언젠가 중간 관리직의 어떤 사람에게서 승인을 받아야 하는 일이 있었다. 나는 승인 요청서를 이메일로 보내기 위해 시스템을 열었다. 중간 관리자 스물다섯 명이 나열되어 있었다.(승인 업무에는 한 사람만 있으면 된다.) 내가 본 것은 그들 중 한 사람뿐이었다. 다른 사람들은 종일 무얼 할까? 그들은 아무 일도 안 하는 게 발각되어 맥도널드에서 일하게 될까 봐 걱정하지 않는 걸까?

나와 접촉한 이 중간 관리자들에 따르면, "이 사람들은 종일 무얼 할까?"라는 질문에 대한 대답은 많은 경우 하는 일이 별로 없다는 것이다. 그래서 적어도 루퍼트의 평가로는, 직급 사다리의 낮은 계단에 있는 사람들에게는 유능함과 효율성이 지배적인 가치인 것으로 보인다. 사다리를 높이 올라갈수록 이 평가는 점점 더 거짓이 되는 것 같다.

루퍼트의 설명은 여러 관점에서 아주 흥미롭다. 인위적인 경쟁이 어떻게 불쉿화의 메커니즘으로 작동하는지 들어 보라. 이 주제는 다른 여러 맥락에서도 똑같이 등장한다. 가령 영국에서 지방정부가 저지른 수많은 바보짓은 특정 지역에서, 또는 국가 전체에서 '최고의 시의회'로 거명되고 싶은 비슷비슷한 욕망에 의해 추진된 것들이다. 그런 경쟁은 너나없이 형식적 서류 작성 의례의 광풍을 발동시키는데, 그 광풍은 가장 일하기 좋은 회사로 선정된 사실을 미래 직원들에게 말해 줄 수 있도록 현재 직원들에게 요구하는 우습기 짝이 없는 자선 흉내에서 절정에 달한다.

루퍼트의 증언에 있는 다른 요소들 거의 대부분이 주요 금융기관 내에서 나온 다른 설명들에도 등장한다. 미친 듯이 바쁘고 스트레스가 가득하지만 효율성은 마법처럼 높은 부서와 눈에 뻔히 보이게 미련한 다른 부서가 혼란스럽게 뒤섞인 상황, 아무도 그 은행이 실제로 무엇을 하는지 모르고 심지어 합법적인 기업인지조차 불확실한 맥락, 그런 질문이 절대로 공개적으로 논의되지 못한다는 사실 등이 그런 요소들이다.

또 하나의 공통된 주제는 금융기관에서 일하는 많은(거의 모든 대기업 종사자들보다 훨씬 많은) 이들이 자기 일이 그 은행에 전체적으로 어떻게 기여하는지를 거의, 또는 전혀 모른다는 점이었다. 예를 들면 아이린은 "적응 프로그램"으로 주요 투자은행 여러 곳의 일을 처리했다. 그 은행의 고객들(이 경우에는 다양한 헤지펀드와 사모펀드)이 정부 규제를 따르는지 감독하는 일을 했다는 뜻이다.

이론상으로 은행이 참여하는 모든 거래가 평가되어야 한다. 그 절차는 누가 봐도 부패했음이 명백했다. 실제 작업은 버뮤다, 모리셔스, 케이맨제도 같은(즉 뇌물을 조금만 줘도 되는) 곳의 은밀한 업체들에서 외주로 처리했으며, 언제나 모든 것이 제대로 되어 있다고 판단했기 때문이다. 그러나 그들도 승인율 100퍼센트는 현실성이 떨어져 보이니, 교묘한 장치를 세워서 가끔은 정말로 문제를 발견한 것처럼 보이게 했다. 그러면 아이린은 외부 평가원들이 거래를 승인했다고 보고하고, 품질관리 위원회가 아이린의 서류 작업을 검토하여 글자꼴이나 다른 사소한 오류를 교정한다. 그런 다음 각 부서가 범한 전체 "실패" 숫자가 평가 부서에 제출되어 표로 작성될 것이다. 그렇게 하면 모든 관련자가 매주 여러 시간 동안 회의에 참석하여 특정 "실패" 사례가 진짜 실패인지 아닌지를 토론하게 된다.

아이린 더 높은 불쉿 계급도 있었다. 그것은 평가 척도 불쉿의 맨 위에 자리한 데이터 과학자들이다. 그들의 일은 실패 평가 척도를 수집하고 복잡한 소프트웨어를 적용해서 데이터에서 깔끔한 그림을 만들어내는 것이다. 그런 다음 보스들은 이런 그림을 자기 보스에게 가져간다. 이런 과정은 자신이 무슨 이야기를 하고 있는지, 또는 자기 팀원들이 실제로 무슨 일을 하는지 아무것도 모른다는 사실에 들어 있는 어색함을 완화하는 데 도움이 된다. 나는 (대형 은행 A에서) 2년 동안 보스 다섯 명과 일했다. 또 (대형 은행 B에서는) 보스 세 명과 일했다. 그들 대부분은 더 고위층이 직접 선택하여 그 자리에 앉았고, 이런 쓰레기 성을 선물받았다. 슬프게도 많은 경우 이것은 회사가 경영진 내 소수자 할당 인원을 대하는 방식이었다.

그래서 다시 한번 이렇게 똑같은 사기와 시늉(케이맨제도에 있는 그 은밀한 회사들에 대해서는 아무도 입을 열면 안 된다.)의 복합물이 생겨난다. 이것은 이해하지 못하도록 설계된 시스템이며, 설계된 다음에는 그 속에서 무슨 일이 벌어지는지 전혀 모르는 관리자들에게 떠넘겨지는데, 그들이 모르는 이유는 대개 그 시스템이 말도 안 되는 것이기 때문이다. 모든 것이 그저 무의미한 의례에 불과하다. 그 먹이사슬의 맨 위에 있는 누군가가(데이터를 처리하는 이들이건 그냥 스쳐 가는 임원들이건, 심지어 그들을 선택한 고위층이건) 실제로 이런 내막을 알았을까 하는 점은 전혀 알 수 없다.

마지막으로, 늘 그렇듯이 인위적으로 유발된 스트레스와 긴장감과 데드라인에 대한 호통 외에도, 늘 있는 사도마조히즘적인 인간관계와 무시무시한 침묵(즉 무의미한 프로젝트가 수직 서열에 따라 운영될 때 전형적으로 벌어질 법한 온갖 상황들) 외에도, 그 기관이 직원들에게 진심으로 관심을 기울인다는 것을 입증하기 위해 고안된 의례들에 참가하라는 강한 압박이 있다. 아이린의 경우는 자선 이벤트 공연이 아니라 걸핏하면 그녀를 울게 하는 뉴에이지 세미나가 그랬다.

아이린 평가 척도의 맨 위에는 잔인하고 거만한 "융통성(flexibility)"과

"마음챙김(mindfulness)" 주제의 세미나들이 있다. 아니, 당신은 더 적게 일할 수 없다. 아니, 당신은 더 많은 보수를 받을 수 없다. 아니, 당신은 어떤 불쉿 프로젝트를 거절할지 선택할 수 없다. 하지만 이 세미나를 끝까지 들을 수는 있다. 은행이 얼마나 융통성을 높이 평가하는지 말해 주는 세미나 말이다.

마음챙김 세미나는 더 심하다. 그들은 인간 체험의 헤아릴 길 없는 아름다움과 경악스러운 슬픔을 숨 쉬고 먹고 배설하는 날것 그대로의 신체적 차원으로 환원시키려고 했다. 신경 써서 숨을 쉬라. 신경 써서 먹으라. 신경 써서 배설하라. 그러면 당신은 사업에서 성공할 수 있다…….

이런 온갖 행사는 아마 삶을 순수한 신체성의 형태로 환원시키면 몇몇 추상적인 것들이 다른 것들보다 더 '실제적'이며 몇몇 사무실 업무는 법적, 도덕적, 경제적 목적에 봉사하지만 그렇지 않은 업무도 있다는 사실이 실은 그렇게 중요하지 않다고 직원들을 일깨우기 위함일 것이다. 마치 처음에는 당신이 참석하는 그런 의례가 공허하다는 것을 인정하지 못하도록 금지했다가 그다음에는 고용된 스승들이 당신에게 "결국은 우리가 행하는 모든 일이 그저 공허한 의례가 아닌가?"라고 말하는 세미나에 참석하라고 강요하는 것 같다.

지금까지 엘리엇, 루퍼트, 아이린에게서 들은 내용은 모두 아주 크고 복잡한 조직에 관한 부분적이고 한쪽 입장에 한정된 시각들이다. 그런 증언 어느 것도 전체적이고 개괄적인 시야를 갖추지 않았다. 하지만 그런 시야가 다른 누구에게 있을지는 모르겠다. 아이린의 이야기에 나오는 고위층, 소수집단 출신 임원들을 의도적으로 적응 프로그램 부문에 앉히는 경영자들은 회사의 그 부서에서 벌어지는 거의 모든 일이 불쉿임을 알고 있지만, 그들조차 그것이 어째서 불쉿이며 왜 그런지 정확하게 모를 수 있다. 또 은행 직원들의 몇 퍼센트 정도가 은밀하게 자기 직업이 불쉿이라고 믿는지, 또 그런 직업이 어떤 부서에 집중되어 있는지 판단하는 모종의 비밀 조사를 만들어 내는 것도 불가능할 것이다. 나는 사이먼이라는 사람에게서 그중 보편적 통찰에 가장 근접한 의견을 들었다. 그는 위험 관리를 받고 있는 여러 대형 국제 은행에 고용된 사람으로, 그의 말에 따르면 위험 관리란 기본적으로 "내부 절차의 문제점을 찾아내는" 일이었다.

> **사이먼** 나는 2년 동안 어느 은행에서 핵심 지불 및 운영 프로세스를 분석해 왔는데, 그 목적은 오로지 직원이 컴퓨터 시스템을 사용하여 사기와 절도를 저지르는 방법을 찾아내고, 그런 다음 그런 사태를 예방할 해결책을 추천하는 것이었다. 그러다가 우연히 그 은행의 거의 모든 직원이 자신이 하고 있는 일을 왜 하는지 모른다는 사실을 알게 되었다. 그들은 '이 시스템에 로그인하여 메뉴 옵션을 하나 고르고, 이런저런 내용을 입력해 넣으면 되는 것으로 알고 있다.'라고만 말한다. 왜 그렇게 하는지는 몰랐다.

그래서 사이먼의 업무는 기본적으로 은행의 여러 상이한 부서들이 어떻게 들어맞는지 판단하고, 어긋나는 부분, 취약점, 과잉인 부분들이 있다면 매끈하게 다듬어 내는 전능한 눈이 되는 것이었다. 다른 말로 그는 무슨 질문에도 대답할 자격을 갖추고 있었다. 그가 내린 결론은 무얼까?

사이먼 보수적으로 평가할 때 그 은행의 직원 6만 명 가운데 80퍼센트 정도는 불필요했다. 그들의 일은 프로그램으로 완전히 수행할 수 있거나, 애당초 그 프로그램이 몇 가지 불윗 프로세스를 복제할 수 있도록 설계된 것이기 때문에 아예 필요하지도 않았다.

다른 말로 하면, 그 은행 직원 6만 명 가운데 4만 8000명은 유용한 일을 전혀 하지 않는다는, 아니면 적어도 기계가 수행할 수 없는 일을 하지는 않는다는 것이다. 사이먼은 이런 것이 사실상 불윗 직업이라고 보았다. 은행 직원들은 상황을 평가하거나 총체적으로 분석할 수단을 갖추지 못했고, 대체로 그런 의심을 혼자서만 품고 있었다. 하지만 은행의 고위층들은 왜 이런 상황을 파악하지 않고 조치를 취하지 않았을까? 글쎄, 그 질문에 대답할 가장 쉬운 방법은 사이먼이 개선을 제안했을 때 무슨 일이 벌어졌는지 보면 된다.

사이먼 나는 결정적인 보안 문제를 해결하는 프로그램을 눈 깜짝할 새 만들었다. 그것을 간부에게 제출하러 갔더니, 그는 컨설턴트들을 모두 불렀다. 이사회실에 모인 컨설턴트는 스물다섯 명이었다. 그들이 현재 손으로 해 오면서 보수를 받던 모든 일을 내 프로그램이 자동화했다는 사실을 서서히 깨달으면서 회의 시간 내내, 그리고 회의가 끝난 뒤에도 지독한 적대감이 느껴졌다. 그들이 자신의 일을 즐긴 것은 아니었다. 지루하고 단조롭고 지겨운 일이었으니까. 내 프로그램에 드는 비용은 저 스물다섯 명에게 지불하던 비용의 5퍼센트에 불과했다. 하지만 그들은 완강했다.
나는 비슷한 문제를 많이 발견했고 해결책을 제시했다. 하지만 내가 그 자리에 있는 동안 추천한 권장 사항은 하나도 실행되지 않았다. 어느 사례든 문제점을 고치면 사람들이 일자리를 잃기 때문이었다. 그런 일자리는 그들이 보고하는 임원들에게 권력을 휘두르는 기분을 주는 것 외에 다른 용도가 없었다.

그래서 설사 이런 직업들이 처음 생겼을 때는 제복 입은 하인 직업이 아니었더라도, 또 실제로도 대부분의 직업이 그렇지 않았겠지만, 결국은 그런 직업이 되고 말았다. 물론 자동화의 위협은 어떤 대기업에서든 현재 진행형이다. 내가 들은 어떤 회사에서는 프로그래머들이 "저리 가, 그렇지 않으면 당신을 깨알만 한 셸 스크립트(shell script, 유닉스 계열의 명령 해석 프로그램—옮긴이)로 대체해 버릴 거야."라고 적힌 티셔츠를 입고 출근한다고 한다. 하지만 이 경우, 또 이와 비슷한 많은 경우 그 관심은 맨 꼭대기로 올라간다. 다른 기업들을 사들이면서 그 기업들에 무자비한 규모 축소와 효율성이라는 명분을 내세워 엄청난 빚을 떠안기는 무자비함을 자랑 삼는 임원급들(예를 들면 그들이 어떤 식으로든 사모펀드에 관련될 경우) 말이다. 이런 임원들은 오히려 지나치게 많은 직원들을 자랑스러워한다. 사실 만약 사이먼이 옳다면 그들이 그렇게 하는 것은 대형 은행의 정체가 바로 그런 것이기 때문이다. 그것은 일련의 봉건적 수행원들로 구성되었으며, 수행원들은 각각 영주 같은 임원에게 업무를 보고한다.[24]

현재의 경영 봉건제도가
고전적 봉건제도와
닮은 점과 다른 점

상위 20퍼센트의 규모와 소득은 더 커지고 있다. 상위 20퍼센트가 하위 20퍼센트에 속하는 실제 생산 노동자들이 만드는 가치를 전부 착취하기 때문이다. 최상층이 다른 모든 사람들의 몫을 강탈한다면 훔친 약탈물을 지키기 위해 경비 노동이 훨씬 더 많이 필요할 것이다.

— 케빈 카슨

2장에서 다룬 봉건영주의 사례로 돌아가 보면 이 말은 완벽하게 들어맞는다. 앞에서는 봉건영주와 가신을 은유로 활용했다. 하지만 은행의 경우 적어도 어느 정도까지가 은유이고, 어느 정도까지가 문자 그대로 진실인지가 분명하지 않다. 내가 지적했듯이, 봉건주의는 본질적으로 재분배 시스템이다. 농민과 장인들은 대체로 자율적으로 물건을 생산한다. 영주는 법적 권리와 전통의 복합을 통해 그들이 생산한 것의 일정 몫을 뽑아 간다.("직접적인 법적, 정치적 적출"이 내가 대학교에서 배운 기술적 표현이다.)[25] 그런 다음 그것을 부하 직원, 제복 입은 하인, 전사들, 가신들에게 분배한다. 또 어느 정도는 잔치와 축제와 가끔 있는 선물과 하사품이라는 형식으로 장인과 농민들에게 돌려준다. 그런 환경에서 정치와 경제를 별개 영역으로 거론하는 것은 의미가 없다. 재화는 정치적 수단을 통해 거두어지고 정치적 목적을 위해 분배되기 때문이다. 사실 '경제'를 인간 행동의 자율적 영역으로 언급하기 시작한 것은 산업자본주의가 처음 태동한 이후부터다.

고전적 의미의 자본주의에서 이윤은 생산의 관리에서 창출된다. 자본가들은 물건을 만들거나 건설하거나 수선하거나 유지하기 위해 사람들을 고용하며, 제품이나 작업에 대해 고객들이나 의뢰인에게서 받는 소득 가치보다 전체 경상비(노동자와 계약자들에게 지불하는 금액까지 포함하는)가 더 적게 나오지 않는 한 이윤을 가져갈 수 없다. 이런 고전 자본주의 여건에서는 불필요한 노동자를 고용하는 것이 정말 이치에 닿지 않는다. 이윤을 극대화한다는 것은 최소한의 노동자에게 최소한의 돈을 지불한다는 뜻이다. 심한 경쟁 시장에서 불필요한 노동자를 고용하는 회사는 살아남기 힘들다. 물론 이것은 교조적인 자유방임론자나 정통 마르크스주의자들이 언제나 우리 경제가 불쉿 직업들을 수용할 여유가 없다는 주장을 펼치는 이유다. 그들은 불쉿 직업이 분명 착각이 아닐 수 없다고 말한다.

반면 경제적, 정치적 고려가 구분되지 않는 봉건제 논리에 따르면 같은 행동이 완벽하게 이치에 맞게 된다. 지급보증보험금 분배자들처럼, 중요한 것은 적에게서 훔치든 수수료나 관세나 임대료나 세금이라는 형식으로 민간인들로부터 수탈했다가 재분배하든 약탈물

단지를 손에 넣는 것이다. 그 과정에서 추종자 무리를 만들어 낸다. 그들은 자신의 허세와 장대함을 보여 주는 가시적인 척도인 동시에 정치적 총애를 분배하는 수단이다. 예를 들면 잠재적 불평분자를 매수하거나, 충실한 동지들('깡패')에게 보상을 해 주거나, 또는 명예와 작위 계급을 정교하게 설정하여 하급 귀족들이 그것을 두고 서로 다투게 만드는 것이다.

이 모든 것이 대기업의 내부 작동 방식과 아주 비슷하다면, 그 유사성은 우연의 일치가 아닐 것이다. 그런 기업들은 물건의 제작, 건설, 수선, 관리와 유지에는 힘을 점점 덜 쏟고 돈과 자원을 책정하고 분배하고 할당하는 정치적 과정에 점점 더 많은 힘을 쏟는다. 무엇보다 이것은 또다시 정치와 경제의 구분이 점점 더 어려워진다는 뜻이다. 이는 정부가 은행을 규제하는 바로 그 법률을 정하는 자가 로비스트로 일하는 '대마불사' 은행의 출현, 나아가 금융 이윤 자체가 "직접적인 법적, 정치적" 수단을 통해 축적된다는 사실에서 엿보인다. 예를 들어, 미국 최대 은행인 JP모건 체이스의 보고에 따르면 2006년 수익의 대략 3분의 2가 "수수료와 위약금"에서 나왔으며, "금융"이란 일반적으로 다른 사람들의 빚(물론 법정에서 강요할 수 있는 빚)을 거래하는 것을 가리킨다.[26]

미국이나 덴마크, 일본에서 일반적인 가구의 소득 가운데 매달 어느 정도가 FIRE 부문으로 빠져나가는지 정확한 수치를 얻기는 거의 불가능하다. 그러나 그 비중이 아주 클 뿐만 아니라, 이제는 그 나라의 기업 부문에서 상품과 서비스를 만들거나 판매하는 데서 얻는 이윤보다 확실히 더 많다고 믿을 이유는 충분하다. 더욱 놀라운 것은 우리가 옛날식 산업 질서의 심장이라고 보는 회사들(미국의 제네

럴 모터스, 제너럴 일렉트릭 같은)도 이제는 수익의 전부, 혹은 거의 전부를 그들이 거느린 금융 부문에서 얻는다.(말하자면 제너럴 모터스가 얻는 이윤은 자동차 판매가 아니라 자동차 대출로 얻는 이자에서 나온다.)

그래도 봉건제 비유를 너무 많이 활용하면 안 된다. 중세 봉건제도와 현재 금융화된 버전 사이에는 한 가지 결정적인 차이가 있고, 그 차이는 대학을 다룬 장에서 이미 언급했다. 중세 봉건제도는 생산 영역에서의 자치 원리에 기초했다. 어떤 전문화된 지식에 기초하여 작업하는 사람은 누구나(레이스 직공이든 수레바퀴 장인이든 상인이든 법학자든) 자신들의 업무를 집단 속에서 규제하도록 되어 있었다. 누구에게 그 직업을 허용할지, 어떻게 하면 타인들로부터 받는 감독을 최소화하면서 수련할 수 있을지 같은 것들 말이다.

길드나 그와 비슷한 조직들은 일반적으로 내부에 정교한 위계 질서가 있었다. (오늘날처럼 많지는 않을 것이다. 예를 들면 중세 대학에서는 학생들이 교수를 선출하는 곳이 많았다.) 그래도 최소한 중세의 검을 만드는 대장장이나 비누 직공은 어디에 가든 검 제작자나 비누 제작자가 아닌 이들에게 일을 제대로 못한다고 꾸짖음 당하는 일은 없으리라는 확신을 가지고 작업에 임할 수 있었다. 그러나 산업자본주의는 모든 것을 변화시켰고, 20세기에 등장한 경영주의(managerialism)가 그런 과정을 더욱 심화시켰다. 이 추세는 금융화된 자본주의에서 어떤 의미로든 되돌아가지 않고 오히려 악화되었다. '효율성'이란 관리자들, 감독관들, 기타 '효율성 전문가들'에게 더 많은 권력을 부여한다는 뜻이 되었고, 실제 생산자들은 자율성을 거의 갖지 못하게 되었다.[27] 동시에 관리자들의 실제 지위와 계급은 끝도 없이 자기 증식을 하는 것처럼 보인다.

지난 40여 년 동안 자본주의에 어떤 일이 벌어졌는지 설명하고 싶다면, 가장 좋은 예는 아마 프랑스 마르세유 외곽에 있는 엘리펀트 티(Elephant Tea) 공장일 것이다. 현재 그곳은 직원들에게 점거되어 있다. 몇 년 전 그 공장에 가 본 적이 있는데, 한 점거자(나와 내 친구들을 데리고 공장을 견학시켜 준 사람)가 사연을 들려주었다. 원래 그곳은 지방의 기업이었다가 기업 인수 합병 시대에 세계 최대 차 생산 회사인 립톤으로 넘어갔다. 처음에 그들은 대체로 공장이 알아서 하도록 내버려 두었다. 그러나 노동자들은 기계를 가지고 이리저리 궁리하는 사람들이었으므로 개선을 거듭해서, 1990년대가 되자 생산량이 50퍼센트 이상 증가했고 시장 이윤도 늘어났다.

1950년대, 1960년대, 1970년대에는 산업화 세계의 많은 지역에서 기업의 생산성이 높아지면 그로 인해 증가한 이윤의 일정 몫을 임금과 혜택의 증가라는 형태로 노동자들에게 재분배한다는 것이 암묵적으로 합의되어 있었다. 그런데 1980년대 이후로는 그런 일이 더 이상 일어나지 않았다. 그래서 지금 이렇게 된 것이다. 우리를 안내한 직원이 말했다.

그들이 그 돈을 조금이라도 우리에게 주었는가? 아니다. 노동자를 더 많이 고용하거나, 새 기계를 들여오거나, 사업을 확장하는 데 그 돈을 썼는가? 아니다. 그렇게 하지 않았다. 그러면 그들은 무엇을 했는가?

화이트칼라 직원을 더 많이 고용했다. 원래 우리가 여기서 일하기 시작했을 때는 사무직원이 딱 두 명 있었다. 사장과 인사부 직원. 오랫동안 그런 식으로 유지되어 왔다. 그러다 갑자기 양복을 입고 어슬렁거리는 직원이 셋, 넷, 다섯, 일곱 명이 되었다. 회사는 그들에게 이런저런 근사한 직함을 붙여 주었지만 기본적으로 그들은 모두 뭔가 할 일을 생각해 내려고 애쓰면서 시간을 보낸다. 그들은 매일 캣워크를 오르락내리락하고, 우리를 노려보고, 우리가 일하는 동안 메모를 끄적거린다. 그런 다음 미팅에 참석하고 토론하고 보고서를 쓴다. 하지만 그래도 자기들이 그 자리에 있어야 할 진짜 핑계를 생각해 내지 못한다. 그러다가 마침내 그들 중 하나가 해결책을 찾아냈다. "공장 전체를 폐쇄해 버리고, 노동자를 해고하고, 사업을 폴란드로 옮겨 버리면 되잖아?"

일반적으로 여분의 관리자들은 효율성을 증진시킨다는 확고한 목적을 위해 채용되지만, 이 공장의 경우 더 이상 개선할 여지가 없었다. 노동자들이 스스로 효율성을 최대한 개선시켰으니까. 그런데도 관리자가 채용되었다. 이것은 여기서 우리가 다루는 문제가 효율성과는 아무 상관이 없고, 기업의 도덕적 책임에 대한 인식을 바꾸는 것임을 시사한다.

대략 1945년에서 1975년까지, 노동자와 고용주와 정부 사이에는 이른바 '케인스식 흥정(Keynesian bargain)'이라는 것이 있었다. 그리고 노동자 생산성의 증가에 걸맞게 노동자들에 대한 보상이 증가할 것이라는 암묵적인 인식이 그 거래의 일부분이었다. 다음 표를 보면 바로 그런 상황이 실제로 일어났음을 확인할 수 있다. 1970년대에 들어와 두 항목 사이가 벌어지기 시작했다. 보상은 대체로 평탄한

[표 7]

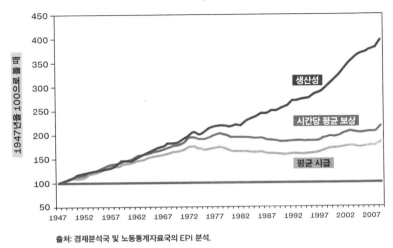

출처: 경제분석국 및 노동통계자료국의 EPI 분석.

선을 유지했지만, 생산성은 급격히 치솟았다.(표 7 참조.) 이것은 미국 상황이지만 다른 산업국가에서도 유사한 추세를 관찰할 수 있다.

그렇다면 이 증가한 생산성으로 얻은 이윤은 어디로 갔을까? 우리의 기억에 따르면, 대부분은 최고위 1퍼센트 부자들의 재산을 불리는 데로 흘러갔다. 즉 투자자들, 사장들, 최고위급 전문 경영자 계급에게 말이다. 하지만 엘리펀트 티 공장을 기업 세계 전체의 축소판으로 본다면 문제는 그것만이 아님이 분명해진다. 증가한 생산성이 낳은 이득의 상당 부분이 완전히 새롭고 기본적으로 무의미한 전문 관리직 일자리를 만드는 데로 들어간 것이다. 그런 일자리는 대학 사례에서 본 것처럼, 대개 똑같이 무의미한 행정 직원 집단을 함께 데려온다. 우리가 너무 자주 보았듯이, 먼저 직원이 할당되고 그다음에 실제로 무슨 일을 줄지를 누군가가 궁리해 내야 한다.

다시 말해 봉건제라는 비유는 사실 비유도 아니다. 경영주의는 봉건제도의 새로운 암묵적인 형태를 만드는 평계가 되었다. 그것은 부와 지위가 경제적 근거가 아니라 정치적 근거에 따라 할당되는 영역, 더 정확하게 말하자면, 무엇이 '경제적'인 것이며 무엇이 '정치적'인 것인지 나날이 차이를 알기 어려워지는 그런 영역이다.

중세 봉건제도의 또 다른 고전적 특징은 귀족이나 관리의 계층제를 창조하는 것이다. 유럽의 왕은 남작에게 왕의 군대에 기사를 몇 명 차출받는 조건으로 땅을 수여한다. 남작은 그 땅의 대부분을 똑같은 이유로 지역 봉신에게 수여하며, 이런 식으로 '하부 봉건화(sub-infeudation)'의 과정이 계속 이어져 지역 지주에게까지 내려간다. 지금도 영국 같은 나라에 존재하는 공작, 백작, 자작 등의 복잡한 지위는 원래 이런 이유에서 온 것이다. 인도와 중국에서는 관계가 더 간접적인데, 대체로 어떤 영토나 속주에서 나오는 수입을 단순하게 제일 가까운 도시에 살 것 같은 관리들에게 할당하는 방식이었다. 하지만 지금 우리의 목적에 관한 한 결과는 별로 다르지 않다.[28]

나는 다음과 같은 내용을 일반 원칙으로 제안하려고 한다. 상품의 실질적인 제작과 유통과 유지 관리보다 할당과 분배를 기초로 하는, 그래서 인구의 상당 부분이 시스템에 따라 자원을 이리저리 보내는 일에 가담하고 있는 정치적, 경제적 시스템에서는 그 부분에 관련된 인원이 스스로를 여러 층위(최소한 세 층위이며 열 개, 열두 개, 때로는 그 이상)로 이루어진 복잡한 계층제로 조직하는 경향이 있다. 맺음말로 추가하자면, 그런 계층제 안에서 가신과 부하의 경계는 흐릿해질 때가 많다. 상급자에 대한 복종이 그 업무를 설명하는 핵심 요소인 경우가 많기 때문이다. 중요 행위자 대부분이 영주인 동시에 봉신이다.

중계 전문경영인들의
무한한 증식을 통해
경영 봉건제도가 창조적 산업에서
두각을 드러내는 방법

학장에게는 모두 부학장과 부부학장이 있어야 하며, 또한 그들 각각에게 경영팀과 비서와 행정 직원이 있어야 한다. 그들 모두는 오로지 우리가 가르치고, 연구하고, 우리 직업의 가장 기초적인 기능을 수행하는 것을 더 힘들게 만들기 위해서 존재한다.

— 익명의 영국 학자[29]

경영 봉건제도의 성장은 계층제 자체에 대한 비슷한 매혹을 만들어 냈다. 우리는 이미 '다른 관리자들을 관리하는 것을 직업으로 하는 관리자'라는 현상, 아니면 아이린이 묘사한, 은행들이 궁극적으로는 자의적이고 무의미한 자료들 모음에 불과한 것을 끝도 없이 더 복잡하게 만드는 사무실 계층제를 구축하는 정교한 메커니즘을 살펴보았다. 이런 경영적 준봉건화(managerial sub-infeudation)는 '시장 세력들'의 해방이 낳은 직접적 결과다. 1장 첫 부분에서 다룬 쿠르트를 떠올려 보자. 그는 독일 군대의 하청 회사의 하청 회사의 하청 회사에서 일했다. 그의 자리는 정부를 더 효율적으로 만들기 위해 설계된 시장 개혁의 직접적인 결과다.

　같은 현상을 열 개도 넘는 상이한 영역에서 관찰할 수 있다. 예를 들면 거의 모든 '창조적 산업'에서 서로에게 물건을 판매하는 것을 기본 업무로 하는 관리자 계층이 증식해서 업계를 지배하고 있다. 책, 시각예술, 심지어 저널리즘까지 여기에 포함된다. 학술서 출판사의 편집자들은 많은 경우 자신이 편집해야 하는 책의 반도 읽지 않는다. 다른 편집자들에게 자신이 만든 상품을 영업하는 데 거의 모든 시간을 써야 할 형편이기 때문이다. 시각예술에서는 최근 몇십 년 동안 큐레이터라는 완전히 새로운 중개 관리자 층이 등장했다. 예술 작품을 수집하는 그들의 업무는 흔히 미술 자체와 대등한 가치와 중요성을 지니는 것으로 간주된다. 저널리즘 분야에서는 '프로듀서'라는 층이 더해지는 바람에 편집자와 기자의 관계가 더 복잡해졌다.[30]

　영화와 텔레비전은 특히 사정이 나빴다. 최소한 산업 내부에서 얻은 증언으로 보건대 그런 것 같다. 할리우드 시스템이 과거에는 프로듀서와 감독, 작가들 간의 비교적 단순한 관계에 의존했던 반면, 최근 몇십 년 동안 경영적 준봉건화 과정이 끝도 없이 진행되어, 프로듀서와 집행 프로듀서, 컨설턴트 등이 기세등등하게 늘어서서 모두 끊임없이 뭔가를, 무엇이든, 실제로 할 일을 찾아 헤맨다.[31] 텔레비전의 '개발부', 즉 프로그램의 아이디어를 더 큰 회사에 제안하는 소기업에서 일하는 작업자들로부터 받은 증언이 여러 개 있다. 다음은 그 과정에 시장 요소가 도입됨으로써 상황이 어떻게 바뀌었는지를 보여 주는 예시다.

오웬 나는 개발부에서 일한다. 텔레비전 산업에서 이 부분은 지난 20년 동안 급속히 팽창했다. 과거에는 좋아하는 프로듀서들에게 원하는 프로그램은 무엇이든 만들라고 요구하는 채널 담당자 한 사람이 텔레비전 프로그램을 주문했다. '개발'이란 것은 없었다. 그저 프로그램을 제작할 뿐이었다. 이제 텔레비전 업계(그리고 영화 산업에서도)의 모든 회사에는 개발팀이 있고, 세 명에서 열 명 사이의 인원이 그곳에 배정되어 있으며, 프로듀서들의 제안을 듣는 것을 직업으로 하는 위원들이 점점 더 많아진다. 그러나 이들 중 아무도 텔레비전 프로그램을 만들지 않는다.

나는 4년 동안 프로그램을 하나도 팔지 못했다. 우리 실력이 유독 형편없어서가 아니라 파벌주의와 정치 때문이었다. 완전히 허공에 날아가 버린 4년이었다. 엉덩이 밑에 손을 깔고 그냥 4년간 앉아 있는 것과 아무 차이가 없었을 것이다. 아니면 영화를 제작할 수도 있었는데.

평균적인 개발팀은 서너 달마다 프로그램 하나씩 주문받는다. 이건 철저하고 지독한 불쉿이다.

이런 불평은 학계에서 자주 듣는 것과 비슷하다. 짜증 나는 점은 그런 과정의 무의미함뿐만 아니라, 모든 위장용 의례가 그렇듯이 실제로 뭔가를 하는 것보다 자신이 하는 일을 제시하고, 평가하고, 모니터링하고, 토론하는 데 더 많은 시간을 쏟게 된다는 사실이다. 영화, 텔레비전, 심지어 라디오에서도 그런 상황은 극한으로 치닫는다. 산업 내부의 시장화로 인해 그곳에서 일하는 인원의 상당 부분이 절대 존재하지 않을 프로그램을 작업하는 데 시간을 쓰기 때문이다.

예를 들면 아폴로니아는 「싹둑 잘린」(남자들이 생중계로 정관

절제술을 받는 프로그램인데 시청자들로부터 너무 난잡하다는 평가를 받았다.),「성전환 주부들」,「너무 뚱뚱해서 섹스를 못해」(실제 제목이었다.) 따위의 제목을 가진 리얼리티 텔레비전 쇼를 위한 아이디어를 제시하는 개발팀에서 일했다. 모두 캐스팅이 되고 광고도 따냈는데, 한 작품도 제작에 들어가지 못했다.

아폴로니아 일을 어떤 식으로 하느냐 하면, 다 함께 아이디어를 모은 다음 그 아이디어를 방송국에 판매한다. 재능을 한데 모으고 자극적인 맛보기 동영상(sizzle video, 아직 존재하지 않는 것을 선전하는 30초짜리 영상물 — 옮긴이)을 제작한 다음 그 맛보기 영상을 선보이면서 방송국에 판매하려는 것이다. 내가 그곳에 있는 동안 팔린 프로그램은 하나도 없었다. 아마 내 보스가 멍청해서 그랬을 것이다.

아폴로니아는 그런 온갖 일을 하며 부사장과 선임 부사장(그 팀의 유일한 다른 멤버들)이 헬리콥터를 타고 도시 여기저기를 돌아다니면서 다른 부사장과 선임 부사장들을 만나 점심을 먹고 능력이 출중한 언론사 사장들처럼 행동할 수 있게 해 준다. 그녀가 일하는 동안 그런 노력이 거둔 결과는 엄밀하게 말해 영(0)이다.

어째서 이런 상황이 벌어졌을까? 그리고 아이디어가 수용되기라도 하면 무슨 일이 벌어질까? 고맙게도, 현재 할리우드에서 활동하는 시나리오 작가 한 명이 분석, 즉 무엇이 잘못되었고, 상황이 어떻게 진행되는지 내부에서 지켜본 분석을 알려 주었다.

오스카 할리우드의 황금시대인 1920년대에서 1950년대까지 스튜디오들은 수직적으로 운영되었다. 그런 곳들은 한 사람이 지휘하는 기업이었고, 그 사람이 모든 결정을 내렸으며 자기 돈을 투자했다. 스튜디오는 아직 복합대기업의 소유물이 아니었고, 이사회도 없었다. 이런 스튜디오의 '우두머리들'은 지성인이나 예술가가 아니었지만 타고난 본능이 있었고, 위험을 감수했으며, 영화가 어떻게 돌아가는지 본능적인 감각이 있었다. 한 부대는 될 만한 임원진 대신 그들은 대개 스토리 부서에 작가들을 고용했다. 작가들은 정식 직원이었고, 프로듀서들의 감독을 받았다. 배우, 감독, 세트 디자이너, 실사 무대 장치 등 모든 것은 회사 내에서 이루어졌다.

오스카의 말에 따르면, 1960년대부터 이 시스템은 조야하고 독재적이고 예술적 재능을 질식시키는 것이라고 공격받았다. 그로 인한 동요 덕분에 한동안 수많은 혁신적 비전이 빛을 발할 여지가 생겼다. 그러나 최종적으로는 그 이전의 어느 것보다 더 숨막힐 듯한 사기업화로 귀결되었다.

오스카 초반전은 1960년대와 1970년대(워런 비티, 마틴 스코세이지, 프랜시스 포드 코폴라, 올리버 스톤 등 뉴할리우드 감독들)였다. 당시 영화 산업은 완전한 혼돈 상태였다. 그러다가 1980년대에 독점 기업들이 스튜디오를 집어삼켰다. 대형 거래들이 체결되었다. 나는 코카콜라가 컬럼비아 픽처스를 (잠시 동안) 인수했을 때 징후를 처음 느꼈다. 이제 영화는 영화를 좋아하는 사람이나 영화를 보는 사람들이 만들지 않을 것이라고.(이것은 분명 신자유주의의 등장과 대규모 사회 변화와 관련되는 현상이다.)

마침내 등장한 시스템은 모든 층위에 불씻이 가득하다. 이제 '개발' 과정(작가들은 "터무니없는 개발"이라고 부르는 편이다.)에서 모든 대본이 한 사람이 아니라 열댓 명은 되는 복제물 같은 임원들 손을 반드시 거쳐야 한다. 오스카는 그런 임원들의 직함명을 불러 주었다. "인터내셔널 콘텐츠 앤드 텔런트 실장, 본부장, 개발부 상임 부회장, 또 (내가 제일 좋아하는) 텔레비전 부문 크리에이티브 상임 부회장" 등이다.

그들 대부분은 마케팅과 금융을 전공한 MBA를 갖추고 있지만, 영화나 텔레비전의 역사나 기술적 측면에 대해서는 아무것도 모른다. 그들의 직장 생활은 아폴로니아의 보스가 그렇듯이 거의 오로지 이메일을 쓰거나 똑같이 허세 가득한 직함을 달고 있는 다른 임원이나 권력자들과 점심 식사를 하는 일로 이루어진다. 그 결과 시나리오 아이디어를 제안하고 산다는, 한때 아주 직선적이던 비즈니스가 하나의 프로젝트가 최종 승인되기까지 오랜 시일이 걸릴 수 있는 미궁처럼 복잡한 셀프마케팅 게임으로 퇴보했다.

이런 일이 독립 작가가 시나리오를 '스펙(specification의 약어, 평가의 기준이 되는 요소들―옮긴이)'에 따라 판매하려고 할 때만이 아니라 회사 소속 작가, 즉 이미 스튜디오나 프로덕션에 소속되어 있는 작가가 새 아이디어를 낼 때에도 일어난다는 점에 주목해야 한다. 오스카는 '인큐베이터'와 함께 일해야 한다. 인큐베이터란 대략 문학 에이전트에 해당하는 존재로, 작가가 시나리오 제안서를 준비하도록 도와주며, 그런 다음 그것을 회사 밖이든 안이든 고위 임원진이 포진한 자신의 네트워크로 넘길 것이다.

오스카 그래서 나는 이 '인큐베이터'와 함께 시리즈 프로젝트를 '개발' 하여 '바이블'을 쓴다. 바이블은 프로젝트의 콘셉트, 캐릭터, 에피소드, 플롯, 주제 등을 자세히 설명하는 60쪽짜리 문서다. 그 일을 마치면 피칭, 즉 제안서를 미친 듯이 던지는 단계가 된다. 인큐베이터와 나는 프로젝트를 수많은 방송인들, 투자사, 프로덕션 회사들에 제안한다. 생각해 보면, 이런 사람들은 먹이사슬의 맨 위층에 있다. 그들과 소통의 진공 상태에서 여러 달이 지나갈 수도 있다. 이메일에 대답 없는 상태로 말이다. 전화는 학대까지는 아니더라도 그에 근접하는 단계로 간주된다. 그들의 일은 문자 그대로 프로젝트를 읽고 찾아내는 것이다. 하지만 그들이 아마존 정글 한복판의 오두막에서 일한다면 그들에게 접근하는 것은 도저히 불가능하다.

피칭은 전략적인 춤이다. 소통 단계마다 적어도 한 주씩은 시간을 두고 진행된다. 그러나 한두 달 정도 지나면 임원 한 명쯤은 대면 미팅에 동의할 만큼 관심을 보일지도 모른다.

오스카 미팅에서 그들은 당신에게 프로젝트 전체를 다시 제안해 보라고 요구한다.(이미 제안서를 읽었다고 표시되어 있는데도 말이다.) 그 단계가 지나고 나면 대개 미리 기록된, 전문용어로 가득 찬 만능 질문들을 던진다. 미팅은 매우 어정쩡하게 진행된다. 예외 없이 그들은 프로젝트를 진행하기로 결정할 경우 함께 승인 책임을 지는 다른 임원들이 있다고 이야기해 준다.

당신이 미팅장을 나가고 나면 그들은 당신에 대해 잊어버린다. 그리고 당신은 뒤처지지 않게 상황을 파악해야 하고, 순환은 새로 시작된다.

사실 임원이 긍정이든 부정이든 제대로 말해 주는 일은 거의 없다. 그가 "예."라고 말할 경우, 프로젝트가 진척되지 않거나 아니면 진행되었다가 터지거나 모두 그의 책임이 된다. 그가 "아니오."라고 말하고 프로젝트가 다른 곳에서 성공할 경우, 그것을 간과한 데 대해 책임을 추궁당하게 된다. 그런데 무엇보다 임원은 책임지기를 혐오한다.

그렇다면 게임의 목적은 공을 최대한 오래 공중에 띄워 두는 데 있다. 아이디어 하나의 선택권을 가지는 것만으로도 기본 착수금을 내야 하니, 보통 회사의 다른 부서 세 곳에서 승인을 얻어야 한다. 일단 그렇게 선택된 서류에 서명이 되면 새로운 정체가 시작된다.

오스카 그들은 자기들이 선택한 문서가 너무 길어서 돌려볼 수 없다고 말할 것이다. 더 짧은 제안서 자료가 필요하다. 아니면 갑자기 콘셉트를 좀 바꾸고 싶어 한다. 그래서 회의를 연다. 계속 논의하고 브레인스토밍을 한다. 이런 수많은 과정은 그저 자기들 직업을 정당화하는 일이다. 회의실에 있는 모두가 그곳에 있어야 하는 이유를 갖기 위해 각자 다른 의견을 낼 것이다. 그것은 아이디어들의 불협화음이며, 그들은 가장 느슨하고 사변적인 용어로 이야기한다. 스스로는 매력적인 마케팅 전문가이며 통렬한 사유자라고 뽐내지만 얘기하는 건 모두 일반론뿐이다.

임원들은 은유로 말하기를 좋아한다. 또 관객들이 어떻게 생각하는지, 무엇을 원하는지, 이야기에 어떻게 반응하는지에 대한 자기 이론을 드러내기를 좋아한다. 대부분은 자신을 조지프 캠벨의 기업화된 버전이라고 상상한다.[32] 물론 이것 역시 구글, 페이스북, 기타 다른 괴물들의 기업 '철학'에서 받은 영향이다.

혹은 그들이 "나는 당신이 X를 해야 한다고 말하는 건 아니지만, 아마 당신이 X를 해야 할 것 같다."라고도 말할 것이다. 둘 다 당신이 뭔가를 해야 한다고 하면서 동시에 하지 말라고 말한다. 더 자세히 말해 보라고 압박을 줄수록 더 흐릿해진다. 나는 그들이 괴발개발 써 놓은 암호를 풀어, 그들이 말하려던 바를 짐작해 말해 보려고 시도한다.

이와 교대로 임원들은 전적으로, 또 전심전력으로 작가가 제안하는 모든 것에 동의할 것이다. 그런 다음 미팅이 끝나자마자 작가에게 그와 정반대로 하라고 지시하는 이메일을 보낼 것이다. 아니면 두어 주일 기다린 뒤 프로젝트 전체를 재고해야 한다고 알릴 것이다. 어쨌든 그가 하는 일이 작가와 악수하고 일에 착수하도록 허락하는 것뿐이라면, 애당초 크리에이티브 상임 부회장을 두는 의미가 없다. 그것도 한 명이 아니라 대여섯 명씩이나 말이다.

다시 말해 영화와 텔레비전 프로덕션은 이제 지급보증보험 지불을 지연시키라고 직원들을 잘못 훈련시키는 보험회사나 디킨스의 소설에 나오는 잔다이스 대 잔다이스 소송과 전혀 다르지 않다. 그 과정이 더 오래 걸릴수록 중개자 일자리가 끝없이 증식할 핑계는 더 커지며, 실제로 일하는 사람에게 돈이 돌아갈 기회가 생기기도 전에 더 많은 돈이 다른 곳으로 빼돌려질 것이다.

오스카 15쪽짜리 문서를 두고도 이 난리법석인데, 그것을 더 많은 사람과 대본, 감독, 프로듀서, 더 많은 임원들, 촬영, 편집에 적용해 보라……. 그러면 이 산업이 얼마나 제정신이 아닌지 상상이 될 것이다.

이 지점에서 불쉿 경제의 비현실적인 범위라 불릴 만한 부분, 따라서 연구하기 가장 힘든 부분으로 들어간다. 크리에이티브 상임 부회장이 정말로 무슨 생각을 하는지 우리는 모른다. 그들의 직업이 무의미하다고 은밀하게 확신하는 사람들도(그리고 우리가 아는 한 그런 사람은 많다.) 이 사실을 인류학자에게 털어놓을 확률은 낮다. 그러니 짐작만 할 뿐이다.

하지만 그들의 행동이 미치는 영향은 영화관에 갈 때마다 관찰할 수 있다. "단순하게 말하자면 왜 영화와 텔레비전 시리즈들이 형편없어지는지 다 이유가 있다." 오스카의 말이다.

- - - - -

금융의 규칙에 따라 이런 종류의 경쟁적 게임이 기업 운영의 모든 층위, 혹은 예전에는 기업의 정반대 극으로 간주되던 대학이나 자선단체 같은 기관에 도입되었다. 아마 몇몇 분야는 불쉿의 정점인 할리우드 수준에는 미치지 못했을 것이다. 하지만 모든 분야에서 경영적 봉건제도는 수천 시간의 창조적 노력을 문자 그대로 무(無)로 돌아가게 만든 것이 분명하다.

과학 연구나 고등교육 영역을 다시 한번 살펴보라. 만약 장학금 수여 기관이 신청자의 10퍼센트에게만 장학금을 지급한다면, 신청서를 준비하는 데 들어간 노력의 90퍼센트는 아폴로니아의 저주받은 리얼리티 텔레비전 쇼 「너무 뚱뚱해서 섹스를 못해」의 홍보용 비디오 제작에 들어간 작업과 똑같이 무의미해진다.(나중에는 그 소재로 그처럼 재미있는 프로그램을 만들 가능성이 거의 없으니, 더욱 그렇다.) 이는 인간의 창조적 에너지에 대한 심각한 탄압이다. 어느 정도 규모인지 힌트만 준다. 최근 한 연구는 유럽의 모든 대학이 탈락한 장학금 신청에 한 해 대략 14억 유로를 쓴다고 판단했다.[33] 그 돈은 명백히 연구비로 활용될 수도 있었던 돈이다.

다른 곳에서 나는 지난 수십 년 동안 기술 정체 현상의 주된 원인이 과학자들 역시 자기들이 발견하게 될 내용을 이미 알고 있다고 잠재적 기부자들을 설득하는 경쟁에 시간을 너무 많이 써야 하기 때문이라고 주장했다.[34] 마지막으로, 사기업을 위한 다이내믹 브랜드 코디네이터(Dynamic Brand Coordinators)와 이스트코스트 비전 매니저(East Coast Vision Managers)들이[35] 파워포인트와 마인드맵과 그래픽을 잔뜩 실은 번지르르한 리포트를 전시하는 끝없는 내부 미팅 의례는 모두 본질적으로 내부 마케팅 활동이기도 하다.

우리는 수많은 보조적 불쉿 직업들이 어떻게 그런 내부 마케팅 의례를 중심으로 한데 뭉치는지 앞에서 보았다. 프레젠테이션이나 보고서를 만들기 위해 준비하고 편집하고 복사하고 그래픽을 제공하는 업무 같은 것들 말이다. 내가 보기에 이 모든 것은 경영 봉건제도의 원천적 특징이다. 한때 대학, 기업, 영화 스튜디오 등등이 비교적 단순한 지휘 계통과 비공식 후견인 네트워크의 조합에 의해 지배되었다면, 이제 우리 앞에는 펀딩 제안, 전략적 비전 자료, 개발팀 피칭 등의 세계가 놓여 있다. 그 세계에서 수용되는 새롭고 점점 더 무의미해지는 경영 계층제의 층위에는 복잡한 직함을 달고 기업 용어를 유창하게 쓰지만 자신의 관리하에 있는 일이 실제로 어떻게 수행되는지 직접 경험해 본 적이 없거나 혹은 그것을 잊으려고 무슨 일이든 해 온 사람들이 자리를 차지하고 있다.

결론

이 지점에서 오바마 대통령이 의료보험 개혁에 대해 했던 발언으로 돌아가 조각들을 짜 맞춰 보자. 오바마 대통령이 유지하려고 그토록 걱정했던 "100만 개, 200만 개, 300만 개의 직업들"은 지금까지 묘사한 바로 그런 과정에 의해 창출되었다. 시장 원리가 보건 산업에(이 경우에는) 공격적으로 적용되면서, 불필요한 행정직과 관리직 일자리가 여러 층으로 끝없이 분열하는 과정 말이다. 우리가 살펴본 거의 모든 것과는 살짝 다른 상황이다. 왜냐하면 미국 의료 보건 시스템은 부국으로서는 거의 유일하게, 언제나 대체로 민간이 중심이었기 때문이다.

그럼에도(실제로는 오바마 이후 더욱 그렇지만) 공공 영역과 민간 영역, 경제 영역과 정치 영역이 뒤엉키는 모습, 정부가 민간의 이윤을 보장하는 역할을 하는 모습이 똑같이 보인다. 이는 국민 건강 시스템이 부분적으로 민영화된 캐나다나 유럽에서도 보이기 시작한다. 어떤 경우든 (그리고 미국 의료보험 개혁의 경우 아주 의식적으로) 그런 이윤의 적어도 일부분은 고액 연봉에 특권도 누리지만 궁극적으로는 불쉿인 사무직을 만드는 데 틀림없이 재분배된다.

나는 인과율의 여러 층위에 대한 언급으로 이 장을 시작했다. 개인들이 불쉿 직업을 만들거나 수용하는 이유는 불쉿 직업이 특정 시공간에서 더 번성하는 이유와 절대 같지 않다. 또한 그런 역사적 변화를 밀어붙이는 더 깊은 구조적 힘은 대중과 정치가들이 반응하는 방식을 결정하는 문화적, 정치적 요인들과도 같지 않다. 이 장에서는 대체로 구조적 힘에 관해 이야기했다. 불쉿 직업들이 존재한지는 당연히 오래되었다. 하지만 최근 들어 무의미한 고용 형태가 엄청나게 늘어났고, 이와 함께 진짜 직업들이 갈수록 더 불쉿화되어 갔다. 이런 불쉿화의 증식은 서비스 부문의 성장과 어떤 식으로든 관련 있을 것이라는 대중적인 오해가 있지만, 그보다는 모든 면에서 금융의 중요성이 커지는 것과 관련이 있는 것으로 보인다.

기업 자본주의, 말하자면 대체로 생산이 관료제적으로 조직된 대형 회사 내에서 수행되는 자본주의 형태는 19세기 후반에 미국과 독일에서 처음 출현했다. 20세기 대부분의 기간 동안 대규모 제조 기업은 '대형 금융 기업'이라 불리는 것들의 이익과 대체로 별개로 움직였고, 어느 정도 적대적이기도 했다. 아침 식사용 시리얼, 또는 농업 기계의 생산을 주력으로 하는 회사 임원들은 자신을 투기자나 투자자들보다는 회사 내의 제조 라인 노동자들과 훨씬 비슷한 부류라고 여겼다. 회사 내부 조직에도 이런 입장이 반영되었다.

금융 부문과 임원 계급(말하자면 다양한 기업 관료제의 상층부)이 사실상 융합된 것은 1970년대의 일이었다. CEO들은 스톡옵

션으로 보수를 받기 시작했고, 전혀 관계가 없는 회사들을 이리저리 오가면서 자신이 해고할 수 있는 직원 숫자를 놓고 으스대기 시작했다. 이것은 더 이상 기업에 충성심을 갖지 못하는 기업 CEO들, 그리고 그들에게 어떤 충성심도 느끼지 못하는 노동자들에 대한 감독과 관리가 점점 더 심해지는 악순환의 출발점이 되었다.

더 심층으로 들어가면 이런 재편은 정치적 감수성의 변화에서 기술 연구 방향의 변화에 이르기까지 이후 발생할 거의 모든 것에 엄청난 영향을 미쳤다. 특히 의미심장한 예시를 하나 들어 보자. 1970년대로만 거슬러 올라가도 컴퓨터 사용에 열광하는 회사는 은행뿐이었다. 경제의 금융화와 정보산업의 만개, 그리고 불쉿 직업의 확산 사이에는 원천적인 관련이 있는 것으로 보인다.[36]

그 결과는 기존 자본주의 형태의 재측정이나 재조정에만 그치지 않았다. 그것은 여러 방식으로 과거의 것들과 깊은 단절을 가져왔다. 이렇게 말할 수도 있겠다. 불쉿 직업의 존재가 자본주의의 기본 원칙들을 위반하는 것처럼 보이기 때문에 많은 사람들에게 신뢰를 얻지 못한다면, 그것이 증식하는 한 가지 이유는 현재 시스템이 자본주의가 아니기 때문이라고. 아니면 적어도 애덤 스미스, 카를 마르크스, 혹은 루트비히 폰 미제스, 밀턴 프리드먼의 연구에서 볼 수 있는 종류의 자본주의는 아니다. 그것은 점점 더 지대 추출(rent extraction) 시스템으로 변해 간다.

이 시스템의 내적 논리, 마르크스주의자가 좋아하는 표현으로는 이 시스템의 "운동 법칙"이라는 것은 자본주의와는 전혀 다르다. 경제와 정치의 필수 조건들이 대체로 합병되었기 때문이다. 많은 면에서 이것은 영주, 봉신, 가신의 끝없는 계층제를 만들어 내는 똑같은 성향을 드러내는 중세의 고전적 봉건제도와 닮았다. 다른 면에서는(특히 그 경영주의적 에토스는) 심오하게 다르다. 그리고 전체 기구는 구식 산업자본주의를 대체하는 것이 아니라 그 위에 덧씌워져, 1000개의 지점에서 1000개의 상이한 방식으로 한데 융합된다. 그렇다면 상황이 너무나 혼란스러워서 그 한복판에 있는 사람들조차 어떻게 파악해야 할지 모르는 것도 놀랄 일은 아니다.

이것은 구조적 층위의 문제다. 다음 두 장에서는 문화적, 정치적 층위를 살펴보려 한다. 물론 여기서는 중립적일 수 없다. 무의미한 고용 형태의 존재가 왜 큰 사회적 문제로 여겨지지 않는지를 묻는 것은 적어도 그렇게 여겨져야 한다고 주장하는 것이나 마찬가지다. 내 2013년 글이 이런 면에서 촉매제로 작용한 것은 분명하다. 그 글은 이미 광범위하게 존재해 왔지만 문 밖에서는 어떤 목소리도 내지 못했던 감정, 즉 사회조직에 뭔가 아주 잘못되어 있다는 느낌을 포착했으며, 이런 이슈를 정치적 기준에서는 어떻게 생각해야 할지에 대한 사고의 틀을 제공했다. 이제 주장을 확대하여, 현재의 노동 분업이 지닌 더 큰 정치적 함의가 무엇인지, 또 이런 상황에 대해 어떤 조치를 취해야 할지 조금 더 체계적으로 접근해 보자.

6

우리는 왜
무의미한 고용이
늘어나는 것에
반대하지 않는가?

일부 동인도 사람들의 의견은 얼마나 공허한가? 그곳에 엄청나게 많은 유인원과 개코원숭이가 이해력도 있고 말도 할 수 있지만 사람들에게 고용되어 노역당할까 봐 말을 하지 않는 거라니 말이다.

— 앙투안 르그랑, 1675년경

앞에서 불쉿 직업의 증식을 낳은 경제적, 사회적 힘과 불쉿 직업이 그 종사자에게 끼치는 비참함과 정신적 고통을 살펴보았다. 그러나 이 명백하고 광범위한 고통에도 불구하고 수백만 명의 사람들이 매일 일터로 출근한다는 사실은 그들이 아무 일도 하지 않는 것이 이제껏 사회문제로 여겨지지 않았음을 확신시켜 준다. 불쉿 직업들을 비난하는 정치인이나 불쉿 직업이 증가하는 이유를 알아내고자 하는 학술회의도 없었고, 불쉿 직업의 문화적 영향을 토론하는 사설, 또 불쉿 직업을 철폐하자고 주장하는 저항운동도 보지 못했다.

상황은 오히려 정반대다. 정치가, 학자, 논설위원, 사회운동 등의 관여는 대개 직간접적으로 이 문제를 악화시키는 방향으로 작동한다.

불쉿 직업의 증가가 낳은 더 큰 사회적 결과를 검토해 보면 상황은 더 비정상적으로 보인다. 우리가 수행하는 일의 절반이 지워져도 전체 생산성에 큰 영향이 없다는 것이 정말 사실이라면, 왜 나머지 절반의 일을 재분배해서 모든 사람이 하루 네 시간만 일하지 않을까? 일주일에 나흘 일하고 1년에 넉 달씩 휴가를 가도 좋지 않을까? 아니면 그만큼 작업을 느긋하게 배치하는 방향은? 왜 전 세계의 작업기계를 정지시키려 하지 않을까? 무엇보다 지구온난화 속도를 늦추기 위해 할 수 있는 가장 효과적인 방법일 텐데.

100년 전 많은 사람들은 기술과 노동 절약 수단이 꾸준히 발전하면 지금쯤 그런 일이 가능해질 거라고 추측했다. 아이러니하게도 그들의 추측은 옳았을 것이다. 우리는 주 20시간, 혹은 주 15시간 노동도 어렵지 않게 달성할 수 있었다. 그런데도 어떤 이유에서인지 우리 사회는 수백만 명의 인간이 삶의 큰 부분을 스프레드시트를 입력하는 척하거나 홍보용 미팅을 위한 마인드맵을 준비하는 데 할애하는 편이 뜨개질을 하거나, 개와 놀거나, 개러지 밴드를 시작하거나, 새 요리법을 실험하거나, 아니면 카페에 앉아 정치 토론을 하고 친구들의 복잡한 다중 연애에 대해 잡담하는 것보다 낫다고 집단적으로 판단한 것이다.

어쩌다 이런 일이 벌어졌는지 이해하려면 대형 신문이나 잡지사 논설위원들이 어떤 계급의 사람들이 너무 열심히 일하니 일을 줄이는 게 좋겠다는 글을 써 줄 가능성이 얼마나 작은지 생각해 보면 된다. 특정 계급 사람들(젊은이, 가난한 사람들, 다양한 형태의 공적 부조를 받는 사람들, 특정 국적이나 인종 집단의 사람들[1])이 일하기는 싫어하면서 권리는 누리고, 패기나 동기가 부족하며 자기 손으로 벌어먹으려 하지 않는다고 투덜대는 글은 찾기 쉽다. 인터넷에는 그런 이야기가 사방에 널려 있다. 레이철이 4장에서 말했듯이, "페이스북을 검색할 때마다 우리 세대의 특권 의식이나 일하기를 꺼리는 성향에 대해 훈계하는 글을 만나게 된다." 위기가 닥치면, 그것이 생태적 위기일지라도, 집단적 희생에 대한 호출이 울려 퍼진다. 이런 호출은 항상 사람들을 더 많이 일하게 만드는 것 같다. 앞에서 말했듯이 생태학적 기준에서는 노동시간을 대폭 줄이는 것이 지구를 구하는 가장 빠르고 쉬운 길인데도 그렇다.

여론 필자들은 우리 시대의 도덕주의자다. 그들은 전도사의 현대식 버전이며, 일에 대해 글을 쓸 때도 노동을 신성한 의무로, 저주인 동시에 축복으로 규정하며, 인간을 선천적으로 죄에 물든 존재로, 할 수만 있다면 의무를 기피할 것이라 예상되는 게으른 존재로 보는 아주 오랜 신학적 전통을 반영한다.

경제학이라는 학문 분야는 도덕철학에서 출현했으며(애덤 스미스는 도덕철학 교수였다.) 도덕철학은 원래 신학의 한 분파였다. 수많은 경제학 개념들의 연원은 종교적 관념에 곧바로 연결된다. 그결과 가치에 관한 주장들은 언제나 약간의 신학적 뉘앙스를 띠고 있다. 원래 신학적인 것이던 노동 관련 개념들은 너무나 보편적으로 받아들여져서 의문이 생길 여지도 없다. 일반적으로 말해, 힘들게 일하는 사람들이 찬양의 대상이 아니라거나(그들이 무슨 일을 열심히 하든 상관없이), 일을 기피하는 사람들이 어떤 식으로든 경멸받지 않고 대중 토론에서 진지한 상대로 받아들여지기를 기대한다고 단언할 수 없다. 만약 정책이 직업을 창조한다고 누군가가 말하는데, 어떤 직업은 종사할 만한 가치가 없다고 대답한다면 용인되지 않을 것이다.(내가 이걸 아는 것은 가끔 정책 벌레들에게 그렇게 행동한 적이 있기 때문이다. 그저 내 대답이 주는 충격과 혼란을 보기 위해서 그랬다.) 이런 이야기를 하면 도발자, 코미디언, 미친 사람, 어쨌든 더 이상 논의를 계속하지 않고 자동적으로 기각해도 되는 부류로 취급받을 것이다.

도덕주의자들의 목소리가 불쉿 직업의 증식을 추문으로 만들지 말라고 설득하기에 충분할지 모르지만,(대중 토론에서는 모든 일이 신성한 의무로 취급받아야 하며, 따라서 어떤 일이든 아무 일도 하지 않는 것보다는 항상 더 낫다고 판단된다.) 자신의 직업이 문제될 경우 우리는 완전히 다른 기준을 적용하는 경향이 있다. 우리는 자신의 직업이 어떤 목적이나 의미가 있기를 기대하며, 그렇지 않다는 걸 알게 되면 크게 사기가 저하된다. 하지만 이것은 또 다른 질문으로 이어진다. 만약 일이 그 자체로 하나의 가치가 아니라면, 다른 존재에게는 어떤 식으로 가치를 가질까? 요컨대 사람들이 자기 직업을 하찮다거나 아무에게도 쓸모없다고 말할 때, 그들은 가치에 대한 주장을 제기하고 있다. 어떤 가치일까?

- - - - -

가치는 항상 논란이 많은 영역이다. 모든 사람이 바람직하다고 동의하는 뭔가가 있다고 하더라도('진실', '미', '사랑', '민주주의') 그것의 진정한 의미에 대해서는 절대 합의가 이루어지지 않을 것이다.(이상한 일이지만, 돈도 마찬가지다. 돈이 무엇인지에 관해 경제학자들은 진영이 나뉜다.) 하지만 우리 사회에서 일의 가치에 관한 논의는 특히 중요하게 다루어져야 한다. 왜냐하면 그 논의가 외부 관찰자가 보기에 기묘하고 뒤죽박죽이라 할 만한 결과를 가져왔기 때문이다.

앞으로 보게 되겠지만, 사람들은 자기 일의 사회적 가치를 인식하고 있다. 하지만 우리 사회는 일의 사회적 가치가 대개 그 경제적 가치와 반비례할 뿐만 아니라(어떤 사람의 일이 타인에게 이로울수록 보수는 더 적어진다.) 이런 상황을 많은 사람들이 도덕적으로 옳다고 받아들이는 지경에 이르렀다. 사람들은 이렇게 되어야 한다고 진심으로 믿는다. 쓸모없는, 심지어 파괴적인 행동에 상을 주어야 하며, 사실상 매일 노동하여 더 나은 세상을 만드는 이들에게 벌을 주어야 한다고 말이다.

이런 상황은 정말 잘못되었다. 그러나 이런 사태가 어떻게 벌어졌는지 이해하려면 애를 좀 써야 한다.

절대적 가치 척도란 없다

누군가 자신의 직업을 무의미하거나 하찮은 것이라고 설명할 때 그는 필연적으로 어떤 암묵적 가치이론을 따르고 있다. 무엇이 가치 있는 직업인지, 그러므로 무엇이 그렇지 못한 직업인지 모델이 있다는 말이다. 그러나 어떤 경우에도 그 이론이 정확하게 무엇인지 알아내기는 극히 어렵다. X라는 직업이 Y라는 직업보다 더 가치 있거나 쓸모 있다고 말할 수 있는 믿을 만한 측정 시스템을 고안하는 것은 더 말할 필요도 없다.

경제학자들은 '효용'을 기준으로 가치를 측정한다. 이는 어떤 상품이나 서비스가 수요나 필요를 만족시키는 데 어느 정도로 쓸모 있는가다.[2] 그리고 많은 사람들은 이와 비슷한 판단 기준을 자신의 직업에도 적용한다. 내가 대중에게 유용한 것을 제공하는가? 가끔 이 질문에 대한 대답이 자명할 때가 있다. 다리를 건설한다고 가정할 때, 강을 건너고 싶은 사람이 그 다리를 쓸모 있다고 본다면 그것은 가치 있는 과제다. 노동자들이 아무도 쓰지 않을 다리를 건설한 다면, 저 유명한 "어디에도 닿지 않는 다리"처럼 미국에서 지역 정치 가들이 가끔 연방 정부의 예산을 지역구로 끌어오기 위해 후원하는 다리 건설 사업에 참여한다면, 그들은 불쉿 직업에 종사한다고 결론 지을 가능성이 크다.

그런데 효용 개념에는 명백한 문제가 하나 있다. 뭔가가 '쓸모 있다'는 말은 그것이 다른 어떤 것을 얻기 위한 효율적인 방식이라 는 말과 같다. 드레스를 한 벌 산다면, 그 드레스의 '효용'은 부분적 으로는 어떤 재앙으로부터 당신을 막아 주거나 나체로 거리를 활보 하지 못하게 하는 법률을 위반하지 않았음을 확인해 주는 데 있지 만, 대체로는 당신이 근사해 보이고 기분이 좋아지는 정도를 나타낸 다. 그러면 왜 이 옷은 효용을 주는데 저 옷은 그렇지 않을까? 경제 학자들은 대개 이것이 취향의 문제이지 경제학의 문제는 아니라고 대답한다. 하지만 어떤 효용이든 충분히 따져 보면 다리처럼 상대적 으로 복잡하지 않은 것도 결국은 이런 주관적 문제로 귀착된다.

다리는 사람들이 강 저쪽으로 더 쉽게 건너갈 수 있게 해 준다. 하지만 왜 강을 건너고 싶은가? 늙은 친척을 만나러 가려고? 볼링하 러 가려고? 설사 야채 가게에 가기 위해서라 해도 그저 신체적 건강 을 유지하기 위해서만 야채를 사는 것은 아니다. 사람들은 장을 보 는 데서 개인적 취향을 표현하고, 민족적이거나 가족적인 전통도 유 지하며, 친구들과 술잔치를 벌이거나 종교적 명절을 축하할 수단도 얻는다. 이런 것들을 그저 '필요'의 언어만으로는 논의할 수 없다.

인간 역사의 많은 부분에서(현재 세계의 많은 부분에서도 이는 여전히 사실이다.) 가난한 사람들은 지역의 대부 업자에게 등골이 휠 정도로 빚을 지곤 했다. 부모에게 제대로 된 장례를 치러 주기 위해, 또는 아이들 결혼식을 올려 주기 위해 돈을 빌려야 한다고 생각하기 때문이다. 그들이 이렇게 해야 할 '필요'가 있었나? 분명히 그들은 그 필요를 강하게 느꼈다. 그리고 '인간적인 필요'에 대한 과학적 정의는(신체가 살아 있기 위해 필요한 최소한의 칼로리와 영양학적 요구 수준 및 다른 몇 가지 신체적 요인 이상의 정의가 없기 때문에) 언제나 주관적일 수밖에 없다. 대체로 필요란 타인들의 기대치에 불과한 것이다. 당신 딸에게 제대로 된 결혼식을 올려 주지 않는다면 가족의 불명예가 된다는 식이다.

따라서 거의 모든 경제학자들은 사람들이 무엇을 원해야 하는지를 판단하는 것은 의미가 없다고 결론지었다. 그저 그들이 원하는 것을 원한다고 받아들이고, 그것을 얼마나 효율적으로('합리적으로') 추구하는지에 대해 판단할 뿐이다. 노동자들은 대부분 이에 동의하는 것 같다. 앞에서 지적했듯이, 자기 직업이 기본적으로 무의미하다고 느끼는 이들은 절대로 "나는 셀카봉을 생산한다. 그건 바보같다. 사람들이 그런 멍청한 쓰레기를 사지 말아야 하는데."라든가, "누가 200달러짜리 양말을 필요로 한다는 거야?" 같은 말을 절대로 하지 않는다. 예외 사례 한두 건만 보아도 알 수 있다. 디트리히의 증언을 보자. 그는 주로 지역 교회에 공급되는 파티 용품을 만드는 회사에서 일했다.

디트리히 나는 광고용 사은품 상점 창고에서 오랫동안 일했다. 그것이 완전히, 전부 다 불쉿이었다는 말 외에는 무슨 말을 할지 모르겠다. 깨어 있는 시간의 상당 부분을 광대코, 재채기 가루, 플라스틱 샴페인

잔, 골판지로 된 야구 선수들 모형, 기타 온갖 무의미한 잡동사니와 물건들이 담긴 상자를 이리저리 질질 끌고 다니면서 보내고 나면 진정한 불명예라는 게 뭔지 알게 된다. 해가 갈수록 사업이 점점 더 힘들어지면서, 우리는 거의 내내 할 일 없이 창고 뒤편에 앉아 우리가 하는 일이 완전히 무의미하다는 것에 대해 생각했다.

설상가상 우리의 봉급 수표는 선홍색에 광대 얼굴이 그려져 있는 것이었는데, 어떤 은행에서든 직원들이 아주 재미있어했다. 그렇다고 자기들 직업은 얼마나 더 의미가 있다고 그러는지!

디트리히가 대체 왜 이 특정한 상품들의 집합에 화가 났는지 곰곰이 생각할 수도 있겠다.(약간 바보처럼 즐기는 게 무슨 잘못인가?) 내 짐작으로는, 오래 쓰지도 못할 허접한 물건 조달 업자를 위해 일하기로 결정한 것이 디트리히가 아니었기 때문인 것 같다. 이런 제품들은 어느 모로 보든 수명이 짧은 쓰레기, 내버려질 수밖에 없는 무용지물, '진짜' 물건과 '진짜' 가치에 대한 조롱 수준을 넘어설 수 없다.(심지어 돈도 조롱의 대상이었다.) 게다가 사은품 물건들은 그 특정한 이름에 담긴 '진짜' 가치를 거부하지 않는다. 자신들이 조롱한다고 주장하는 것에 실제 위협이 되지 않는다. 그래서 사은품 물건들이 제대로 된 조롱도 아니라고 말할 수 있는 것이다. 그것들은 조롱의 조롱이며, 진짜 전복적 내용이 거의 없는 수준으로 후퇴하여, 사회의 가장 지루하고 답답한 멤버들도 '아이들을 위해' 수용할 수 있는 물건이 된다.

강요된 유쾌함만큼 우울한 것은 없다. 그러나 디트리히의 경우와 같은 증언은 매우 드물다. 대부분의 경우, 직원들은 자기 업무의 사회적 가치를 평가할 때 2장에서 만난 특수효과 예술가인 톰이 소개했던 지위의 변종에 호소한다. "나는 가치 있는 직업이란 기존의 필요를 충족시키거나 이제껏 사람들이 생각하지 못했던 상품이나 서비스를 만들어 어떤 식으로든 삶을 고양시키고 개선하는 것이라고 생각한다." 이와 반대되는 것이 톰의 "미화 작업"인데, 유명 인사들의 이미지를 조작하여 청중들이 스스로를 매력적으로 느끼지 않게 만든 다음 제대로 효과가 없는 치료제를 파는 것이다. 텔레마케터들도 때로 비슷한 걱정을 표출한다. 그들이 하는 일도 대다수가 그냥 사기다. 은퇴자들을 구슬려 형편도 안 되고 절대로 읽지도 않을 잡지를 정기 구독하게 만드는 것이 왜 문제가 있는지 알려 주는 데 정교한 사회적 가치이론이 필요한 것은 아니다. 고객의 취향과 선호도를 판단하는 사람은 극소수다. 그들이 느끼기에 자신들이 진정으로 가치 있는 것을 전혀 제공하지 않았음이 입증된 것은 그들의 개입이 공격적이고 부정직했던 탓이 더 크다.

다른 반론들은 더 오래된 사회 비판 전통에 호소한다. 은행 직원이었던 루퍼트를 예로 들어 보자. 루퍼트는 금융이 그저 "고리대금을 통해 노동을 착취하는" 문제에 불과하기 때문에, "(은행의) 모든 부서는 어떤 가치도 창출하지 않으며, 그렇기 때문에 불셋"이라고 주장했다. 그가 여기서 지침으로 삼는 노동가치이론은 최소한 중세 유럽에서 유래하며, 상품의 진짜 가치는 그것을 만드는 데 투입된 노동이라는 가정에서 출발한다.

빵 한 덩이를 사고 돈을 낼 때 그 돈은 밀을 기르고 빵을 굽고 포장하고 운송하는 데 들어간 인간의 노력에 지불하는 것이다. 어떤 빵이 다른 빵보다 비싸다면, 그 빵을 생산하고 운송하는 데 노동이 더 많이 들었거나, 노동 가운데 일부를 다른 것보다 더 높은 품질로 (기술과 노력이 더 많이 들고 기교가 더 뛰어난 것이라고) 간주하기 때문이며, 따라서 다른 빵보다 돈을 더 낼 의사가 있기 때문이다. 이와 비슷하게 당신이 타인의 부를 사취한다면, 그러니까 루퍼트가 국제 투자 은행에서 자신이 하는 일이라고 느꼈던 그런 일을 한다면, 당신은 그 부를 창출하는 데 들어간 진짜 노동, 생산적 노동을 훔치는 것이다.

물론 타인을 등쳐 먹는 사람들이 있는(적어도 그런 것이 가능하다는) 상황에 도전하기 위해 이런 논지가 오랫동안 쓰여 왔다. 하지만 불쉿 직업의 존재 자체는 모든 노동 가치설에 대해 문제를 제기한다. 정말로, 모든 가치가 노동에서 나온다는 말은[3] 명백히 모든 노동이 가치를 생산한다는 말과는 다르다. 루퍼트는 결코 모든 은행 직원들이 게으름을 피운다고 생각하지는 않았다. 사실 그는 대부분이 아주 열심히 일한다고 생각했다. 단지 그가 볼 때 그들의 노동이 궁극적으로 달성하는 것은 타인이 수행한 모든 진짜 노동의 결실을 전용하는 영리한 방법을 만들어 내는 일이라고 느낀 것이다. 하지만 여전히 똑같은 문제, '진짜' 가치 창출 노동과 그렇지 않은 노동을 어떻게 구별하는가 하는 문제가 남는다. 머리 손질이 가치 있는 서비스의 제공이라면, 미용사의 투자 포트폴리오에 관해 조언하는 것은 왜 가치 있는 일이 아닌가?

그런데도 루퍼트의 감정은 드문 현상이 아니다. 그런 감정을 노동가치이론의 용어로 명시적으로 정리했다는 점은 특이하다고 볼 수 있지만, 그는 금융 및 관련 분야에 종사하는 많은 사람들이 분명히 느끼는 불편함을 표현한 것이다. 짐작건대 주류 경제학에서 활용할 만한 내용을 별로 찾지 못했기 때문에 그런 이론에 의거해야 했을 것이다. 현대 경제학자들 사이에서 지배적인 견해는 가치란 궁극적으로 주관적인 것이기 때문에 그런 감정을 정당화할 방법이 애당초 없다는 것이다. 그러므로 판단을 유보하고, 만약 어떤 상품이나 서비스(여기에 '금융 서비스'도 포함될 것이다.)에 대한 시장이 있다면 그것은 분명 누군가에게는 가치 있는 것이며 이 사실만 알면 된다는 가정에 의거하여 움직여야 한다.

앞에서 보았듯이, 어느 지점까지는 거의 모든 노동자가 경제학자들의 논리에 동의하는 것처럼 보인다. 적어도 일반 대중의 취향과 기질에 관해서는 그렇다. 하지만 자신의 직업 문제가 되면 그들의 경험은 흔히 시장이 언제나 믿을 만하다는 생각과 눈에 띄게 상충한다. 어쨌든 노동에도 시장이 존재하니까. 만약 시장이 언제나 옳다면, 종일 컴퓨터게임을 하고 왓츠앱(WhatsApp)으로 친구들과 잡담을 하면서 4만 달러 연봉을 받는 사람은 그들이 컴퓨터게임을 하고 잡담함으로써 회사에 제공하는 서비스가 실제로 4만 달러의 가치가 있다고 받아들여야 할 것이다. 이는 분명 사실이 아니다. 시장이 언제나 옳은 것은 아니다. 그러니 노동자가 가장 잘 아는 영역에서도 시장이 이렇게 신통치 않다면, 노동자가 직접 정보를 얻지 못하는 영역에서는 당연히 상품과 서비스의 진정한 가치를 평가하는 데 시장을 신뢰할 만하다고 차분히 전제할 수 없다.

불쉿 직업을 가졌거나 불쉿 직업의 종사자를 아는 사람이라면 누구나 시장이 절대적으로 옳은 가치 척도가 아니라는 것을 안다. 문제는 다른 것도 마찬가지라는 것이다. 가치에 관한 질문은 항상 최소한 조금은 혼탁하다. 몇몇 회사는 없는 편이 낫다는 데 거의 모두가 동의하겠지만, 이는 그들이 정확하게 판단할 수 있다기보다 모종의 본능에 기초한 판단일 가능성이 더 높다. 내가 만약 아직 발표되지 않은 지배적 상식을 조심스럽게, 최초로 밝혀내야 한다면 어쨌든 대다수가 톰의 입장과 루퍼트의 입장을 혼합한 형태로 행동하는 것 같다고 말하겠다.

즉 어떤 상품이나 서비스가 수요에 부응하거나 사람들의 삶을 개선시킨다면 진정 가치 있는 것으로 간주할 수 있지만, 단지 수요를 창출하는 데만 기여한다면 그럴 수 없다. 사람들이 스스로를 뚱뚱하고 못생겼다고 느끼게 만들거나 그들을 꾀어 빚을 지게 하고 이자를 떠안김으로써 수요를 창출하는 데만 그친다면 가치 있는 것이 아니다. 이 정도면 충분히 타당한 기준인 것 같다. 하지만 "사람들의 삶을 개선시킨다"는 것이 무슨 뜻인가 하는 질문에는 아직 답하지 않았다. 물론 모든 것이 그 대답에 달려 있다.

현대 사회 대다수 사람들은
왜 경제적 가치와 사회적 가치 개념을
별개로 받아들이게 되었을까?

그래서 다시 가치이론으로 돌아왔다. 실제로 사람들의 삶을 개선시킨다고 말할 수 있는 것은 무엇일까?

경제학에서 가치이론은 대체로 상품 가격을 설명하는 방식으로 활용되었다. 빵 한 덩이 가격은 공급과 수요의 우발성에 따라 오르내린다. 하지만 그 가격은 언제나 어떤 중심점, 즉 빵 한 덩이의 자연 가격이어야 하는 지점에 가까워진다. 중세 시대에 이것은 공공연히 도덕적 질문으로 간주되었다. 생필품의 '정당한 가격'을 어떻게 결정할 수 있다는 건가? 만약 전쟁 때 어떤 상인이 가격을 올린다면, 그가 스스로에게 지불하는 적절한 위험 수당은 어디까지이며, 어디쯤부터 그냥 바가지인가? 당시 법률가들이 생각해 낸 유명한 예시가 있다. 빵과 물로 살아가는 죄수 한 명이 자기 몫을 다른 죄수의 삶은 달걀 하나와 바꾸었다고 하자. 이것이 정말 자유 선택이라고 여길 수 있을까? 그들이 석방되었을 때도 그런 거래가 실행 가능하다고 볼 수 있을까?

　시장이 사물의 가치를 과소평가 혹은 과대평가할 수 있다는 생각은 아주 오래전부터 있어 왔다. 지금도 우리 상식에는 그런 생각이 포함되어 있다. 그렇지 않다면 바가지를 썼다거나 특히 좋은 거래를 성사시켰다고 말하는 것 자체가 불가능하지 않겠는가. 설사 주어진 상품의 '진짜' 가치가 정확하게 무엇인지, 그래서 얼마나 거래를 잘했는지를 계산할 만큼 믿을 만한 공식을 아직 누구도 생각해 내지 못했다 하더라도 말이다. 고려해야 할 요소가 너무 많고, 수량화할 수 없는 (감상적 가치, 개인적, 문화적 취향에 달린) 것들이 너무 많기 때문이다. 아마추어든 아니든 많은 경제학자들이 그런 일이 가능해져야 한다고 끈질기게 주장하는 것이 오히려 놀라운 일이다.

　많은 사람들은 저런 다른 형태의 가치들이 모두 어떤 면으로든 환상이거나 시장의 관심과는 무관하다고 주장한다. 예를 들면, 경제학자들은 흔히 가치가 궁극적으로는 효용과 다름없기 때문에 상품 가격은 시간이 흐르면서 점점 실제 시장가치에 가까워질 거라고 주장한다. 시간이 지남에 따라 상품 가격이 가까워지는 지점이 그것의 실제 시장가치임에 틀림없으니, 이것은 순수한 순환논법에 불과한데도 말이다. 마르크스주의자와 다른 반자본주의자들은 흔히 그보다 더 극단적인 입장을 취한다. 자본주의는 전체적 시스템이기 때문에, 시장이 그 밖에서 작동한다거나 시스템이 만들어 낸 것 이외의 다른 가치를 추구한다고 생각하는 사람들은 그저 스스로를 기만하고 있을 뿐이라는 입장 말이다.

　급진파 포럼에서 불쉿 직업의 개념을 소개하면 흔히 마르크스 이론에 흠뻑 젖은 누군가가 벌떡 일어나 내 생각이 틀렸다고 단언하곤 한다. 일부 노동자들이 혹시라도 자기 일이 무용하다고 생각할지 모르지만, 그 일 자체는 분명 자본주의를 위해 이윤을 생산하고 있으며, 현행 자본주의 시스템에서 중요한 것은 그것이 전부라고 말이다.[4] 문제의 미묘하게 까다로운 부분을 더 섬세하게 조율하는 다른 사람들은 또 내가 실제로 이야기하는 것이 명백히 마르크스가 "생산적"과 "비생산적" 노동, 그러니까 자본가를 위해 생산적이거나 비생산적인 노동이라고 규정한 용어 간의 차이와 관련이 있다고 설명할 것이다.

생산적 노동은 자본가가 이윤으로 추출할 수 있는 모종의 잉여 가치를 만든다. 다른 노동은 잘해 봐야 "재생산적"일 뿐이다. 그런 과제는 집안일이나 교육처럼(이런 노동이 언제나 주요 예시로 제시된다.) 노동자들을 살아 있게 해 주고 새 노동자 세대를 양육하여 미래에 수탈당할 '진짜' 노동을 할 수 있게 해 주는 필수적인 이차적 노동을 수행한다.[5]

자본가 본인들이 흔히 사태를 이런 식으로 보는 것은 분명히 사실이다. 예를 들면 기업체의 로비는 정부에 학교를 무엇보다 미래의 직원 훈련장으로 취급하도록 요구하는 것으로 악명 높다. 그런데 같은 논리가 반자본주의자들로부터도 나오는 것은 좀 이상해 보일 것이다. 하지만 어떤 점에서는 일리가 있다. 어중간한 수단으로는 절대로 효과를 내지 못한다고 말하는 한 가지 방식이니 말이다. 가령 공정 무역 커피를 주문하고 동성애자 프라이드 퍼레이드에 나가는 꽃마차를 후원하는 사람 좋은 자유주의자도 실제로는 권력 구조와 세상의 부정의에 어떤 중요한 방식으로도 도전하지 않고, 결국은 다른 차원에서 그런 것을 재생산할 뿐이다.

이는 중요한 요점이지만(성인인 척하는 자유주의자들은 짜증스러운 존재이니 이 점을 상기시켜 줘야 한다.) 적어도 내게는 자본주의 관점에서 볼 때 어머니의 사랑이나 교사의 수고는 그저 노동력의 재생산 수단일 뿐이고, 그래서 이 문제에 관한 다른 관점은 반드시 부적절하거나 착각이거나 틀렸다는 말로 비약하는 것이 문제다. 자본주의는 우리 존재의 모든 측면을 형성하고 끌어안아 전체를 만드는 유일한 시스템이 아니다. 애당초 '자본주의'를 거론하는 것 자체가 타당한지도 불분명하다.(예를 들면 마르크스는 한 번도 그렇게 부른 적이 없다.) 즉 '자본주의'란 어떤 식으로든 공장과 사무실에서 물질적 형태를 취하게 된 일군의 추상적 형태라는 뜻이 숨어 있는 것이다. 세계는 그 모든 것보다 더 복잡하고 혼잡하다. 역사적으로 공장과 사무실은 그런 이름으로 불리기 훨씬 전에 등장했고, 지금까지 여러 가지 상충하는 논리와 목적에 따라 작동해 왔다. 이와 비슷하게 가치는 그 자체로 항상 정치적 쟁점이었다. 누구도 그것이 무엇인지 확실하게 알지 못한다.

- - - - -

현재 사용되는 영어에서는 대체로 금, 돼지 뱃살, 골동품, 금융 파생물 따위의 가치를 지칭하는 단수형 '가치(value)'와, 가족적 가치들, 종교적 도덕성, 정치적 이념, 미, 진리, 성실성 등을 말할 때의 복수형 '가치들(values)'을 구분해서 쓴다. 기본적으로 우리는 경제문제를 이야기할 때 '가치'를 말한다. 그것은 대개 사람들이 노고에 대해 보수를 받는, 혹은 행동이 돈을 버는 방향을 지향하는 모든 인간적 노력이다. '가치들'은 그 외 경우에 해당된다. 예를 들면 집안일과 자녀 양육은 분명히 무급 노동의 가장 흔한 형태다. 따라서 우리는 '가족적 가치들'이 중요하다는 이야기를 끝없이 듣게 된다. 하지만 교회 활동, 자선 활동, 정치적 자원봉사, 거의 모든 예술적, 과학적 탐구도 보수를 받지 못하는 일이다. 설사 어느 조각가가 아주 부유해져서 포르노 스타와 결혼하거나, 정신적 지도자가 롤스로이스를 여러 대 소유하더라도 대부분의 사람들은 그들의 부가 원래 활동에 부수적으로 따르는 결과일 때만 합법적인 것으로 볼 것이다. 적어도 원래는 그들이 돈만 노리고 활동을 한 것이 아니기 때문이다.

돈은 정확한 수량적 비교를 가능케 하는 능력을 가져왔다. 돈은 이만큼의 무쇠가 과일 음료 몇 병이나 페디큐어 이용권이나 글래스턴베리 페스티벌 입장권 몇 장에 해당한다고 말할 수 있게 해 준다. 이는 뻔한 일 같지만 아주 깊은 함의를 담고 있다. 그것은 어떤 상품의 시장가치란 엄밀히 말해 다른 것들과 비교될 수 있는(따라서 교환될 수 있는) 정도임을 의미한다. 이것이 바로 '가치들' 영역에서 결여되어 있는 것이다. 가끔 어떤 예술 작품이 더 아름답다거나 한 신도가 다른 신도보다 더 독실하다고 말할 수는 있지만 얼마나 많이 독실한지 묻는다거나, 이 승려가 저 승려보다 다섯 배는 더 독실하다고 말한다거나, 이 렘브란트 그림이 저 모네 그림보다 두 배는 더 아름답다고 말하는 것은 이상하게 들린다.[6] 또 예술을 추구하느라 자기 가족을 소홀히 하거나 사회정의를 위해 법을 어기는 것이 얼마나 적법한지 계산하는 수학 공식을 만들어 내려고 애쓰는 것은 더욱 터무니없다. 사람들이 늘상 그런 결정을 내리는 것은 분명하지만, 정의상으로는 그런 결정이 수량화될 수 없다.

한 걸음 더 나아가, 이것이 바로 '가치들'의 핵심 가치라고 말할 수 있다. 어느 상품이 다른 상품과 정확하게 비교될 수 있기 때문에 경제적 '가치'를 갖는 것처럼, '가치들'은 다른 어떤 것과도 비교할 수 없기 때문에 귀중하다. 그것들은 각자 고유하고 환원 불가능한, 한마디로 말해 값을 따질 수 없는 것이기 때문이다.

'가치'와 '가치들'이라는 단어가 그런 복잡한 질문을 사고하는 법에 대한 상식적인 속기가 되어 버린 것 같다. 그래도 끔찍한 속기는 아니다. 하지만 이것조차 사물들이 실제로 어떻게 작동하는지의 정확한 재현이라기보다 어떻게 작동해야 하는지를 우리 머릿속에서 떠올릴 때의 이상형에 더 가깝다. 결국 삶은 경제와 다른 영역들로, 즉 전부 돈에 대해서만, 또는 최소한 물질적인 자기 이익에 대해서만 생각하는 영역과 사람들이 전적으로 다르게 처신하는 일련의 다른 영역들(정치, 종교, 가족 등)로 나뉘는 것이 아니다. 진짜 동기는 언제나 여러 가지 이유가 뒤섞여 있다. 여기서 인간 역사가 이어지는 거의 내내 이유를 이렇게 구분할 수 있다고 생각한 사람이 거의 없었으리라는 점을 강조해야 한다. 순수한 이기심이든 순수한 이타심이든 똑같이 괴상해 보였을 것이다. 사실 그것은 '시간을 판매한다'는 생각만큼이나 괴상하다.

그런 개념은 기원전 600년경 유라시아 대륙 전역에 비인격적 시장이 출현함으로써 가능해졌다. 주화의 발명 덕분에 이방인들이 오로지 물질적 이익에만 집중하면서 상호 접촉하는 시장이 만들어질 수 있었다. 중국이든 인도든 지중해 세계든 이러한 화폐시장이 출현한 곳마다 보편적 종교의 탄생이 뒤따랐다. 그런 종교는 언제나 물질적인 것은 중요하지 않다고, 또 경건한 자들은 이기심을 버리고 소유물을 자선에 내주어야 한다고 설교했다. 하지만 물질적 이기심과 이타적 이상주의, 즉 '가치'와 '가치들' 사이에 절대적인 방벽을 세우려는 시도는 한 번도 성공한 적이 없었다. 양쪽은 언제나 서로에게 침투하는 결과를 낳았다.

이 침투가 결코 일방적인 것이 아니라는 점이 강조되어야 한다. 종종 예술가, 이상주의자, 사제, 정치가 들이 개인적인 물질적 이득, 때로는 그보다 더 심한 것을 남몰래 추구하고 있었음이 드러난다. 하지만 비즈니스맨들이 자신의 명예나 성실성을 자랑 삼고 노동자들이 자기 일이 실제로 어떤 좋은 일을 하는지 고뇌하는 것도 마찬가지로 사실이다. 이것은 확실히 그들 직업의 더 큰 의미를 알고 싶어 했던 사람들의 일차적 고려 대상이었다. 대부분의 증언에서 나는 '의미 있다'란 대개 '도움이 된다'의 동의어이고, '가치 있다'란 '은혜롭다'의 동의어임을 이해했다. 사람들이 자신의 직업 가치에 대해 숙고하는 몇 가지 방식을 살펴보자.

자동차 영업 사원 나는 미국의 서브프라임 시장을 상대하는 대형 중고차 금융회사에서 일했다. 나는 내 직업이 회사 소유주들에게 주는 가치를 제외하면 실제로 어떤 가치가 있을지 자주 궁금해했다.

비행기 엔지니어 고위 관리자들은 바빠 보이려고 한 주에 쉰에서 예순 시간을 기꺼이 일한다.(그리고 부하들에게도 그렇게 하라고 권장한다.) 하지만 가치 있는 것을 생산하는 적은 한 번도 없다. 정말로, 만약 지식과 신기술이 부산물로 만들어진다면 그 직업에 약간의 가치가 있다고 주장할 수도 있다. 내 직업에서는 가끔 이런 일이 실제로 일어났다. 하지만 드문 예외에 가깝다.

텔레마케터 텔레마케터는 사회적 가치가 조금도 없는 직업이다. 적어도 수퍼마켓에서 선반 정리를 한다면 사람들에게 도움이 될 것이다. 야채나 수퍼마켓에서 판매하는 물품은 누구에게나 필요하니까. 그러나 텔레마케팅 업무에서 전화 호출은 본질적으로 시간만 낭비하는 짜증 전화다.

프리랜서 학술 번역가 오랫동안 나는 생태학에서 기업법까지, 사회과학에서 컴퓨터 과학에 이르기까지, 모든 학술 분야의 논문들을 번역해 왔다. 그런 논문의 절대다수는 인류에게 가치가 있을 만한 눈에 띄는 요소가 전혀 없다.

약사 나는 내 직업이 의미가 있을 것이며, 내 일이 사람들에게 도움이 되리라고 추측하여 의료업계에 들어갔다. 현실에서 나는 거의 모든 의료 분야가 카드로 만든 집이나 다름없음을 깨달았다. 의사들이 진정으로 도움이 되는 직업이라는 발상과 나는 싸우려고 한다.

공무원 이 직업들 모두 아무에게도 도움이 되지 못했다.[7]

십중팔구 이 중 어떤 것도 대다수 독자들에게 새로운 소식이 아닐 것이다. 대부분의 사람들이 자기 직업에 대해 추상적으로 성찰해야 할 때 이야기하게 될 방식이다. 에릭의 아버지가 에릭이 높은 보수를 주는 직업을 포기했다고 그를 "생각 없는 멍청이"라고 확실하게 야단친 뒤 한 말이다. "그래, 어쨌든 그 직업이 누구에게든 무슨 이익이 되겠어?"

위에 인용한 텔레마케터는 '사회적 가치', 즉 사회 전체에 가치로운 일이라는 개념에 공공연히 의지했다. 이 개념은 다른 설명에서도 주기적으로 등장했다.

주택 소유자 연합 관리자 주택 소유자 연합을 관리하는 일은 100퍼센트 불쉿이다. 부자들은 서로 모르는 한 무리의 부자들과 함께 콘도 빌딩을 산 다음, 다른 사람을 고용해 그곳을 관리하고 운영시킨다. 이 직업이 존재하는 유일한 이유는 소유자들이 서로를 좋아하지도 않고 신뢰하지도 않기 때문이다. 나는 이 일을 3년간 했는데, 사회적 가치라고는 눈곱만큼도 찾지 못했다.

또는 자료 최종 확인 담당자 나이절을 기억해 보라. 4장에서 인용한 나이절은 있지도 않은 오류를 찾아내기 위해 회사 멤버십 카드의 정보를 뚫어지게 바라보면서 수백 시간을 보낸다.

자료 최종 확인 담당자 내가 정말로 더 분명한 사회적 가치를 지닌 신청서(장기이식 등록이라거나 글래스턴베리 록 페스티벌 입장권 같은 것)를 처리했다면 기분이 좀 달라졌을지도 모른다.

이 두 가지를 나란히 놓아 보면 재미있다. 대부분의 사람에게 '사회적 가치'란 그냥 부나 여가를 만들어 내는 것만이 아니라는 점을 보여 주기 때문이다. 그것은 사회성을 만들어 내는 문제이기도 하다. 장기 기증은 사람들이 서로의 생명을 구할 수 있게 해 준다. 글래스턴베리 페스티벌은 사람들이 대마초를 피우면서 진흙탕을 걸어가서 좋아하는 음악을 연주하거나 듣게 해 준다. 즉 서로에게 즐거움과 행복감을 준다. 그런 집단적 경험은 "분명한 사회적 가치"로 간주할 수 있다. 반면 부자들이 서로를 쉽게 피할 수 있게 해 주는 데에는(최고 부유층은 거의 예외 없이 자기들 이웃을 싫어한다.) "사회적 가치란 조금도 없다."

자, 이런 종류의 '사회적 가치'는 분명히 측정할 수 없다. 내게 증언해 준 사람들 중 누구든 함께 앉아 일해 보면 사회에 무엇이 유용하거나 가치 있는지, 또는 그렇지 못한지에 대해 각자 생각이 조금씩 다름을 알게 될 것이다. 그렇기는 해도 그들은 모두 최소한 두 가지에는 동의했을 것이다. 첫째, 직업을 통해 얻는 가장 중요한 것은 생계비를 버는 것, 세계에 긍정적인 기여를 할 기회를 얻는 것이다. 둘째, 이 둘 사이에는 반비례 관계가 있다. 타인을 더 많이 돕고 이롭게 하는 일일수록, 사회적 가치를 더 많이 만들수록, 그에 대해 보수를 받을 가능성은 더 작아진다.

노동의 사회적 가치와
그 대가로 받는 금액의 반비례 관계

미덕은 그 자체가 보상이다.(virtutum omnium pretium in ipsis est.)

— 에픽테토스

2013년에 쓴 원 기고문에서 나는 이 점을 밝혔다. 왜냐하면 그 2년 전 참여했던 월가 점령 운동(Occupy Wall Street)에서 그 점을 깨달았기 때문이다. 운동의 지지자들, 특히 캠프에서 많은 시간을 보내기 위해 너무 많이 일하지만 행진에만 참여하거나 인터넷으로만 지지를 표명할 수 있었던 사람들로부터 가장 자주 들은 불평은 이것이었다.

나는 인생에서 쓸모 있는 일을 하고 싶었다. 타인에게 긍정적인 영향을 미치는 일, 아니면 적어도 누군가를 해하지는 않는 일 말이다. 그런데 이 경제의 작동 방식에 따르면, 평생 타인을 돌보면서 살려고 하면 보수가 너무 낮아 빚을 크게 지고 자기 가족도 돌보지 못한다.

그런 사태의 부당함에 대한 사그라들지 않는 깊은 분노가 있었다.[8] 나는 주로 나 혼자 그것을 "돌봄 계급(caring classes)의 반란"이라고 부르기 시작했다. 동시에 주코티 파크의 점거자들은 가끔 들러서 대화를 나누곤 하던 젊은 월가 주식 중개인들과의 대화를 꼬박꼬박 들려주었다. 그들이 이런 식으로 말하더라는 것이다. "이봐, 나는 당신네들이 옳다는 걸 알아. 나는 세상에 긍정적인 기여를 전혀 하지 못하고 있어. 시스템은 부패했고, 나도 아마 그 문제의 일부분이겠지. 10만 달러 이하의 봉급을 받고도 뉴욕에 살 방법이 있다면 당장 내일이라도 직장을 뜨겠어."

이미 살펴본 몇몇 증언에서도 이와 비슷한 딜레마의 메아리가 울린다. 애니의 사례를 생각해 보라. 그녀는 미취학 아동을 돌보는 여성들 가운데 결국은 집세를 내기 위해 그 직업을 떠나 사무직을 구하는 사람이 얼마나 많은지에 주목했다. 아니면 의학 연구자인 해니벌의 경우도 마찬가지다. 그는 "내가 하는 일에 대해 청구할 수 있는 보수의 액수는 그 일이 얼마나 쓸모 있는지에 완벽하게 반비례한다."라고 주장했다.

여기 진짜 문제가 있다는 것은 간단한 사고실험만으로도 입증할 수 있다. 어떤 계급의 사람들이 그냥 사라진다고 상상해 보라. 어느 날 아침 일어나 보니 간호사, 버스 운전수, 기계 정비공, 야채가게 직원, 소방수, 출장 요리사 등이 모두 다른 차원으로 이송되어 버렸다고 가정하면 즉각적이고 전면적인 재난이 벌어진다. 초등학교 교사들이 사라진다면 대부분의 초등학생들은 하루나 이틀 정도는 신이 나겠지만 그로 인한 장기적 영향은 더욱 큰 재난일 것이다. 예술가들이 사라진다면, 한동안은 데스메탈 대 클레즈머(klezmer, 동부 유럽 아슈케나짐 유대인들의 음악 전통 —옮긴이)의 상대적 장점에 대해, 혹은 연애 소설 대 SF 소설의 상대적 장점에 대해 토론하며 지낼 수는 있다. 물론 특정한 범주의 작가나 화가, 음악가가 갑자기 사라져도 무관심하거나 더 좋아하는 사람들도 있을 것이다. 그렇지만 다른 사람들에게는 세상이 훨씬 더 우울하고 음침한 곳으로 변할 것이다.[9]

그러나 펀드 매니저, 정치 컨설턴트, 마케팅 구루, 로비스트, 기업 변호사, 목수가 오지 않은 사실에 사과하는 일을 직업으로 가진 사람들에 대해서는 같은 이야기를 할 수 없다. 4장에 나온 핀은 자신의 소프트웨어 회사에 대해 "내가 월요일에 출근했는데 회사 건물이 사라졌더라도 사회는 물론 나도 상관하지 않을 것"이라고 말했다. 그리고 세상에는 그냥 사라진다면 세상이 훨씬 더 나아질 그런 사무실 건물들이 있다. 나는 이 책을 읽는 사람들도 당장 머릿속으로 그런 건물을 여러 개 떠올릴 수 있을 거라고 확신한다.

물론 이들 중 많은 수는 최고 연봉을 받는 사람들이다. 사실 조직의 최정상부에서 외견상 핵심일 것 같은 자리가 오랫동안 공석으로 있는데도 별다른 가시적 영향이 없고, 심지어 그 조직 자체에도 별 영향이 없는 경우가 상당히 자주 있다. 벨기에는 오랫동안 헌정상 위기를 연달아 겪는 바람에 일시적인 행정부 공백 상태(2010년 6월 총선 이후 지역과 언어의 불일치, 프랑스와 네덜란드와의 정치적 관계 등 여러 가지 이유로 내각이 구성되지 않다가 2011년 12월 6일에 내각이 출범함으로써 마무리된 사태를 말한다. —옮긴이)에 빠졌다. 수상이 없었고, 보건, 교통, 교육 담당 장관이 공석이었다. 이 위기는 상당 기간 동안(541일로 기록되었다.) 지속되었던 것으로 알려져 있다. 그런데도 국민들의 보건과 교통과 교육에서 눈에 보일 만한 부정적 영향은 생기지 않았다. 만일 이런 사태가 수십 년 지속된다면 상황이 다를지도 모른다. 하지만 얼마나 많이 다를지, 또 그로 인한 긍정적 영향이 부정적 영향을 능가할지 어떨지 분명치 않다.[10]

이와 비슷하게, 이 책을 집필할 무렵 세계 최고의 역동적 기업 가운데 하나로 여겨지는 우버에서 창립자 트래비스 캘러닉과 최고 집행부 여러 명이 사임했다. 우버는 "현재 최고경영자(CEO), 최고운영책임자(COO), 최고재무책임자(CFO), 최고마케팅책임자(CMO) 없이 작동하고 있다." 모두 외견상으로는 일상적인 회사 운영에 미치는 영향이 별로 없다.[11]

금융 부문에서 일하는 사람들, 또 전반적으로 지극히 고액의 봉급을 받는 사람들이 거의 한 번도 파업을 하지 않은 데는 이유가 있다. 1970년 아일랜드에서 은행이 6개월간 파업에 들어간 적이 있었다. 그런데 경제는 파업 조직자가 예상한 것처럼 정지 상태에 들어가지 않았고, 대부분의 사람들은 그저 계속해서 수표를 사용했으며, 수표가 하나의 통화 형태로 유통되기 시작했을 뿐 그 외에는 예전과 다르지 않게 흘러갔다. 그러나 2년 전 뉴욕에서 쓰레기 수거 업자들이 고작 열흘 동안 파업했을 때는 도시가 거주 불가능한 곳으로 변하는 바람에 정부가 그들의 요구를 들어주어야 했다.[12]

- - - - -

경제학자들 중 다양한 직업들의 전체적인 사회적 가치를 실제로 측정하려고 시도해 본 사람은 거의 없다. 대부분은 이런 생각을 일종의 헛수고라고 여길 뿐이다. 그러나 실제로 이를 시도해 본 사람들은 직업의 유용성과 보수 사이에 정말로 반비례 관계가 있다고 인정하는 편이다. 미국의 경제학자 벤저민 록우드, 찰스 네이선슨, 에릭 글렌 웨일은 2017년 논문에서 여러 종류의 고액 직업과 관련된 '외부 효과'(사회적 비용)와 '낙수 효과'(사회적 혜택)를 다룬 기존 문헌들을 샅샅이 훑어, 혹시 각 효과가 경제 전반에 가치를 얼마나 더해 주거나 덜어 가는지 계산할 수 있는지를 알아보려 했다. 그들은 주로 창의적 산업과 연관된 경우에는 관련된 가치가 너무 주관적이어서 측정할 수 없었지만, 다른 경우에는 대략적인 평가가 가능하다고 결론지었다.

저자들의 결론을 보자. 기여도를 계산할 수 있는 노동자들 가운데 사회적 가치가 가장 큰 작업자는 의학 연구자였다. 계산법에 따르면 이들이 보수 1달러를 받을 때마다 전체 사회적 가치가 9달러어치 늘어난다. 가치가 가장 적은 직업은 금융 부문 종사자들이었는데, 평균적으로 이들이 보수를 1달러 받을 때마다 순액 1.8달러의 가치가 사회에서 줄어든다.(그리고 물론 금융 부문 종사자들이 받는 보수는 매우 높다.) 다음은 전체적인 명세서다.[13]

— 의학 연구자 +9

— 학교 교사 +1

— 엔지니어 +0.2

— 컨설턴트, IT 전문가 0

— 변호사 −0.2

— 광고, 마케팅 전문가 -0.3

— 관리자 -0.8

— 금융 부문 종사자 -1.5

명세서는 이런 직업들의 전반적인 가치에 대해 사람들이 품었던 의혹을 많은 부분 확인해 줄 것으로 보인다. 가치들이 명기되어 있으니 보기에 좋다. 하지만 이 논문의 저자들은 최고액 연봉을 받는 전문직에만 집중했기 때문에 이 책의 논의에는 한정적으로만 활용할 수 있다. 학교 교사는 아마 목록에 오른 직종 가운데 적어도 평균적으로는 연봉이 가장 낮은 노동자일 것이다. 그리고 연구자들도 대다수가 아주 적은 돈으로 생계를 유지한다. 따라서 이 논문 결과는 확실히 보수와 유용성의 반비례 관계 가설과 모순되지 않는다. 하지만 고용의 전체 범위를 제대로 파악하려면 아주 다른 표본을 볼 필요가 있다.

아주 광범위한 샘플을 사용하는 그 같은 연구에 가장 근접한 것은 내가 아는 한 영국의 신경제재단(New Economic Foundation)이 진행한 연구다. 그 연구의 저자들은 "투자 분석에 관한 사회적 보상(Social Return on Investment Analysis)"이라는 방법을 적용하여, 고소득 셋, 저소득 셋의 대표적인 직업 여섯 가지를 검토했다. 다음은 그 연구 결과다.

시티의 은행가 연봉 500만 파운드, 보수 1파운드당 7파운드어치의 사회적 가치가 파괴되는 것으로 평가됨.

광고 회사 사장 연봉 50만 파운드, 보수 1파운드당 사회적 가치 11.5파운드 파괴.

세무사 연봉 12만 5000파운드, 보수 1파운드당 사회적 가치 11.2파운드 파괴.

병원 청소부 연봉 1만 3000파운드(시급 6.26파운드), 보수 1파운드당 10파운드어치의 사회적 가치를 발생시키는 것으로 평가됨.

재활용품 처리 노동자 연봉 1만 2500파운드(시급 6.10파운드), 보수 1파운드당 사회적 가치 12파운드 발생.

유아원 근무자 연봉 1만 1500파운드, 보수 1파운드당 사회적 가치 7파운드 발생.[14]

저자들은 이런 계산이 그럴 수밖에 없듯이 자신들의 계산이 어느 정도 주관적이며, 또 연구가 소득 서열 맨 위와 맨 아래에만 집중하고 있음을 인정한다. 그 결과 이 책에서 논의하는 직업 대다수가 제외되어 있다. 이 책에서 논의하는 직업들의 보수 수준은 대부분 중간 정도이며, 거의 대부분 적어도 사회에 미치는 혜택은 긍정적이지도 부정적이지도 않고 영(0)에 수렴하는 것으로 보인다. 그래도 이 정도만으로도 타인에게 혜택을 주는 일일수록 보수는 더 적어진다는 일반 원칙은 명백히 확인된다.

이 원칙의 몇 가지 예외가 있다. 의사가 가장 명백한 예외다. 의사들의 봉급은, 특히 미국에서는 봉급 서열 상층부에 속하지만, 그들이 이로운 역할을 한다는 사실은 반박할 수 없을 것이다. 그러나 여기에도 겉보기만큼 예외적 존재가 아니라고 주장할 만한 보건 전문가들이 있다. 앞에 언급된 약사 같은 사람들, 즉 대부분의 의사들이 인간의 건강이나 행복에 거의 기여하지 않고 지독하게 비싼 위약만 처방하고 있다고 확신하는 사람들 말이다.

　이것이 적절한 사례인지 아닌지 모르겠다. 솔직하게 말해 나는 이것을 판단할 능력이 없다. 하지만 적어도 1900년 이후 이루어진 수명 연장의 압도적 다수는 사실 의학적 치료법의 발전보다는 위생, 영양, 그 밖에 다른 공공 보건의 개선으로 인한 것이다. 흔히 인용되는 이 사실은[15] 병원에 고용된 (봉급이 아주 낮은) 간호사와 청소부가 실제로는 그 병원의 (봉급이 아주 높은) 의사들보다 보건상 긍정적인 결과를 얻는 데 더 공이 크다는 주장의 근거가 될 수 있다.

　몇 가지 안 되지만 다른 예외도 있다. 예를 들면 배관공과 전기 기사는 유용하면서 대우도 상당히 좋은 직업이고, 저소득 직업 중에서도 아주 무의미한 것이 몇 가지 있다. 하지만 크게 보아 앞서 말한 일반 원칙은 대체로 성립하는 듯싶다.[16]

　그러나 직업의 사회적 혜택과 보상 수준이 반비례하는 이유는 전혀 다른 문제다. 뻔해 보이는 대답 가운데 어느 것도 옳은 것 같지 않다. 가령 교육 수준은 봉급 수준을 결정하는 아주 중요한 요인이지만, 이것이 단순히 교육과 훈련의 문제라면 미국의 고등교육 시스템은 결코 지금과 같은 상태가 아닐 것이다. 그러니까 탁월한 훈련을 받은 박사 수천 명이 보조 교사로 지내면서 생계를 겨우 잇거나 심지어 구호 식품에 의존하여 살아가는 상황에 처하지는 않을 것이다.[17] 반면 이것이 단지 수요와 공급의 문제라면, 현재 미국에서 숙련된 간호사는 심각하게 부족하고 로스쿨 졸업생은 공급과잉 상태인데도 왜 미국의 간호사들이 기업 변호사들보다 훨씬 적은 보수를 받는지 이해하기는 불가능할 것이다.[18]

　그 이유가 무엇이든(나는 계급의 권력과 계급 충성도가 큰 관련이 있다고 믿는다.) 더욱 짜증 나는 점은 너무 많은 사람들이 그 반비례 관계를 인지하고 있을 뿐만 아니라 그것이 옳다고 여긴다는 사실이다. 고대 스토아학파가 주장했듯이, 덕성은 그 자체가 보상이라는 거다.

이런 식의 주장이 교사에 대해서도 제기되어 왔다. 초등학교나 중학교 교사가 높은 보수를 받으면 안 된다거나, 최소한 변호사나 사장만큼 많이 받으면 안 된다는 말을 흔히 듣는다. 왜냐하면 아이들을 가르치는 일을 할 때 돈이 일차적 동기가 아니기를 바라기 때문이다. 논리가 일관성 있게 적용되기만 한다면 이 주장도 나름대로 타당하다고 할 수 있다. 하지만 그런 적은 절대 없다.(같은 논리를 의사에게도 좀 적용했으면 좋겠다.)

사회를 이롭게 하는 사람은 좋은 보수를 받으면 안 된다는 견해는 만인평등주의(egalitarianism)의 왜곡이라고 할 수도 있다. 이것이 무슨 뜻인지 설명해 보자. 도덕철학자 제럴드 앨런 코언은 사회의 모든 구성원에게 소득이 균등해져야 한다고 주장했다. 그 주장은 다음의 논리를 근거로 한다.(아니면 적어도 이것이 내가 거칠게 내린 요약이다.) 그는 왜 어떤 사람들에게 다른 사람들보다 돈을 더 많이 주는지 묻는 것으로 시작한다. 보통 이를 정당화하는 논리는 이들이 더 많이 생산하거나 사회를 더 이롭게 하기 때문이라는 것이다. 그렇다면 이들이 왜 그렇게 하는지 물어야 한다.

첫째, 만약 어떤 사람들이 다른 사람들보다 더 재능이 많다면(아름다운 음성이나 희극 천재이거나 수학 도사), 우리는 그들이 '재능이 있다'고 말한다. 어떤 사람이 재능이라는 혜택을 이미 받았는데, 재능이 있다는 이유로 추가 혜택(더 많은 돈)을 또 주는 것은 타당하지 않다.

둘째, 만약 어떤 사람들이 다른 사람들보다 더 열심히 일한다면, 일할 능력이 더 많은(이것 역시 재능이다.) 덕분인지 아니면 더 열심히 일하기로 결심했기 때문인지 그 정도를 확정하기는 대개 불가능하다. 전자의 경우라면, 타인에 비해 타고난 강점이 있다는 이유로 추가 보상을 주는 것은 역시 이치에 맞지 않다.

셋째, 설사 어떤 사람들이 순수하게 자신의 선택에 따라 다른 사람들보다 더 열심히 일한다고 입증될 수 있다 하더라도, 그것이 이타적 동기에서 비롯하는지 확인되어야 한다. 즉 그들이 사회를 이롭게 만들고 싶어서 더 많이 생산했는지, 아니면 스스로에게 더 큰 보상을 주려는 이기적 동기 때문인지를 판단해야 한다.

넷째, 여기서 만약 그들이 사회적 부를 늘리기 위해 노력한 덕에 생산량이 늘었다면, 그 부의 정당하지 않은 몫을 주는 것은 그들의 목적과 상충된다. 그러니 이기적인 동기에 따라 일한 사람들에게 보상하는 것만이 도덕적 타당성을 가진다는 결론이 나온다.

다섯째, 인간의 동기란 일반적으로 잘 변하고 혼란스럽기 때문에 노동력을 이기주의자와 이타주의자로 단순하게 나눌 수 없다. 노력을 더 많이 하는 사람들에게 보상하거나 보상하지 않는 두 가지 선택지밖에 없다. 어느 쪽을 선택하든 일부 사람들의 의도는 좌절될 것이다. 첫 번째 경우 이타주의자들이 사회를 이롭게 하려는 의도가 좌절된다. 두 번째 경우 이기주의자들이 자신에게 이익을 주려는 시도가 좌절된다. 어느 것이든 하나를 선택해야 한다면, 이기주의자를 좌절시키는 것이 도덕적으로는 더 나은 감각이다.

여섯째, 따라서 사람들은 더 많은 노력이나 높은 작업 생산성에 대해

보수를 더 받지 말거나 다른 방식으로 보상받아야 한다.[19]

이 논리는 흠잡을 데 없다. 기저에 있는 수많은 가정은 당연히 다양한 근거로 반박될 수 있지만, 이 장에서 나는 균등한 소득 분배를 지지하는 도덕적 논거가 있는지 없는지에 대해서는 별 관심이 없다. 단지 여러 가지 면에서 우리 사회가 셋째와 넷째 논점을 포용하는 것으로 보인다고 주장할 뿐이다. 첫째, 둘째, 다섯째, 여섯째 논점은 제외된다. 가장 중요한 점을 보자면, 그것은 노동자를 동기에 따라 분류할 수 없다는 전제를 거부한다. 어떤 노동자가 어떤 종류의 경력을 거쳐 왔는지만 보면 되기 때문이다. 어떤 사람이 이 직업을 선택하는 데 돈 이외의 다른 이유가 있는가? 그렇다면 그들은 넷째 논점에 해당된다.

그 결과 사회를 이롭게 하기로 선택한 사람, 특히 은혜롭게도 자신이 사회를 이롭게 한다는 것을 알게 된 사람은 정말로 그런 일을 하면서 중산계급 수준의 봉급과 유급휴가, 넉넉한 은퇴 연금을 기대할 필요가 없다. 같은 기준에서, 오로지 돈 때문에 자신이 무의미하거나 해롭기까지 한 일을 한다는 것을 인식함으로써 고통받는 사람들은 바로 그런 이유로 더 많은 돈으로 보상받아야 한다는 분위기가 있다.

우리는 이 문제를 항상 정치적 차원에서 본다. 가령 영국에서는 8년간의 "내핍" 정책으로 인해 대중에게 직접적이고 명백한 혜택을 제공하는 거의 모든 사람들의 봉급이 삭감되었다. 간호사, 버스 운전수, 소방수, 철도 정보센터 근무자, 응급의료원…… 풀타임 간호사가 봉급이 적어서 자선 푸드뱅크에 의존하는 지경에 이르렀다.

하지만 여당은 이런 상황을 너무나 자랑스럽게 여긴 나머지, 간호사나 경찰관의 봉급을 올리자는 법안에 하원 의원들이 집단적으로 반대한 것으로 알려졌다. 같은 정당이 몇 년 전에는 세계경제를 거의 와해시켰던 시티은행 직원들에게 보상액을 크게 올리자는 악명 높을 정도로 제멋대로인 입장을 취한 적이 있다. 하지만 그 정부는 여전히 인기가 아주 높다. 공공선을 위한 집단적 희생이라는 기풍이 그런 직업 노선을 선택하는 바람에 이미 공공선을 위해 희생하고 있는 사람들에게 기형적일 만큼 큰 책임을 지우는 분위기가 조성되는 것처럼 보인다. 아니면 자기 일이 생산적이고 유용하다는 것을 아는 것만으로도 감사하게 여기라는 뜻인지도 모른다.

이는 애당초 노동(더 구체적으로는 유급 노동)이 그것 자체로 가치라고 가정해야만 말이 된다. 노동은 그 자체로 너무나 가치가 높기 때문에, 그 일을 선택하는 동기나 그 일이 미치는 영향 따위는 기껏해야 부차적 고려 사항에 불과할 정도다. "더 많은 일자리"를 요구하는 표지판을 흔드는 좌파 저항운동 행진자들을 뒤집으면 "취직을 해 봐!"라고 중얼거리면서 지나가는 우파의 관망자가 된다.

노동이 선(善)이라는 데는 합의가 별로 없지만 일하지 않는 것이 아주 나쁘다는 데는 광범위한 합의가 있는 것으로 보인다. 딱히 좋아하지 않는 일을 원하는 정도 이상으로 더 힘들게 일하지 않는 사람은 나쁜 사람이며, 식객이고, 게으름뱅이이고, 동정이나 공적부조를 받을 자격이 없는 경멸스러운 기생충이라는 시각에 대한 합의 말이다. 이 감정은 "근면하게 일하는 사람들"(적당하게만 일하는 사람들은 어떨까?)의 고통에 반대하는 진보적 정치가들의 주장에서나 게으름뱅이와 "복지 정책의 부당한 수혜자들"에 대한 보수파들의 주장에서나 비슷하게 공명하고 있다.

더욱 충격적인 사실은 동일한 가치가 이제는 맨 윗자리에도 적용된다는 것이다. 지금은 게으른 부자들에 대한 이야기가 더 이상 들리지 않는다. 그런 자들이 사라졌기 때문이 아니라 그들의 게으름이 찬양받지 않기 때문이다. 1930년대 대공황 기간 동안 가난해진 관객들은 플레이보이 백만장자들의 연애 행각을 그린 상류사회 영화를 좋아했다. 그러나 요즘 사람들은 영웅적인 CEO와 새벽부터 한밤중까지 일하는 그들의 일중독 스케줄을 그린 이야기에 더 흥미를 느낀다.[20] 영국의 신문과 잡지들은 알고 보니 매주 의례적 역할을 준비하고 수행하는 데 너무나 많은 시간을 써야 해서 사생활을 누릴 여유가 거의 없는 왕실 가족에 대해서도 비슷한 이야기를 써 댄다.

이처럼 일 자체가 목적이 되어 버린 윤리에 관해 언급한 증언이 많았다. 클레멘트는 "미국 중서부 소재 공립대학에서 장학금 수여 여부를 평가하는 불싯 직업"이라고 묘사한 직업에 종사했다. 거의 모든 시간이 그렇지만 업무가 없을 때 그는 인터넷을 통해 대안 정치적 시각에 친숙해지는 데 많은 시간을 보냈고, 마침내 자신의 사무실을 거쳐 가는 많은 돈이 미국이 이라크와 아프가니스탄에서 벌이는 전쟁에 긴밀하게 연결되어 있음을 깨닫게 되었다. 그래서 동료들이 경악하거나 말거나 그 직장을 떠나 훨씬 더 낮은 연봉을 받는 지방의회 일자리를 얻었다. 클레멘트의 말에 따르면, 새 직장 일이 더 힘들지만 "적어도 그중 일부는 재미있고 인류에 도움이 된다."

이전 직업에서 클레멘트가 혼란스러웠던 것 중 하나는 직장 구성원 모두가 서로에게 책임이 너무 많아 압도당한 척해야 한다고 생각하는 부분이었다. 실제로는 할 일이 거의 없는 것이 명백한데도 말이다.

클레멘트 동료들은 일이 얼마나 분주해질지, 또 자신이 얼마나 열심히 일하는지 자주 논의했다. 그런데 실제로 그들은 오후 2~3시면 꼬박꼬박 퇴근한다. 이처럼 명명백백한 현실을 공공연히 부정하는 현상을 뭐라 불러야 할까?

자신과 타인의 가치를 평가하는 기준을 스스로 하지 않았으면 하는 일을 얼마나 열심히 하는가에 두라는 압박이 머릿속에 계속 떠오른다. 내가 볼 때는 주위 공기에 이런 태도가 만연해 있다. 우리는 잡담할 때 드러나는 사교적 반응처럼 그것을 코로 들이마셨다가 내쉰다. 그것은 여기 나오는 사회적 관계의 지도 원리 가운데 하나다. 유급 노동을 통해 자신의 심신을 파괴할 각오가 되어 있어야 올바르게 사는 것이라고 말이다. 우리가 아이들 또는 다른 어떤 것을 위해, 빌어먹게도 종일 일하느라 만나지 못하는 누군가를 위해 희생하고 있다고 믿어야 하는가?

클레멘트는 이런 종류의 압력이 게르만-프로테스탄트에 물든 미국 중서부 문화에서 특히 첨예하게 가해진다고 느꼈다. 청교도주의를 거론하는 사람도 있었다. 하지만 그런 감정이 프로테스탄트나 북대서양 지역에 한정된 것으로 보이지는 않는다. 다양한 정도와 강도가 다를 뿐 어디에나 존재한다. 그리고 만약 노동의 가치가 부분적으로는 "하지 않았으면 하는 바로 그것"인 데서 나온다면, 우리가 했으면 싶은 것은 일이 아니라 놀이와 취미, 혹은 여가 시간에 하고 싶어지는 것들과 더 비슷하고, 그래서 물질적 보상을 받을 자격이 적은 것임은 당연하다. 아마 보수를 전혀 받지 말아야 하는지도 모른다.

이것은 내 경험과도 공통점이 있다. 대부분의 학자들이 처음에는 지식을 사랑하고 사상들에 가슴이 뛰기 때문에 그 경력에 이끌린다. 어쨌든 박사 학위를 따기 위해 7년을 보낼 능력이 있는 많은 사람들은 그와 똑같이 3년 동안 로스쿨에 다닐 수도 있고, 그래서 몇배는 더 높은 초봉을 받을 수도 있다. 그런데도 같은 학과의 두 학자가 만나면 대개는 커피 잔을 놓고 아옹다옹할 뿐 지식에 대한 사랑이나 사상에 대한 흥분감을 최대한 드러내지 않는다. 그보다는 거의 예외 없이 행정 업무에 얼마나 짓눌리고 있는지 투덜댈 것이다.

사실 이렇게 되는 이유가 부분적으로는 학자들이 실제로는 읽고 쓰는 데 쏟을 시간이 점점 줄어들고, 행정적 문제를 처리하는 데 점점 더 많은 시간을 쓰는 방향으로 변하는 데 있다.[21] 하지만 설사 자신은 새롭고 신나는 지적 발견을 향해 매진하지만 타인들은 일을 즐기지 않는다면, 자신의 일을 즐기는 것처럼 행동하는 것이 사려 깊지 못한 행동으로 보일 수도 있다. 일부 학술적 환경은 다른 곳보다 더 반지성적이다. 하지만 어디에 가든 최소한 각자가 지닌 소명의 즐거운 측면, 말하자면 성찰 같은 것은 보수를 받는 종류의 일이 아니라는 느낌이 있다. 그런 것은 대체로 서류 작성 같은 자신의 진짜 업무를 끝낸 뒤 이따금 허용되는 취미로 간주된다.

학계 사람들은 연구 논문이나 논평을 써 주고 보수를 받지 않는다. 그러나 적어도 그들에게 봉급을 주는 대학교들은 아무리 내키지 않더라도 연구가 그들 직업의 일부분임을 인정한다. 이에 비하면 비즈니스 세계는 상황이 더 나쁘다. 예를 들면 내가 2013년에 쓴 글에 대해 뉴욕대학교 작문 교수인 제프 슐렌버거는 블로그에서 많은 사업체들이 어떤 식으로든 기분 좋은 일이 있다면 그에 대해서는 보수를 주지 말아야 한다고 느낀다고 지적했다.

그레이버가 말하는 불쉿 직업 속에는 도덕적 명령이 담겨 있다. "만약 뭔가를, 어떤 일을(그게 무엇이든 상관없다.) 하느라 분주하지 않는다면 당신은 나쁜 인간이다." 하지만 그 논리의 이면은 다음과 같은 내용으로 보인다. 만약 X라는 행동을 하기 좋아한다면, 그 행동이 가치 있고, 의미 있고, 본질적 보상을 준다면, 그것에 대해 (많은) 보수를 기대하는 것은 잘못이다. 설사 (특히) 타인들이 이익을 얻게 되는 일이라도 공짜로 해 주어야 한다. 다른 말로 하자면, 우리는 당신이 좋아하는 일을 (무보수로) 하는 데서 혜택을 얻지만, 당신은 싫어하는 것을 해야만 생계를 이을 수 있도록 계속 제재할 것이다.

그는 번역 작업을 예로 들었다. 글 한 토막이나 서류를, 특히 사무적인 기업용 서류를 한 언어에서 다른 언어로 번역하는 것을 재미로 하는 사람은 많지 않다. 그런데도 어떤 이유에서든 사람들이 돈보다는 다른 이유로(예를 들면, 언어 능력을 완벽하게 다듬으려고 노력하는 중이어서) 그런 일을 한다고 생각할 수 있다. 따라서 임원들 대부분은 번역 작업이 필요하다는 말을 들으면 제일 먼저 본능적으로 누구든 그 일을 공짜로 해 줄 사람을 구할 수 없을까 생각한다. 그런데 바로 이런 임원들이 '창의적 개발 담당 부회장'이나 그 비슷하게 아무 일도 하지 않는 사람들에게는 기꺼이 후한 연봉을 책정한다.(사실 이런 임원들 자신이 창의적 개발 담당 부회장인 경우도 있는데, 그들이 하는 일은 공짜로 일해 줄 사람을 어떻게 구할지 궁리하는 것 외에는 없다.)

슐렌버거는 새로 생겨난 "자발적 노동자(voluntariat)"와 함께, 유급 노동이 아니라 무급 인턴들, 인터넷 광신도들, 활동가, 자원봉사자, 취미로 일하는 사람들의 결과물을 점점 더 많이 거두어 가고 대중의 열성과 창의성의 결과물을 "디지털 소작료"로 사유화하여 그 산물을 판매하는 자본가 기업에 대해 이야기한다.[22] 본말이 전도된 일이지만, 무료 소프트웨어 산업이 이 측면에서 패러다임이 되었다.

파블로의 사례를 기억할지 모르겠다. 2장에서 임시 땜질 개념을 소개한 사람 말이다. 소프트웨어 엔지니어링은 핵심 기술을 개발하는 흥미롭고 도전적인 작업과 상이한 핵심 기술들이 함께 작동할 수 있게 해 주는 지루한 "덕트테이프로 임시 땜질하기" 작업으로 나뉜다. 프로그램을 설계할 때 여러 기술이 호환 가능한지는 전혀 고려되지 않기 때문이다. 그러나 파블로가 말하고자 하는 핵심은 오픈소스(open source, 무상으로 공개된 정보를 공유하는 소프트웨어. 소프트웨어가 어떻게 만들어졌는지 알 수 있도록 소스코드를 공개하는 것을 말한다. 소스코드를 알면 그 프로그램이나 소프트웨어가 어떻게 구성되어 있는지 알 수 있다. ― 옮긴이)가 정말 흥미 있는 과제는 공짜로 처리된다는 뜻으로 해석되는 경향이 점점 강해진다는 것이다.

파블로 20년 전에는 회사들이 오픈소스 소프트웨어를 중요시하지 않고 핵심 기술들을 회사 내에서 개발했다. 그런데 요즘 회사들은 오픈소스에 크게 의존하며 소프트웨어 개발자들을 채용하여 거의 공짜로 얻은 핵심 기술들을 땜질해서 쓴다. 결국 직원들은 근무시간에는 재미도 없는 임시 땜질 작업을 하고, 핵심 기술을 개발하는 즐거운 작업은 퇴근한 뒤 밤중에 하게 된다.

이는 흥미로운 악순환으로 이어진다. 사람들이 핵심 기술을 다루는 작업을 무보수로 하기로 하는 한 어떤 회사도 핵심 기술에 투자하지 않는다. 투자가 부족하면 곧 핵심 기술이 완성되지 않고, 품질이 낮으며 마감이 거칠고 버그가 생기는 등의 사태가 자주 일어나게 된다. 그러면 또 땜질이 필요해지고 임시 땜질꾼 일자리가 늘어난다.

모순적이게도 소프트웨어 엔지니어들이 창의적 노동을 오로지 즐거움을 위해 무료로, 인류에 대한 선물이라는 의미로 온라인에서 협업할수록, 다른 소프트웨어들과 호환되게 만들려는 동기는 줄어든다. 또한 그들과 같은 엔지니어들이 소프트웨어들 간의 충돌로 인한 손상을 보수하기 위해 정식으로 직장에 고용될 필요가 커진다. 그런 일자리는 무보수로는 아무도 하려고 하지 않을 종류의 관리 작업이기 때문이다. 파블로는 이렇게 결론짓는다.

> **파블로** 짐작건대 우리는 다른 산업에서도 동일한 역학을 보게 될 것 같다. 가령 사람들이 무보수로 새 기사를 쓰고 싶어 한다면 전업 기자에게 봉급을 줄 사람은 아무도 없을 것이다. 대신 돈은 홍보와 광고 산업으로 흘러 들어간다. 그러다가 결국은 자금이 부족해져서 뉴스의 품질이 떨어지게 된다.

이런 현상은 이미 시작되었다고 주장할 수 있다. 신문사와 뉴스 서비스 업체들이 고용하는 실제 기자 수가 점점 줄어들고 있으니 말이다. 여기서 내 목적은 이런 풍조에서 형성된 복잡하고도 구태의연한 노동 구도를 까발리려는 것이 아니라, 단순히 그런 풍조가 존재한다는 사실 자체를 기록하려는 것이다. 노동에 대한 태도가 변했다. 왜? 어째서 그처럼 많은 인간들이 비참하고 불필요한 노동이 실제로는 무노동보다 도덕적으로 더 우월하다고 여기는 지경에까지 이르렀을까?

여기서 노동이라는 관념 자체가 변해 온 역사를 검토해야 한다.

노동에 대한 우리 태도의
신학적 뿌리

인간은 가시적인 우주 속에서 신을 닮은 모습으로 만들어졌다. 그는 지구를 지배하기 위해 그곳에 배치되었다. (······) 인간만이 노동할 수 있고, 인간만이 일을 하며, 일을 함으로써 지상을 점령한다.

—교황 요한 바오로 2세,
『노동하는 인간(Laborem Exercens)』(1981)에서

노동이란 전적으로든 부분적으로든 일 자체가 주는 즐거움 외의 다른 장점을 염두에 두고 수행된 심신의 행동으로 규정할 수 있다.

—앨프리드 마셜, 『경제학 원리(Principles of Economics)』(1890)에서

'일'이란 무엇인가? 우리는 보통 일을 놀이의 반대로 본다. 한편 놀이란 대개 그것 자체를 위해서나 재미를 위해 하는 행동, 아니면 그저 그것을 하는 것 자체를 목적으로 하는 행동으로 규정된다. 따

라서 일이란 그 자체를 위해 하지는 않는, 그 자체로는 절대 수행하지 않을, 아니면 확실히 그리 오래 하지는 않을 행동이며, 뭔가 다른 어떤 것을 완수하기(예를 들면 음식을 얻기 위해, 혹은 영묘를 짓기 위해) 위해서만 수행할 전형적으로 귀찮고 반복적인 행동이다.

거의 모든 인간 언어에는 적어도 대략이나마 '일'로 번역할 수 있는 단어가 있지만 '일', '놀이', '가르침', '배움', '제의적', '양육'이라고 지칭할 수 있는 것들 사이의 정확한 경계는 문화에 따라 아주 크게 달라지는 경향이 있다. 오늘날 세계 거의 모든 지역에서 일에 관한 감수성을 형성하게 된 특정한 전통은 지중해 동부 지역에서 유래한다. 지중해 동부에서 그 단어는 창세기 초반의 장들과 그리스 서사시인 헤시오도스의 작품 속에 기록되어 있다. 에덴동산 이야기와 프로메테우스 신화에서 인간이 일을 해야 한다는 사실은 신성한 창조주에게 도전한 벌로 간주되었다. 그러나 동시에 두 이야기 모두 인간 자신의 식량, 의복, 도시, 그리고 궁극적으로 우리 자신의 물질적 우주를 생산하는 능력을 주는 일 그 자체는 창조에 들어 있는 신성한 힘의 더 소박한 버전으로 소개되어 있다.

실존주의자들이 좋아하는 표현에 따르면, 우리는 자유로워질 운명을 타고났으며, 우리 의지에 반하여 창조라는 신적 힘을 휘둘러야 한다. 우리 대부분은 흙에서 식량을 얻기 위해 손에 못이 박히고 상처를 입도록 일하는 것보다는 사실 에덴동산에서 동물들에게 이름을 지어 주고, 올림포스산에서 넥타르와 암브로시아를 실컷 마시며, 젖과 꿀이 흐르는 풍요의 나라에서 요리된 거위가 우리 식탁에 날아오르는 것을 보고 싶어 한다.

이제는 이것이 단순히 일에 대한 우리 공통의 정의가 된 두 가지 핵심 특징을 각각 시적으로 표현하여 끼워 넣은 것이라고 주장할 수 있다. 첫째, 일은 우리가 정상적인 상태라면 하고 싶어 하지 않을 어떤 것이다.(그러니 그것은 벌이다.) 둘째, 우리는 일 자체를 넘어선 어떤 것을 완수하기 위해 어찌 되었든 일을 한다.(그리하여 창조가 이루어진다.) 하지만 이 "일 자체를 넘어선 어떤 것"이 '창조'로 인지되어야 하는지는 자명하지 않다. 사실 조금 이상하다. 어쨌든 거의 모든 일이 뭔가를 '창조하는' 것이라고 할 수 없다. 대개의 경우 일은 사물을 관리 유지하고 재배치하는 문제다.[23] 커피 잔을 예로 들어 보자. 우리는 그것을 한 번 '생산'한다. 그리고 천 번은 더 '씻는다'. 심지어 '생산적인' 것이라고 생각하는 일도(감자 재배, 삽 생산, 컴퓨터 조립 등) 얼마든지 이미 존재하는 재료와 요소들을 돌보고, 변형시키고, 재형성하고, 재배치하는 것으로 보일 수 있다.

우리가 생각하는 '생산' 개념, 그리고 일이 그 '생산성'에 따라 규정된다는 가정이 본질적으로 신학적이라고 말하는 것은 이 때문이다. 유대-기독교의 신은 무(無)로부터 우주를 창조했다.(이런 생각 자체가 좀 특이하다. 대부분의 신은 기존의 재료를 써서 작업하니까.)

신의 후대 숭배자들, 그리고 그들의 후손들은 스스로를 이 측면에서 신을 모방하라는 저주를 받은 자로 여기게 되었다. 그것에 들어가는 손놀림, 어떤 의미로든 '생산'으로 간주할 수 없는 거의 모든 인간 노동이 사라지게 되는 방식은 대체로 성별에 따라 달성된다. 에덴동산에서 지상으로 전락하는 이야기에 나오는 낯익은 구절들에서, 신은 남자에게 땅을 갈도록 지시하고("네 눈썹에 맺힌 땀방울로 밥을 먹을 것이다.") 여자에게는 그와 비슷한 불행한 여건에서 자식을 낳으라고 지시했다.("출산의 고통을 아주 크게 만들 것이다. 고통스러운 출산으로 너는 아이를 낳을 것이다.")[24] 그리하여 남성의 '생산적' 노동은 출산과 대등한 것으로 설정되었다. 출산은 남성의 관점에서 볼 때(여성의 관점에서 본다면 별로 그렇지 않겠지만, 여기 소개된 것은 다분히 남성의 관점이다.) 순수한 무로부터의 창조에 아주 가까운 것(완전한 형태를 갖춘 상태로 무에서 출현하는 아기)을 인간이 수행하는 것이다.

하지만 그것은 고통스러운 '노동(labour, 출산이라는 뜻도 있다. ―옮긴이)'이기도 하다. 이 개념은 예를 들면 사회과학자들이 '생산'과 '재생산'을 이야기하는 방식에 지금도 남아 있다. 어원학적으로 영어의 produce는 '가져오다' 혹은 '꺼내다'라는 의미의 라틴어인 producere에서 유래한다. 말하자면 그는 "망토 밑에서 칼을 꺼냈다." 또는 "그녀는 핸드백에서 지갑을 꺼냈다."와 같은 식이다. '생산'과 '재생산'이라는 두 단어가 기초하는 핵심적 은유는 동일하다. 한쪽에서는 사물이 완전한 형체를 갖추고 공장에서 뛰어나온다. 다른 쪽에서는 아기들이 완전한 형체를 갖추고 여성의 몸에서 뛰어나오는 것처럼 보인다.

물론 둘 다 사실이 아니다. 하지만 수많은 가부장적 사회 질서에서 그렇듯이, 남성은 스스로를 사회적으로 혹은 문화적으로 행동하는 존재로, 또 여성을 자연스럽게 행동하는 존재로 여기기를 좋아한다. 따라서 '생산'은 자녀 출산에 대한 남성 판타지의 변형인 동시에 순전히 정신과 말의 힘을 통해 우주 전체를 창조한 남성 창조주신의 행동이다. 이와 비슷하게 남자들은 스스로를 자신의 마음과 완력에 의해 세상을 창조하는 존재로 보며, 그것이 '일'의 본질이라고

본다. 이 착각이 성립할 수 있으려면 정돈하고 유지하는 실제 노동
은 여성들에게 떠넘겨야 한다.

완전한 어른이 되기 위한 필수 요소

북부 유럽식 유급 노동의 기원

이런 종류의 사유에서는 신학적 기원을 강조하는 것이 핵심이다. 현대 경제학의 핵심적 가정 대부분은 원래 신학적 논쟁으로 소급될 수 있다. 예를 들면, 우리는 유한한 세상 속에서 무한한 욕망을 지니는 저주를 받았고, 그렇기 때문에 당연히 서로 경쟁하면서 살아간다는 아우구스티누스의 주장은 17세기 토머스 홉스의 주장에서 세속적 형태로 다시 등장했으며, 인간의 합리적 행동은 대체로 경쟁적 세계에서 합리적 주체(rational actors)에 의해 희소한 자원을 최적으로 할당하는 '경제화'의 문제라는 주장의 기초가 되었다.

물론 중세 유럽에서 경제적 문제가 교회법의 사법적 관할로 귀속되었을 때, 이것이 신학적 문제가 아니라는 주장을 편 사람은 아무도 없었다. 그래도 그 기간에 대놓고 신학적이지는 않은 또 다른 요소가 도입되었는데, 이것이 후대 노동 개념에서 갖는 중요성은 아무리 강조해도 지나치지 않다. 바로 '서비스'라는 개념이다.[25] 이것은 다분히 북부 유럽식 사상이다.

이론상 봉건사회는 광대한 서비스 시스템이다. 농노만이 아니라 하급 봉건영주들은 고위급 영주를 '섬겼고', 또 그 고위급 영주는 왕에게 봉건적 서비스를 제공했다. 그러나 대부분의 인간 삶에 가장 중요하고 지배적 영향을 미친 서비스 형태는 봉건적 서비스가 아니라 역사사회학자들이 '생활 주기(life cycle) 서비스'라 부른 것이었다.

본질적으로 거의 모든 사람은 일생 중 노동 가능한 기간의 초반 대략 7년에서 15년까지를 다른 가정에서 하인으로 일하게 되어 있다. 이런 관행이 수공업 길드에서 어떤 식으로 발전했는지 다들 잘 알고 있다. 그런 길드에서 10대 청소년들은 처음에는 기능장(master craftmen) 밑에 도제로 들어가며, 그런 다음 직인(journeyman)이 된다. 기능장의 지위에 올라야만 결혼하고 가정과 점포를 꾸릴 자격을 얻었으며, 수하에 도제를 들일 수 있다.

사실 이 시스템은 수공업에만 한정된 것이 아니다. 농부들도 보통 10대 시절에는 다른 농장, 주로 자신들보다 약간 더 형편이 나은 가정의 '농사 하인'으로 살아간다. 이런 서비스는 남자아이든 여자아이든 똑같이 해당되며(그렇게 서비스 기간을 보내는 농민의 딸들이 바로 '젖 짜는 처녀들'이다.) 대개 엘리트층도 제외되지 않는다. 여기서 가장 친숙한 예는 시동(pages)일 것이다. 시동이란 기사의 도제를 뜻하지만 계층제의 최고위 서열에 속하지 않는 한 귀족 여성들도 사춘기 시절을 '시녀(ladies in waiting, 직역하면 귀부인 대기자 정도의 표현이 나중에 시녀라는 의미로 정착되었다.—옮긴이)'로 지내곤 한다. 즉 조금 더 높은 지위의 결혼한 귀족 여성들의 개인실이나 화장실, 식사 때 '대기하는' 하녀가 되고, 그들 역시 결혼하여 귀족 가정의 숙녀가 되는 지위에 오르기를 '대기하는' 것이다.

궁정도 이와 비슷하게 '신사 대기자들(gentleman waiters)'이 있다. 그들은 왕의 개인실에서 시중을 든다.[26] 젊은 귀족들의 경우, '대기'는 대체로 상속을, 또는 그가 나이가 들어 직함과 재산을 넘겨받을 자격에 걸맞게 충분히 가다듬어졌다는 부모들의 판단을 기다린다는 의미였다. 이것은 농사 하인에게도 해당되지만, 일반적으로 평민층에서 하인들은 유급으로 일하며 급료의 상당 부분을 저축한다. 그래서 그들은 가정, 상점, 농장을 운영할 지식과 경험을 얻는 동시에 그런 것을 구매하는 데 필요한 부도 얻는다. 여성의 경우, 자신과 동일하게 지참금을 가져올 수 있는 구애자에게 가져갈 지참금을 마련할 수 있다. 그 결과 중세 때 사람들은 대개 늦게 결혼하는 추세였고, 결혼 연령은 대개 서른 살 정도였다. 이는 곧 '젊은 시절', 조금은 거칠고 욕망을 분출하고 반항적일 것으로 예상되는 사춘기 시절이 적어도 15년에서 20년간 지속되곤 한다는 뜻이다.

하인들이 유급으로 일한다는 사실은 중요하다. 왜냐하면 자본주의가 동트기 몇백 년도 더 전에 북부 유럽에 유급 노동이 존재했지만 중세 때는 다들 하인 노동을 점잖은 사람들이 노동 생애의 첫 단계에서만 참여하는 일로 여겼다. 서비스와 유급 노동은 대체로 동일시되었다. 심지어 크롬웰의 시절에도 삯일꾼이 여전히 '하인'으로 지칭되곤 했다. 서비스는 무엇보다 젊은이들이 직업만이 아니라 '매너', 즉 책임 있는 성인에게 어울리는 행동거지까지 배우는 과정으로 간주되었다. 1500년경 영국을 방문한 어느 베네치아인이 묘사한, 자주 인용되는 글을 보자.

영국인들의 애정 부족은 자녀에게 강하게 표출된다. 어른들은 남자아이든 여자아이든 일곱 살에서 최장 아홉 살경까지 집에서 키운 뒤 다른 가정에 보내 그 집안의 힘든 서비스를 감당하게 하는데, 아이들은 보통 7~9년 정도 서비스에 묶인다.[27] 이들은 도제라 불리며, 그 기간 동안 온갖 육체적 업무를 맡아 한다. 이런 운명에서 자유로운 사람은 거의 없다. 아무리 부자라도 자녀들을 다른 가정에 보내며, 자신도 다른 집 자녀들을 자기 집에 받아들인다. 이런 혹독한 처우의 이유에 대해 그들은 아이들에게 더 나은 매너를 가르치기 위해서라고 대답한다.[28]

중세와 근세 초기에서 '매너'란 예의범절을 훨씬 넘어서는 용어였다. 그것은 세상에서 행동하고 존재하는 방식, 더 일반적으로는 습관, 취향, 감수성을 가리켰다. 젊은이들은 타인의 가정에서 임금을 받고 일하는데, 그 이유는 (성직에 들어가거나 학자가 될 생각이 없는 한) 우리가 유급 노동과 교육이라고 여기는 것이 대체로 같은 일로 간주되었고, 둘 다 "자신의 저열한 욕망에 대한 통제력을 얻는"[29] 절제를 배우는 과정이며 적절하게 자제력 있는 어른으로 처신하는 방법을 배우는 것이었기 때문이다.

이런 이야기가 중세와 근세 초반 문화에 젊은이 특유의 주의 산만함이 나타날 여지가 전혀 없었다는 뜻은 아니다. 젊은 사람들은 남의 집에서 서비스를 하는 중에도 일반적으로 '실정의 군주(Lords of Misrule)'나 '비이성의 수도원장(Abbots of Unreason)' 같은 명칭으로 불린 젊은이들의 집을 중심으로 그들 나름의 대안 문화를 만들어냈다. 심지어 대중적 축제 기간 동안 일시적인 권력을 쥐어도 좋다는 허가도 받았다. 하지만 궁극적으로는 가정의 어른 우두머리 지휘 아래 행하는 노동 훈련이 젊은이들을 자제력 있는 성인으로 변모시키며, 그 단계에 이르면 젊은이들은 더 이상 타인들을 위해 일할 필요가 없고 독립적으로 자신의 일을 하게 된다.

- - - - -

그 결과 중세 북부 유럽에서 일을 대하는 태도는 고전 세계나 우리가 살펴본 후기 지중해 세계에서 지배적이던 태도와는 상당히 다르다.(베네치아 대사는 영국의 관행을 보고 경악했다.) 그리스와 로마 유물에서 얻은 자료 대부분은 육체 노동이나 서비스를 여성이나 노예에게만 적합한 것으로 보는 남성 귀족의 것들이다. 아리스토텔레스의 견해에 따르면, 일이란 어떤 의미에서도 당신을 더 나은 인간으로 만들지 못한다. 사실 더 열악한 존재로 만든다. 왜냐하면 일하는 데 너무 많은 시간을 소모해서 자신의 사회적, 정치적 의무를 완수하기가 힘들어지기 때문이다. 그래서 고대문학에서는 일이 지닌 징벌적 측면이 강조되는 경향이 있었다. 그에 반해 일의 창조적이고 신적인 측면은 대체로 가정의 남성 우두머리 몫이 되었다. 그런 우두머리들은 부자이기 때문에 자기 손을 더럽힐 필요가 없었고, 그저 다른 사람들에게 할 일을 지시하기만 하면 된다.

중세와 르네상스 시대 북부 유럽에서는 거의 모든 사람이 생애 어느 시점에서는 직접 노역을 해야 하는 것으로 예상되었다.[30] 그 결과 일, 특히 유급 노동은 성장시키는 힘을 가진 것으로 간주되었다. 이 점은 중요하다. 왜냐하면 "프로테스탄트의 노동 윤리"라 알려지게 되는 것의 결정적인 측면이 프로테스탄티즘이 출현하기 오래전에 이미 그곳에 있었음을 의미하기 때문이다.

자본주의의 도래 이후
노동은 어떻게 여러 부분에서
사회적 개혁의 수단, 혹은 궁극적으로
그 자체로 미덕이 되었는가?
또한 노동자들은 어떻게 노동가치이론을
수용하여 이에 반박했는가?

일의 의미에 관한 제대로 된 역사는 한 번도 쓰인 적이 없다.

—찰스 라이트 밀스, 『화이트칼라: 미국의 중산계급

(White Collar: The American Middle Classes)』(1951)에서

이 모든 것은 자본주의의 등장과 함께 바뀌었다. 여기서 내가 말하는 '자본주의'란 시장이 아니라(시장은 오래전부터 존재해 왔다.) 서비스의 관계에서 영구적 임금노동의 관계로 바뀌는 점진적 변화 과정이다. 말하자면 그것은 자본이 있는 몇 사람과 자본이 없어 자본 소유자들을 위해 일해야 하는 사람들 간의 관계다. 인간적 용어로 말하자면, 무엇보다 수백만 명의 젊은이들이 영구적인 사회적 사춘기의 덫에 걸려든 상태라는 의미다.

길드 구조가 와해되면서 도제는 직인이 될 수 있지만 직인은 절대 장인이 될 수 없었다. 전통적인 기준에 따라 말하자면, 결혼을 하

고 가정을 꾸릴 지위에 오르지 못한다는 뜻이다. 그들은 전 생애를 사실상 완성되지 못한 존재로 살아가게 된다.[31] 그러니 피치 못하게 많은 사람들이 반항하지 않을 수 없고, 끝도 없는 대기를 포기하고 일찍 결혼하기 시작하며, 장인 자리를 포기한 채 집을 짓고 가정을 꾸리기를 선택했다. 또한 새로 출현하는 고용주 계급 사이에서는 후대 사람들이 10대의 임신에 대해 빠졌던 도덕적 패닉과 아주 비슷한 도덕적 패닉의 파도가 일어났다. 다음 글은 필립 스텁스라는 청교도 신자가 쓴 선언문인 『학대의 해부학(Anatomie of Abuses)』(1583)에서 따온 것이다.

> 그리고 이것 외에도 아주 건방진 열 살, 열네 살, 열여섯 살, 스무 살가량의 소년들이 신에 대한 두려움이 전혀 없이 여성을 후려잡아 결혼할 것이다. (……) 아니, 게다가 그들은 소명이라든가 영지를 충분히 유지 관리하면서 함께 살아갈 방법도 고려하지 않는다. 아니, 아니! 이런 것들을 전혀 문제 삼지 않는다. 그에게는 끌어안을 예쁜 고양이가 있으며, 그가 바라는 것은 그뿐이다. 그런 다음 골목길 끝쯤에 딱총나무 기둥을 세우고 오두막을 지어서 평생 거지로 살아간다. 이리하여 나라가 탁발승으로 가득 차고 (……) 얼마 안 가 크나큰 빈곤과 결핍이 자라날 것 같다.[32]

프롤레타리아가 하나의 계급으로 탄생한다고 말할 수 있는 것은 이 순간이다. 그것은 적절하게도 '후손을 생산하는 자'를 뜻하는 라틴어 단어에서 유래한다. 로마에서 정부가 볼 때 세금도 내지 못할 정도의 최빈층 시민들이 갖는 용도는 나중에 군대에 징집할 수 있는 아들을 낳아 주는 것뿐이기 때문이다.

스텁스의 『학대의 해부학』은 일종의 청교도식 매너 개혁 선언 같은 책이다. 이는 다분히 중산계급적인 전망으로, 궁정 생활의 음탕함과 대중적 여흥의 "이교도적 반항"이라는 똑같이 편견에 물든 견해가 딸려 있다. 책은 또한 청교도 사상과 프로테스탄트 노동 윤리의 기원에 대한 논의를 이해하려면 생활 주기 서비스의 쇠퇴와 프롤레타리아의 창조라는 더 큰 맥락을 이해해야 한다는 점을 보여 준다.

영국 칼뱅주의자들(사실 그들을 '청교도(Puritans)'라 부른 것은 그들을 싫어하는 사람뿐이었다.)의 출신 성분은 대체로 수공업 기능장 계급이거나 "생활수준이 나아져서" 새로 생성된 프롤레타리아를 고용하는 농부들이었다. 그들의 "매너 개혁"은 대중적 축제, 노름, 음주, 그리고 "젊은이들이 일시적으로 사회 질서를 뒤집어 버리는 연례 실정의 의례"를 특히 목표로 삼았다.[33] 청교도적 이상형은 그런 "주인 없는 남자들"을 모두 불러 모아 독실한 가정의 엄격한 규율 아래 배치하고, 일할 때든 기도할 때든 가부장이 그들을 지휘하는 형태였다. 하지만 이것은 하층계급의 매너를 개혁하려는 시도의 긴 역사에서 보면 고작 첫 단계에 불과했다. 그 역사는 빈민들이 시간에 따른 적절한 규율을 배우는 빅토리아 왕조 시기의 공방에서부터 오늘날의 노동 유인 정책 및 비슷한 정부 프로그램들로 이어진다.

왜 중산층은 16세기 이후 빈민들의 도덕적 행동거지를 개혁하는 데 갑자기 흥미를 갖게 되었을까? 그 이전에는 어떤 식으로든 별반 흥미를 보이지 않았던 주제인데? 이것은 언제나 역사적 미스터리였다. 하지만 생활 주기 서비스의 맥락에서 보면 완벽하게 이치에 닿는다. 빈민들은 좌절한 사춘기 아이들 같은 존재다. 일, 특히 기능장의 감독하에 시행되는 유급 노동은 전통적으로 그런 사춘기 아이들이 훈련되고 자제력 있는 제대로 된 어른이 되도록 배우는 과정이었다.

실제적인 측면에서 청교도 및 다른 독실한 개혁가들은 더 이상 빈민들에게 많은 약속을 해 줄 수 없었다. 즉 타인의 명령을 받으며 일해야 하는 필요로부터 자유로워지는 과거와 같은 성인 시절을 확실하게 보장해 주지는 못했다. 대신 자선, 규율, 그리고 신학의 새로운 융합을 제시했다. 그들의 가르침에 따르면 일은 징벌인 동시에 구원이었다. 일은 스스로를 굴욕스럽게 하는 동시에 그 자체로 귀중한 것이다. 심지어 일이 생산한 부 이상의 가치를 지닌다. 부는 신의 총애의 신호일 뿐이니까.(그리고 과도하게 향유되면 안 되는 것이기도 하다.)[34]

산업혁명이 일어난 뒤 새로운 활력으로 충만해져 노동을 찬양한 것은 감리교도였다. 하지만 자신을 그다지 종교적 존재로 보지 않던 교육받은 중산계급은 더 적극적이었다. 아마 이런 입장의 가장 큰 옹호자는 엄청난 인기를 누렸던 문필가 토머스 칼라일이었을 것이다. 칼라일은 새로운 "부의 시대"에 도덕성이 쇠퇴하는 사태를 우려하여, "노동의 복음"이라 부른 것을 제안했다. 칼라일의 주장에 따르면, 노동은 물질적 필요를 충족시키는 방법으로서가 아니라 삶의 정수 그 자체로 여겨져야 한다. 신은 일부러 세계를 미완성으로 창조했다. 인간들이 노동을 통해 신의 작업을 완성시킬 기회를 주기 위함이었다.

인간은 일을 통해 자신을 완성시킨다. (……) 아무리 빈약한 노동에서도 인간이 일에 착수하는 순간 그의 영혼 전체가 일종의 진정한 조화로 형성되는 것을 보라! 의혹, 욕망, 슬픔, 회한, 분노, 절망 그 자체, 이 모든 것이 가난한 삯일꾼의 영혼이든 다른 어떤 인간의 영혼이든 모두 지옥의 개처럼 괴롭힌다. 하지만 그가 자유로운 용기를 휘두르며 자신의 과제에 맞설 때, 이 모든 것은 고요해지며, 멀리 동굴 속으로 움츠러든다. 그는 이제 한 인간이다. 그의 내면에 있는 노동의 축복받은 광휘란 모든 독을 태워 없애는 정화의 불이 아닌가?

모든 참된 일은 신성하다. 모든 참된 일 속에는 진정 육체노동에 불과한 것에도 신적인 요소가 있다. (……) 형제여, 그것이 '숭배'가 아니라면 나는 말하겠다, 그럴수록 숭배라는 것이 더 딱하다고. 이것이 신의 하늘 아래에서 발견된 가장 고귀한 것이 아니겠는가. 삶이 고생스럽다고 불평하는 그대는 누구인가? 불평하지 말라. 위를 바라보라, 나의 지친 형제여. 저기 그대의 동료 노동자들을 보라, 신의 영원성, 불멸의 신성한 연대, 인류 제국의 천상 수호자들을 보라.[35]

칼라일은 결국 오늘날 많은 사람들이 도달하는 결론에 이르렀다. 일이 고귀하다면 가장 고귀한 일은 보상받지 말아야 한다. 그토록 절대적 가치를 지닌 어떤 것에 가격을 매기는 것은 모독이기 때문이다.("모든 고귀한 일에 대한 '보수'는 하늘에 있지 다른 어떤 곳에 있지 않다.")[36] 비록 그는 가난한 자가 생계 수단을 얻기 위해 '공정한 보수'를 받을 필요는 용인할 정도로 너그러웠지만 말이다.

이런 논의는 중산층에서 엄청난 인기를 누렸다. 놀랄 일도 아니지만, 칼라일이 살던 무렵 유럽에서 형성되기 시작한 노동자 운동은 이 논의에 감명을 덜 받은 쪽이었다. 러다이트운동, 차티스트운동,

리카도식 사회주의, 또 영국 급진주의 초기의 다양한 분파들에 가담했던 대부분의 노동자들은 일에는 신성한 점이 있지만 그 신성함은 그것이 심신에 미치는 영향에 있는 것이 아니라(노동자들이니 이 점은 잘 알 것이었다.) 그것이 곧 부의 원천이라는 사실에 아마 동의했을 것이다.

부유하고 권력 있는 사람들을 부자와 권력자로 만들어 주는 모든 것은 사실 빈민의 노력으로 만들어졌다. 영국 경제학을 낳은 애덤 스미스와 데이비드 리카도는 노동가치이론을 포용했지만(새로운 수많은 산업가들도 그랬다. 일개 게으른 소비자를 대표하는 지주 향신들과 구분될 수 있는 길이었기 때문이다.) 그 이론은 즉시 사회주의자와 노동 조직가들에게 받아들여져 산업가를 겨냥했다. 오래지 않아 경제학자들은 공공연히 정치적인 토대 위에서 대안을 찾기 시작했다.

1832년, 마르크스의 『자본론』이 나오기 35년 전에 이미 다음과 같은 경고가 나왔다. "노동이 부의 유일한 원천이라는 말은 거짓인만큼 위험한 교조로 보인다. 불행하게도 이에 따르면 모든 재산은 노동계급의 것이며 타인들이 받은 몫은 자신이 당한 절도나 사기로 보려는 자들에게 조종간을 맡기게 되기 때문이다."[37]

1830년대에는 사실 많은 사람들이 바로 이 같은 주장을 하고 있었다. 산업혁명 직후 등장한 세대가 노동가치이론을 얼마나 보편적으로 받아들였는지는 강조할 필요가 있다. 심지어 그런 주장에 새로운 에너지와 더 세련된 이론적 언어를 제공한 마르크스의 저작이 널리 퍼지기 전에도 그랬다. 미국독립전쟁의 보병이 되었던 기계공과 상인들은 스스로를 부의 생산자, 영국 국왕은 그 부의 약탈자로 여겼으며, 혁명 이후에는 미래 자본가들에게 같은 논리를 적용하는 사람들이 많아졌다. "그들이 생각하는 좋은 사회라는 아이디어가 세워질 굳건한 기초 암반은 노동이 모든 부를 창출한다는 생각이었다."[38] 한 역사가의 말이다.

당시 자본가라는 단어는 대체로 남용되고 있었다. 예를 들면, 미국 대통령 에이브러햄 링컨은 1861년에 의회에서 첫 번째 연두 연설을 할 때 다음의 구절을 집어넣었다. 오늘날의 귀에는 급진적인 것으로 들리겠지만, 실제로는 당시 상식을 반영한 것에 불과했다.[39]

노동은 자본에 우선하며 자본으로부터 독립적이다. 자본은 노동의 결실일 뿐이며, 노동이 처음 존재하지 않았더라면 절대 존재할 수 없다. 노동은 자본보다 우월하며, 훨씬 더 높이 평가받을 자격이 있다.

링컨은 계속해서 미국과 유럽의 큰 차이, 즉 미국의 민주주의가 가능했던 것은 상시적인 임금노동자층이 없었던 덕분이었다고 주장했다.

자유로운 임금노동자가 그런 여건에 평생 묶여 있을 필요는 없다. 미국의 여러 주 어디에나 수많은 자유민이 있는데, 그들도 몇 년 전에는 고용된 노동자로 살았다. 임금노동자의 세상에서 분별은 있지만 돈은 한 푼도 없는 신참자는 한동안 임금을 받고 노동하며 여분의 돈을 저축하여 도구나 땅을 사들인 다음, 자기 땅에서 다시 한동안 노동하며, 나중에는 자신을 위해 일하도록 새로운 신참자들을 고용한다.

다른 말로, 링컨이 정확히 이렇게 말하지는 않았지만, 미국의 급속한 경제적, 영토적 확장 덕분에 옛날 중세 시스템과 비슷한 것이 유지될 수 있었다는 것이다. 이 시스템에서는 모든 사람이 처음에 타인을 위해 일하는 것으로 시작했다가 임금노동의 보수로 상점이나 농토(원주민에게서 빼앗은)를 구매하며, 결국은 그들 스스로 자본가가 되어 젊은이들을 노동자로 고용하게 된다는 것이다.

확실히 이것이 남북전쟁 이전 미국에서의 이상형이었다. 링컨이 개척 지대에서 별로 멀지 않은 일리노이주 출신이었는데도 말이다. 동부 해안가 오래된 도시에서 노동자 조합(association)은 이미 이 같은 주장에 이의를 제기했다.[40] 여기서 중요한 것은 링컨이 노동가치이론을 논의의 틀로 받아들여야 한다고 생각했다는 점이다. 모두가 그랬다. 적어도 19세기가 끝날 때까지는 이런 식이었다. 심지어 유럽 같은 계급 간 긴장이 피어날 가능성이 적을 거라고 생각할 법한 서부 개척 지대에서도 사정은 마찬가지였다. 1880년에 서부 변경을 따라 몇 년간 여행하던 어느 프로테스탄트 "가정 전도사"는 다음과 같이 보고했다.

콜로라도에서 태평양 연안까지 목장주나 광부들 중 데니스 커니의 노동 관련 속어나 (무신론자 팸플릿 저자인) 로버트 잉거솔의 천박한 말, 카를 마르크스의 사회주의 이론을 입에 달고 사는 사람은 보기가 힘들다.[41]

확실히 내가 본 카우보이 영화에서는 다루지 않은 사항이다!(이에 대한 유명한 예외는 「시에라 마드레의 황금」인데, 광부로

분한 존 휴스턴이 험프리 보가트에게 노동가치이론을 설명해 주는 장면으로 시작한다.)[42]

19세기 대중화된 노동가치이론의 핵심적 결함

자본가들은 이 결함을 어떻게 이용했을까?

> 노동의 거의 모든 형태는 타인의 필요를 충족시키는 데 기여하는 활동을 낳는다는 의미에서 '돌봄(caring)' 노동으로 설명될 수 있다.
>
> —낸시 폴브레

나는 그 이유를 미국에서 찾으려고 한다. 미국은 이 책의 논의에서 핵심 역할을 맡고 있다. 모든 부가 노동에서 유래한다는 원리가 미국에서만큼 일상적인 상식으로 받아들여지는 곳은 없다. 그러면서도 이 상식에 대한 반격이 그만큼 계산되고, 지속적이고, 궁극적으로 효과적으로 행해진 곳도 없다. 20세기 초반 몇십 년 동안, 최초의 카우보이 영화가 제작되고 있을 무렵 이 공격은 대체로 완성된 상태였고, 목장 일꾼들이 마르크스의 열렬한 독자라는 생각은 오늘날 대부분의 미국인들에게 그렇듯이 우습게 여겨졌을 것이다. 더욱 중요한 것은 이런 반격이 노동에 대한 외견상 이상해 보이는 태도,

대체로 북아메리카에서 유래하며 지금도 전 세계에 퍼져 유해한 결과를 가져온 태도의 기초를 놓았다는 것이다.

링컨은 자신의 논지를 당연히 과장했지만, 그럼에도 남북전쟁 이전에 존재했던 "수공업자들의 공화국"에서 옛날의 생활 주기 서비스 전통과 비슷한 어떤 것이 존속했던 것은 사실이다. 대부분의 고용 노동자들이 '하인'이라 불리지 않았고 고용주 집에 살지 않았다는 눈에 띄는 차이는 있지만 말이다. 정치가들은 이런 방식을 이상적인 것으로 보았고, 그에 따라 법안을 제정했다. 자본가가 되고자 하는 이들은 명료하고 반박 불가능한 "공공의 이익(public benefit)"을 실현할 것임을 입증하지 못하는 한 유한회사를 만들 권리를 허가받지 못했다.(다른 말로 하면, 사회적 가치라는 개념이 존재할 뿐만 아니라 법률로 명시되었다.) 현실적으로 이는 대개 운하를 파거나 철로를 건설하겠다는 제안에만 해당했다.[43]

개척지에 나가 있는 무신론자들과는 별개로 이 반자본주의 감정의 많은 부분은 종교적 측면에서 정당화되었다. 대중적인 프로테스탄티즘은 청교도적인 뿌리에 기대어 일을 찬양할 뿐만 아니라, 내 동료 인류학자 디미트라 두카스와 폴 더렌버거가 말한 것처럼 "일은 신성한 임무이자 게으른 부자들에 비해 도덕적이고 정치적인 우월성의 주장"이라는 믿음을 포용했다. 이것은 칼라일이 말한, 일은 그 자체로 가치 있을 뿐만 아니라 가치의 유일한 진짜 생산자라고 주장하는 "노동의 복음"(역사학자들은 대개 간단하게 '생산주의(producerism)'라고 부른다.)의 더 공공연한 종교적 버전이다.

남북전쟁 직후, 관료적이고 기업화된 자본주의의 등장으로 인해 이 모든 것이 변하기 시작했다. 신흥 재벌들을 일컫는 '강도 남작들(Robber Barons)'은 그 호칭이 시사하듯이 처음에는 엄청난 적대감의 대상이었다. 하지만 1890년대쯤 그들은 지적 반격에 착수하여, 앤드루 카네기가 쓴 에세이의 제목을 따 두카스와 더렌버거가 "부의 복음(Gospel of Wealth)"이라 부른 것을 제안했다.

이제 막 성장하는 기업 거물들, 그리고 그들이 거래하는 은행가와 정치적 동맹자들은 생산주의의 도덕적 주장에 반대했고, 1890년대 이후, 이와 반대로 노동이 아니라 자본이 부와 번영을 창조한다는 새로운 이데올로기로 무장하고 접근했다. 기업 이익의 강력한 연합은 학교, 대학, 교회, 시민 단체들의 메시지를 변형시키는 데 힘을 합쳐 "산업사회의 근본적인 윤리적, 정치적 문제를 비즈니스가 해결했다."라고 주장했다.

철강 재벌인 앤드루 카네기는 이 문화 운동의 지도자였다. 카네기는 대중에게 소비자주의를 역설했다. 적절한 존재의 현명한 안내를 받은 "집중된" 자본의 생산성은 소비자가격을 낮추어, 내일의 노동자들은 과거의 왕만큼 잘살 수 있다는 것이다. 그는 고임금을 주어 빈민들의 응석을 받아 주는 것은 "경주(the race)"를 위해 좋지 않다고 엘리트들에게 주장했다.[44]

소비자주의의 보급은 또 경영자혁명의 시초와도 때를 같이했다. 이 혁명은 특히 처음에는 대체로 대중적 지식에 대한 공격이었다. 과거에는 통장이, 재봉사, 마차 목수들이 저마다 비밀의 지식을 가진 자랑스러운 전통의 상속자로 자부했지만, 관료적으로 조직된 신흥 기업과 그들의 '과학적 경영'은 문자 그대로 노동자를 기계의 연장으로 전환시킬 수 있도록 노동자의 모든 동작을 다른 누군가에 의해 미리 예정된 것으로 최대한 바꾸려고 시도했다.

여기서 던져야 할 진짜 질문은 이것이다. 이 캠페인이 왜 그토록 성공했을까? 그것은 한 세대 안에 '생산주의'가 '소비자주의'에 의해 밀려났고, 해리 브레이버만이 말한 대로 "지위의 연원"이 "더이상 물건을 만드는 능력이 아니라 단순히 물건을 구매하는 능력"이[45] 되어 버렸음을 부인할 수 없기 때문이다. 그리고 노동가치이론(그동안 '한계혁명'에 의해 경제학 이론의 영토 밖으로 쫓겨난)이 대중 상식의 영역 밖으로 밀려나 요즘은 대학원생이나 혁명적 마르크스주의 이론가들의 소모임에나 가야 들을 수 있기 때문이다. 그래서 '부의 생산자들'이라고 하면 사람들은 자동적으로 노동자가 아니라 자본가를 가리키는 것으로 알아듣는다.

이는 대중의 의식에서 어마어마한 변동이었다. 어떻게 이것이 가능했을까? 내게는 주된 이유가 원래 노동가치이론 자체가 가진 결함, 즉 '생산'에 집중했다는 사실에 있는 것으로 보인다. 앞에서도 지적했듯이, 노동가치이론은 기본적으로 신학적이며, 깊은 가부장적 편견이 담긴 개념이었다. 중세에도 기독교적 신은 기술자, 장인으로 간주되었고,[46] 인간의 작업(항상 일차적으로 남자의 것으로 인식된)은 물건을 만들고 짓거나 흙으로부터 다듬어 내는 문제로 여겨진 반면, 여성의 '노동'은 일차적으로, 또 상징적으로 아기를 만들어 내는 문제로 여겨졌다.

진짜 여성 노동은 거의 대부분 대화 속으로 사라졌다. 산업혁명 이후 나타난 놀랍고도 전례 없는 생산성 증가는 분명히 여기서도 역할을 담당했다. 그것은 기계의 상대적 중요성에 관한, 또 그것을 조작하는 사람들의 중요성에 관한 논의로 이어질 수밖에 없었으며, 이런 논의는 19세기 내내 정치적, 경제적 토론의 중심에 있었다.

하지만 공장노동의 문제에는 더 어두운 사연이 있다. 애초에 대부분의 초기 공장 소유자들은 본능적으로 남자가 아니라 여자와 아이들을 고용하길 원했다. 여자와 아이들은 더 고분고분하고, 단조로운 반복 노동에 익숙하기 때문이다. 그로 인해 잔인하고 참혹한 결과가 많이 생겼다. 또 전통적인 남성 기술자는 특히 불쾌한 상황에 내몰렸다. 새 공장 때문에 일자리를 잃었을 뿐 아니라 과거에는 자신의 지시로 일하던 아내와 자녀들이 이제는 돈을 벌게 되었다. 이것이 나폴레옹전쟁 기간 동안 벌어진 러다이트운동이라는 초기 기계 파괴 운동을 유발한 한 가지 요인이었음은 분명하다.

반란을 진정시킨 핵심 방안은 공장에 일차적으로 성인 남자를 고용한다는 암묵적인 사회적 타협이었던 것으로 보인다. 이와 함께 다음 세기 동안 노동 조직이 공장노동자들에 집중했다는 사실(부분적으로는 단순히 그들이 가장 조직하기 쉬운 대상이기 때문이다.) 이 지금 우리가 처한 상황, '노동계급'이라는 용어를 쓰기만 해도 생산 라인에서 일하는 통짜 작업복 차림의 남자들을 떠올리는 상황으로 이어졌다. 또 공장노동이 쇠퇴하자 영국이나 미국에는 노동계급이 더 이상 존재하지 않는다고 주장하는 똑똑한 중간 계층 지식인들의 말을 흔히 듣게 되었다. 마치 버스를 운전하고, 정원수를 다듬고, 전선을 설치하고, 노인들 침대 시트를 갈아 주는 일은 정교하게 제작된 안드로이드의 몫인 것처럼 말이다.

실제로 공장노동자가 노동자의 대부분을 차지하던 시대는 이제껏 한 번도 없었다. 심지어 카를 마르크스나 찰스 디킨스 시절에도 노동계급의 동네에는 하녀, 구두닦이, 청소부, 요리사, 간호사, 운전수(마차꾼), 교사, 매춘부, 관리인, 행상인 등이 광부나 직물공장 직공이나 제철소 직공들보다 훨씬 많았다. 이런 과거 직종들이 '생산적'인가? 어떤 의미에서 생산적이며, 누구를 위한 생산인가? 누가 수플레를 '생산'하는가? 이런 애매모호성 때문에 가치에 대해 논할 때 이런 이슈들은 보통 무시된다.

하지만 이 무시는 여성 노동이든 남성 노동이든 거의 모든 노동계급의 노동이 실제로는 우리가 기본적으로 여성의 일이라고 생각하는 것과 더 비슷하다는 현실에 눈을 감게 한다. 그러니까 망치질하고 새기고 물건을 옮기고 추수하는 등의 일보다는 동식물, 기계, 다른 사물들을 보살피고 감독하고 유지하는 것은 말할 것도 없이, 사람들을 돌보고, 그들의 요구와 필요를 채워 주고, 설명하고, 확신시키고, 보스가 원하거나 생각하는 것을 미리 알아서 해 주는 일들 말이다.

이렇게 눈감은 데 따른 결과가 있다. 예를 하나 들어 보자. 2014년에 런던 시장이 런던 지하철 매표소 약 100개소를 닫고 매표기만 설치하겠다고 위협하자 운송 파업이 일어났다. 이 사태로 인해 지역 마르크스주의자들 사이에서 정리 해고로 위협받는 노동자들이 '불셋 직업'을 가졌는지에 대한 온라인 토론이 벌어졌다. 제기된 논리를 보면, 직업이란 자본주의를 위해 가치를 생산하는데 자본가들은 이런 직업들이 더 이상 가치를 생산하지 않는다고 보거나, 아니면 이런 직업들은 자본주의가 존재하지 않더라도 필요해질 사회적 기능을 수행하는데 완전한 공산주의 치하에서는 운송이 공짜가 될 테니 이런 직업이 확실히 존재하지 않거나 둘 중 하나였다. 말할 필요도 없지만, 나 역시 토론에 끌려 들어갔다. 대답해 달라는 요청을 받고 나는 결국 사회자에게 파업 당사자들이 뿌린 "미래의 런던 지하철 이용 승객들에 대한 조언"이라는 제목이 붙은 광고 전단을 언급했다. 거기에는 다음과 같은 문장이 있었다.

> 지하철을 이용하기 전에 런던 지하철 노선 열한 개와 정거장 270개를 철저하게 익히도록 하시오. (……) 길을 떠날 때 늦지도 말고, 사고나 응급 사태, 우발 사태나 자리 이탈이 발생하지 않도록 하시오. 장애자가 되지 않도록 하시오. 아니면 빈민이 되지도 말고, 런던 초행자가 되지도 마시오. 너무 어리거나 너무 늙은 사람이 되지 마시오. 길을 가는 도중에 학대받거나 공격당하지 마시오. 당신 소지품이나 자녀를 잃어버리지 마시오. 어떤 식으로든 도움을 요청하지 마시오.

수많은 프롤레타리아혁명 옹호자들은 운송 노동자들이 실제로 어떤 일을 하는지 알아볼 마음이 한 번도 없었던 모양이다. 그들은 아마 운송 노동자가 우익 타블로이드 언론에서 전형적으로 묘사하는, 공공자금으로 월급만 많이 받으면서 게으름을 피우는 공무원과 아주 비슷한 존재라고 생각했던 것 같다.

그런데 지하철 노동자들이 실제로 하는 일은 페미니스트들이 '돌봄 노동'이라 규정한 것과 매우 비슷하다. 그들의 일은 벽돌 쌓는 사람보다는 간호사의 일과 공통점이 더 많다. 그래서 무보수로 행해지는 여성들의 돌봄 노동이 '경제'에 대한 설명에서 제자리를 찾지 못하는 것처럼, 다른 노동계급 직업들의 돌봄 측면 역시 똑같이 자취를 감춘다.

이런 주장도 나올 수 있다. 영국 노동계급의 돌봄 노동 전통은 대중문화에서 자기표현을 잘한다고. 대중문화는 대체로 노동계급의 산물이며, 노동계급 사람들이 서로에게 갈채를 보내는 온갖 전형적인 제스처, 매너, 억양이 영국 음악, 코미디, 아동문학에 반영되어 있다. 하지만 그것 자체로 가치 창출 노동으로 인정되지는 않는다.

'돌봄 노동'은 일반적으로 타인을 향한 일이며, 언제나 해석, 공감, 이해의 노동을 포함한다. 어느 정도까지는 이것이 진짜 일이 아니라 단지 삶이라고, 또는 제대로 산 삶이라고 주장할 수도 있다. 인간은 천성적으로 공감하는 생물이며, 서로 소통하기 위해서는 언제나 상상력을 발휘하여 자신을 타인의 입장에 세워 봐야 하고, 타인이 무엇을 생각하고 느끼는지를 이해하려고 노력해야 한다. 이는 곧 타인에 대해 적어도 조금은 관심을 가져야 한다는 뜻이다.

하지만 그 모든 공감과 상상적 동일시가 한쪽에만 치우칠 때 그것은 일이 된다. 상품으로서의 돌봄 노동의 핵심은 일부 사람들은 돌보는데 다른 사람들은 그렇지 않다는 것이 아니다. '서비스'(이 오래된 봉건적 용어가 지금도 남아 있는 것을 보라.)에 대해 돈을 내는 자들이 상대방 마음을 해석하는 노동에 참여할 필요를 느끼지 않는다는 것이다. 만약 벽돌공이 타인에게 고용되어 일한다면, 그런 벽돌공의 경우에도 이는 사실이다. 아랫사람들은 보스가 무슨 생각을 하는지 끊임없이 지켜봐야 한다. 그러나 보스는 신경 쓸 필요가 없다.

이것이 심리학 연구에서 노동계급 출신 사람들이 부유층은 물론 중산계급 사람들보다 타인의 감정을 정확하게 이해하고, 공감하고, 돌보는 능력이 더 크다는 결과가 수시로 나오는 한 가지 이유라고 생각한다.[47] 타인의 감정을 읽는 기술은 어느 정도까지는 단지 노동계급이 실제로 하는 일들이 낳는 결과일 뿐이다. 부자들은 노동계급 사람들처럼 해석 노동을 잘하는 방법을 배울 필요가 없다. 타인을 고용하여 자기 대신 일을 시킬 수 있기 때문이다. 반면 타인의 관점을 습관적으로 이해해야 하는 사람들은 타인에게 신경 쓰는 성향을 갖게 된다.[48]

같은 이유로, 수많은 페미니즘 경제학자들이 지적했듯이 모든 노동은 돌봄 노동으로 간주할 수 있다. 왜냐하면 다리를 건설하는 것도(이 장 첫부분에 나온 예시로 돌아가자면) 궁극적으로는 강을 건너기 원하는 사람들에게 관심을 가지는 일이기 때문이다. 당시 내가 인용한 사례들에서 분명해지듯이, 사람들은 자기 직업의 '사회적 가치'에 대해 생각할 때는 정말로 이런 기준에서 생각한다.[49]

노동이 가치 있는 일차적 이유를 그것이 '생산적'이기 때문이라고 생각하며, 공장노동자들의 생산을 생산적 노동의 전형이라고 본다면, 그래서 자동차나 티백이나 약품을 여성이 아기를 출산할 때 겪는 것같이 고통스럽지만 궁극적으로는 신비스러운 '노동'을 통해 '생산되는' 마술적 변형으로 간주하다 보면 이 모든 것이 사라지도록 허용하게 된다. 그렇게 되면 공장 주인 또한 어떤 노동자든 그들이 조작하는 기계와 실제로 아무 차이가 없다고 주장하기가 훨씬 쉬워진다. 확실히 '과학적 경영'이라는 것이 성장함으로써 이런 태도를 취하기 더 쉬워졌다. 하지만 대중이 생각하는 '노동자'의 전형적인 모델이 요리사나 정원사나 여성 안마사였더라면 이런 일은 절대로 불가능했을 일이다.

오늘날 대부분의 경제학자들은 노동가치이론을 경제학의 초창기 때부터 있었던 신기한 주제로 본다. 또 가격 형성의 패턴을 이해하는 것이 일차적 관심사라면 사실 더 좋은 도구가 있을 것이다. 하지만 노동자들의 운동을 위해서는(그리고 아마도 카를 마르크스 같은 혁명가들에게는) 절대 그것이 진짜 요점이 아니었다. 요점은 철학적인 것이다. 바로 우리가 사는 세계는 우리가 집단적으로 사회로서 만들어 낸 것이며, 따라서 지금과 다르게 만들 수도 있었다는 인식이다.

이는 언제라도 손에 쥘 수 있는 어떤 물리적 사물의 경우에도 사실이다. 사물 하나하나는 우리가 어떤 모습일지, 또 우리가 무엇을 원하거나 필요로 할지를 누군가가 상상하고 생각하여 이를 기초로 제작하거나 길러 낸 것이다. '자본주의', '사회', '정부' 같은 추상물의 경우에는 더욱 사실이다. 그것이 존재하는 것은 오직 우리가 그것을 매일 생산하기 때문이다. 현대 마르크스주의자들 가운데 아마 가장 시적인 사람일 존 홀러웨이(멕시코 푸에블라자율대학교 인문사회과학 연구원 교수로, 최초의 탈근대 혁명이라 불리는 사파티스타 운동을 하고 있다. ─옮긴이)는 "자본주의를 그만 만들라(Stop Making Capitalism)"라는 제목의 책을 쓰겠다고 했다.[50] 홀러웨이의 말에 따르면, 우리는 마치 자본주의가 우리를 위에서 압도하는 거대한 괴물인 것처럼 행동하지만, 실제로 자본주의는 우리가 만든 것에 불과하다. 매일 우리는 자본주의를 재창조한다. 어느 날 우리가 뭔가 다른 것을 만들기로 결정한다면, 더 이상 자본주의는 존재하지 않을 것이다. 뭔가 다른 것이 있게 된다.

이것이 모든 사회 이론과 혁명적 사유의 핵심 질문이라고 할 수 도 있다. 아마 궁극적으로는 유일한 질문일지 모른다. 우리는 함께 우리가 사는 세상을 창조한다. 우리 중 누군가가 우리가 살고 싶은 세상을 상상한다면, 누가 현재 존재하는 것과 똑같은 세상을 상상하 겠는가? 우리는 더 나은 세상을 상상할 수 있다. 그런데 왜 그런 세 상을 창조하지 못할까? 왜 그저 자본주의 만들기를 중단한다는 것이 생각도 못할 일로 보일까? 아니면 정부를 그만 만드는 것은? 아니면 적어도 나쁜 서비스 제공자와 짜증 나는 관료제적 규제를 그만 만드 는 것은?

일을 생산으로 보면 이런 질문을 던지게 된다. 이보다 더 중요 한 것은 있을 수 없다. 그러나 그것이 이 질문에 대답할 수단을 주는 지는 분명치 않다. 나는 일 가운데 엄격하게 말해 생산적인 것이 아 닌 돌봄 노동이 엄청난 비중을 차지한다는 사실, 또 외견상 가장 비 개인적인 일에도 언제나 돌봄의 측면이 있다는 사실을 깨닫게 되면 단순히 상이한 규칙을 가진 상이한 사회를 창조하는 것이 그토록 어 려운 한 가지 이유를 알게 된 것이라고 생각한다. 설사 우리가 세상 의 모습을 좋아하지 않더라도, 생산적인 것이든 아니든 우리의 거의 모든 행동의 의식적인 목표가 타인들에게서, 흔히 아주 특정한 타인 들에게서 좋은 대우를 받으려는 데 있다는 사실은 여전히 남는다.

우리 행동은 돌봄 관계 속에 걸려든다. 하지만 대부분의 돌봄 관계는 세상을 우리가 처음 발견한 그대로 남겨 두라고 요구한다. 10대 이상주의자들이 더 나은 세상을 만든다는 꿈을 매번 포기하고 결혼하고 아이를 갖는 바로 그 순간 어른 삶의 타협을 받아들이는 것과 같은 방식으로, 타인을 돌보는 일, 특히 장기간 돌보는 일은 돌봄이 실행되는 토대가 될 비교적 예측 가능한 세상이 유지되기를 요구한다. 20년 뒤에도 대학이 여전히 존재하리라는 것을(실은 돈의 존재를) 장담하지 못한다면 자녀들의 대학 교육을 위해 저축하지 못할 것이다. 또한 인간이나 동물, 풍경 등 타자에 대한 사랑이 있기에 그것이 없었다면 경멸할지도 모르는 제도적 구조가 유지되기를 매번 요구하는 것이다.

20세기에 노동은 어떻게 점점 더 일차적으로 규율과 자기희생이란 기준으로 평가받게 되었을까?

우리는 인간이란 자신이 존재할 권리를 입증해야 한다는 맬서스적 다 원주의 이론에 따라 누구나 어떤 종류든 단조롭고 고된 일에 고용되어 야 한다는 이 잘못된 생각 때문에 계속 직업을 발명하고 있다.

—버크민스터 풀러

무엇이 되었든 "부의 복음"에 의거한 반격은 성공적이었다. 처 음에는 미국에서, 그다음 거의 모든 곳에서 산업의 반장들은 자신이 고용한 자들이 아니라 바로 자신이 번영의 진정한 창조자임을 대중 에게 확신시킬 수 있었다. 그러나 그들의 성공 자체가 피할 수 없는 문제를 낳았다. 노동자들은 자신이 사실상 로봇 같은 존재로 변해 버리는 직업에서 의미와 목적을 어떻게 찾을까? 자신이 로봇이나 마 찬가지 존재라는 말을 듣는데, 그러면서도 일을 중심으로 삶을 운영 하라는 요구를 갈수록 더 많이 받는데 말이다.

쉽게 대답하려면 일이 성격을 형성한다는 옛날 사상에 의존하면 된다. 그리고 실제 상황도 이런 식으로 전개된 것 같다. 청교도주의의 부활이라 부를 수도 있지만, 이미 보았듯이 이런 사유의 연원은 훨씬 더 먼 곳에 있다. 아담의 저주라는 기독교 교리와 기능장의 훈련을 받으며 이루어지는 유급 노동만이 진정한 성인이 되는 길이라는 북부 유럽식 사유의 융합이 그 연원이다. 이 역사는 노동자들로 하여금 자신의 일을 적어도 일차적으로는 부의 창조나 타인을 돕는 것으로 보지 않고, 자기 포기로서, 일종의 세속적인 고행복을 입는 것으로, 우리의 소비자주의적 장난감에 어울리는 어른이 되게 해주는 기쁨과 쾌락의 희생으로 보는 태도를 아주 쉽게 권장했다.

이런 평가는 현대의 수많은 연구로 확인되었다. 유럽이나 미국이 역사적으로 사람들의 본업을 영원의 눈으로 판단해야 하는 종류의 것으로 보지 않은 것은 사실이다. 묘지에 가서 '증기 파이프 설치 기사', '부통령', '공원 감시인', '점원'이라는 말이 새겨진 묘비를 찾으려고 해도 헛수고다. 죽고 난 뒤 한 영혼이 지상에 존재했던 핵심은 그들이 남편과 아내와 아이들과 때로는 전쟁에서 함께 복무한 동료들에게 느꼈던, 그리고 그들에게서 받았던 사랑으로 표시된다. 이런 것들은 모두 강렬한 감정적 몰입, 생명의 주고받음을 포함하는 일이다. 이와 반대로 그들이 살아 있는 동안 누구든 타인을 만날 때 던졌을 법한 첫 질문은 "당신 직업은 무엇인가?"이다.

이런 상황은 계속된다. 그것이 지금도 존속한다는 사실은, "부의 복음"과 그 이후 소비자주의의 증가가 모든 것을 변화시켰다고 알려져 있으니만큼, 사라지지 않는 패러독스 같은 것이다. 더 이상 우리는 생산한 것을 통해 자신을 표현하는 존재로 여기지 않는다.

존재는 소비한 것을 통해 표현된다. 어떤 종류의 옷을 입는가, 어떤 음악을 듣는가, 어떤 스포츠 팀을 응원하는가 하는 것들이다. 특히 1970년대 이후 누구나 SF 소설 애호가, 애견가, 페인트볼 애호가, 마리화나 애호가, 시카고 불스나 맨체스터 유나이티드 팬이라는 부족적 하위문화로 자신을 분류하려고 한다. 절대 항만 노동자나 재난 위험 분석가를 내세우지 않는다. 어떤 차원에서는 대부분의 사람들이 자기 직업 이외의 것으로 규정되고 싶어 하는 것이 사실이다.[51] 그러면서도 모순적이게도 삶에 궁극적 의미를 주는 것은 일이며, 실직은 심리적으로 참혹한 영향을 미친다고 이야기한다.

20세기 동안 일에 대한 조사, 연구, 설문, 민속학적 연구가 엄청나게 이루어졌다. 일에 대한 연구는 그 자체로 작은 산업이 되었다. 이 연구들이 도달한 결론은 다음과 같이 요약할 수 있다. 자잘한 변수는 있지만 이 내용은 전 세계 어디에나 있는 화이트칼라와 블루칼라 노동자들에게 해당되는 것으로 보인다.

첫째, 거의 모든 사람들의 존엄에 대한 감각과 자존감은 생계를 위한 노동에서 회복된다.
둘째, 거의 모든 사람들은 자신의 직업을 싫어한다.

이것을 '현대 노동의 패러독스'라 부를 수 있을 것이다. 산업 관계는 말할 것도 없고, 노동사회학이라는 과목 전부가 대체로 이 두 가지가 어떻게 동시에 참일 수 있는지를 이해하려는 노력과 관련된다. 알 지니와 테리 설리번이 1987년에 한 말을 보자.

지난 25년 동안 100건을 훨씬 넘는 연구에서 노동자들은 매번 자신의 직업을 신체적으로 지치고, 지루하고, 심리적으로 위축시키며, 개인적으로 굴욕적이고 의미 없는 것이라고 묘사했다. (하지만 그와 동시에) 그들은 어느 층위에서는 일이 인간의 성격 형성에 결정적으로 중요하며 심리적으로는 비할 데 없는 역할을 한다는 것을 알기 때문에, 일하고 싶어 한다. 일은 그저 생계 수단에만 그치는 것이 아니다. 그것은 내면의 삶을 이루는 가장 중요한 구성 요소 가운데 하나다. (……) 일하기를 거부당한다는 것은 그 일을 한 대가로 살 수 있는 것보다 훨씬 많은 것을 거부당하는 것이다. 자기 자신을 규정하고 존중할 능력을 부정당하는 것이니까.[52]

이 주제로 오랫동안 연구한 지니는 마침내 일이 갈수록 목적을 위한 수단이 아니라 목적 그 자체로 여겨지게 되었다는 결론에 도달했다. 즉 프로젝트를(내가 말했듯이 가족, 정치, 공동체, 문화, 종교 등 경제적인 것 이외의 가치들을) 추구할 수 있게 해 주는 자원과 경험을 획득하는 길이 되었다는 것이다. 하지만 그와 동시에 일은 거의 모든 사람들이 해롭고 굴욕적이고 억압적이라고 느끼는 목적 그 자체이기도 했다.

이 두 가지를 어떻게 화해시킬까? 3장에서 전개한 주장으로 돌아가서, 인간존재는 본질적으로 목적의 조합이며, 어떤 목적의식이 없다면 우리는 존재한다고 말하기도 힘들어진다는 점을 인정하는 것도 한 방법이다. 이 말에는 확실히 진실이 담겨 있다. 어떤 면에서 우리는 모두 교도소의 감방에 앉아 종일 텔레비전을 보느니 차라리 세탁실에서 일하기를 선호하는 죄수의 상황에 처해 있다. 하지만 사회학자들이 보통 간과하는 한 가지 가능성은, 만약 일이 자기희생이나 자기 포기의 한 형태라면, 현대적 일의 끔찍함은 그것을 목적 그 자체로 볼 수 있게 만드는 바로 그 부분에 있다. 칼라일로 돌아가 보자. 일은 고통스러워야 한다. 직업의 비참함 그 자체가 "성격을 형성한다." 다른 말로 하면, 노동자들은 자신의 직업을 혐오하기 때문에 존엄성과 자존감을 얻는다.

이것이 클레멘트가 관찰한 대로 우리 주위의 공기에, 사무실의 잡담 속에 암묵적으로 남아 있는 것 같은 태도다. "하지 않았으면 하는 일을 얼마나 열심히 하느냐를 기초로 하여 자신과 타인의 가치를 평가하라는 압박. (……) 자신의 심신이 유급 노동을 통해 파괴되지 않는다면 올바르게 사는 것이 아니다." 이는 단연코 농장의 이민노동자들이나 주차 관리원, 즉석 배달 음식 요리사보다는 클레멘트 같은 중산계급 사무직들 사이에서 더 흔히 보이는 태도다. 하지만 노동계급의 여건에서도 이런 태도는 그 일에 대한 부정을 통해 관찰될 수 있다. 매일같이 얼마나 과로하고 있는지를 뽐냄으로써 자신의 존재를 입증해야 한다고 느끼지 않는 사람들조차 일을 완전히 기피하는 사람들은 아마도 죽어 버려야 한다는 데 동의할 것이기 때문이다.

미국에서 게으르고 자격 없는 빈민의 전형성은 오래전부터 인종주의와 연루되어 있었다. 여러 세대에 걸친 이민들은 노예 후손들의 소위 규율 부족을 경멸하라는 배움을 통해 "근면하게 일하는 미국인"이 무엇을 의미하는지를 배웠다. 일본인 노동자들이 한국인을, 영국인 노동자들이 아일랜드인을 경멸하도록 배우는 것처럼 말이다.[53] 오늘날 주류 언론은 대개 더 섬세하게 활동해야 하는데도 빈민과 실직자들, 특히 공공 구호품으로 살아가는 사람들에 대한 험담의

북을 끝없이 두드린다.

대부분의 사람들은 현대 도덕주의자들의 기본 논리를 받아들이는 것으로 보인다. 즉 사회는 공짜로 뭔가를 바라는 사람들의 포로가 되었다는 논리, 빈민은 일할 의지와 훈련이 부족하기 때문에 가난하다는 논리, 하고 싶은 정도보다 더 열심히 일한, 되도록 혹독한 감독자 휘하에서 열심히 일한 사람만이 동료 시민들의 존경과 배려를 받을 자격이 있다는 논리다. 그 결과 4장에서 설명된 노동에서의 사도마조히즘적 요소는 직장에서 하향식 지휘 계통이 낳는 예측 가능하지만 추악한 부작용이라기보다는 일 자체를 정당화하는 핵심 요소가 되어 버렸다. 고통은 경제적 시민이라는 증표가 되었다. 그것 없이는 어떤 주장도 내세울 권리가 없다.

그렇다면 우리는 한 바퀴를 완전히 돌아 출발점으로 왔다. 적어도 이제는 완전한 역사적 맥락 속에서 불쉿 직업을 이해할 수 있다. 오늘날 불쉿 직업이 증가하는 것은 대체로 부자 경제를, 나아가 점점 더 모든 경제까지 지배하게 된 경영적 봉건주의의 특이한 본성 덕분이다. 그런 직업은 사람을 비참하게 한다. 인간의 행복은 언제나 세계에 영향을 미치는 문제와 결부되어 있기 때문이다. 거기서 느끼는 감정은 모든 사람이 자신의 일에 대해 이야기할 때 사회적 가치의 언어를 통해 표현된다.

동시에 사람들은 어떤 직업이 만드는 사회적 가치가 더 클수록 그 일을 하는 보수는 더 적어진다는 사실을 알고 있다. 애니처럼 그들은 아이 돌보기와 같이 유용하고 중요한 일을 하지만 타인을 돕는다는 기쁨은 그것 자체로 보상이 되어야 하며 생계비는 각자 알아서 해결해야 하는 상황을 받아들일지, 아니면 그 일을 할 이유가 있든 없든 심신에 피해를 입히는 일을 하지 않으면 살아갈 자격이 없다는 널리 퍼진 감정 외에는 특별한 이유도 없이 심신을 망가뜨리는 무의미하고 굴욕적인 일을 받아들일지 양자택일 앞에 놓여 있다.

아마 마지막 말은 칼라일의 몫으로 남겨야 할 것이다. 그는 순전히 행복에 반대하는 특이한 비난으로만 구성된 장 하나를 노동의 찬양에 집어넣었다. 여기서 칼라일은 인간의 쾌락이 엄밀하게 수량화될 수 있으며 그래서 모든 도덕성은 무엇이 '최대 다수의 최대 행복'을 제공하는지를 계산하는 것으로 환원될 수 있다고 주장한 제러미 벤덤 같은 사람들의 공리주의 교리에 반박하고 있다.[54] 칼라일에 따르면, 행복은 비천한 개념이다.

> 용기 있는 남자가 구태여 애써서 많이 요구하려는 유일한 행복은 자신의 일을 완수하는 데 충분한 행복이다. 결국 그의 한 가지 불행은 일할 수 없고, 인간으로서 자신의 운명을 완수하지 못한다는 것이다.[55]

인간의 삶에서 쾌락의 추구 외에는 다른 목표가 없다고 본 벤덤과 공리주의자들은 '효용'의 경제학 이론에 의해 정당화되는 현대 소비자주의의 철학적 선조로 간주할 수 있다. 하지만 칼라일은 사실 벤덤의 관점을 부정하는 것이 아니다. 혹시 그렇다 하더라도 변증법적 의미에서의 부정일 뿐이다. 두 대립항이 외견상 서로 영구히 투쟁 관계에 있지만 각각의 옹호자들은 그 투쟁 속에서 양편이 없다면 불가능할 더 높은 통일성을 이룬다는 사실을 알지 못한다. 궁극적으로 인간존재에 동기를 부여하는 것이 언제나 부, 권력, 안락, 쾌락의 추구였고 또 언제나 그래야 한다는 믿음은 자기희생으로서의 노동

교리, 노동이 오로지 비참함, 사디즘, 공허함, 절망의 장소이기 때문에 귀중하다는 교리로 보완되어야 했다. 칼라일은 이렇게 말했다.

> 모든 노동, 심지어 목화 따는 노동도 고귀하다. 노동만이 고귀하다. 여기서 다시 한번 이렇게 말하고 단언한다. 또 같은 방식으로, 모든 위엄은 고통스럽다. 안이한 삶은 인간의 것이 아니다. (……) 우리의 최고 종교는 슬픔의 숭배라는 이름을 가졌다. 인간의 아들에게는 잘 썼든 못 썼든 고귀한 왕관이란 없다. 오로지 가시면류관이 있을 뿐이다![56]

7

불쉿 직업의
정치적 영향:
우리는 어떻게
대처해야 할까?

나는 쓸모없는 일을 영구히 지속하려는 이 본능이 밑바닥에서는 단순히 군중의 공포라고 믿는다. 군중(사유는 달린다.)은 너무나 저열한 동물이어서, 여가 시간이 주어지면 위험해진다. 그들을 너무 바빠서 생각할 틈도 없도록 만드는 것이 안전하다.

—조지 오웰, 『파리와 런던의 밑바닥 생활
(Down and Out in Paris and London)』에서

금융자본의 권력 유지에 완벽하게 적합한 노동 체제를 누가 설계했는지 모르지만, 더할 나위 없는 솜씨다. 진짜 노동자, 생산적 노동자들은 가차 없이 압력을 받고 수탈당한다. 나머지는 전반적으로 욕을 먹는 실직자층과 기본적으로는 아무것도 하지 않으면서 봉급을 받는 더 큰 층으로 나뉜다. 후자는 그들 스스로 지배계급(특히 그들의 금융계 금융 대리인들)의 시각이나 감수성과 동일시할 수 있도록 만든 지위(관

리자, 경영자 등)를 차지하고 있는 동시에, 명료하고 부정할 수 없는 사회적 가치가 있는 노동을 하는 사람들에 대해 원한을 갖게 된다.

—「불쉿 직업이라는 현상에 관하여」에서

이 책을 끝맺으면서 현재 노동 상황의 정치적 함의에 대한 생각 두어 가지와 이런 상황을 벗어나기 위한 제안 하나를 언급하고 싶다. 5장과 6장에서 불쉿 직업을 증식시키는 경제적 힘(경영 봉건제도)과 우주론, 즉 이런 상황을 견디게 하는, 우주 내에서 인간존재의 위치를 사유하는 전반적인 방식에 관해 설명했다. 경제가 단순히 약탈물을 분배하는 문제가 될수록 지휘 계통이 비효율적이고 불필요해진다는 말은 사실 일리 있다. 왜냐하면 이것은 약탈물을 최대한 빨아먹는 데 최적화되어 있는 조직 형태이기 때문이다.

노동의 가치가 그것이 생산하는 것에, 혹은 그것이 타인들에게 제공하는 혜택에 의거하는 비율이 낮을수록, 노동은 일차적으로 자기희생의 형태로서 가치를 갖는다. 그러니까 그 일을 덜 귀찮고 더 재미있는 것으로 만드는 것, 심지어 자신의 일이 타인을 이롭게 한다는 것을 아는 기쁨까지도 실제로는 그 가치를 더 낮추는 것으로 간주된다는 말이다. 또한 이로 인해 낮은 보수 수준이 정당화된다.

이 모든 것은 정말 잘못된 현상이다. 어떤 의미에서 우리가 주 15시간 노동을 실현하지 못한 이유가 여가 대신 소비자주의를 선택했기 때문이라고 주장하는 평론가들의 말이 완전히 엉뚱한 소리는 아니다. 그들은 그저 메커니즘을 착각했을 뿐이다.

우리가 더 힘들게 일하는 것은 플레이스테이션을 만들고 서로에게 스시를 대접하는 데 시간을 전부 쓰기 때문이 아니다. 산업은 갈수록 더 로봇화되어 가고, 진정한 서비스 부문은 전체 고용의 대략 20퍼센트 정도에서 변동이 없다. 그보다는 우리가 일터에서 겪는 고통이 은밀한 소비자적 쾌락을 정당화하는 유일한 방법이라는 괴상한 사도마조히즘적 변증법을 만들어 냈기 때문이다. 동시에 깨어 있는 시간의 점점 더 많은 부분을 직업이 차지한다는 사실은 우리가 (케이시 윅스가 그토록 압축적으로 표현한) '삶'이라는 사치를 누리지 못한다는 것을, 누릴 시간이 있는 유일한 쾌락은 결국 은밀한 소비자적 쾌락뿐이라는 것을 의미한다.

종일 카페에 앉아서 정치 토론을 하거나 친구들의 여러 다리에 걸친 복잡한 연애사에 대해 떠들어 대는 것은 시간을 잡아먹는다.(사실은 종일 걸린다.) 반대로 보디빌딩을 하거나 요가 수업을 듣는 것, 배달 음식 주문하기, 「왕좌의 게임」 몇 편 보기, 핸드크림이나 가전제품 쇼핑하기 등은 모두 일하는 사이사이나 일한 뒤 휴식 시간으로 주어지는 독립적이고 예측 가능한 자투리 시간을 활용할 수 있다. 나는 이런 예를 모두 '보상적 소비자주의(compensatory consumerism)'라 부르고 싶다. 그것은 당신에게 삶이 없다는, 혹은 별로 많지 않다는 사실을 보상하기 위해 할 수 있는 것들이다.

경영 봉건제도하의
정치와 문화는
'원망의 균형'으로 유지된다

지금, 내가 말하고 있는 그때, 유권자들이 조개 껍데기에 (추방되어야 할 정치가의) 이름을 쓰고 있는데, 무식하고 완전히 촌스러운 어떤 남자가 아리스티데스에게 자신의 패각을 건네며 아리스티데스의 이름을 써 달라고 부탁했다. 아리스티데스를 평범한 군중의 하나라고 여긴 것이다. 놀란 아리스티데스는 아리스티데스가 그 남자에게 어떤 잘못을 범했는지 물었다. "아무 잘못도 하지 않았어."라는 대답이 돌아왔다. "나는 그 작자를 알지도 못해. 하지만 어딜 가든 그를 '정의로운 자'라고 칭송하는 걸 듣기가 지겨워." 이 말을 들은 아리스티데스는 말없이 자기 이름을 패각에 쓴 뒤 도로 건네주었다.

—플루타르코스, 「정의로운 자 아리스티데스의 생애
(Life of Aristides the Just)」에서

분명 나는 좀 억지를 부리고 있다. 소비사회에 사는 사람들은

설령 불쉿 직업의 종사자일지라도 각자의 삶을 이어 가고 있다. 그러나 무의미한 고용의 덫에 가장 걸리기 쉬운 인구층이 자손 번식에 실패하는 것은 물론 의학적 우울증이나 기타 다른 정신적 질병으로 점철된 삶을 살 확률이 가장 높다는 점을 감안할 때, 장기적으로 그런 형태의 삶을 어떻게 영위할 수 있는지 물을 수 있다. 적어도 나는 이것이 그런 경우라고 의심한다. 이런 의심을 확증해 줄 수 있는 것은 경험적 연구뿐이다.

설사 이 의심이 완전히 사실무근으로 밝혀지더라도 한 가지 문제는 피할 수 없다. 그런 노동 구도가 증오와 원망으로 뒤덮인 정치 지형을 형성한다는 것이다. 직장도 없이 살아가려고 분투하는 사람들은 직업이 있는 사람들을 원망한다. 반면 고용된 사람들은 빈곤하고 일자리 없는 사람들을 원망하도록 부추김을 당한다. 그런 사람들이 얻어먹기만 하고 공짜를 바란다는 말을 끊임없이 들어 왔기 때문이다.

불쉿 직업의 덫에 걸린 사람들은 진짜 생산적이거나 이로운 일을 하는 사람들을 원망한다. 낮은 보수를 받거나 굴욕당하거나 제대로 평가받지 못하면서 진짜 생산적이거나 이로운 일을 하는 사람들은 그들의 눈에 뭔가 유용하고 고상하고 화려한 일을 하면서도 잘살 수 있는 극소수 직업을 독점하는 것처럼 보이는 '진보 엘리트'라 불리는 자들을 점점 더 원망한다. 이들 모두는 부패해 보이는 정치 계급(옳은 추측이다.)에 대한 증오로 단합하지만, 그 정치 계급은 또 이런 공허한 증오가 자신들로부터 주의를 분산시켜 주므로 아주 편리하다고 여긴다.

이 원망의 형태들 가운데 앞의 두 가지는 익히 아는 것이지만 뒤의 두 가지는 더 자세히 설명할 필요가 있다. 프랑스의 어느 차 공장에서 일하는 사람들이 그들 위에 군림하는 쓸모없는 중간 관리자 무리를(중간 관리자들이 그들을 해고하기로 결정하기 전이라도) 원망하는 상황은 쉽게 상상된다. 그런데 그 중간 관리자들이 왜 공장 노동자들을 원망하는지는 그리 분명하지 않다. 하지만 중간 관리자와 그들의 행정 보조들이 확실히 공장노동자들을 원망할 때가 흔하다. 이는 노동자들이 자신의 일에 자부심을 가질 타당한 이유가 있다는 단순한 이유 때문이다. 그런 노동자들에게 보수를 적게 주는 것을 정당화하는 결정적인 이유는 단순한 시기심이다.

도덕적 시기심은 충분히 이론화되지 않은 현상이다. 이 주제로 책을 쓴 사람이 한 명이라도 있는지 모르겠다. 하지만 도덕적 시기심은 인간사에서 분명히 중요한 요인이다. 여기서 도덕적 시기심이란 상대방이 부자이거나 재능이 있거나 운이 좋기 때문이 아니라, 그의 행동이 시기하는 자 본인보다 더 높은 도덕적 기준을 구현하는 것으로 여겨질 때 느끼는 시기심과 원망의 감정을 가리킨다. 그 감정의 기본은 "어떻게 저 사람이 감히 (나보다 낫다고 내가 진정으로 인정하는 방식으로 행동함으로써) 나보다 낫다고 주장하는가?"인 듯싶다.

대학에서 이런 태도를 처음 만났을 때가 기억난다. 좌파에 속한 한 친구가 어느 유명한 활동가를 더 이상 존경하지 않는다고 선언한 일이 있었다. 그 활동가가 이혼한 아내와 아이를 위해 뉴욕에 비싼 아파트를 마련해 주었기 때문이라는 것이다. "정말 위선자야! 그 돈을 빈민에게 줘도 되잖아!" 하고 그는 소리쳤다. 문제의 활동가가 실제로 거의 전 재산을 빈민에게 주었다고 말했는데도 이 친구는 생각을 바꾸지 않았다. 내가 비판자 본인에게 그리 가난하지 않으면서도 자선에 거의 한 푼도 쓰지 않은 것 같다고 지적하자 그는 화를 냈다. 그리고 이후 다시는 나와 말을 하지 않았던 것 같다.

그후에도 나는 이런 태도를 여러 번 마주쳤다. 선행하는 사람들의 공동체에서 공유된 가치를 너무 모범적인 방식으로 보여 주는 사람은 위협 취급을 받는다. 과시하는 듯한 선행(요즘에는 '도덕적 전시(virtue signaling)'라는 말이 쓰인다.)은 흔히 도덕적인 도전으로 인지된다. 문제의 그 사람이 완전히 겸손하거나 허세가 없는지와는 상관없다. 사실 만약 그렇다면 문제가 더 악화될 수도 있다. 내심 자신이 충분히 겸손하지 않다고 느끼는 사람들에게는 겸손함 자체가 도덕적 도전일 수 있으니까.

이런 종류의 도덕적 시기심은 활동가나 종교인들의 공동체에서 자주 볼 수 있다. 내가 주장하고 싶은 것은 그것이 노동을 둘러싼 정치에도 좀 더 미묘하게 존재한다는 사실이다. 이민자들에 대한 분노에는 흔히 새로 들어온 사람들이 너무 많이 일하거나 너무 적게 일한다는 비난이 포함되어 있는 것처럼, 빈민에 대한 원망 역시 일하지 않는 자들에 대한 원망과 일하는 자들에 대한 원망에 동시에 초점이 맞추어진다. 전자는 그들이 게으르다고 생각하기 때문이며, 후자는 그들이 최소한 불쉿 직업에 걸려들지 않았기 때문(그들이 실업자 재교육 정책에 강제로 끌려 들어가지 않은 한)이다.

예를 들면, 미국에서 보수파가 대중에게 노조화된 병원이나 자동차 회사 노동자들에 대한 원망을 부추기는 데 그처럼 크게 성공한 이유는 무엇일까? 2008년 금융 산업 구제 기간 동안 대중은 은행가들이 100만 달러짜리 보너스를 받는 것에 분노했지만 그들은 실제로 아무 제재도 받지 않았다. 그러나 그 뒤 자동차 산업을 구제할 때는 조립 라인 노동자들에게 제재가 가해졌다. 그들은 후한 의료보험과 퇴직연금, 휴가, 시간당 28달러 임금을 허용한 노조 계약으로 인해 사방에서 제멋대로 한다는 비난을 받았으며, 고액의 환급을 강요당했다. 문제를 실제로 야기한 같은 회사의 금융 부문 직원들, 그리고 아무 일도 하지 않으면서 상당히 큰 보상을 자주 받아 온 직원들에게는 비슷한 희생을 요구하지 않았다. 어느 지역신문은 다음과 같이 회상했다.

> 은행의 구제가 시행된 뒤 2월에는 자동차 회사들의 구제가 있을 예정이었다. 그런 회사들이 다시 수익성을 회복하기 위해서는 수천 개의 일자리를 감축해야 할 것으로 예상되었다. 자동차 업계 노동자들의 직업 안정성과 의료 혜택은 오랫동안 부러움의 대상이었다. 이제 그들은 희생양이 되었다. 한때는 자랑스러웠던 미시간의 제조업 도시들이 거의 폐업 지경에 내몰리자 우파 라디오 해설자들은 노동자들(모든 사람에게 주 7일 노동과 주 40시간 노동이라는 노동조건을 확보해 준 투쟁을 거치면서 역사적 도구가 된 사람들)이 정당한 대우를 받게 되었다고 단언했다.[1]

미국의 자동차 노동자들이 다른 블루칼라 노동자들에 비해 상대적으로 관대한 보상과 혜택을 받은 이유 중 하나는 무엇보다 그들이 동료 시민들에게 실제로 필요한 데다 문화적으로 중요하다고 인정받은 어떤 것(미국인이라는 자의식의 중심이 되는 것)을 창조하는 데 지극히 핵심 역할을 했기 때문이었다.[2] 그러나 다른 사람들이 바로 이 점에 원망을 품었다는 느낌을 피할 수 없다. "그들은 자동차를 만들잖아! 그것만으로도 충분해야 하지 않나? 나는 종일 앉아서 바보 같은 서류만 작성해야 하는데! 그런데도 이 나쁜 자식들은 치과 보험을 요구하고, 아이들을 그랜드캐니언이나 콜로세움에 데려가기 위해 2주간 휴가를 받아야 한다고 파업하겠다는 거야?"

미국에서 다른 이유로는 설명할 수 없는 적대감이 초등학교와 중등학교 교사들을 겨냥하고 있는 사정도 마찬가지다. 학교 교사란 물론 보수가 낮고 스트레스가 크다는 사실을 충분히 알면서도 사회적으로 중요하며 고상한 소명을 선택한 사람들의 본보기 그 자체다. 타인의 삶에 긍정적 영향을 미치고 싶은 사람이 교사가 되는 것이다.(뉴욕 지하철의 교사 구인 광고에는 이런 문구가 있었다. "아무도 20년 뒤에 전화해서 당신이 그토록 좋은 보험 손해평가사여서 감사하다고 말해 주지는 않는다.")

하지만 이번에도 그들을 버릇 나쁘고, 권리만 요구하고, 보수를 너무 많이 받는 세속적이고 박애주의적인 반미주의 분출자라고 비난하는 사람들의 눈에는 이런 비난이 정당하게 보이는 모양이다. 그런 점을 감안하면 공화당 활동가들이 왜 교원 노조를 공격 대상으로 삼는지 이해할 수 있다. 교원 노조는 민주당의 핵심 지지 세력 중 하나다. 하지만 교원 노조에는 교사들과 학교 행정관도 포함되는데, 행정관들은 공화당 활동가들이 반대하는 거의 모든 정책에 실제로 책임이 있는 이들이다. 왜 그들에게 집중하지 않을까? 그랬더라면 교사들이 응석받이에 버릇이 나쁘다 해도, 봉급을 많이 받는다는 점에서는 학교 행정직의 문제가 더 심하다고 지적하기가 훨씬 쉬울 텐데 말이다. 엘리 호로위츠는 이렇게 지적한다.

여기에서 놀라운 점은 공화당 지지자와 다른 보수파들이 학교 행정직에 대해 실제로 불평했다는 사실이다. 하지만 거기서 그들은 멈추었다. 무슨 이유 때문인지는 몰라도 그런 목소리(애초 극소수인 데다 아주 작았으니까.)는 대화가 시작되자마자 더 가라앉아서 거의 없어질 지경이었다. 결국 교사들은 더 가치 있는 일을 하는데도 더 효과적인 정치적 타깃이 되고 말았다.[3]

다시 한번 나는 이것이 오로지 도덕적 시기심 탓이라고 생각한다. 교사는 자신을 자기희생적이고 공공 의식으로 무장한 존재로 과시하듯 드러내는 사람, 20년 뒤 "감사합니다. 선생님이 제게 해 주신 모든 일에 대해 감사합니다."라는 전화를 받고 싶어 하는 사람으로 비춰진다. 이런 사람들이 노조를 결성하고, 파업하겠다고 위협하고, 더 나은 노동조건을 요구하는 것은 거의 위선으로 여겨진다.

- - - - -

유용하거나 고상한 일을 추구하면서도 안정적인 보수와 혜택을 원하는 사람이 당연히 원망의 대상이 된다는 규칙에는 중대한 예외가 하나 있다. 군인, 혹은 군대에 직접 연결된 일을 하는 사람은 이 규칙이 적용되지 않는다. 정반대로, 군인들은 절대로 원망의 대상이 되지 않아야 한다. 그들은 비판을 초월한 존재다. 이 이상한 예외에 대해 예전에 쓴 글이 있는데, 여기서 그 논지를 잠시 불러오는 것이 좋겠다. 그런 논의 없이는 우익 포퓰리즘을 제대로 이해할 수 없기 때문이다.[4]

내게 제일 친숙한 나라니, 이번에도 미국을 예로 들어 보자(비록 브라질에서 일본까지 어느 나라에도 적용할 수 있다고 자신하지만). 특히 우익 포퓰리스트들에게 최고의 영웅은 군인이다. '군대를 지지'해야 한다. 이것은 절대명령이다. 이를 두고 어떤 식으로든 타협하려는 사람은 간단명료하게 배신자다. 이와 반대로 궁극적인 적은 지식인들이다. 예를 들면 거의 모든 보수파 노동계급은 기업 경영진에게는 별 쓸모가 없지만, 노동계급이 자신들을 좋아하지 않는다 해도 대개는 별로 개의치 않는다. 그들의 진정한 증오는 무엇보다 '진보 엘리트'('할리우드 엘리트', '언론계 엘리트', '대학교 엘리트', '멋쟁이 변호사들', '주류 의학계' 등 종류는 다양하다.)를 향해 있다. 그러니까 해안 대도시에 살면서 공영 텔레비전을 보거나 라디오를 듣고, 더욱이 공영 텔레비전이나 라디오 프로그램 제작 과정에도 등장하는 부류의 사람들 말이다.

이 원망의 배후에는 다음 두 가지 인식이 있는 것으로 보인다. 첫째, 이 엘리트층 멤버들은 일상의 노동자들을 주먹이나 휘두르는 야만인 수준으로 본다는 인식. 둘째, 이 엘리트층이 점점 더 폐쇄된 신분제 사회를 구성한다는 인식. 그런 신분제 사회에서 노동계급의 아이들은 실제 자본가 계급보다 장벽을 뚫고 나가는 데 훨씬 더 큰 어려움을 겪을 것이다.

이런 인식은 둘 다 대체로 정확한 것으로 보인다. 2016년 도널드 트럼프가 선출된 사실에 대한 반응을 조금이라도 고려한다면 첫째 인식은 매우 자명하게 진실이다. 특히 백인 노동자 계급은 다른 집단이라면 편협한 인간이라고 즉각 비난받을 만한 발언들(예를 들면 특정 계급이 못생기고 폭력적이고 멍청하다는 등)이 점잖은 그룹에서도 별말 없이 받아들여지는 미국에서 유일한 세력 집단이다.

두 번째 인식 역시 제대로 생각해 보면 옳다. 또다시 할리우드에서 실례를 찾아보겠다. 1930년대나 1940년대로 거슬러 올라가면 '할리우드'라는 이름조차도 마법 같은 사회 진보의 이미지를 불러일으키는 경향이 있다. 순진한 시골 소녀가 대도시에 가서 가치가 발견되고 스타가 된다. 현재 목적에서 이런 일이 실제로 얼마나 자주 일어났는지는 문제되지 않는다.(분명히 예나 지금이나 가끔 일어나는 일이다.) 요지는 당시 사람들은 그 우화를 원천적으로 일어날 수 없는 것으로는 보지 않았다는 점이다. 요즘 중요 영화의 주연배우들 가계도를 보면 할리우드 배우, 작가, 프로듀서, 감독을 적어도 2대 이상 하지 않은 경우를 찾기 힘들다. 영화 산업은 근친혼 신분제도에 지배되어 버렸다. 그렇다면 할리우드 저명인사들이 평등주의 정치를 지지하는 듯한 시늉이 대다수 미국 노동계급의 귀에 공허하게 들릴까? 할리우드 역시 이 측면에서 예외가 아니다. 말하자면 그것은 모든 자유주의 전문직들에 일어났던 일을 상징한다(조금은 더 발전한 형태지만).

내가 보건대 보수파 유권자들은 대체로 부자들보다 지식인들을 더 원망하는 것 같다. 왜냐하면 그들이나 자녀들이 부자가 되는 시나리오는 꿈꿀 수 있지만, 문화적 엘리트층의 멤버가 되는 시나리오는 도저히 상상할 수 없기 때문이다. 생각해 보면 이런 판단은 부당한 평가가 아니다. 네브래스카주 출신 트럭 운전수의 딸이 백만장자가 될 확률은 아주 낮지만(요즘 미국은 아마 선진국 가운데 사회적 유동성이 가장 낮은 나라일 것이다.) 그래도 그런 일은 일어날 수 있다. 그런데 그 딸이 국제 인권 변호사가 되거나 《뉴욕 타임스》 연극 평론가가 될 가능성은 사실상 없다. 설사 그녀가 알맞은 학교에 갈 수 있더라도 학교를 졸업한 다음 뉴욕이나 샌프란시스코에서, 그 분야에서 반드시 거쳐야 하는 무급 인턴 생활을 하면서 살아갈 방도는 분명 없다.[5] 설사 유리 직공의 아들이 자리가 좋은 불쉿 직업에 발끝을 담그는 일이 생기더라도, 그는 십중팔구 에릭처럼 자기 직업을 필요한 인맥을 쌓는 토대로 바꾸지 못하거나 그렇게 하기를 꺼릴 것이다. 눈에 보이지 않는 장벽이 수천 개는 있다.

6장에서 제시한 '가치'와 '가치들'의 대립을 이런 식으로 표현할 수도 있다. 돈을 많이 벌고 싶다면 방법이 있을지도 모른다. 반면 다른 종류의 가치(진실(언론, 학문), 아름다움(예술계, 출판계), 정의(사회운동, 인권), 자선 등)를 추구하는 것이 목표라면 그 일을 하면서 생계비를 벌기 원할 것이다. 그러다가 어느 정도 재산이나 사회적 인맥이나 문화적 자산을 가진 집안 배경이 없다면 장벽을 뚫고 나갈 길이 없음을 알게 된다.

그렇다면 '진보 엘리트'란 돈 외의 어떤 이유로든 할 만한 일을 하면서 보수를 받을 수 있는 일자리를 사실상 자기들 몫으로 챙겨둔 사람들이라 할 수 있다. 그들은 자신들을 미국의 신흥 귀족으로 자리매김하려고 노력했고, 대체로 성공했다. 어떤 의미에서 그들은 할리우드의 귀족층처럼, 물질적으로 잘살면서도 보다 높은 목적에 봉사한다고 느낄 수 있는, 말하자면 고상한 기분을 맛볼 수 있는 모든 직업에 대한 세습적 권리를 독점하고 있다.

물론 미국에서는 이 모든 것이 노예제와 뿌리 깊은 인종주의 유산 때문에 매우 복잡해졌다. 계급적 원망을 이런 식으로 표현하는 것은 대체로 백인 노동계급이다. 아프리카계 미국인, 이민자, 그리고 이민자 자녀들은 반지성적 정치를 거부하는 경향이 있다. 그러면서도 자녀들이 사회적으로 출세할 수 있는 가장 확률 높은 수단은 교육 시스템이라고 본다. 이로 인해 가난한 백인들은 부유한 진보층 백인들과 부당한 동맹 관계를 맺고 있다는 생각을 더 쉽게 해 버린다.

이 모든 것이 군대를 지지하는 것과 무슨 관계가 있을까? 글쎄, 만약 트럭 운전수 딸이 이기적이지 않고 고결한 정신을 추구하면서도 집세를 내고 의료보험과 연금을 유지할 수 있는 직업을 찾겠다고 단호하게 결심했다면 어떤 선택지가 있을까? 종교적 기질의 소유자라면 지역 교회를 통해 방도를 찾을 수 있을지 모르겠다. 하지만 그런 직업은 아주 드물다. 쉽게 택할 수 있는 것이 군대다.

내가 이런 현실을 처음 깨달은 것은 10년도 더 전에, 캐서린 러츠의 강의를 들을 때였다. 브라운대학교의 인류학자인 러츠는 해외 미군 기지를 연구하는 프로젝트를 진행하고 있었다. 그녀는 기지들 대부분이 외부 활동 프로그램을 운영한다는 아주 흥미로운 사실을 관찰했다. 병사들이 근방의 소도시와 마을에서 교실 수리나 치과 치료 등의 봉사 활동을 하는 것이다.

이 프로그램을 운영하는 외견상 이유는 지역 공동체와의 관계 개선이었지만 그 측면에서는 별 효과가 없었다. 이런 사실이 밝혀진 뒤에도 프로그램은 계속 유지되었다. 병사들에게 엄청난 심리적 영향을 주었기 때문이다. 봉사 활동에 대해 나중에 설명하면서 황홀한 기분을 맛보는 병사들이 많았다. 예를 들면 이런 식이다. "내가 군대에 들어간 건 그것 때문이야." "군 복무의 진정한 목표가 여기 있어, 그냥 나라를 지키는 것만이 아니라 사람들을 돕는 일 말이야."

연구자들은 공공 서비스 임무를 수행했던 병사들의 재입대 비율이 두세 배는 높다는 것을 알아냈다. 이렇게 생각했던 기억이 난다. "잠깐만, 이 많은 사람들이 실은 평화봉사단에 들어가고 싶은 거라고?" 그리고 자료를 충분히 살펴본 끝에 평화봉사단에 들어가기 위해서는 당연하게도 대학 졸업장이 필요하다는 사실을 알아냈다. 미국 군대는 좌절한 이타주의자들을 위한 피난처였다.

'좌파'와 '우파' 사이의 거대한 역사적 차이가 대체로 '가치'와 '가치들' 사이의 관계에 달려 있다는 주장을 해 볼 수 있다. 좌파는 언제나 순수한 자기 이익이 지배하는 영역과 전통적으로 고상한 원리가 지배해 온 영역 사이의 간극을 무너뜨리려고 노력하는 입장이었다. 우파는 언제나 두 영역을 따로 분리하려 했지만, 분리한 다음에는 양편 모두 소유하겠다고 주장했다. 그들은 탐욕과 자선 두 가지 모두를 대표한다.

공화당에서 자유시장 방임론자와 기독교 우파의 '가치 지향적 투표자'(values voters, 미국 대선에서 후보의 능력과 비전보다 도덕적 가치와 자질을 더 중요시하는 투표자들—옮긴이) 사이에 다른 방식으로는 설명할 수 없는 동맹이 맺어지는 것도 이 때문이다. 이것이 현실에서는 대개 '좋은 경찰-나쁜 경찰' 전략으로 실행되어 왔다. 처음에는 시장에 혼란을 일으켜 생활과 기존의 모든 진실을 한꺼번에 뒤흔든 다음, 그들 스스로가 풀어 준 야만인들에 맞서 교회와 부모의 권위를 수호할 마지막 보루로 나서는 것이다.

'군대를 지지하라'는 요구와 '진보 엘리트'에 대한 비난을 병치

함으로써 우파는 사실상 좌파를 위선자라 부르고 있다. 그들은 이렇게 말한다.

1960년대의 급진파 대학생들은 자신들이 누구나 물질적 번영을 누리며 행복한 이상주의자가 될 수 있는 새로운 사회를 창조하려고 노력하며, 공산주의 치하에서는 가치와 가치들 사이의 구분이 없어질 것이고, 모든 사람은 공동의 선을 위해 일할 것이라고 주장했다. 그러나 그들이 결국 실제로 한 것이라고는 일한다는 기분을 느낄 수 있는 모든 직업을 자신의 응석받이 아이들을 위해 따로 떼어 둔 것뿐이었다.

이는 우리가 살고 있는 사회의 본성에 관한 아주 중요한 함의를 담고 있다. 자본주의에 대해 더 일반적으로 시사하는 바는 사회가 탐욕에 기초하고 있다는 것이다. 심지어 인간존재는 선천적으로 이기적이고 탐욕스러우며, 이런 종류의 행동을 정착시키고, 이타적으로 처신할 권리를 은밀하게 상품으로 내걸기도 한다. 자신의 이기적 기질을 입증할 수 있는 사람들만이 이기적이지 않을 권리를 허용받는다. 혹은 게임이 그런 식으로 움직인다. 당신이 고생을 하고 머리를 굴려 충분한 경제적 가치를 축적하는 데 성공했다면, 현금을 손에 넣고 거액을 써서 고유하고, 더 높고, 추상적이고, 아름다운 것으로 바꿀 수 있다. 즉 '가치'를 '가치들'로 전환시키는 것이다. 렘브란트의 그림들을 모으거나 경주용 클래식 자동차를 수집할 수도 있다. 아니면 재단을 설립해 여생을 자선에 바칠 수도 있다. 종착점으로 곧바로 건너뛰는 것은 명백히 사기다.

우리는 에이브러햄 링컨이 본 중세 생활 주기 서비스 버전으로 돌아왔다. 그리고 예측하건대, 지금은 우리 중 절대다수가 은퇴하기 전에는 완전한 성인기의 경험을 기대할 수 없다. 군인들은 그들 나라에 '봉사'하기 때문에, 그리고 짐작건대 대개 장기적으로는 얻는 것이 그리 많지 않기 때문에 합법적인 예외다. 이것이 우파 포퓰리스트들이 복무 중인 군인은 무조건 지지하지만 대다수 군인이 퇴역 후 여생 동안 집도 직장도 없고 가난해지며 약에 중독되거나 장애자로 살면서도 적절한 의료 혜택을 받지 못한다는 사실에 이상할 정도로 무관심한 이유를 설명해 줄 것이다. 가난한 집 아이는 교육과 직업의 기회를 얻기 위해 해병대에 입대한다고 스스로 말할 수도 있다. 하지만 기껏해야 도박이다. 그가 바치는 희생이라는 것의 본질이 원래 그렇다. 그리고 그의 진정한 고귀함이라는 것도 그렇다.

지금까지 언급한 원망의 다른 대상도 모두 보상과 사회적 이익의 반비례 관계라는 원리를 보란 듯이 어기는 것으로 보일 수 있다. 노조에 가입한 자동차 노동자와 교사들은 결정적으로 중요한 기능을 수행하지만 중산계급의 생활 방식을 요구할 만큼 무모하기도 하다. 그들은 영혼을 파괴하는 하급과 중급 불쉿 직업의 덫에 걸린 사람들이 특별히 분노하는 대상이다. 빌 마(미국의 코미디언, 진행자—옮긴이)나 안젤리나 졸리 같은 '진보 엘리트'층 멤버들은 그들이 배치되었던 모든 전선의 맨 앞줄로 넘어가서, 재미도 있고 보수도 좋고 세상에 변화를 가져오기도 하는 극소수 현존 직업들을 독점하는 것처럼 보인다. 그러면서 동시에 스스로 특별한 정의의 대변자 행세를 하기도 한다. 그들은 노동계급이 특별히 원망하는 대상이다. 이 노동계급이 수행하는 고통스럽고 힘들고 신체에 피해를 입히지만 그만큼 사회적으로 유용한 노동은 자유주의의 화신들에게는 절대로 재미있거나 중요하게 여겨지지 않는 모양이다. 동시에 이 무관심은 상급 불쉿 직업의 덫에 걸린 '진보 계급' 멤버들이 자신의 능력으로 정직한 삶을 영위하는 바로 그 노동계급을 향해 품는 노골적인 적대감과 겹친다.

지금 로봇화 위기와
불쉿 직업이라는 더 큰 문제는
어떤 관련이 있을까?

청교도주의란 어디선가 누군가가 행복할지도 모른다는 떨쳐 버릴 수
없는 공포다.

— 헨리 루이 멩켄

부국의 정치에서 엇갈린 원망들로 설명되는 부분이 점점 많아
지고 있다. 이런 상황은 곧 재앙이다. 옛날 좌파들이 하던 "매일 우리
는 잠에서 깨어 집단적으로 세상을 함께 만들어 나간다. 하지만 우
리 중 그 누가 재량이 주어졌을 때 바로 지금 같은 세상을 만들고 싶
었다고 판단한 걸까?"라는 질문이 어느 때보다 적절하게 여겨지는
이유다. 20세기 초반의 SF 소설 판타지들은 많은 부분 실현 가능해
졌다. 아직 텔레포트를 하거나 화성에 식민지를 건설하지는 못하지
만, 지상의 거의 모든 사람들이 상대적으로 편하고 안락하게 살 수
있는 방식으로 쉽게 상황을 바꿀 수 있다. 물질적 기준에서 이 일은

그리 어렵지 않을 것이다.

대략 1750년대에서 1950년대까지 세계가 익숙해졌던 정신없이 빠른 속도에 비해 그 뒤에는 과학적 혁명과 기술적 돌파구가 개척되는 속도가 상대적으로 느려졌지만, 로봇과학은 계속 발전했다. 이 분야는 대체로 기존 기술적 지식의 응용 방법을 개선하는 분야이기 때문이다. 로봇과학은 재료과학의 발전과 결합하여 가장 무미건조하고 피곤한 기계공학적 업무의 아주 많은 부분이 정말로 사라질 수 있는 시대를 불러들이고 있다. 이것은 우리가 아는 일이라는 것이 점점 더 우리가 생각하는 '생산적' 노동과 닮은 점은 줄어들고 '돌봄' 노동을 닮아 간다는 뜻이다. 돌봄이란 기계가 한다면 다들 아주 싫어할 그런 종류의 일이다.[6]

최근 기계화의 위험에 대해 이야기하는 공포 문학이 많이 있었다. 대부분은 커트 보니것의 첫 소설 『자동 피아노(Player Piano)』(1952)에서 이미 개발한 노선을 따라간다. 육체노동의 거의 모든 형태가 사라지면 사회는 반드시 두 계급, 즉 로봇을 소유하고 설계하는 부유한 엘리트와, 할 일이 없어서 종일 당구나 치고 술이나 마시며 지내는 초췌하고 절망에 빠진 과거의 노동계급으로 분열된다고 이 평론가들은 경고한다.(중간계급은 이 둘 사이에서 쪼개진다.)

이는 명백히 진짜 노동의 돌봄 측면을 완전히 무시할 뿐만 아니라 재산 관계를 변경할 수 없는 것으로 보며, 인간존재가(최소한 SF 소설가가 아닌 사람들은) 너무나 전적으로 상상력이 결여되어서 자유 시간이 무한정 있어도 특별히 흥미있는 일을 찾아내지 못할 것이라고 추정한다.[7] 1960년대의 반문화는 위의 두 번째와 세 번째 가정에 도전했고(첫 번째 가정에는 별로 도전하지 않았다.) 1960년대 수

많은 혁명가들은 "기계가 모든 일을 하도록 하라!"라는 구호를 받아들였다. 이것은 6장에서 보았듯이 노동을 "그 자체로 가치를 지니는 것"이라고 설교하는 새로운 역풍을 낳았다. 그와 동시에 수많은 공장의 일거리를 인건비가 너무 싸서 그런 일을 여전히 인간의 손으로 해낼 수 있는 빈국들에 수출하는 결과를 낳았다. 경영 봉건제도의 첫 번째 파도와 고용의 불쉿화는 1970년대와 1980년대에, 1960년대 반문화에 대한 반동으로서 모습을 드러내기 시작했다.

로봇화의 최신 물결은 1960년대와 같은 도덕적 위기와 패닉을 초래했다. 유일한 차이가 있다면 재산 체제는 물론 경제 모델의 어떤 중요한 변화도 이제는 단연코 논의 대상이 아닌 만큼 부와 권력이 상위 1퍼센트에 더 몰리는 결과밖에는 일어나지 않을 것이다. 예를 들면 마틴 포드의 최근 저서 『로봇의 부상(Rise of the Robots)』은 실리콘밸리가 거의 모든 블루칼라 노동자를 잉여 노동력으로 만든 뒤 다음 단계로 의료보험, 교육, 자유 전문직을 겨냥하는 모습을 묘사한다. 그의 예견에 따르면, 그 결과로 "테크노 봉건제도(techno-feudalism)"가 올 가능성이 크다.

노동자들을 일자리 밖으로 내몰거나 기계와 경쟁시켜 그들을 가난하게 만드는 것은 심각한 문제가 된다. 특히 봉급이 없는데 어떻게 그 모든 로봇이 제공하게 될 반짝거리는 장난감과 효율적인 서비스를 구매할 여력이 있겠는가? 이것은 잔인할 만큼 단순한 요약이겠지만, 내가 볼 때 그런 설명이 빠뜨리고 있는 점을 강조하는 데 도움을 준다. 로봇이 인간을 대체한다는 예견은 어느 지점까지 가고 나면 항상 멈춘다는 것이다. 로봇이 예를 들어 스포츠 기자, 사회학자, 부동산 업자를 대체하는 것은 상상할 수 있지만, 자본가들이 수행하기로 되어 있는 기본 기능, 주로 현재나 미래의 잠재적 소비자 수요에 부응하기 위해 자원을 투자하는 최적 방식을 계산해 내는 기능이 기계에 의해 수행될 수 있다고 주장하는 사람은 내가 아는 한 아직 없다.

왜 그럴까? 소련 경제가 실패한 주된 이유가 그들이 대량의 데이터를 자동으로 조직화할 만큼 충분히 효율적인 컴퓨터 기술을 개발하지 못했기 때문이라고 주장할 수 있다. 이제 그런 기능은 쉽게 수행할 수 있다. 그런데도 누구도 감히 그렇게 하자고 주장하지 않는다. 예를 들면 엔지니어 마이클 오즈번과 경제학자 칼 프레이가 수행한, 상이한 직업 702가지가 로봇으로 대체될 수 있는 정도를 평가한 유명한 옥스퍼드 연구는[8] 수문학자, 메이크업 아티스트, 여행 가이드 같은 직업을 검토하지만 공연 기획자, 투자자, 금융가가 자동화될 가능성에 대해서는 언급하지 않는다.

이 지점에서 나는 본능적으로 보니것을 떠나 폴란드의 SF 소설가인 스타니스와프 렘으로 가 본다. 우주 여행자 이온 티치(Ijon Tichy)는 작가가 좀 우악스럽게도 '풀'이라는 이름을 붙인 종족이 살고 있는 행성을 방문한다. 그가 도착했을 때 풀족은 마르크스가 말한 고전적인 과잉생산 위기를 겪고 있었다. 그들은 전통적으로 스피리터(Spiritors, 사제), 에미넌츠(Eminents, 귀족), 드러질링(Drudgelings, 노동자)로 나뉜다. 어느 친절한 원주민이 이렇게 설명했다.

"오랫동안 발명가들은 노동을 단순화시키는 기계를 개발했지요. 고대에는 드러질링 100명이 허리가 휘도록 하던 일을 몇백 년이 지나니 기계 옆에서 두어 사람이 해치울 수 있었습니다. 우리 과학자들은 기계를 개선했고, 사람들은 환호했어요. 하지만 그 뒤로 벌어진 일은 그 환호가 얼마나 잔인할 정도로 섣부른 것이었는지 보여줍니다."

결국 공장의 효율성이 너무 높아져 어느 날 한 엔지니어가 아무 감독관 없이도 작동할 수 있는 기계를 발명했다.

"새 기계가 공장에 등장하자 드러질링 무리가 일자리를 잃었고, 봉급을 받지 못하자 굶어죽게 됐어요."

내가 물었다. "잠깐만요, 풀. 공장이 생산한 이윤은 어떻게 됐습니까?"

그가 대답했다. "그 이윤은 물론 정당한 소유자들에게 돌아갔지요. 자, 내가 이야기하던 중이었지요, 절멸의 위협이 드리우고……."

"하지만 당신이 말하던 것은, 존경하는 풀!" 내가 외쳤다. "당신들은 공장을 공동의 자산으로 만들어야 했어요. 그렇게 했더라면 새 기계는 축복이 됐을 겁니다!"

내가 이 말을 하자마자 풀은 부들부들 떨면서 열 개의 눈을 불안하게 깜빡거리더니 귀에 손을 대고 계단에 서 있던 동료 누구든 내 말을 들은 사람이 없는지 확인했다.

"푸의 열 개의 코를 걸고 간청하는데, 이방인이여, 그런 저열한 이단을 절대 입에 담지 마시오. 그것은 우리가 누리는 자유의 기초를 공격하는 말입니다! 우리의 최고의 법, 시민 발안의 원리는 아무도 추방될 수 없고 억류될 수 없고 자신이 원하지 않는 어떤 것도 하도록 유도될 수 없다고 선언합니다. 그렇다면 누가 감히 유명 인사들의 공장을 수탈하겠습니까? 바로 그 공장의 소유권을 누리는 것이 그들의 의지인데 말입니다. 그것은 상상할 수 있는 가장 끔찍한 자유의 위반일 겁니다. 그렇다면 이제 계속해 보지요, 새 기계는 지극히 값싼 상품과 훌륭한 식품을 넘치게 생산하지만 드러질링은 아무것도 사지 않아요. 애당초 돈이 한 푼도 없으니⋯⋯."[9]

얼마 지나지 않아 드러질링들은 (티치와 대화한 이가 주장했듯이 그들은 타인의 재산권을 침해하지 않는 한 무엇이든 원하는 일을 할 완전한 자유가 있었지만) 파리 떼처럼 쓰러졌다. 그 뒤 열띤 토론이 이어진 끝에 어중간한 조치들이 시행되었지만 실패했다. 풀족은 새 기계가 만든 온갖 제품을 어떤 살아 있는 존재가 할 수 있는 것보다 더 치열하게 먹고 사용하고 즐기는 로봇을 만들어 내고, 또 그런 것에 비용을 지불할 화폐도 만들어 내 소비자이던 게으른 자들을 대체하려고 시도했다. 하지만 이것 역시 만족스럽지 못했다. 마침내 생산과 소비 모두 기계에 의해 행해지는 시스템이란 어딘가 무의미하다는 것을 깨달은 그들은 전체 인구가 스스로(완전히 자발적으로) 공장에 가서 아름답고 반짝거리는 디스크가 되어 지형 전체에 걸쳐 보기 좋은 무늬를 그리며 배열되는 것이 최고의 해결책이라고 결론지었다.

이것이 우둔한 방법으로 보일 수도 있다.[10] 하지만 가끔은 우둔한 마르크스주의 바로 그것이 필요할 때도 있다. 렘이 맞았다. 비합리적인 경제 시스템과 상대하고 있다는 사실을 드러질링의 수요를 제거하는 문제만큼 확실하게 나타내 주는 것은 없다.

「스타트렉」은 복제 인간으로 이 문제를 해결했다. 그리고 영국의 젊은 급진파들은 흔히 "완전히 자동화된 사치품 공산주의"의 미래에 대해 이야기한다. 그것은 기본적으로 같은 것이다. 미래의 어떤 로봇이나 복제 인간도 인류 전체의 공동 자산이 되어야 한다는 주장이 쉽게 나올 수 있다. 여러 세기를 거슬러 올라가는 집단적 기계공학 지성의 결실일 것이기 때문이다. 어떤 민족문화가 모두의 창조물이며, 그렇기 때문에 모두에게 속한다는 것과 같은 방식이다.

자동화된 공영 공장이 있다면 삶은 더 쉬워질 것이다. 그렇다 해도 그것이 드러질링에 대한 수요를 없애 주지는 않는다. 렘의 소설이나 그와 비슷한 다른 소설들은 여전히 '노동'이란 대부분 공장의 노동, 혹은 어떤 것이든 '생산적' 노동이라고 여기며, 거의 모든 노동계급의 직업이 실제로 어떤 모습인지를 무시한다. 가령 6장에서 지적한 사실인데, 런던 지하철 '매표소'에서 일하는 노동자는 표를 받는 것이 아니라 길 잃은 아이를 찾고 주정뱅이를 달랜다. 그런 일을 할 수 있는 로봇이 나오려면 아직 한참 멀었을 뿐만 아니라, 설사 그런 로봇이 존재한다 하더라도 우리 대부분은 그런 일을 로봇이 할 법한 방식으로 수행하는 것을 원치 않는다.

그래서 자동화가 진전될수록 실제 가치는 일의 돌봄 요소에서 나온다는 것이 분명해질 수밖에 없다. 여기서 또 다른 문제가 발생한다. '돌봄'이라는 일의 가치가 노동에서 수량화할 수 없는 바로 그 요소로 보일 테니 말이다.

진짜 일의 불쉿화 가운데 상당 부분, 더 일반적으로는 불쉿 부문이 팽창하는 이유 가운데 상당 부분이 수량화할 수 없는 것을 수량화하려 하는 욕구가 낳은 직접적인 결과라고 나는 말하겠다. 더 솔직하게 말하자면, 자동화는 특정한 과업의 효율성을 높이지만 동시에 다른 과업의 효율성을 낮춘다. 이는 돌봄 가치가 있는 것들에 관련된 처리 과정, 과제, 결과물을 컴퓨터가 인식할 수 있는 형태로 바꾸려면 엄청난 양의 인간 노동이 필요하기 때문이다.

지금은 혼자 신선한 과일이나 야채 더미를 익은 것, 날것, 썩은 것으로 분류할 수 있는 로봇을 만드는 것이 가능한 단계다. 과일을 분류하는 작업은 특히 한두 시간 이상 넘어가면 지루해지므로, 이 로봇은 좋다. 그러나 완전히 혼자서 역사 수업을 위한 열두어 가지의 독서 목록을 훑어 보고 그 가운데 어느 수업이 가장 좋은지 판단할 수 있는 로봇은 만들 수 없다. 이것이 불가능하다고 해서 나쁜 일도 아니다. 왜냐하면 이런 일은 재미있으니까.(최소한 이런 일을 재미있게 여길 사람을 찾아내기는 어렵지 않으니까.)

로봇에게 과일 분류를 맡기는 한 가지 이유는 그렇게 함으로써 진짜 인간들이 어떤 역사 수업을 듣는 것이 나을지 생각하거나, 제일 좋아하는 펑크 기타리스트가 누구인지, 무슨 색으로 머리를 염색할지 판단하는 문제와 같이 역시 수량화할 수 없는 일을 하는 데 시간을 더 많이 쓸 수 있기 때문이다. 그러나(그리고 이 점이 중요한데) 어떤 이유로든 컴퓨터가 가장 좋은 역사 수업을 판단할 수 있는 척하고 싶어도 그런 일을 컴퓨터 혼자서 할 길은 없다. 예컨대 비용 문제 때문에 모든 대학에 적용할 수 있는 균일하고 수량화할 수 있는 '품질' 표준이 필요하다고 판단하더라도 컴퓨터는 그런 일을 못한다. 과일은 그냥 깡통에 굴려 넣으면 된다. 그러나 역사 수업의 경우에는 컴퓨터가 어떤 자료로 무슨 일을 해야 할지를 인식하기 위해 다루어야 할 자료를 유닛 단위로 분류하는 데만도 엄청난 인력이 필요하다.

그런 일을 시도할 때 무슨 일이 일어나는지 조금이라도 감을 잡으려면 아래 표를 검토해 보라. 이 표는 현재 오스트레일리아의 퀸

[표 8.1] 수업 과목 개요 / 강의계획서 작성(경영학 계열)

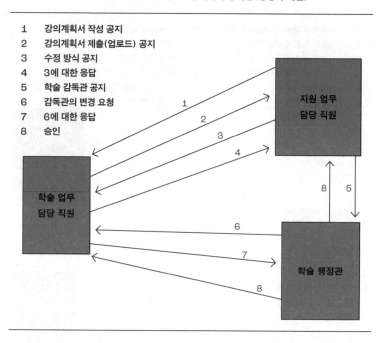

1   강의계획서 작성 공지
2   강의계획서 제출(업로드) 공지
3   수정 방식 공지
4   3에 대한 응답
5   학술 감독관 공지
6   감독관의 변경 요청
7   6에 대한 응답
8   승인

지원 업무
담당 직원

학술 업무
담당 직원

학술 행정관

[표 8.2] 수업 과목 개요 / 강의계획서 작성(비경영학 계열)

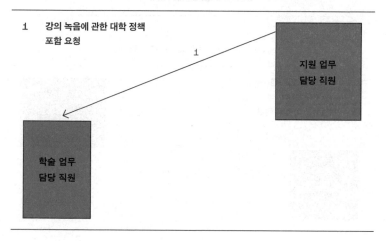

1   강의 녹음에 관한 대학 정책
    포함 요청

지원 업무
담당 직원

학술 업무
담당 직원

[표 8.3] 시험 문제 내기(경영학 계열)

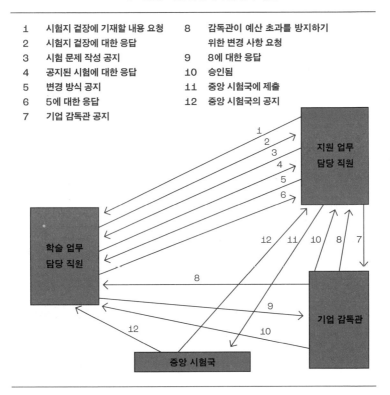

1	시험지 겉장에 기재할 내용 요청	8	감독관이 예산 초과를 방지하기
2	시험지 겉장에 대한 응답		위한 변경 사항 요청
3	시험 문제 작성 공지	9	8에 대한 응답
4	공지된 시험에 대한 응답	10	승인됨
5	변경 방식 공지	11	중앙 시험국에 제출
6	5에 대한 응답	12	중앙 시험국의 공지
7	기업 감독관 공지		

[표 8.4] 시험 문제 내기(비경영학 계열)

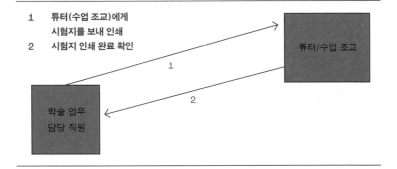

1	튜터(수업 조교)에게 시험지를 보내 인쇄
2	시험지 인쇄 완료 확인

즐랜드주에 있는 한 경영대학(이곳에서는 모든 수업 자료가 균일한 포맷으로 되어 있어야 한다.)과 다른 전통적인 학과에서 시험지를 인쇄하거나 강의계획서를 업로드할 때 생기는 차이를 그림으로 보여 준다.

이 표에서 결정적인 요소는 추가된 각각의 선이 컴퓨터가 아니라 실제 인간이 해야 하는 행동을 나타낸다는 점이다.

불쉿화의
정치적 분화

돌봄 부문에서의 생산성 쇠퇴 및
돌봄 노동 계급의 반란 가능성

자동화가 수백만 명을 일자리에서 몰아냈거나 몰아낼 것이라는 경고는 적어도 대공황 때부터 있었다. 당시 케인스는 "기술적 실업"이라는 용어를 만들어 냈고, 많은 사람들이 1930년대의 대량 실업은 미래 사태의 신호라고 짐작했다. 그런 주장은 언제나 약간은 경고론자처럼 보이지만, 이 책이 주장하는 바는 정반대다. 그 예언들은 전부 옳았다. 자동화가 대량 실업을 초래한 것은 사실이었다. 우리는 그저 억지로 만든 허수아비 직업을 추가해 간극을 메워 왔을 뿐이다.

우파와 좌파 양편에서 오는 정치적 압력, 유급 고용만이 완전한 도덕적 인간을 만들 수 있다는 대중의 뿌리 깊은 감정, 그리고 조지 오웰이 1933년에 이미 지적한 대로, 노동자 대중의 손에 너무 많은 여가 시간이 주어질 때 어떤 일이 벌어질지에 대해 상류계급이 느끼는 공포감이 배가되어, 현실 상황과 관계없이 부국에서 공식적인 실업률은 3∼8퍼센트 범위를 절대 넘어서면 안 된다는 선이 확실히 그어졌다. 하지만 불쉿 직업과 그들을 지원하기 위해서만 존재하는 진짜 직업을 지운다면, 1930년대에 예견된 재난은 실제로 일어났을 것이다. 인구의 50~60퍼센트가 실제로 일자리를 잃는 것이다.

물론 그것이 재앙이어야 할 이유는 전혀 없다. 지난 수천 년의 세월 동안 '사회'라 부를 수 있을 인간 집단 수천 개가 별 존재감도 없이 존재했고, 그들의 절대다수는 그들이 익숙해진 스타일로 살아남기 위해 해야 하는 과업들을 분배할 방법을 모색해 냈다. 거의 모두가 어떤 식으로든 기여할 수 있고, 지금 사람들처럼 깨어 있는 시간 대부분을 하지 않았으면 싶은 과업을 수행하느라 소모하지 않아도 되는 방법 말이다.[11]

더욱이 과잉 여가 시간이라는 '문제'를 만난 사회의 주민들은 스스로 즐기거나 다른 방식으로 시간을 보낼 방법을 전혀 어렵지 않게 알아냈다.[12] 그런 과거 사회에 태어난 사람의 관점에서 보면 우리는 이온 티치의 눈에 보인 풀족만큼이나 비합리적인 사람들로 보일 것이다.

그렇다면 현재의 노동이 지금과 같은 식으로 배분되어 있는 이유는 경제나 인간 본성과 아무 상관이 없다. 그것은 궁극적으로 정치적인 이유다. 돌봄 노동의 가치를 수량화하려고 시도할 이유는 없었다. 그런 노력을 계속해야 하는 이유는 정말로 없다. 우리는 멈출 수 있다. 하지만 일을 재구성하고 또 일의 가치를 평가하는 방법을 재구성하는 캠페인을 시작하기 전에 현재 작동하는 정치적 힘을 다시 한번 주의 깊게 살펴봐야 한다.

    과거를 돌이켜보는 한 가지 방법은 '가치'와 '가치들'의 대립으로 돌아가는 것이다. 이런 관점에서 볼 때 우리는 한쪽 편을 상대편 논리에 강제로 굴복시키려는 시도를 보게 된다.

    산업혁명 이전에는 거의 모든 사람이 집에서 일했다. 오늘날과 같은 의미의 사회에 대해 이야기하려면 아마 1750년, 더 확실하게 말하자면 1800년은 지나야 할 것이다. 한편에 공장과 사무실('일터') 집합이 있고, 다른 한편에 가정과 학교와 교회, 놀이공원 같은 것들이 있는 사회 말이다. 아마 그 둘 사이 어딘가에 거대한 쇼핑몰이 있을 것이다. 만약 일이 '생산'의 영역이라면 가정은 '소비'의 영역이자 물론 '가치들'의 영역이기도 하다.(곧 이 영역에서 수행하는 노동은 대체로 무보수라는 뜻이다.)

    하지만 전체 상황을 뒤집어 반대 관점에서 사회를 볼 수도 있다. 사업의 관점에서 보면 가정과 학교는 그저 훈련되고 유능한 노동력을 생산하는 곳이다. 그러나 인간의 관점에서 본다면 그것은 사람들이 더 이상 먹을 수 없는 식품을 소비하기 위해 로봇을 100만 개 만든다거나, 인구의 절반이 사망한다면 경제에 악영향을 미치니 HIV를 통제하기 위해 더 노력해야 한다고 아프리카 국가들에게 경고하는 것만큼(세계은행이 종종 이런 일을 한다고 알려졌다.) 이상하다.

    마르크스가 예전에 지적했듯이, 산업혁명 이전에는 누구도 최대의 부를 창출하는 여건이 무엇인지에 관한 책을 쓰려고 한 적이 없었다. 그러나 최고의 인간을 만드는 여건에 대한 책을 쓴 사람은 많았다. 사회가 어떻게 구성되어야 친구든 연인이든 이웃, 친척, 동료 시민이든 함께 있으면 좋을 인간을 만들어 낼 수 있을까 하는 물음을 던진 것이다. 이것은 아리스토텔레스, 이븐할둔, 공자 같은 사람들이 관심을 가졌던 질문이었고, 최종적으로 지금도 진정으로 중요한 유일한 질문이다. 인간의 삶은 우리가 인간으로서 서로를 창조하는 과정이다. 가장 극단적인 개인주의자들도 동료 인간들의 돌봄과 지원을 통해서만 개인이 될 수 있다. 그리고 '경제'는 궁극적으로 그런 일을 하기 위해 필요한 물질적 보급을 제공하는 방식일 뿐이다.

만약 그렇다면, '가치들'(숫자로 환원할 수 없기 때문에 귀중해지는 것들)에 대한 이야기는 전통적인 상호 창조와 돌봄의 과정에 대한 이야기다.[13]

이것이 사실이라면, 분명 가치의 영역이 최소한 지난 50년 동안 체계적으로 가치들의 영역을 침범해 왔으며, 정치적 논의가 현재와 같은 형태를 띠게 되었다고 해서 별로 놀랄 것도 없다. 예를 들면, 현재 미국의 여러 대도시에서 대규모 고용주는 대학과 병원들이다. 그런 도시의 경제는 인간존재를 생산하고 유지하는 광대한 기구를 중심으로 돌아간다. 데카르트적 방식(심신 이원론을 가리킨다. ─옮긴이)으로 정신을 형성하기 위해 설계된 교육기관과 신체를 유지하기 위해 설계된 의료 기관으로 나뉘는 것이다.(뉴욕 같은 도시에서는 대학과 병원이 고용 규모 순위에서 2위와 3위를 차지한다. 최대 고용주는 은행이다. 은행에 대해서는 조금 뒤에 논하기로 하자.)

예전에는 좌파 정당이 적어도 공장노동자들을 대표한다고 주장했지만 요즘은 학교와 병원 같은 기관을 운영하는 전문 관리직 계급이 좌파 정당을 지배한다. 우파 포퓰리즘은 종교나 가부장제적 '가치들'을 명분으로 내세워 그런 기관의 권위를 체계적으로 공격해 왔다. 예를 들면 기후 과학이나 진화를 거부함으로써 대학의 권위에 도전하거나, 낙태 반대 캠페인을 벌여 의료 체계의 권위에 도전하는 것이다. 또는 산업 시대로 돌아가자는 실현 불가능한 환상으로 장난을 치기도 한다(트럼프). 하지만 사실 이것은 일종의 벼랑 끝 게임이다. 현실적으로 미국에서 우파 포퓰리스트들이 좌파 기업가들로부터 인간 생산 기관의 통제권을 빼앗아 올 가능성은 미국에서 사회주의 정당이 정권을 잡고 중공업을 집단화할 가능성만큼이나 작다. 지금 당장은 교착 상태에 있는 것처럼 보일 것이다. 주류 좌파는 대체로 인간의 생산을 통제한다. 주류 우파는 대체로 물건의 생산을 통제한다.

기업 부문과 특히 돌봄 부문 직업들의 불쉿화와 금융화가 일어나는 것은 이런 맥락에서다. 사회적 비용은 점점 더 높아지고, 동시에 일선 돌봄 업무를 맡고 있는 사람들은 점점 더 쥐어짜는 느낌이다. 돌봄 노동 계급의 반란이 일어날 만한 여건이 전부 갖추어진 것 같다. 그런데 이런 상황이 구현되기까지 왜 그토록 오래 걸린 걸까?

한 가지 명백한 이유는 우파 포퓰리즘과 분할 정복 전략을 쓰는 인종주의가 여러 돌봄 계급을 서로 대립하는 진영에 서게 만든 방식에 있다. 그러나 더 난감한 문제가 있는데, 논쟁이 일어나는 여러 영역에서 양편은 원래 '같은' 정치 진영에 속하도록 되어 있었다는 것이다. 여기서 은행이 등장한다. 은행, 대학, 병원의 뒤엉킨 관계는 정말 음흉할 정도다. 금융은 자동차 할부에서 신용카드까지 모든 것에 관여하지만, 미국에서 파산의 주된 이유가 의료비 대출이며 젊은이들을 불쉿 직업으로 끌어들이는 주된 원인이 학자금 대출 상환이라는 것은 중요한 사실이다. 그런데도 미국의 클린턴과 영국의 블레어 이후, 금융의 지배를 가장 많이 수용했고, 금융 부문에서 가장 많은 기부금을 받았으며, 이 모든 일이 가능하도록 법률을 '개정'하기 위해 금융계 로비스트들과 가장 긴밀하게 일한 것은 좌파라는 이름을 단 정당이었다.[14]

토머스 프랭크가 최근 효과적으로 입증했듯이, 바로 이 정당들이 아직 남아 있던 옛 노동계급 유권자들을 의식적으로 거부하고 전문 경영자 계급의 정당으로 변모한 것도 같은 시기였다. 즉 이들은 의사와 변호사들만이 아니라 돌봄 경제 부문의 불쉿화에 실제로 책임이 있는 행정가와 경영자들의 정당이 되었다.[15]

간호사가 자신의 교대 근무 시간 중 많은 부분을 서류 작업에 할애해야 한다는 사실에 반항한다면 그들은 자신의 노조 지도자들을 상대로 저항해야 한다. 그 노조 지도자들은 클린턴 계열의 민주당과 굳게 동맹하고 있으며 민주당의 핵심 지지는 애당초 간호사들에게 서류 작업을 떠넘긴 책임이 있는 병원 행정가들에게서 나온다. 교사의 경우 실제로 대개 동일한 노조에 소속된 학교 행정가들을 상대로 저항하게 된다. 저항이 너무 거세지면, 그저 불쉿화를 받아들이는 것 외에 다른 수가 없다는 말을 듣게 된다. 그렇지 않으면 우파 포퓰리스트의 야만적인 인종주의자들에게 항복하는 것 외에는 다른 대안이 없다는 것이다.

나 자신도 이 딜레마 때문에 거듭 골머리를 앓았다. 2006년에 교사 노조 운동에 참여한 대학원생들을 지지했다는 이유로 예일대학교에서 축출되었을 때(인류학과는 나를 몰아내기 위해, 내 경우 때문에, 또 오로지 내 경우에 한해서만 복직 규정을 바꿀 특별 허가를 얻어야 했다.) 노조 전략가들은 나를 위해 무브온이나 그와 비슷한 진보 좌파 이메일 목록을 이용하여 캠페인을 벌이려고 했다. 그러나 다시 생각해 보니 나의 해고 배후에 있는 예일대학교 행정가들이 이미 그 목록에 실려 있는 사람들이었다. 수년 뒤 돌봄 노동 계급이 대규모로 등장한 최초의 사건이라 할 월가 점령 운동에서, 나는 바로 그런 '진보적' 전문 경영자들이 처음에는 민주당을 위해 그 운동을 흡수하려 했고, 그것이 불가능해지자 평화적 운동이 군대에 의해 진압되는 동안 그냥 게으르게 앉아 있거나 결탁하기까지 하는 것을 지켜보았다.

보편적 기본소득

노동과 보상을 분리하여,
이 책에서 서술된 딜레마를
종식시킬 수 있는 사례

나는 대개 책에서 정책을 추천하는 것을 좋아하지 않는다. 그 이유 중 하나는 저자가 기존 사회 구성에 비판적일 경우, 리뷰어들이 흔히 "그래서 당신은 그 점에 대해 어떤 대책을 제안하는가?"라고 묻고, 뭔가 정책 제안처럼 보이는 것을 발견할 때까지 본문을 두루 살피고, 그런 다음 그것이 책의 핵심 내용인 것처럼 구는 일을 봐 왔기 때문이다. 그래서 만약 내가 노동시간을 대거 단축하거나 보편적 기본소득제를 도입하는 것이 여기서 서술된 문제를 해결하는 데 큰 성과가 있다고 제안한다면, 그들은 아마 이 책을 노동시간 단축이나 보편적 기본소득에 관한 책으로 취급할 것이며, 이 책의 성패가 그 정책의 작동 가능성에, 심지어 그것이 얼마나 수월하게 이행될 수 있는지에 달려 있다는 듯이 반응할 것이다.

그런 것은 기만이다. 이것은 특정한 해결책을 이야기하는 책이 아니다. 문제에 관한 책, 거의 모든 사람이 존재하는지 깨닫지도 못하는 문제에 관한 책이다.

정책 제안을 망설이는 또 다른 이유는 내가 정책이라는 생각 자체에 의문을 갖고 있기 때문이다. 정책이란 모든 사람에게 부과되는 어떤 것('정책')을 결정하는 엘리트 그룹(대표적으로 정부 관료들)의 존재를 함축한다. 이런 문제를 논의할 때 우리가 스스로에게 걸곤 하는 작은 심리적 속임수가 있다. 예를 들면 "우리는 X라는 문제에 대해 어떻게 대응하는가?"라고 묻는다. 여기서 '우리'는 사회 전체이고 어떤 식으로든 스스로 행동하는 것 같지만, 실제로 정책 수립자들에게 영향력을 행사하는 인구의 3∼5퍼센트에 속하지 않는 사람들에게는 가공의 게임에 불과하다. 우리는 지배자들과 자신을 동일시하고 있다. 실제로는 피지배자인데 말이다.

이것은 텔레비전에서 "불운한 사람들에 대해 우리가 무엇을 해야 할까?"라고 말하는 정치인들을 볼 때도 일어난다. 그를 보고 있는 사람들 가운데 적어도 절반은 분명히 그 불운한 사람의 범주에 속한다. 나는 정책 엘리트 근처에도 가지 않는 게 좋다고 여기는 사람이어서, 그런 게임이 특히 악질적이라고 생각한다. 나 개인의 입장은 무정부주의다. 미래의 언젠가는 정부, 기업, 그 외 다른 것들이 구식으로 여겨질 날을, 그런 것을 지금 우리가 스페인 이단 재판이나 유목민의 침공을 보듯이 보게 될 날을 기대한다. 뿐만 아니라 나는 당장 문제가 생겼을 때 정부나 기업에게 권력을 더 주기보다는 사람들이 각자 자기 일을 알아서 관리하도록 하는 해결책을 선호한다.

그래서 사회문제를 만나면 나는 스스로 책임자라고 여겨 어떤 해결책을 명령할지 생각하는 것이 아니라, 이미 거기에 존재하는 움직임, 이미 그 문제를 다루고 있고 자체의 해결책을 만들어 내려고 노력하는 움직임을 찾아내려는 방향으로 기울어진다. 이 점에서도 불쳣 직업 문제는 특이한 도전이다. 안티 불쳣 직업 운동은 없다. 이는 부분적으로는 대부분의 사람들이 불쳣 직업의 증식이 문제라는 것을 인정하지 않기 때문이지만, 설사 인정하더라도 이 문제를 가지고 운동을 조직하기 어렵기 때문이기도 하다.

안티 불쳣 직업 운동이 어떤 지역적 발의를 제안할 수 있을까? 각자 일터에서, 아니면 특정 산업 전체에서 노조나 기타 노동자 단체가 안티 불쳣 발의에 착수하는 것을 상상할 수는 있다. 하지만 그들은 불필요한 일자리에 있는 직원을 해고하기보다 아마 진짜 일의 탈불쳣화(de-bullshitization)를 요구할 것이다. 불쳣 직업에 반대하는 광범위한 운동이 어떤 모습으로 전개될지도 전혀 분명하지 않다. 주당 노동시간을 단축하고 이에 반응하여 사태가 진행되기를 기대해 볼 수도 있다. 하지만 그런 식으로 전개될 가능성은 낮다. 심지어 매주 열다섯 시간 노동을 외치는 캠페인이 성공하더라도 불필요한 직업들과 산업들이 자발적으로 포기하도록 유도될 가능성은 낮다. 동시에 새 정부의 관료 조직에 직업의 유용도를 평가하라고 요구한다면 관료 조직 자체가 거대한 불쳣 직업 제조기로 바뀌는 결과를 피할 수 없을 것이다. 직업 보장 프로그램도 마찬가지다.

내가 확인할 수 있었던 해결책은 오직 사회운동에서 현재 선전하고 있는 것, 정부의 규모와 간섭을 늘리는 것이 아니라 줄이게 될 방안 하나뿐이었다. 그것이 보편적 기본소득(UBI, Universal Basic Income)이다.

마지막 증언을 읽고 끝맺기로 하자. 자신의 불쳣 직업을 불필요한 것으로 만드는 것을 일생의 정치적 목표로 삼는 활동가 친구와 그녀의 동료 활동가의 증언이다. 레슬리는 영국에서 복지 수당 자문관으로 근무한다. 정부가 실직자들이나 물질적으로 곤궁한 사람들을 위해 마련해 두었다고 주장하는 돈을 최대한 받기 어렵게 만들기 위해 연쇄적으로 설치해 둔 교묘한 장애물들을 시민들이 넘어갈 수 있도록 안내하는 NGO에서 일한다.

레슬리 내 직업은 필요 없어야 했다. 그런데 그것이 필요하다. 돈이 필요한 사람들이 돈을 구하지 못하게 막기 위해 수많은 불쉿 직업이 만들어졌기 때문이다. 어떤 혜택을 요구하든 카프카적이고, 간섭적이고, 굴욕적인 것으로도 모자라, 그 과정이 엄청나게 복잡해졌다. 설사 혜택을 얻을 자격이 있는 사람이라도 신청 과정이 너무 복잡해서, 도움을 받지 않고 신청서의 질문과 자신의 권리를 이해할 수 있는 사람이 거의 없다.

레슬리는 인간적인 돌봄을 컴퓨터가 인식할 수 있는 포맷으로 전환할 때 생기는 비정상성과 여러 해 씨름해야 했다. 게다가 돌봄을 엄밀하게 제한하기 위해 설계된 컴퓨터로 말이다. 그 결과 그녀는 2장에 나온 타니아와 아주 비슷한 상황에 처하게 되었다. 타니아는 구직자들에게 직업 신청용 이력서를 다시 쓰고, "컴퓨터라는 관문을 통과하기" 위해서는 어떤 키워드를 써야 하는지 가르치느라 많은 시간을 보내야 했다.

레슬리 양식에 써야 하는 특정한 단어들이 있는데, 나는 그것을 교리문답서라고 부른다. 이런 단어를 사용하지 않으면 신청을 통과하지 못할 수 있다. 하지만 이것은 나처럼 트레이닝을 받고 입문서를 본 사람들만 아는 용어다. 그러고 나서도, 특히 신체장애 보험금 청구의 경우, 신청자는 흔히 권리를 인정받기 위해 재판정에서 다퉈야 할 때가 많다. 나는 우리가 누군가를 위해 승리할 때마다 약간의 스릴을 느낀다. 하지만 그런 기분이 이 일로 인해 사람들이 시간을 허비하는 데서 느끼는 분노를 보상해 주지는 않는다. 신청자들, 나, 신청을 처리하는 노동 연금 부서의 다양한 사람들, 재판정의 판사들, 어느 한쪽을 지지하도록 소환된 전문가들 모두의 시간이 낭비된다. 이런 일을 하는 것보다 좀 더 건설적인 할 일이 없을까? 잘 모르겠지만, 태양광 패널 설치나 정원 가꾸기 같은 좋은 일도 있지 않은가. 또 이런 규칙을 도대체 누가 만들었는지 궁금해질 때가 많다. 그들은 그런 일을 하고 얼마를 받았을까? 그런 일을 하는 데 얼마나 오래 걸렸을까? 얼마나 많은 사람이 거기에 개입했을까? 짐작하건대 아마 그들은 자신이 하는 일이 무자격자가 절대 돈을 받지 못하도록 확실히 해 두기 위함이라고 여겼을 것이다. (……) 그러다가 나는 외계에서 온 방문객들이 우리를 보면서, 다른 사람들이 인간적 개념의 상징인 돈, 본성상 드물지도 않은 돈을 얻지 못하게 막을 법칙을 만들어 내는 인간을 보면서 비웃을 것이라고 생각한다.

무엇보다 그녀는 공상적 사회개량주의자이기 때문에 스스로를 위해 최소한의 생계 수준이라도 충족시키고, 사무실 운영비를 벌기 위해 끝없이 밀려드는 자기만족적 서류 제출자들을 만족시켜야 한다.

레슬리 설상가상으로, 내 일에 필요한 자금은 자선 재단에서 나오는
데, 그것은 완전히 불쾃 직업들이 줄줄이 이어진 기나긴 사슬이다. 자
기 조직이 빈곤과 싸우거나 "더 나은 세상을 만든다"고 주장하는 CEO
에게 돈을 신청해야 하는 것이다. 나에게 이 일은 적절한 펀드를 여러
시간씩 검색하고, 그들의 지침을 읽고, 어떻게 하면 그들에게 접근할
지 한참을 찾아내고, 서류 양식을 작성하고, 전화를 거는 일들로 시작
한다. 성공할 경우 그다음으로는 매달 많은 시간을 들여 통계표를 만
들고 감독 양식을 작성해야 한다. 각 재단은 그들 나름의 교리문답서
와 자체적인 예측 지수를 갖고 있고, 우리가 사람들에게 "권한을 부여
하거나" 혁신이나 "변화를 만들어 낸다"는 증거를 원한다. 실상 우리는
그저 서류를 작성하는 데 도움이 필요한 사람들을 대신하여 규칙과 언
어를 이리저리 활용하여 삶을 유지해 나갈 수 있게 할 뿐이다.

레슬리는 자산 조사 시스템(실업수당 등의 신청자에 대한 자산 조
사, 사회복지 급부금 지급을 위한 소득 조사―옮긴이)이 어떻게 설계되
든 적법하게 혜택을 받을 자격이 있는 사람들의 적어도 20퍼센트는
신청을 포기하고 만다는 것을 입증한 연구에 대해 말해 주었다. 그
것은 규정에 따라 적발할 수 있는 '속임수'보다 분명히 더 많은 수
치다. 사실 정직하게 실수를 범한 경우를 고려하더라도 이 수치는
1.6퍼센트에 그친다. 20퍼센트라는 수치는 공식적으로 혜택을 거부
당한 사람이 실제로는 아무도 없더라도 적용될 것이다.

물론 규정들은 최대한 많은 신청자가 그럴듯하게 거부당하도록
설계되어 있다. 그 규정들의 제재와 변덕스러운 적용 사이에서 이제
영국 실업수당 자격자들의 60퍼센트가 수당을 받지 못하는 지경에

이르렀다. 다른 말로 하면, 레슬리가 서술하는 모든 사람, 즉 규정을 제정한 관료들부터 노동 연금 부서와 강제집행 법정, 변호사, 그런 변호사들을 고용하는 NGO를 위한 신청을 처리하는 기금 단체에서 일하는 직원들, 그리고 그들 모두를 포함하는 군집 전체가 인간이란 당연히 게으르고 사실은 일하기 싫어하는 존재이며, 따라서 설사 그들이 문자 그대로 굶어 죽지 않도록 보장할 책임이 사회에 있더라도, 삶을 지속하는 수단을 최대한 혼란스럽고 오래 걸리고 굴욕스러운 과정을 거쳐야 한다는 착각을 유지하기 위해 존재하는 단 하나의 방대한 기구의 일부다.

그렇다면 그 직업은 본질적으로 형식적 서류 작성과 임시 땜질의 끔찍한 복합물이며, 의도적으로 작동하지 않게 설계된 돌봄 시스템의 비효율성을 메워 주는 것이다. 수천 명의 직원이 에어컨이 나오는 사무실에 앉아 오로지 빈민들이 스스로를 계속 부정적인 존재로 여기게 만드는 일을 하면서 안정적인 봉급을 받으며 살아가고 있다.

레슬리는 이런 사실을 누구보다 잘 알고 있다. 책상 양편에 모두 있어 보았기 때문이다. 그녀 자신이 싱글맘으로 몇 년씩 수당으로 생계를 유지했으므로, 수당을 받는 입장의 상황을 정확하게 알고 있다. 그녀가 생각하는 해결책은 어떤 것일까? 그런 기구 자체를 완전히 없애 버려야 한다는 것이다. 그녀는 모든 자산 조사를 거치는 복지 혜택을 국내 거주자 전체에게 지급되는 균등한 보수로 대체하자는 보편적 기본소득 운동에 가담했다.

같은 기본소득 운동 활동가인 캔디는(본인이 자세한 내용을 밝히기를 꺼린 시스템에서 쓸모없는 일을 맡고 있다.) 1980년대에 런던으로 처음 이사했을 때 이런 이슈에 흥미를 갖게 되어, 국제 가사노동임금운동(Intenational Wages for Housework Movement)에 참여했다고 했다.

> **캔디** 나는 어머니에게 그런 것이 필요하다고 느꼈기 때문에 가사노동임금운동에 참여했다. 어머니는 나쁜 결혼의 덫에 걸렸고, 돈이 있었더라면 훨씬 더 일찍 아버지와 헤어졌을 것이다. 학대받거나 그저 지루하기만 한 관계를 유지하는 사람에게 이것은 정말 중요한 문제다. 경제적 피해 없이 그 관계에서 벗어날 수 있는 것 말이다.
> 런던에 온 지는 1년이 되었다. 미국에 있을 때 나는 몇 가지 페미니즘 활동에 참여하려고 노력했다. 성장기의 기억 가운데 하나는 아홉 살 때 어머니가 나를 오하이오주에서 열린 의식 고양 그룹에 데려간 일이었다. 우리는 바울 복음서에서 여자란 얼마나 끔찍한 존재인지 말하는 페이지를 뜯어내 무더기로 쌓았다. 그들은 제일 어린 참가자였던 나에게 종이 더미에 불을 붙이라고 말했다. 성냥으로 장난치지 말라는 말을 들어 왔으므로, 처음에 나는 그 말을 듣지 않으려 했다.
> **데이비드** 하지만 결국은 불을 붙였나?
> **캔디** 붙였다. 어머니가 허락하셨다. 얼마 지나지 않아 어머니는 직업을 얻어서 생계비를 충분히 벌 수 있었고, 곧 아버지와 헤어졌다. 내게는 백문이 불여일견이라는 속담을 입증한 일이었다.

런던에서 캔디는 가사노동임금운동에 이끌렸다. 그것은 당시 다른 페미니스트들로부터 대개 위험하지는 않지만 신경 쓰이는 주변부 그룹으로 여겨지던 운동이었다. 그녀가 관심을 가진 이유는 그것이 자유주의자와 분리주의자 사이의 영양가 없는 논쟁에 대안을 제시한다고 보았기 때문이다. 이것은 적어도 여성들이 직면한 실생활 문제의 경제적 분석이었다. 당시 누군가는 "전 지구적 노동 기계"를 언급하기 시작했다. 그것은 점점 더 많은 사람들로부터 더욱더 많은 노력을 뽑아내도록 설계된 전 지구적 범위의 임금노동 시스템이었지만, 페미니스트 평론가들은 바로 그 시스템이 '진짜' 노동('시간'으로 환원될 수 있고 매매될 수 있는 종류의 노동)과 진짜 노동이 아닌 것을 규정한다고 지적하기 시작했다.

거의 모든 여성 노동은 진짜 노동이 아닌 것에 속했다. 여성 노동이 없으면 그것을 '진짜 노동이 아닌' 것으로 낙인찍는 기계 자체가 곧 멈춰 버린다는 사실에도 불구하고 말이다. 가사노동임금운동은 본질적으로 자본주의의 허세를 밝히려는 시도였다. "공장노동을 포함해 거의 모든 노동은 다양한 동기에서 수행된다. 하지만 노동이 오로지 판매 가능한 상품으로서만 가치 있다고 주장하고 싶다면, 적어도 이 문제에서는 일관성을 가질 수 있다!" 만약 여성들이 남성들과 동일한 방식으로 보상받는다면, 세계 부의 엄청난 부분이 즉시 여성들에게 주어져야 할 것이다. 그리고 물론 부는 권력이다. 아래 글은 두 사람과 나눈 대화다.

데이비드　그래서 가사노동임금운동 내부에서 정책상 함의에 관한 토론이 많았는가? 그러니까 임금이 실제로 지불되어야 하는 메커니즘 같은 것에 대해서?

캔디　아, 아니다. 그보다는 관점에 대해서 훨씬 많이 얘기했다. 아무도 말하지 않지만 실제로 수행되고 있는 무급 노동을 드러내는 방법 같은 것 말이다. 그리고 이 점에서 그들은 정말 일을 잘했다. 1960년대에는 여성이 이미 무보수로 해 오던 일에 대해 아무도 거론하지 않았다. 하지만 1970년대에 가사노동임금운동이 시작되었을 때는 그것이 하나의 이슈가 되었다. 지금은 예를 들면 이혼 조정을 할 때에도 이 점이 기본적으로 고려된다.

데이비드 그래서 이런 요구 자체가 기본적으로 도발이었다고?

캔디 계획이라기보다 도발에 훨씬 가까웠다. "이건 우리가 그 일을 실제로 해낼 수 있는 방법이다." 이런 식이었다. 돈이 어디서 나올지에 대해서도 이야기했다. 처음에는 자본에서 돈을 얻어 내는 문제가 다였다. 그러다가 1980년대 후반에 윌멧 브라운의 『흑인 여성과 평화운동 (Black Women and the Peace Movement)』이 출간되었다.[16] 전쟁과 전쟁 경제가 다른 누구보다 여성과 특히 흑인 여성에게 미치는 영향을 다룬 내용이었다. 그래서 우리는 '군인이 아니라 여성에게 보수를 지급하라'는 구호를 쓰기 시작했다. 실제로 '살인(killing)이 아니라 돌봄(caring)에 임금을 주라'는 구호는 지금도 쓰인다. 우리는 확실히 돈이 있는 곳을 타깃으로 삼았다. 하지만 결코 돈 버는 공학 안으로 깊이 들어가지는 못했다.

데이비드 잠깐, '살인이 아니라 돌봄에 임금을 주라'고. 그건 누가 쓰는 구호인가?

레슬리 전지구여성파업(Global Women's Strike)이다. 그들은 가사노동임금운동의 현대적 계승자다. 2013년에 우리가 1차 유럽 보편적 기본소득(UBI) 청원을 제출했을 때, 전지구여성파업은 두 달 뒤에 돌보는 사람의 임금 지급 청원을 제출했다. 이 점에 있어서, 모든 사람은 어떤 형태로든 돌보는 사람임을 기꺼이 인정한다면 나는 상관없다. 당신이 다른 사람을 돌보지 않는다 해도 적어도 당신 자신은 돌보고 있고,

그 과정에서 시스템이 점점 더 사람들에게 허용하기 싫어하는 시간과 에너지를 소모한다. 그런데 이 점을 인정하면 다시 보편적 기본소득으로 돌아가 버린다. 모든 사람이 돌보는 사람이라면 그냥 모든 사람에게 재정을 지원하고, 누구를 어느 특정 시간에 돌보고 싶은지는 각자가 알아서 판단하게 하라는 것이다.

캔디는 비슷한 이유로 가사노동임금운동에서 보편적 기본소득운동으로 넘어왔다. 그녀와 동료 활동가 일부는 스스로에게 묻기 시작했다. 우리가 진정한 실질적 프로그램을 진척시키고 싶다면 그건 무엇일까?

캔디 우리가 가사노동임금운동의 선전물을 길거리에서 나누어 주었을 때 여자들로부터 흔히 받은 반응은 "굉장해! 어디서 서명할 수 있나요?" 또는 "나는 사랑으로 하는 이런 일에 당신들은 어떻게 감히 돈을 요구해요?"였다. 두 번째 반응이 완전히 미친 것은 아니었다. 이해할 수 있는 일인데, 이들은 가사 노동에 임금을 받는다는 형태로 인간의 모든 활동을 상품화하는 데 저항감이 있었던 것이다.

캔디는 특히 프랑스 사회주의 사상가인 앙드레 고르스의 주장에 감동받았다. 내가 원천적으로 수량화할 수 없는 돌봄의 성격에 대해 이야기하자 그녀는 고르스가 이 점을 40년 전에 예상했다고 말했다.

캔디 가사 노동 임금에 대한 고르스의 비판은, 세계경제에서 돌봄이 갖는 중요성을 엄격하게 금융의 기준에서 계속 강조한다면 돌봄의 상이한 형태에 달러식 가치를 매기고 그것이 진짜 '가치'라고 말하는 것으로 끝날 수 있다는 것이다. 하지만 그럴 경우 돌봄의 점점 더 많은 부분이 화폐화되고, 수량화되고, 그래서 엉망이 될 위험이 있다. 왜냐하면 이런 활동을 화폐화하면 흔히 돌봄의 질적 가치가 감소하기 때문이다. 대개 그렇듯이 제한된 시간 안에 몇 가지 구체적 과제로 수행해야 할 경우에는 특히 그렇다. 고르스는 이미 1970년대에 이런 이야기를 했고, 물론 지금 상황은 그가 이야기한 바로 그대로 전개되었다. 심지어 교육, 간호도.[17]

레슬리 내가 하는 일은 말할 것도 없고…….

데이비드 안다. 나라면 '불쉿화'라는 표현을 쓰겠다.

캔디 맞다. 그건 절대적으로 불쉿화되었다.

레슬리 한편 보편적 기본소득은…… 실비아 페데리치가 최근 인터뷰에서 UN과 온갖 세계적 단체들이 1970년대의 자본주의 위기를 해결할 방법으로 페미니즘에 매달리던 이야기를 하지 않았나? 물론 그들은 여성과 돌보는 이들을 유급 노동력으로 끌어들이자고(그런데 대부분의 노동계급 여성들은 이미 '하루를 이중으로(double day)' 수행하고 있었다.) 하지만 그것은 여성에게 권한을 주기 위해서가 아니라 남자들을 통제하기 위한 수단으로서였다. 그 이후 임금의 균등화가 이루어지기는 했지만 주로 실질임금을 기준으로 할 때 노동계급 남성의 임금이 하락했기 때문이지, 여성들이 반드시 그만큼 더 많이 받기 때문은 아니다. 그들은 항상 우리를 이간질시키려고 애쓴다. 상이한 종류의 노동의 상대적 가치를 평가하는 이 모든 메커니즘은 그런 의미일 수밖에 없다.

그래서 나는 인도에서 수행된 기본소득 시범 연구가 무척 신난다. 신나는 점은 많다. 가령 가정 폭력이 줄어든다.(나는 폭력으로 이어지는 가정 내 분쟁의 80퍼센트가 사실은 돈 때문이라고 생각하기에 이 해명은 일리가 있다.) 하지만 핵심은 기본소득으로 사회적 불평등이 해소되기 시작한다는 것이다. 모든 사람에게 똑같은 액수의 돈을 준다는 그 자체가 중요하다. 왜냐하면 돈은 상징적 힘을 지니기 때문이다. 그것은 모든 사람에게 똑같은 것이며, 남녀노소와 신분을 가리지 않고 모든 사람에게 정확하게 똑같은 액수를 준다면 그런 차이들은 녹아 없어지기 시작한다. 인도의 시범 연구에서는 예전과 달리 여자아이들도 남자아이와 같은 양의 식품을 받았고, 마을 활동에 장애인이 더 많이 받아들여졌으며, 젊은 여성들은 수줍어하고 겸손하라는 사회적 관습을 버리고 남자아이들처럼 대중 앞에서 돌아다니기 시작했다. 소녀들도 공적 생활에 참여하기 시작한 것이다.[18]

보편적 기본소득은 그것만으로 살아가기에 충분해야 할 것이며, 어떤 자격도 필요하지 않을 것이다. 모두 그것을 획득해야 한다. 필요 없는 사람이라도 마찬가지다. 사는 데 무엇이 필요한가 하는 문제에서 원리를 확립하기 위해서라도 받을 가치가 있고, 모두가 어떤 자격 요건도 없이 똑같이 받을 권리가 있다. 이로써 기본소득은 단순한 자선이나 다른 소득이 결여되었을 때의 임시변통이 아니라 '인간적 권리'가 된다. 그런 다음 그 이상이 필요하게 되면, 가령 누군가가 장애를 얻는다면 그것 역시 다뤄야 한다. 하지만 그것은 일단 모든 인간의 물질적 존재 권리를 확립한 다음의 일이다.

이것은 기본소득이라는 개념을 처음 들은 많은 사람들을 놀라고 혼란스럽게 하는 요소들 중 하나다. 설마 록펠러에게도 한 해에 2만 5000달러를(아니면 얼마가 되었든 간에) 주려는 건 아니겠지? 이에 대한 대답은 '그렇다'이다. 누구나란 말 그대로 누구나다. 억만 장자가 너무나 많아서 그들에게 너무 큰 돈을 주는 상황은 벌어지지 않는다. 어차피 부자들에게서는 세금을 더 걷을 수 있다. 만약 억만 장자에게도 자산 조사를 시작하고 싶다면 그렇게 하도록 관료들을 움직이면 된다. 그리고 역사를 보면 알겠지만, 그런 관료 기구는 점점 더 커지는 경향이 있다.

기본소득 운동이 궁극적으로 제안하는 것은 생계를 노동과 분리하자는 것이다. 그렇게 하면 그것을 시행한 어떤 나라에서든 즉각 관료 수가 대폭 줄어드는 현상이 나타난다. 레슬리의 경우에서 보듯이, 정부 기구들의 엄청난 규모, 그리고 거의 모든 부자 사회에서 정부 기구를 둘러싸고 있는 반쯤은 정부 기업인 NGO의 애매모호한 구역은 그저 가난한 사람들에게 자괴감을 안겨 주기 위해 존재할 뿐이다. 대체로 쓸모도 없는 세계적 노동 기구를 설립하는 것은 지독하게 값비싼 도덕적 게임이다.

캔디 예를 하나 들어 보자. 최근에 나는 위탁모를 해 볼까 생각했다. 그래서 관련 조항들을 살펴보았다. 아주 후한 내용이었다. 위원회가 주는 아파트를 받고, 그 외에도 아이를 돌보는 비용으로 매주 250파운드를 받는다. 그러다가 깨달았다. 잠깐. 이건 매년 아이 한 명에 드는 비용이 1만 3000파운드와 아파트 하나라는 거야. 그런데 아이의 친부모는 거의 틀림없이 이 정도 돈이 없다. 그렇다면 그 돈을 부모들에게 준다면, 애당초 그 아이들을 위탁 양육하기 위해 처리해야 하는 그 많은 문제를 겪을 필요가 없다. 그리고 물론 위탁모를 배치하고 감독하는 공무원들의 봉급, 그들이 일하는 사무실 건물과 유지 관리 비용, 그런 공무원들을 감독하고 통제하는 다양한 단체들과 그 단체들이 일하는 사무실의 건물과 유지 관리 비용 등은 셈에 넣지도 않았다.

이 책은 기본소득 프로그램이 실제로 어떻게 작동하는지 논의하기에 적합하지 않다.[19] 설사 그것이 거의 모든 사람에게 받아들이기 힘든 것처럼 보일지라도("그런데 그 돈이 어디서 나올까?"), 그렇게 된 것은 우리가 돈이 무엇인지, 그것이 어떻게 만들어지는지, 세금이 정말 무엇을 위한 것인지, 이 책에서 다룰 수 있는 범위를 한참 넘어선 온갖 이슈들에 대한 대체로 거짓인 가정을 들으며 자라 왔기 때문이다.

보편적 소득이 무엇인지, 또 그것이 있으면 왜 좋은지에 대한 근본적으로 다른 비전들이 있다는 사실이 상황을 더욱 혼탁하게 만든다. 무상교육이나 의료보험 같은 기존의 복지국가 보급을 완전히 없애고 모든 것을 시장에 내주는 평계로 얼마 안 되는 연금을 제공하려는 보수파의 버전부터, 레슬리와 캔디가 지지하는 것처럼 영국 국가 의료 서비스 같은 기존의 무조건적 보장이 그대로 존속하리라고 가정하는 급진적 버전에 이르기까지 다양하다.[20] 한편에서는 기본소득을 계약 방법으로 보며, 다른 쪽에서는 그것을 무조건적 영역을 확장할 방법으로 본다. 나는 후자를 지지한다. 이는 반국가적인 나 자신의 정치적 입장과 아주 명백하게 상반된다. 무정부주의자로서 나는 국가가 완전히 해체되기를 기대하며, 국가에 더 많은 권력을 주는 정책에는 아무 관심이 없다.

그런데 이상하게도 이것이 내가 기본소득 운동을 지지할 수 있는 이유다. 기본소득 운동은 국가 권력의 거대한 팽창으로 보일 수도 있는데, 아마 그 돈을 만들고 분배하는 것이 국가(아니면 중앙은행 같은 준국가기관)이기 때문일 것이다. 하지만 실제로는 그와 정반대다. 정부의 거대한 부문(그리고 정확하게는, 일반 시민들의 도덕을 감시하는 데 가장 깊이 개입하므로 가장 주제넘고 뻔뻔스러운 부문들)이 즉각 불필요해질 것이고 그냥 폐쇄될 수 있다.[21]

그렇다, 수백만의 하급 공무원들과 레슬리 같은 수당 자문관들은 현재 일자리를 잃게 된다. 하지만 그들 역시 기본소득을 받을 것이다. 아마 그들 중 일부는 레슬리가 제안하듯이 태양광 패널을 설치하거나 암 치료법을 발견하는 것 같은 정말 중요한 일을 하게 될 수도 있다. 하지만 그들이 저그밴드를 결성하든, 골동 가구 복원에 헌신하든, 동굴 탐험에 나서든, 마야 상형문자를 해독하든, 노년 섹스 분야에서 세계기록을 갱신하려 하든 상관없다. 나중에 무슨 일을 하든 그들은 틀림없이 지금 현재보다는, 이력서에 기입할 세미나에 지각했다고 실직자들에게 제재를 가하거나 노숙자들이 신분증 세 가지를 갖고 있는지 점검하는 지금 상태보다는 행복할 것이다. 그리고 그들이 새로 행복을 찾으면 다른 모든 사람도 더 나아질 것이다.

소박한 기본소득 프로그램도 모두의 가장 심오한 변신을 향해, 즉 노동과 생계를 묶고 있는 사슬을 완전히 벗기는 단계를 향해 나아가는 징검다리가 될 수 있다. 6장에서 보았듯이, 어떤 일을 하는지와 상관없이 모두에게 같은 액수를 준다는 점에 대해 강한 도덕적 반론이 제기될 수 있다. 그러나 6장에 인용된 주장은 사람들이 그들의 일에 대해 보수를 받는다고 전제했는데, 이는 사람들이 얼마나 열심히 또는 얼마나 많이 생산했는지까지 측정하지는 않더라도 적어도 실제로 일을 하는지 확인하기 위한 일종의 '감독하는 관료 기구'를 필요로 할 것이다.

완전한 기본소득은 모두에게 합리적인 생계 수준을 제공한 다음, 유급 노동이나 영업 활동을 통해 더 많은 부를 추구하고 싶은지 아니면 각자 다른 일에 시간을 쏟기를 원하는지 각자 알아서 판단하게 내버려 둠으로써 일해야 한다는 강제를 없앨 것이다. 아니면, 아예 재화를 분배하는 더 나은 방식을 개발하는 길을 열어 줄지도 모른다.(어쨌든 돈은 배급표다. 그리고 이상향에서는 사람들이 아마 배급제를 최대한 줄이고 싶어 할 것이다.) 명백히 이 모든 것은 인간이 강제가 있어야 노동하는 것은 아니라는, 혹은 적어도 강제가 있어야만 쓸모가 있거나 타인에게 이롭다고 여겨지는 일을 하는 것은 아니라는 가정에 의거한다.

앞에서 보았듯이, 이는 합리적인 가정이다. 거의 모든 사람들이 종일 앉아서 텔레비전이나 보는 생활은 피하고 싶어 할 것이며, 그런 것을 좋아하는 소수는 사회에 큰 부담이 되지 않을 것이다. 왜냐하면 사람들이 편안하고 안전하게 살아가는 데 정말로 필요한 노동의 총량은 결코 엄청난 것이 아니기 때문이다. 실제로 해야 하는 일보다 훨씬 더 많이 하겠다고 주장하는 강박적인 워커홀릭들이 간혹 있는 게으름뱅이들의 몫 이상을 메워 줄 것이다.[22]

마지막으로, 무조건적 보편적 지원이라는 개념은 이 책 전체에서 반복적으로 등장한 두 가지 이슈에 직결된다. 첫 번째는 계층제적 노동 배치에 들어 있는 사도마조히즘적 역학이다. 그 역학은 일이 무의미하다는 것을 다들 알게 될 때 더 급격히 악화되는 성향이 있다. 노동계급 사람들의 삶에 들어 있는 일상적 비참함의 직접적인 출처는 바로 여기다. 4장에서 나는 린 챈서가 말하는 "일상생활 속의 사도마조히즘"을 인용하면서 특히 안전 용어가 있는 실제 BDSM 놀이와는 달리, 현실에서 '평범한' 사람들이 동일한 역학에 처했을 때는 절대로 쉬운 출구가 없다는 점을 지적했다.

"당신 보스에게는 '오렌지'라고 말할 수 없다."

이 통찰이 중요할 뿐 아니라 사회 해방 이론의 기초가 될 수도 있다는 생각을 항상 해 왔다. 나는 프랑스 사회철학자 미셸 푸코가 1984년 세상을 떠나기 전에 이 방향으로 움직이고 있었다고 생각하고 싶다. 푸코를 알았던 사람들의 말에 따르면, 그는 BDSM에 대해 알고 나서 놀라운 인격적 변화를 겪었다고 한다. 신중하고 쌀쌀맞기로 악명 높던 사람이 갑자기 따뜻하고 개방적이고 친근한 성품으로 변했다는 것이다.[23] 하지만 푸코의 이론적 사상들 역시 전환기에 들어가서 끝내 완숙한 결실을 맺지 못했다.

푸코는 물론 권력 이론으로 유명했다. 그는 권력을 인간 사회성의 기본 실체로서 모든 인간관계 속에 흐르는 것으로 보았으며, 한때는 그것을 "타인의 행동에 따라 행동하는" 문제라고 단순하게 규정하기도 했다.[24] 이는 기이한 패러독스를 낳았다. 푸코 자신은 권력에 대립하는 반권위주의자라는 식으로 글을 쓰면서도, 권력이 없으면 사회적 삶이 불가능하다는 식으로 권력을 규정했기 때문이다. 생애가 끝날 무렵 푸코는 권력과 지배 사이의 차이를 도입해 딜레마를 해결하고자 했다. 푸코의 말에 따르면, 첫째는 그저 "전략적 게임"의 문제다. 모든 사람은 언제나 파워 게임을 하고 있다. 그것은 도저히 멈출 수가 없고, 한다고 해서 반대할 이유는 없다. 이 점에서 푸코의 마지막 인터뷰를 보자.

> 권력은 악이 아니다. 권력은 전략 게임이다. 권력이 악이 아님을 우리
> 는 아주 잘 알고 있다. 성적 관계, 연애 관계를 예로 들어 보자. 사태가
> 역전될 수 있는 일종의 열린 전략 게임에서 타인에게 권력을 행사하는
> 것은 악이 아니다. 그것은 사랑, 열정, 성적 쾌락의 일부다. (……) 내가
> 보기에 여러 가지 자유(liberties) 사이의 전략 게임으로서의 권력관계
> (일부 사람들이 타인의 행동을 결정지으려고 애쓴다는 사실에서 초래
> 되는 전략 게임)와 우리가 보통 '권력'이라 부르는 지배의 상태를 구분
> 할 필요가 있다.[25]

푸코는 위 두 가지를 어떻게 구분할지 그리 명백하게 말하지 않
았다. 그저 지배 관계에서는 사물들이 열려 있지 않고 불가역적이라
고만 했을 뿐이다. 그렇지 않을 경우 유동적 권력관계는 딱딱해지
고 "엉긴다". 푸코는 교사와 학생의 상호 조정(권력이나 선) 대 권위
주의적 현학자들의 독재 관계(지배나 악)를 예로 든다. 나는 푸코가
여기서 어떤 것의 주위만 빙빙 돌면서 약속의 땅에는 끝내 들어가지
못했다고 생각한다. 즉 사회 해방의 안전 용어 이론은 만들지 못한
것이다. 그랬더라면 명백한 해답이 되었을 텐데.

어떤 게임이 확정된 것이지만(어떤 사람들은 이유가 무엇이든
확정된 게임을 좋아한다.) 가끔 거기서 나가지 못할 때가 있는 그런
경우가 아니다. 그렇다면 질문은 이렇게 제기되어야 한다. 보스에게,
아니면 감당하기 힘든 관리나 학대하는 남자친구에게 '오렌지'라고
안전 용어를 말하는 것과 대등한 것이 무엇일까? 어떻게 하면 나가

고 싶을 때는 언제나 나갈 수 있기 때문에 하고 싶어지는 게임을 만들 수 있을까?

경제 부문에서는 적어도 그 대답이 명백하다. 직장 정치에서 당연시되는 사디즘은 모두 "난 나갈 거야."라고 말해도 아무런 경제적 여파를 겪지 않을 능력이 없는 데 달려 있다. 애니가 몇 달 전 고친 문제점 때문에 또다시 불려 나가는 데 진저리를 치며 직장을 떠나더라도 수입이 줄어들지 않는다는 것을 그녀의 보스가 알았다면, 그 보스는 애당초 애니를 사무실로 호출하지 않는 게 낫다고 판단했을 것이다. 기본소득은 이런 면에서 정말로 보스에게 '오렌지'라고 말할 힘을 노동자들에게 준다.

여기서 두 번째 주제로 넘어간다. 소득이 보장되는 세계에서는 최소한 애니의 보스가 약간이라도 존중하는 태도로 애니를 점잖게 대할 필요를 느끼게 되는 데 그치지 않는다. 보편적 기본소득이 제도화되면, 애니와 같은 직업이 계속 존재하리라고 생각하기도 힘들다. 살아남기 위해 일할 필요가 없는 사람이 치과 조수나 장난감 제작자가 되거나 영화 안내인이나 예인선 조종자, 심지어 하수도 처리 시설 감독관을 직업으로 선택하는 것은 얼마든지 상상할 수 있다. 심지어 이런 직업 몇 개를 함께 선택하는 모습도 더 쉽게 상상할 수 있다.

그러나 재정적 어려움 없이 사는 사람이 의료비 관리 회사에 낼 서류 양식을 집중 검토하는 데 많은 시간을 쏟는 것은 상상하기 힘들다. 부하 직원들이 허락 없이 발언하지 못하는 직장이라면 더욱더 그렇다. 그런 세상이라면 애니가 유치원 교사를 포기할 이유가 없을 것이다. 그 일에 관심이 없다고 스스로 판단하지 않는 한 말이다. 그리고 만약 의료비 관리 회사가 계속 존재한다면 그들은 자기 양식을 집중 검토할 또 다른 방식을 궁리해 내야 할 것이다.

의료비 관리 회사들이 오래 살아남을 것 같지는 않다. 그런 회사(그런 것을 회사라 부를 수 있다면 말이지만)가 필요해진 것은 기괴하고 미궁 같은 미국 보건 시스템이 낳은 직접적인 결과다. 미국인의 절대다수는 그런 회사가 바보 같고 불공정하다고 여기며, 그래서 공공 보험이나 공공 보건 기관으로 대체되기를 바란다. 앞에서 보았듯이, 이 시스템이 바뀌지 않은 주요 이유 중 하나는 (적어도 오바마 대통령에 따르면) 엄밀하게 말해 그 비효율성으로 인해 애니와 같은 직업이 만들어지는 데 있다. 그렇다면 적어도 보편적 기본소득은 이 부조리한 상황을 인식하는 수백만 사람들이 상황을 바꾸기 위한 정치적 조직화 운동에 참여할 시간을 제공할 것이다. 더 이상 종일 서류 양식들을 집중 검토하거나 아니면 (그들 스스로 쓸모 있는 일을 하겠다고 고집한다면) 청구서를 낼 방법을 강구하러 돌아다닐 필요는 없을 테니까.

오바마처럼 불쉿 직업의 존재를 옹호하는 많은 사람들에게, 이 점이 그런 직업 구도에서 가장 마음에 드는 요소 가운데 하나로 인식되지 않기는 힘들다. 오웰이 지적했듯이, 설사 완전히 쓸모없는 직업이라 할지라도 일하느라 분주한 주민들은 그 외 다른 일을 할 시간이 없다. 적어도 이는 그 상황에 대해 아무 행동도 하지 않을 추가적인 인센티브가 된다.

그것이 무엇이든, 나의 두 번째이자 마지막 요점으로 가는 길을 열어 준다. 첫 번째 전형적인 반대는 모든 사람에게 노동과 상관없이 생계를 보장하면 사람들이 일하지 않게 된다는 주장이다. 이는 명백히 거짓이며, 이 지점에서 더 재고할 가치가 없다고 생각한다. 두 번째 더 진지한 반박은, 대부분이 일은 하지만 많은 수가 자신에게만 흥미 있는 일을 선택하리라는 주장이다. 거리에 온통 한심한 시인들, 짜증 나는 마임 연기자, 허접한 과학 이론 전파자들이 가득하고 제대로 되는 일은 하나도 없으리라는 것이다.

불쉿 직업 현상은 그런 가정의 어리석음을 진심으로 깨닫게 해준다. 당연히 자유 사회의 시민 가운데 일부는 다른 사람들이 바보같고 무의미하다고 생각하는 일을 하면서 인생을 보낼 것이다. 그러나 그런 사람들의 비율이 10∼20퍼센트 이상을 넘을 거라고 생각하기는 어렵다. 지금 이 순간에도 부국 노동자의 37∼40퍼센트가 자신의 직업이 무의미하다고 이미 느끼고 있다. 경제의 대략 절반이 불쉿 직업이거나 그것을 지원하기 위해 존재한다. 심지어 그리 재미있는 불쉿도 아니다! 사람들에게 아무런 제약 없이 자신이 할 수 있는일 중 인류에 도움이 될 최선의 일을 결정하라고 맡긴다면, 현재보다 더 비효율적인 노동 구도를 그들이 어찌 만들어 낼 수 있을까?

이는 인간의 자유를 위한 강력한 주장이다. 대부분의 사람들은 자유에 대해 추상적으로 말하기를 좋아한다. 또 생사를 걸 만큼 중요한 것이라고도 주장한다. 하지만 자유롭다는 게 무엇인지, 자유를 실천한다는 것이 실제로 무슨 뜻인지에 대해서는 별로 생각하지 않는다. 이 책의 핵심은 구체적인 정책 처방을 제안하는 것이 아니라, 진정한 자유 사회가 어떤 모습일지 생각하고 논의의 장을 여는 데있다.

일터에서 느낀 원망감에 대해 이야기해 준 수백 명에게 감사 인사를 전하고 싶다. 이름은 밝힐 수 없지만 본인들은 누구인지 안다.

원 기고문을 이용하도록 허락해 주고, 온갖 일을 처리하도록 도와준《스트라이크!》의 비비언 라울과 그곳의 모든 직원들(특히 특별 감시 그룹)에게 감사한다.

사이먼앤슈스터 출판사에서 나를 담당한 팀의 고된 작업이 없었다면 이 책은 나올 수 없었을 것이다. 편집자 벤 뢰넨, 에린 레백, 조너선 카프, 아마 데올, 그리고 쟁클로앤네스빗에서 일하는 내 에이전트 멀리사 플래시먼에게 감사한다.

그리고 물론 나와 함께 어울려 준 친구들과 런던정경대학교의 동료들, 특히 런던정경대학교의 행정관인 야니나 힌리히젠과 톰 힌리히젠, 레나타 토드, 커밀라 케네디 하퍼, 앤드리아 엘시크의 인내심과 지원에 대해 감사한다.

또 런던정경대학교 인류학과 대학원생인 불굴의 메건 로스에게
도 감사해야 할 것 같다. 그녀의 일은 오로지 내가 미칠 '영향'을 감
시하는 것이다. 이 책이 그녀의 노력을 용이하게 해 주기만 바랄 뿐
이다.

들어가는 말

1 나는 보험 설계사들과의 관계에서 짜증 나는 일을 많이 겪었는데, 지금 생각하면 그들에게 공정하지 못하게 굴었다. 설계사의 업무 가운데 실제로 차이를 만들어 내는 경우도 가끔 있다. 그래도 나는 그것을 제외하면 이 직업이 없어지더라도 아무런 부정적 영향을 미치지 못한다고 확신한다.

2 David Graeber, "The Modern Phenomenon of Bullshit Jobs," *Canverra (Australia) Times* online, 2013년 9월 3일에 최종 수정됨. www.canberra-times.com.au/national/public-service/the-modern-phenomenon-ofbull-shit-jobs-20130831-2sy3j.html.

3 내가 아는 한 불헛 직업이라는 주제로 쓰인 책은 지금까지 꼭 한 권 나왔다. 파리를 본거지로 하는 기자 쥘리엥 브리고(Julien Brygo)와 올리비에 시랑(Olivier Cyran)이 쓴 *Boulots de Merde!*이다. 저자들은 내 기고문을 보고 금방 영감을 받아 썼다고 내게 말했다. 그것은 좋은 책이지만, 질문 범위가 이 책과는 좀 다르다.

1 불쉿 직업이란 무엇인가?

1 "Bullshit Jobs," LiquidLegends, www.liquidlegends.net/forum/general/460469-bullshit-jobs?page=3, 2014년 10월 1일에 최종 수정됨.

2 "Spanish Civil Servant Skips Work for 6 Years to Study Spiniza," Jewish Telegraph Agency (ITA), 2016년 2월 26일에 최종 수정됨, www.jta.org/2016/02/26/news-opinion/world/spanish-civil-servant-skips-work-for-6-years-to-study-spinoza.

3 Jon Henley, "Long Lunch: Spanish civil Servant Skips Work for 6 Years Without Anyone Noticing," *Guardian* (US), 2016년 2월 26일에 최종 수정됨, www.theguardian.com/world/2016/feb/12/long-lunch-spanish-civil-servant-skips-work-for-6-years-without-anyone-noticing. 그는 아마 만물이 자신의 힘을 극대화하려고 노력하지만 그 힘은 타자에게 영향을 미치는 능력과 자신이 그것으로부터 영향을 받는 능력이 균등하게 합쳐진 것이라는 스피노자의 논지에 감명받았던 것 같다. 스피노자의 시점에서 볼 때 아무에게도 영향을 주지도 받지도 않는 직업에 종사하는 것은 최악의 고용 상황일 것이다.

4 우편 배달부는 분명히 불쉿 직업이 아니지만, 이 이야기의 함의는 배달하지 않기로 한 우편물의 99퍼센트가 정크메일이었기 때문에 그런 식으로 처리했을 수도 있다는 뜻으로 보인다. 실제로 그랬을 것 같지는 않지만 그 이야기는 대중의 태도를 반영한다. 우편 배달부에 대한 태도의 변화에 대해서는 다음의 내 책을 보라. *Utopia of Rules* (2015), pp. 153-163.

5 http://news.bbc.co.uk/1/hi/world/europe/3410547.stm?a, 2017년 4월 7일.

6 "Vier op tien werknemers noemt werk zinloos," http://overhetnieuwewerken.nl/vier-op-tien-werknemers-noemt-werk-zinloos/, 2017년 7월 10일.

7 루퍼스의 대표성을 띤 발언. "내 직업 가운데 제일 하찮은 일은 아주 독특하고 이상한 사람들에게 라테를 만들어 주는 것이었지만, 지나고 보니 그들이 하루하루 견딜 수 있도록 도와주는 데 내가 결정적으로 중요한 역할을 했음을 알겠다."

8 아래 내용이 실제 정부 폭력배에 대한 민속학적이거나 사회학적인 분석이 아니라 주로 대중문화에 묘사된 청부 폭력배의 모습에서 가져왔음을 인정한다.

9 재미있게도, '불(bull)'은 '불쉿(bullshit)'의 축약형이 아니지만, '불쉿'은 20세기 초 '불'에서 파생되어 나온 표현이다. 이 단어는 원래 '사기 또는 기만'을 뜻

하는 프랑스어 '볼(bole)'에서 유래되었다. '불쉿'이라는 단어가 처음 쓰인 사례는 T. S. 엘리엇의 미발표 시로 확인된다. '볼록(bollocks)'은 '볼(bole)'에서 유래한 또 다른 파생어.

10 나라면 '거짓말'이라고 말했겠지만, 철학자 해리 프랑크푸르트(Harry Frank-furt, 2005)는 불쉬팅(bullshitting)이 거짓말하기와 다르다고 주장한 것으로 유명하다. 둘 사이의 차이는 살인과 도살의 차이와 유사하다. 하나는 의도적인 기만이고, 다른 것은 진실에 대한 무모한 무시다. 그 차이점이 이 맥락에 완전히 해당되는지 자신할 수 없지만, 이 주제에 관한 토론에 끼어드는 것이 그다지 도움이 될 것 같지는 않다.

11 봉건제와의 연관성을 충분히 깨달으려면 '콜리오네'라는 이름을 생각해도 좋다. 이것은 마리오 푸조의 소설과 그것을 영화화한 프랜시스 포드 코폴라의 영화 「대부」에 나오는 가상의 마피아 가문의 이름이지만 실제로는 여러 유명한 마피아들의 고향으로 악명 높은 시칠리아의 한 도시 이름이다. 이탈리아어로 '사자의 심장'을 뜻한다. 이런 연관의 이유는 아마 1066년에 영국을 정복한 노르만인이 그전에 아랍인이 점령했던 시칠리아를 점령해 아랍식 행정 요소를 도입한 데 있는 것 같다. 거의 모든 로빈 후드 이야기에서 최고의 악당은 노팅엄의 셰리프(Sheriff)이며 멀리 십자군 원정에 나가 있는 왕이 '사자의 심장 왕 리처드'임을 기억할 것이다. 셰리프라는 단어 역시 아랍어의 '샤리프(sharif)'가 영어화한 것이며, 시칠리아의 행정 관직에서 힌트를 얻어 만들어진 직위 가운데 하나였다. 콜리오네와 영국 왕 사이의 정확한 관련은 반박되었지만, 몇 가지 연관은 확실히 존재한다. 그러므로 아주 간접적이기는 해도 「대부」에서 말런 브랜도가 맡은 배역은 사자의 심장 왕 리처드를 따서 이름 지어진 것이다.

12 여가 시간에 빈집을 터는 사람이 많다. 내가 예전에 살았던 아파트 단지는 매번 월요일에 발생하는 연속 강도에 시달렸다. 조사 끝에 보통 월요일이 비번인 미용사가 범인으로 밝혀졌다.

13 예술품 도둑에서 평범한 상점 절도범에 이르는 도둑(thief)들은 밖에서 의뢰를 받고 일을 하겠지만, 그렇더라도 그들은 여전히 독립 계약자이며, 그러므로 자영업자다. 청부 폭력배의 경우는 더 모호하다. 일부에서는 청부 폭력배가 범죄 조직에 장기간 예속된 조직원이라면 그것은 '직업'이라 불릴 자격이 있다고 주장하겠지만, 내 느낌으로는 그런 자리에 있는 사람들이 대부분 그런 식으로 보지 않는다.(물론 나도 잘 모른다.)

14 나는 불쉿 직업이 "그 종사자도 그 직업의 존재를 정당화할 수 없는, 너무나 완
벽하게 '무의미하고 불필요하고 해롭다고 느끼는' 유급 고용의 형태"가 아니라
"너무나 완벽하게 '무의미하고 불필요하고 해로운' 유급 고용 형태"라고 말하는
것이다. 다른 말로 하면, 직원이 자신의 일을 불쉿 직업이라고 믿을 뿐만 아니
라 그 믿음이 타당하고 옳다는 것이다.

15 나 자신이 처한 상황을 예로 들어 보자. 현재 나는 런던정경대학교의 인류학과
교수로 채용되어 있다. 인류학이 불쉿 과목의 정의 그 자체라고 여기는 사람들
이 있다. 2011년에 플로리다 주지사 릭 스코트는 심지어 자기 주에 있는 대학
들에 없으면 더 좋을 과목의 최고 본보기로 인류학을 지목했다.(Scott Jaschik,
"Florida GOP Vs. Social Science," *Inside Higher Education*, 2011년 10월
12일에 최종 수정됨, www.insidehighered.com/news/2011/10/12/florida_
governor_challenges_idea_of_non_stem_degrees)

16 2008년의 서브프라임 모기지 사건에서 주요 역할을 했던 회사 컨트리와이드
파이낸셜(Countrywide Financial)에는 기본적으로 두 개의 사내 서열이 있다
고 들었다. 신분이 낮은 '너드(nerds)'와 내부자들이다. 내부자들은 사기에 관
해 알고 있는 사람들을 말한다. 내가 조사했을 때 더 극단적인 사례도 있었다.
어느 여성이 내게 편지를 써서 말해 주기를, 자신이 알고 보니 존재하지도 않은
항공사의 사내 잡지를 위해 거의 한 해 동안이나 광고 일을 해 왔더라는 것이
다. 그녀는 사무실이나, 자신이 상당히 자주 비행기를 타는 편임에도 기내에서
그 잡지를 한 부도 본 적이 없음을 눈치채면서 의구심을 갖게 되었다. 결국 그
업무 전체가 사기임을 동료들이 조용히 확인해 주었다.

17 모든 법칙이 그렇듯이 여기에도 예외가 있다. 앞으로 알게 되겠지만, 은행 같은
대형 조직에서는 최고위층 경영자들이 자문관이나 내부 감찰관을 고용하여 사
람들이 실제로 어떤 일을 하는지를 파악한다. 어느 은행 분석가가 내게 해 준
말에 따르면, 은행 직원의 약 80퍼센트는 불필요한 업무를 하고 있고, 그가 생
각하기에는 거의 모두가 그런 사실을 모른다고 했다. 그들의 감독관들 역시 상
황 파악을 못 한다는 점에서는 별로 다르지 않으며, 개혁을 위한 자신의 제안은
언제나 거부되었다고 한다. 또 여기서 사람들이 자신의 직업이 불쉿 직업이라
고 착각하는 것이 아니라 그 반대라는, 즉 불쉿 직업이 아니라고 착각한다는 점
을 강조해야 한다.

18 여기서도 반대를 예상할 수 있다. 사이언톨로지 신도들은 어떤가? 그들은 사람

들이 각자 전생의 트라우마를 찾아낼 수 있도록 E-meter(영적 능력을 개발하고 지각 능력을 높여 준다고 하는 사이언톨로지의 장비 — 옮긴이)로 측정해 준다고 하는데, 대부분은 자신들의 작업이 엄청난 사회적 가치가 있다고 확신하는 것으로 보인다. 압도적인 절대다수가 그들이 망상에 빠져 있거나 사기꾼이라고 확신하는데도 말이다. 그런데 아무도 '믿음 치유자'가 불렛 직업이라고 말하지 않는 것처럼, 이것 역시 정말 관련성이 있는 것은 아니다.

19 표면적으로는 외부인들을 속이는 것을 목표로 한다고 하는 선전이 사실은 일차적으로 선전자들 자신의 양심을 달래기 위한 경우가 많다.

20 색스의 발언은 미리 써 둔 게 아니라 즉석에서 나온 것이다. 이 인용은 일부는 존 애덤 번이 2013년 4월 28일 자 온라인《뉴욕 포스트(New York Post)》에 기고한 "Influential Economist Says Wall Street Is Full of Crooks"에 인용된 문장에서(http://nypost.com/2013/04/28/influential-economist-say-swall-streets-full-of-crooks), 또 일부는 재닛 타바콜리가 2017년 4월 21일 자《비즈니스 인사이더(Business Insider)》에 기고한 글에서(www.businessinsider.com/i-regard-the-wall-street-moral-environment-as-pathological-2013-9?IR=T), 또 일부는 당시에 써 둔 내 메모로 재구성한 것이다.

21 사실 연구 과정에서 나는 자신에게 허용된 무의미한 사무직 업무에 좌절하여, 단순히 정직하게 하루의 일을 하고 있음을 느끼기 위해 청소부가 된 사람을 놀랄 만큼 많이(그래, 세 명) 만났다.

22 이 점을 지적하지 말았어야 했지만, 기본 논리를 이해하기 힘들어하는 독자들이 어디에나 있음을 알기 때문에 어쩔 수 없었다. 쉿 직업은 쓸모 있고 생산적이라는 말이 곧 쓸모 있고 생산적인 직업이 모두 쉿이라는 말은 아니다.

23 *House of the Dead* (1862), trans. Constance Garnett (Mineola, NY.: Dover, 2004), pp. 17-18. 내 친구 안드레이 그루바치치는 이것이 실제로 1950년대 유고슬라비아에서 자기 할아버지가 티토 치하의 재교육 수용소에서 일종의 고문으로 겪은 일이라고 말했다. 간수들은 고전을 읽은 게 분명하다.

24 세 가지 목록은 전체를 담기 위한 것이 아니다. 예를 들면 여기에는 흔히 '보호노동(guard labor)'이라 불리는 범주가 누락되어 있다. 그런 것은 대부분(불필요한 감독관들) 쓸모없지만, 간단하게 추악하거나 나쁜 것이기도 하다.

25 David Graeber, *The Utopia of Rules: On Technology, Stupidity, and the Secret Joys of Bureaucracy* (Brooklyn, NY.: Melville House, 2015), p. 9에서 나는 이

점을 "자유주의의 칠칙"이라 불렀다. "규제를 줄이고 시장의 힘을 키우기 위한 의도로 추진된 시장 개혁이나 정부의 발안은 모두 궁극적으로는 규제의 총수, 서류 작업의 총량, 관료와 정부 직원의 총수를 늘리는 결과를 가져올 것이다."

26 사실 이것이 대체로 유니폼을 입게 하는 이유다. 유니폼은 흔히 대중의 눈에는 전혀 보이지 않는 사람들(호텔 세탁실에서 일하는 사람들 같은 경우)에게 입도록 요구되기 때문이다. 이것은 "당신은 자신이 군대 규율에 예속되어 있다고 생각해야 한다."라고 말하는 것과 같다.

27 이상하게도 이 조사는 정치적 투표 선호도(영국독립당 투표자들은 자기들 직업이 불쉿이라고 생각할 확률이 제일 높고, 토리당 투표자들은 그 확률이 제일 낮다.)와 지역에 따라(런던 외곽의 영국 남부가 불쉿 직업의 비율이 제일 높아서 42퍼센트에 달했으며, 스코틀랜드는 가장 낮은 27퍼센트였다.) 결과를 분류했다. 연령과 "사회적 등급"은 상대적으로 중요하지 않았다.

28 *The Restaurant at the End of the Universe* (Hitchhiker's Guide to the Galaxy, book #2)(London: Macmillan Pan Books, 1980), p. 140.

29 예상할 수 있는 일이지만 더글러스 애덤스의 팬 가운데 이 주제를 두고 논쟁이 있었는데, 1970년대에 전화기 및 다른 전자 기기를 청소하는 직업은 몇 가지 있었지만, 별도의 독립된 전문직으로서 '전화기 소독사'는 없었다는 합의가 이루어졌다. 그렇다고 해서 애덤스가 몬티 파이튼(영국의 희극 그룹 ― 옮긴이)의 작가인 그레이엄 채프먼과 협업해 링고 스타가 출연한 「나바론의 전화기 소독사(The Telephone Sanitisers of Navarone)」라는 텔레비전 특별 프로그램을 만드는 것을 막지는 못했다. 슬프게도 이 프로그램은 실제로 제작되지는 않았다.

30 공정을 기하기 위해 말하자면, 우리는 그 농담이 골가프린참에 관한 것이었음을 나중에 알게 된다. 그들이 결국은 제대로 소독되지 않은 전화기 때문에 발생한 전염병으로 모두 죽기 때문이다. 하지만 그 부분을 기억하는 사람은 아무도 없는 것 같다.

31 이민 사회에서 미용실은 흔히 남녀 모두에게 비슷한 역할을 한다. 심지어 런던의 어느 큰 빈집을 점거해 살면서 가내 이발소를 차린 친구들도 있었는데, 그들은 자신들도 이런 상황을 겪고 있음을 알았다. 도시에 처음 온 사람은 모두 시내 분위기를 파악하기 위해 머리 손질을 하러 이발소(또는 미용실)에 들르곤 한다.

32 그녀는 여성들을 상자 위에서 춤추게 하는 데 들어간 돈이면 용도를 바꿔 기후

변화의 위협을 물리치는 데 쓰기에도 충분하다고 덧붙였다. "성산업은 많은 여성들이 아주 젊었을 때 제공할 수 있는 가장 값비싼 것이 성상품으로서 자신의 신체임을 자명하게 만든다. 성산업에 종사하는 많은 여성들은 열여덟 살에서 스물다섯 살 사이에 평생 벌 수 있는 것보다 더 많이 번다. 나 자신의 생애에서 확실히 그랬다." 그녀는 성공한 학자이자 작가였는데, 1년 내내 일해도 석 달 동안 스트리퍼를 하면서 번 것보다 적었다.

33 이 일반화의 증거를 대 보자. 텔레마케터나 쓸모없는 중간 관리자를 불법적인 존재로 만들려고 할 때, 암시장이 등장하여 그들을 대체할 가능성은 적다. 그런데 역사적으로 보아 성산업의 경우에는 분명히 이런 일이 일어나곤 했다. 가부장제 자체가 문제라고 말하는 것이 이 때문이기도 하다. 만족하지 못했거나 다른 것보다는 특정한 기쁨의 형태를 추구하기를 배운 남성들의 손에 너무나 많은 부와 권력이 집중되는 것, 따라서 사회의 본성 자체보다 훨씬 더 본질적인 뭔가가 문제라는 것이다.

34 "L'invasion des《métiers à la con》, une fatalité économique?", Jean-Leurent Cassely, *Slate*, 2013년 8월 26일, www.slate.fr/story/76744/metiers-a-la-con, 2013년 9월 23일에 게재됨.

2 불쉿 직업의 종류

1 나는 이메일 계정(doihaveabsjoborwhat@gmail.com)을 만들고, 글을 보내 달라고 트위터에서 요청했다. 지메일은 좀 구식이어서 불쉿(bullshit)을 주소로 쓰지 못하게 한다.

2 따라서 그 이름은 모두 가명이며, 어느 특정한 고용주의 이름이나 정체를 누설할 만한 지리적 정보를 밝히는 일은 피했다. 예를 들면 "코네티컷주 뉴헤븐에 있는 유명한 대학교"라거나 "영국의 데본 카운티에 본부를 둔 작은 출판사로, 소유주는 베를린 소재의 어느 합작 기업" 같은 식으로 언급하지 않았다는 말이다. 몇몇 경우 세부 사항을 바꾸었다. 다른 경우에는 그냥 그런 정보를 빼 버렸다.

3 이하 인용문은 달리 특기하지 않는 한 모두 이 데이터베이스에서 가져왔다. 사소한 편집을 제외하고는 대체로 내가 받은 형태 그대로다. 축약어를 원형으로 환원하거나 구두점을 맞추거나 사소한 문법적, 스타일적 변형 같은 것들만 고쳤다.

4 　내 관심을 끈 BBC 비디오는 "무의미한 직업"을 "일터에 일이 없는 것(no work at work)", "관리자들을 관리하는 관리의 관리자들(managers of management that manage managers)", 그리고 "부정적 사회적 가치(negative social value)"라는 세 유형으로 나누었다. BBC 온라인에 올라가 있는 "Do You Have a Pointless Job?"이라는 제목의 비디오다. 2017년 4월 20일에 최종 수정되었다. www.bbc.com/capital/story/20170420-do-you-have-a-pointless-job.

5 　그래서 1603년에 윌리엄 퍼킨스라는 사람이 이렇게 썼다. "그런 것이 보통 소위 서빙맨이라는 사람들이 또 다른 특정한 소명인 대기하는 일 외에 가져야 할 것들이다. 대단한 지위와 직책을 가진 사람에게 봉사할 때를 제외한다면 (……) 대기 하인들은 대부분의 시간을 만찬과 야식 후에 먹고 마시고 잠자고 놀이하는 것으로 보낸다는 이유로 인해 국교회와 영연방 양쪽에서 가장 소득 없는 사람들임이 인정되었다. 그들의 선한 주인들이 죽거나 어떤 잘못된 처신 때문에 일자리를 잃을 경우, 그들은 노동 능력이 없으므로 어떤 직업에도 적절하지 않다. 따라서 그들은 구걸이나 도둑질로 빠져든다."(Thomas, 1999:418) 웨이터라는 용어의 역사에 관해서는 6장을 보라. 진짜 봉건적 신하들이 현대적인 의미에서 불쉿 직업이었다는 말이 아님을 강조해야 한다. 그들은 그들 자신 이외의 다른 존재가 되라는 요구에는 거의 복종하지 않았으니까. 그들이 스스로를 잘못 처신하는 한 그것은 그들이 실제로 했던 일보다 더 늘리는 것이 아니라 줄여 말하는 척함으로써다.

6 　그들은 가끔씩 심부름도 했다. 이런 역할이 얼마나 흔한 것이었는지는 같은 용도로 사용된 여러 다른 단어로 파악할 수 있다. 하인을 가리키는 단어로는 footmen만이 아니라, flunkies, henchmen, gofers, minions, lackeys, cronies, menials, attendants, hirelings, knaves, myrmidons, retainers, valet, 지금 당장 머릿속에 떠오르는 것만 적어도 이 정도다. 이들을 toadies, cronies, sidekicks, sycophants, parasites, stooges, yes-men 등과 혼동하면 안 된다. 이들은 좀 더 독립성이 있는 측근(따라다니는 사람, 추종자)들 부류에 속한다. 유럽 궁정에서는 어떤 유용한 기능도 하지 않는 궁정인들이 정말로 있었음을 지적할 필요가 있다. 제복 입은 하인들은 실제로 의례 행사 동안 자리를 지키고 있지 않을 때는 온갖 종류의 이상한 일들을 했다. 하지만 전체적으로는 그런 일을 하지 않는 것처럼 보이는 것이 중요했다.

7 　차출 비율이 그 정도로 높은 경우는 지극히 드물다는 점은 인정하지만, 내가 말

한 것처럼 이는 그런 상황에서 자주 등장하는 역학을 끌어내기 위한 사고 실험일 뿐이다.

8 　그것이 우리가 '명예'라고 부르는 것의 역사적 구성 요소에 속한다고 말할 수도 있겠다.

9 　북대서양 국가들에서 가내 하인들의 숫자는 제1차 세계대전 이후 급격히 줄어들었지만, 그들의 지위는 대부분 처음에는 '서비스 노동자'(예를 들면 웨이터는 원래 일종의 가내 하인을 칭하는 이름이었다.)라 불리는 것으로, 다음에는 점점 더 늘어나는 행정 보조원 및 기업에서 그런 역할을 하는 부하 직원들로 대체되었다. 불필요한 노동의 옛날 봉건적 스타일이 오늘까지 유입된 예를 들자면 다음의 설명을 검토해 보라. "내 친구는 하트퍼드셔에 있는 오래된 장원 저택에 차려진 영화 세트장에서 일하고 있다. 거기서 심부름을 하고 촬영 직원들이 아름다운 옛날 건물을 손상시키지 않도록 확인한다. 매일 일과가 끝나면 그는 온전히 두 시간 동안 촛불 검사를 해야 한다. 그 저택의 주인 부부는 직원들에게 메인 홀의 초가 꺼진 뒤에도 다시 불씨가 되살아나 집을 태워 버리지 않도록 누군가가 적어도 두 시간은 지켜봐야 한다고 말했다. 내 친구는 그 양초를 물에 적시든 어떤 식으로든 속임수를 쓸 수 없었다." 왜 양초를 그냥 물에 집어넣으면 안 됐는지 물어보자 그는 대답했다. "그들이 아무 설명도 하지 않았다."

10 　절대적으로 분명히 해 두자. 필요한 기능을 수행하는 접수계원도 얼마든지 있다. 여기서 내가 말하는 것은 그렇지 않은 사람들이다.

11 　덧붙여 말하자면, 오늘날에도 사정은 동일하다. 내가 개인적으로 아는 젊은 여성은 군 복무 경험이라고는 전혀 없음에도 한 나토 장교의 개인 보좌관으로서 교전구역에서 벌어지는 작전을 위한 전략 계획을 실제로 쓰고 있다.(또한 나는 그녀의 전략 계획이 어느 나토 장군이 수립한 것만큼 좋거나 그보다 낫다고 믿지 않을 이유가 없다.)

12 　최소한 하이테크 무기에 관해서는 이것이 사실이다. 거의 모든 국가들이 실제로 일어났거나 일어날 수 있는 시민 소요를 진압하기 위해 군대를 유지한다고 주장할 수도 있겠지만, 그런 용도로 전투기나 잠수함, MX미사일이 필요할 일은 거의 없다. 역사적으로 멕시코는 그런 값비싼 장난감에 돈을 허비하지 않는다는 정책을 공공연히 펼친 바 있다. 지리적 위치로 인해 자신들과 적대 관계가 될 나라는 미국이나 과테말라뿐이니까. 미국과 전쟁하게 되면 그들은 아무리 무장해 봤자 질 것이고, 과테말라와 전쟁을 하게 되면 전투기가 있든 없든 이길

것이다. 따라서 멕시코는 그저 국내의 저항을 진압하는 데 충분한 정도의 장비만 유지한다.

13 이런 대화는 특히 내게는 도전적이다. 1980년대 이후 나와 같은 학자들은 소비자 수요가 마케팅 조작의 산물이라는 생각을 대체로 포기했고, 소비자가 기본적으로 자신이 한 번도 진심으로 의도한 바 없는 방식으로 소비재를 사용함으로써 부정형으로 조각난 정체성을 조각보처럼 기워 붙여 유지한다는(미국의 모든 사람이 스눕독이나 루폴로 변한 것처럼) 견해를 갖게 되었다. 그런 서술법을 내가 상당히 의심스러워한다는 점을 인정하자. 하지만 산업계에서 일하는 많은 사람들은 모두가 자신을 1960년대와 1970년대 모습으로 여기고 있다고 아주 확신한다.

14 1960년대 후반에 쓰인 조잡한 자연어 스크립트.

15 이 점을 내가 직접 경험한 바 있다. 런던정경대학교(LSE)에서 강의하는 강사는 매주 교수 활동을 시간별로 쪼개어 기록하여 시간을 정교하게 할당한 보고서를 제출하게 되어 있다. 보고서 양식에는 각기 다른 종류의 행정 업무가 세세하게 끝도 없이 구분되어 있었지만, '독서와 집필'을 위한 범주는 없었다. 내가 이 점을 지적하자 사람들은 그런 활동은 "LSE의 비용 지원을 받는 연구" 항목에 넣으면 된다고 말했다. 그러니까 학교의 관점에서 볼 때 연구에 관해 중요한 것은 첫째, 내가 독서와 집필 활동의 비용을 대 줄 외부 모금을 나가지 않았다는 것과, 둘째, 따라서 그들은 나의 진짜 일을 할 수 있을 시간에 그런 일을 하라고 봉급을 준다는 것이다.

16 IT 산업 내부에서 나온 아주 공정한 증언이 있다. "나는 책임 소재를 불분명하게 만들도록 설계된 프로젝트를 자주 봤다. 가령 IT 시스템을 평가하는 일이 있다. 그 목적은 복도 어딘가에서 내려졌을 결정에 영향을 미치자는 것이 아니라, 모두의 말을 들었고 모든 우려를 진지하게 고려했다고 주장하기 위한 것이었다. 프로젝트 자체가 시늉에 불과하므로 거기에 포함된 모든 일은 헛수고였다. 얼마 안 가 사태를 파악한 사람들은 프로젝트를 진지하게 받아들이지 않게 되었다." 이런 종류의 거짓 합의 추구는 대학교나 NGO 같은 외관상 합의체적인 기관에서는 흔한 현상이다. 하지만 보다 계층적인 기업에서도 아주 흔하다.

17 이 산업의 규모를 이해하기 쉽게 설명하자면, 2014년 시티그룹은 그다음 해에 3만 명의 직원, 혹은 전체 직원의 13퍼센트가 협력 업체 형태로 일할 것이라고 발표했다. Sital S. Patel, "Citi Will Have Almost 30,000 Employees in Compli-

ance by Year-end," *The Tell* (blog), MarketWatch, 2014년 7월 14일, http://blogs.marketwatch.com/thetell/2014/07/14/citi-will-have-almost-30000-3mployees-in-compliance-by-year-end.

18   물론 다른 누군가가 그녀를 위해 서류 작업을 대신할 수 있도록 특별 조치를 시도하는 경우를 제외하면, 이 문제는 무슨 이유 때문인지 고려 대상이 아니다.

19   공공/민간 형식적 서류 작성 산업의 또 다른 좋은 예는 건설이다. 소피의 증언을 검토해 보자. "나는 설계 허가를 위한 이윤이 많이 남는 '컨설턴트' 작업 라인에서 일한다. 과거 1960년대에는 설계 허가를 위한 정보를 제출하는 유일한 컨설턴트는 건축가였다. 지금은 규모가 좀 큰 건물의 설계 허가에는 수많은 컨설턴트들이 낸 이런 보고서 목록이 딸려 간다.(내 것도 포함하여!) 환경 영향 평가, 지형과 시각적 영향 평가, 운송 관련 보고서, 바람과 미세 기후 평가, 태양광/일조량 분석, 유산 상황 평가, 고고학적 평가, 지형 유지 관리 보고서, 나무 영향 평가, 홍수 위험 평가…… 이 외에도 많이 있다! 각 보고서는 대략 50~100쪽 길이인데, 이상한 것은 그 결과로 지어진 건물이 1960년대에 지어진 건물들과 놀랄 정도로 비슷하게 보기 흉한 상자 형태라는 사실이다. 그러니 나는 저 보고서들이 어떤 목적에도 도움이 안 된다고 생각한다!"

20   또는 외관상으로만 그런 역할을 수행하거나.

21   어느 기업 컨설턴트가 이렇게 썼다. "내 산업의 누군가가 나서서 소칼 사건(Sokal affair)의 전모를 밝힐 날을 고대하고 있다. 그러니까 온통 애매모호한 비즈니스 용어로 작성되고 실제로는 아무런 구조적 정보도 담고 있지 않은 컨설팅 보고서를 제출할 것이라고 말이다. 이미 여러 번 그런 일이 있었으리라고 의심하지만, 문제 되는 컨설턴트 본인은 그것을 의식하지 못한다."

22   돌이켜 보면 이것이 일리가 있다. 왜냐하면 당신이 의학 연구자라면 이미 이 저널을 서재에 두고 있거나 디지털 버전에 접근할 수 있을 테니 말이다. 도서관 상호 대차에 의지할 이유는 없다.

23   기업의 사보를 노조가 발간한 것들과 비교해 보면 재미있다. 나는 노조 회보가 문학적 형태로는 기업 사보보다 선행하지 않을까 짐작한다. 그것들은 분명히 나름의 허풍과 과장이 있지만, 진지한 문제도 논의한다. 내 아버지는 뉴욕에서 활동하는 인쇄공 노조인 아말감 석판화 지부의 회원이었는데, 어렸을 때 그들의 노조 회보인 《리소피니언(Lithopinion)》이 내가 본 것 중 제일 아름다운 잡지라는 사실에 자부심을 느끼던 일이 기억난다. 새 그래픽 기술을 자랑하고 싶

은 열망 덕분이었을 것이다. 거기에는 신랄한 정치적 분석도 실려 있었다.

24 가령 최근 어느 조사에 따르면 고용인들의 80퍼센트가 자신의 관리자가 쓸 모없다고 여기며, 관리자가 없어도 일을 충분히 해 나갈 수 있다고 생각한다고 한다. 이 조사는 관리자들 가운데 얼마나 많은 수가 이에 동의하는지는 기록되어 있지 않지만, 그 숫자가 상당히 낮을 것이라고 짐작할 수밖에 없다. "Managers Can be Worse than Useless Survey Finds," *Central Valley Business Times*, 2017년 12월 5일, http://www.centralvalleybusinesstimes.com/stories/001/?ID=33748, 2017년 12월 18일에 게재됨.

25 앞으로 알게 되겠지만, 이것은 미국에서든 다른 어디에서든 틀림없는 사실이다.

26 여기서 클로이는 "왜 자본주의는 무의미한 직업들을 만들어 내는가(Why Capitalism Creates Pointless Jobs?)"라는 제목으로 이보노믹스(evonomics.com)에 발표된 내 원래 글의 제목에 대답하는 것으로 보인다. 그 제목은 내가 단 것이 아니다. 보통 나는 에이전시에게 축약본을 맡기지 않는다.

27 무의미한 직업이 쓸모 있는 직업보다 더 많거나 적은 지원을 요구한다고 믿을 이유가 없는 한 이 점은 예상되어야 한다.

28 이 수치는 명백히 부정확하다. 한편으로는 청소부, 전기 기사, 건설 인부들의 아주 큰 비율이 회사가 아니라 개인을 위해 일한다. 다른 한편으로는 자신의 직업이 불쉿인지 불쉿이 아닌지를 확실히 모르겠다고 말한 13퍼센트의 노동자의 존재를 셈에 넣은 것이다. 50퍼센트라는 수치(실제로는 50.3퍼센트)는 이 두 가지 요소가 대략 상쇄된다는 가정을 기초로 한다.

3 불쉿 직업을 가진 이들은 왜 걸핏하면 불행하다고 말할까?

1 이것도 매우 양가적인 경향이 있음을 알게 될 것이다.

2 이 부분을 쓰고 난 뒤 내 분석을 에릭에게 보여 주었다. 에릭은 이 부분을 확인한 다음 세부 내용을 덧붙였다. "그 직업 하단부에 있는 중간층과 중상층 계급 출신 자녀들은 그것을 경력 발전의 길로 보고 있음을 확실히 알 수 있었다. 부분적으로는 그들이 일을 중심으로 사교하는 방법이다.(교외 별장에서 주말 럭비 경기를 보면서 지내거나 허름한 와인바에서 칵테일을 마시는 동안에도 항상 인맥을 만들고 있다.) 그리고 어떤 사람에게는 그것이 단지 가족 중 누군가가 더 나은 기회를 찾아 주기 전에는 비어 있을 이력서를 채워 주는 빈칸 메우

는 방법일 뿐이다." 그는 덧붙였다. "당신이 말한 돌봄 계급이라는 생각은 흥미롭다. 내가 회사를 그만뒀을 때 아버지가 처음 하신 말씀은 그렇게 좋은 봉급을 포기하다니 내가 생각 없는 멍청이라는 것이었다. 두 번째 말은 이랬다. '그 직업이 누구에게든 무슨 이익이 되겠어?'"

반면 에릭은 이제 대학원 학위 두 개와 리서치 펠로십, 성공적인 경력이 있다. 그는 이것이 빈집을 점거하여 사는 동안 얻은 사회 이론에 관한 지식 덕분이라고 본다.

3 내가 루퍼스에게 아버지의 동기에 대해 물어보자 그는 이 점을 대체로 인정했다. 루퍼스의 아버지는 회사를 견디지 못했다. 기본적으로 그도 불쉿 직업에 종사했다고 느꼈으며, 자기 아들은 이력서에 좀 다른 내용을 적게 되기를 원했다. 그러나 부사장으로서 왜 거짓말을 할 수 없었는가 하는 물음은 여전히 남는다.

4 영국의 복지는 제2차 세계대전 이후 거의 모든 복지국가가 그렇듯이 빈민은 강제로 노역시켜야 한다는 원리를 의식적으로 반대하는 입장에서 구축되었다. 이런 입장이 1970년대 이후에는 거의 어디서나 변하기 시작했다.

5 1970년대 이후 조사들에 따르면, 노동자의 74~80퍼센트는 자신이 복권에 당첨되거나 그와 비슷한 행운을 쥐더라도 일은 계속하겠다고 말한다. 첫 번째 연구는 모스와 와이스가 한 것(Morse and Weiss, 1966)인데, 그 이후에도 똑같이 실행된 적이 많다.

6 이 점에 관한 고전적 자료는 다음을 참고. Robert D. Atkinson, "Prison Labor: It's More than Breaking Rocks," *Policy Report* (2002), Washington, D. C., Progressive Policy Institute. 이 연구를 인용하더라도 교도소 노동이 산업에서 더 일반적으로 활용되어야 한다는 그의 정책적 결론을 나는 결코 지지하지 않는다!

7 그리고 결정적으로는 그들이 얼마든지 그 일을 하지 않았을 수도 있다는 것이다. 따라서 그로스는 여기에 따르는 기쁨을 자유의 감각으로 규정했다.

8 그래서 예를 들어 또 다른 정신분석학자 조지 클라인 같은 사람은 이렇게 쓴다. "아이는 물건을 쥐기 시작하고, 일어나 앉고, 걸으려고 애를 쓸 때, 결국은 이런 성취의 장소와 연원이 자신 속에 있다는 느낌을 알려 주는 절차를 시작한다. 그렇게 하여 그 변화가 자기 자신에서 나오는 것임을 느낄 때 그는 자의식 감각을, 그냥 신체적으로만이 아니라 심리적으로도 자율적인 단위라는 감각을 갖기 시작한다."(1976:275)

Francis Broucek, "The Sense of Self," *Bulletin of the Menninger Clinic* 41 (1977), p. 86. 브루첵은 이것이 충분치 않다고 본다. "효율성이라는 감각은 자아의 원초적 느낌의 핵심에 있는 것이며, 이미 규정된 어떤 자아의 성질이 아니다. 이 원초적 효율성의 감각은 정신분석학 문헌들이 유아적인 전능성이라 지칭하는 것이다. 효율성 감각, 아직 이해되지 않은 것의 한계다. (……) 자아의 일차적 감각은 의도와 영향의 성공적인 상응과 결부된 효능에서 출현한다." 따라서 자유에 결부된 자신의 존재가 처음에는 어떤 존재든 상관없이 타인들을 포함한 주위 세계에 영향을 미친다는 것을 알게 되는 데서 오는 근본적인 기쁨이 있다.

9 Francis Broucek, "Efficacy in Infancy: A Review of Some Experimental Studies and Their Possible Implications to Clinical Theory," *International Journal of Psycho-Analysis* 60 (1979년 1월 1일), p. 314. "그런 트라우마에 반응하는 환경으로부터의 완전한 내적 분리는 나중에 정신분열증적, 우울증적, 자아도취적, 또는 공포증적인 행동을 예고할 수도 있는데, 그것은 실패한 영향이나 무효화된 기대치의 경험이 얼마나 자주, 심하게, 오래 걸렸는지, 또 그런 트라우마가 발생한 연령, 효능 경험에 기초하는 자아 감각의 어느 정도가 트라우마 이전에 확립되었는지에 달려 있다."

10 물론 나는 실러의 철학을 지극히 단순화해서 말하고 있다.

11 법률적 기준에서, 노예제를 유지하는 거의 모든 사회는 그 제도를 노예란 전쟁 포로라는 법적 허구로 정당화한다. 실제로 인간 역사에서 많은 노예가 군사작전의 결과로 포획된 사람들이었다. 쇠사슬에 묶인 최초의 노예는 로마 대농장에서 일했다. 그들은 불복종이나 탈출 시도의 죄목으로 대농장의 감옥, 에르가스툴룸(ergastulum)에 수감되었던 노예들이었다.

12 이는 중국, 인도, 고전 세계의 도덕가들 및 그들의 일과 게으름의 개념(예를 들면 로마식의 오티움(otium)과 네고티움(negotium)의 구분 같은)에는 확실히 효과가 있다. 하지만 여기서 내가 말하는 것은 좀 더 실제적인 질문이다. 쓸모없는 일도 실직보다는 나은 것으로 보일 때가 언제, 어디서인가 하는 질문 같은 것 말이다.

13 16세기와 17세기의 직조공들에 대해 글을 쓴 톰슨은 우리에게 다음과 같은 사실을 알려 준다. "노동 패턴은 집중적인 노동과 게으름이 번갈아 들면서 사람들이 자신의 노동하는 삶을 통제하는 패턴이었다. (그 패턴은 화가, 작가, 소농,

학생 등 오늘날의 독립 사업자들에게 남아 있으며, 그것이 인간의 '자연스러운' 노동 리듬인가 하는 질문을 도발한다.) 전통에 따르면 월요일이나 화요일에는 수직기가 '시간이 많다, 시간이 많다' 하는 느린 구호에 맞춰 작동했다가 목요일과 금요일이 되면 '시간이 없다, 시간이 없다'에 맞춰 돌아갔다."(1967:73)

14 고등학교에 다닐 때 인기가 많은 학생들 사이에서는 시험 전에 일종의 과시적인 게임이 유행했다. 잠을 자지 않고 얼마나 오랜 시간 벼락치기를 할 수 있는지 뽐내는 게임이었다. 서른여섯, 마흔여덟, 심지어 예순 시간씩 잠을 자지 않고 버티는 것이었다. 그것이 과시적인 까닭은 그런 학생들이 벼락치기 전에는 더 중요한 것들에 대해 생각하느라 공부를 전혀 안 한다는 데 있었다. 아무 생각 없는 좀비를 자처한다면 추가된 공부 시간은 사실상 도움이 안 되는 게임이었다. 생각하건대 이것이 지금 내가 교수인 이유 중 하나가 아닐까 싶다.

15 이번에도 수렵 대 채집이 모델 사례다. 자녀 양육은 아마 가장 극적인 예외 사례일 것이다. 그것은 대체로 여성들의 영역이지만 언제나 사연이 많이 생긴다.

16 여기서 나는 장원을 경영하는 경영적 기능을 무시하고 있지만, 이것이 당시에 노동으로 간주되었는지는 불분명하다. 아마 아닐 것이라고 짐작한다.

17 역사적으로 말해, 임금노동이라는 관념에는 두 가지 상이한 개념적 단계가 들어 있다. 첫째 그것은 인간의 노동을 그의 인격 및 일로부터 추출하기를 요구한다. 고대 장인에게서 어떤 물건을 구매할 때 사람들은 그의 노동이 아니라 물건, 그가 자신의 시간과 자신의 작업 여건에서 만들어 낸 물건을 구매한다. 하지만 노동력이라는 추상물을 구매하게 되면, 구매자는 그것을 노동력의 '소유자'가 아니라 구매자인 자신이 결정하는 시간과 여건에서 사용한다.(그에 대해 대개 노동력을 소비한 뒤에 지불한다.) 둘째, 임금노동 시스템은 지불을 위해 자신이 구매한 노동을 측정할 방법을 미리 확립해 두어야 하는데, 보통 이차적 추출인 노동시간 개념을 도입함으로써 그렇게 한다. M. I. Finley, *The Ancient Economy* (Berkeley: University of California Press, 1973), pp. 65-66: "We Should not underestimate the magnitude, speaking socially rather then intellectually, of these two conceptual steps; even the Roman jurists found them difficult."

18 초기 기독교도라면 곧바로 화를 냈을 것이다. 올바르게 말해, 시간은 신에게만 속하는 것이기 때문이다.

19 사실 호메로스는 테스(thes), 즉 이런 방식으로 스스로를 시장에 내놓은 일시적

농업 일꾼의 운명을 대변한다. 테스는 사실 노예보다 더 열악하다. 노예는 적어도 행세하는 가문의 구성원이기 때문이다.(*Odyssey*, 11.489-491)

20　이 규칙에서 유일하게 주목할 만한 예외는 민주주의에서 자유 시민은 흔히 공공 업무를 위해 스스로 기꺼이 정부에게 고용되곤 한다는 점이다. 하지만 정부란 곧 시민이 구성하는 집단으로 간주되기 때문에, 이는 본질적으로 그들 자신을 위해 일하는 것으로 여겨진다.

21　David Graeber, "Turning Modes of Production Inside Out: Or, Why Capitalism Is a Transformation of Slavery (Short Version)," *Critique of Anthropology* 26, no. 1 (2006년 3월호), pp. 61-81.

22　E. E. Evans-Pritchard, *The Nuer: A Description of the Modes of Livelihood and Political Institutes of a Nilotic People* (Oxford: Clarendon Press, 1940), p. 103. 모리스 블로크는 *Anthropology and the Cognitive Challenge* (Cambridge: Cambridge University Press, 2012), pp. 80-94에서 에번스프리처드가 사건을 과장한다고 주장하는데, 에번스프리처드가 정말로 종종 그의 것으로 치부되는 급진적인 논의를 제기한다면 이 말은 당연히 옳지만 나는 그가 진심으로 그랬으리라고는 생각하지 않는다. 어쨌든 반박들은 주로 일상적 활동보다는 역사적 시간 감각에 따라 따져 봐야 할 문제다.

23　E. P. Thompson, "Time, Work Discipline and Industrial Capitalism," *Past & Present* 38 (1967), pp. 56-97.

24　톰슨의 통찰을 고중세 시대까지 확장하는 고전 에세이를 보고 싶다면 Jacques LeGoff, *Time, Work and Culture in the Middle Ages* (Chigago: University of Chicago Press, 1982)를 보라.

25　현대의 대학 교육 시스템을 설계한 사람들은 이 모든 것에 관해 아주 노골적으로 굴었다. 톰슨 자신이 그런 여러 명을 인용한다. 누군가가 예전에 미국의 고용주들을 조사하여 구인 광고에 노동자의 고등학교 학력을 요구할 때 실제로 무엇을 기대하는지 조사한 것을 읽었던 기억이 난다. 어느 정도의 문자 해독력인가? 숫자 감각인가? 그들 가운데 절대다수는 그렇지 않다고 답했다. 그들이 볼 때 고교 교육은 그런 요건을 충족시키지 못했다. 그저 노동자가 제시간에 맞게 출근할 수만 있으면 된다. 그러나 흥미 있게도, 교육 수준이 더 발전할수록 학생들은 더 자동적이 되어 가고 옛날식 간헐적 노동 패턴이 다시 등장하는 경향이 더 강해진다.

26 서인도제도의 마르크스주의자 에릭 윌리엄스(Eric Williams, 1966)는 나중에 공장에 채택된 노동자 통제 기술을 구축하는 과정에서 대농장의 역사를 강조했다. Marcus Rediker, *The Slave Ship: A Human History* (London: Penguin, 2004)는 여기에 배를 추가한다. 상인자본의 시대에 노동규율을 위한 다른 실험 구역으로서 노예무역에 참여한 상선에 초점을 맞춘 것이다. 해군 함정 역시 관련이 있다. 그들이 부자유한 노동을 자주 고용했기 때문에 더욱 그렇다. 선원 대다수가 자신의 의지에 반하여 강제로 복무하는 처지였던 것이다. 그런 것은 모두 피고용인에게 요구할 수 있는 것과 없는 것들의 오랜 전통(봉건적 관계가 그대로 이어지는 면이 더 큰 지역에서는 지금도 적용된다고 느껴지는 것)이 없는 곳에서는 꼼꼼하게 감독되는 노동이라는 것 자체가 시계처럼 움직이는 효율성이라는 새 목표를 중심으로 재조직될 수 있다.

27 이것이 그리 분명하지 않은 한 가지 이유는 우리가 임금노동을 생각할 때면 무엇보다 먼저 공장노동, 그다음으로 노동의 속도가 기계에 의해 설정되는 생산 라인 작업 형태를 떠올리는 여건에 구애받기 때문이다. 그러나 공장노동은 임금노동의 아주 작은 부분에 불과하며, 컨베이어시스템의 생산 라인에 의존하는 것은 그중에서도 비교적 작은 부분에 불과하다. 그런 오해가 미친 영향에 대해서는 6장에서 더 다루기로 한다.

28 내 말이 믿기지 않는가? 여기서 그들을 채용할 수 있다. www.smashpartyentertainment.com/living-statues-art.

29 1900년이나 1910년경 태어난 사람이 이미 그런 태도를 내면화했다는 사실에 약간 놀라서, 웬디에게 할머니가 감독관이나 고용주였는지 물어보았다. 웬디는 그렇지 않다고 생각했지만 나중에 알아보니 할머니가 오래전 야채 가게 체인의 운영을 잠시 도운 적이 있었다.

4 불싯 직업에 종사하면 어떤 기분일까?

1 3장에서 지적했듯이, 전체 계급-시대의 구조는 학생들에게 나중의 공장노동에 필요한 규율을 가르치는 방법에 불과했고, 그 기준에서 보면 이제는 불필요한 것으로 간주될 수 있다는 것이 옳다. 하지만 지금 존재하는 것이 그 시스템이다.

2 내가 번역한 프랑스어 원문은 다음과 같다. "Je suis conseiller technique en insolvavilité dans un ministère qui serait l'équivalent de l'Inland Revenue.

Environ 5 percent de ma tâche est de donner des conseil techniques. Le reste de la journée j'explique à mes collègues des procédures incompréhensibles, je les aide à trouver des directives qui ne servent à rien, I cheer up the troops, je reattribue des dossiers que 'le système' a mal dirigé. Curieusement j'aime aller au travail. J'ai l'impression que je suis payé 60,000$/an pour faire l'équivalent d'un Sudoku ou mots croisés."

3 명백히 그런 환경은 그런 관리들을 상대하는 대중에게 언제나 편한 것은 아니다.

4 4퍼센트라는 수치는 확실히 조사된 노동자들 누구도 자신의 일이 쓸모는 있지만 만족스럽지 않다고 느끼지는 않을 것임을 가리키는데, 실제로 그럴 가능성은 낮다.

5 감독관들이 노동자들에게 일하는 척해야 한다고 직접 말해 주는 일은 아주 드물지만 가끔씩 있기는 하다. 어느 자동차 영업 사원은 이렇게 썼다. "상사들의 말에 따르면 내가 봉급을 받는다면 아무 가치도 없는 일이라 할지라도 뭔가를 하고 있어야 하며 생산적인 척해야 한다. 그래서 나는 하루에 몇 시간씩 상대도 없이 전화 통화를 한다. 이게 말이 되는가?" 이런 문제에서 과도한 정직성은 거의 어디에서나 심각한 금기인 것 같다. 예전에 대학원에서 일터에서의 저항의 정치를 전공으로 하는 마르크스주의 교수를 위해 연구 조사를 수행한 적이 있다. 그 교수는 내가 정직하게 대할 수 있는 극히 드문 상대라고 생각했던 사람이었으므로, 시간표 운영 방식에 대한 설명을 들은 뒤에 내가 물었다. "그러니까 내가 얼마나 거짓말을 할 수 있습니까? 그냥 지어내도 되는 시간이 얼마나 됩니까?" 교수가 마치 내가 다른 은하에서 온 별의 먼지라고 자백이라도 한 것처럼 바라보았으므로 나는 재빨리 주제를 바꾸고, 그가 했을 법한 대답이 "신중한 분량"이었을 것이라고 짐작했다.

6 많은 일터는 느슨하게 구는 감독자들이 갖는 위험을 첨예하게 인식하고 있으며, 그들을 물리칠 적극적인 조치를 취한다. 패스트푸드 체인점의 카운터를 맡은 사람들은 물론 내 기준에서는 일반적으로 불쉿 직업이 아니라 쉿 직업 종사자인데, 흔히 각 지점이 폐쇄회로 텔레비전에 의해 면밀하게 연결되어 있어서, 직원들이 아무 할 일이 없어도 그냥 느긋하게 앉아 있지 못하도록 감시한다고 한다. 직원들이 그렇게 앉아 있는 모습이 중앙 본부의 모니터링에 포착되면 그들의 감독자가 호출되어 질책당한다.

7 Roy Baumeister, Sara Wotman, and Arlene Stillwell, "Unrequited Love: On

Heartbreak, Anger, Guilt, Scriptlessness, and Humiliation," *Journal of Personality and Social Psychology* 64, no. 3 (1993년 3월), pp. 377-394. 유부남과 오랫동안 연애를 해 온 내 친구도 비슷한 어려움을 겪었다. 배신당한 아내와 달리 '다른 여자'가 어떤 감정을 느껴야 할지 말해 주는 문화적 모델은 아주 적다. 그녀는 이 간극을 메우기 위해 책을 쓸까 생각 중이다. 나도 그녀가 책을 쓰면 좋겠다.

8   소프트웨어 개발자인 누리가 흥미 있는 통찰을 제공한다. 불붙 사무실에 감도는 적대감과 상호 증오감은 실제로 노동자들을 자극하여 행동하게 하는 데 큰 역할을 할지도 모른다. 그가 전하는 말에 따르면, 그에게 우울증과 병을 안겨 준 회사였던 앞날이 빤히 보이는 배너 광고 회사에서 일할 때, "내가 너무 지루해했기 때문에 프로그래머 두 명이 나의 생산성에 대해 관리부(미안, 스크럼 마스터)에 고자질했다. 그래서 그는 적대적인 태도로 내 실력을 입증할 여유 시간을 한 달 주고, 내가 의사의 주의 사항을 파악하지 못한다는 증거를 모으려고 노력했다. 2주도 안 되어 나는 나를 제외한 팀 전체가 한 것보다 더 많은 일을 해냈고, 회사의 수석 설계사는 내 코드가 '완벽하다'고 선언했다. 스크럼 마스터는 갑자기 만면에 미소를 띠고 화사한 기분이 되었고, 내게 의사의 지적은 걱정할 일이 전혀 아니라고 말했다."

"그에게 나를 고능력자로 계속 일하게 만들고 싶다면 계속 나를 모욕하고 내 일자리를 위협하라고 말했다. 그건 내 나름의 즐기는 비틀린 방식이었다. 바보처럼 그는 거절했다."

"교훈: 증오는 큰 동기부여다. 최소한 아무 열정도 재미도 없을 때는 그렇다. 아마 그것이 수많은 직장에서의 공격을 설명해 줄 것이다. 누군가와 싸우는 것은 적어도 계속해 나갈 이유라도 준다."

9   Erich Fromm, *The Anatomy of Human Destructiveness* (New York: Holt, Rinehart and Winston, 1973). 프롬이 제시한 최고의 비성적(nonsexual) 사디스트의 예는 이오시프 스탈린이었고, 비성적 네크로필리아의 예는 아돌프 히틀러였다.

10   Lynn Chancer, *Sadomasochism in Everyday Life: The Dynamics of Power and Powerlessness* (New Brunswick, NJ.: Rutgers University Press, 1992).

11   예를 들면 로맨스 소설은 잔인하고 냉혹해 보이지만 결국은 친절하고 훌륭한 성품을 소유한 매력적인 남성을 설정하는 것이 추세다. 지배 당하는 역의 여성

관점에서 BDSM의 실행을 보면 이런 변신의 가능성이 사건 구조의 일부이자 궁극적으로 그녀 자신의 통제하에 있는 것으로 설정된다고 주장할 수 있다.

12 가령 「유엔 세계인권선언(UN Universal Declaration of Human Rights)」 23조는 이렇게 선언한다. "모든 사람은 일하고 직장을 자유롭게 선택하며, 공정하고 우호적인 작업 여건을 누리며, 실직으로부터 보호받을 권리를 갖는다." 그 조항은 또 동일한 노동에 동일한 임금과 가족을 부양하는 데 적당한 보수와 노조를 결성할 권리도 보장한다. 일 자체의 목적에 대해서는 전혀 언급하지 않는다.

13 사무실은 또 "위협과 매우 심각한 이상한 사내 정치로 가득했다." 이것은 계층제적 여건 때문에 예상할 수 있고, 대개 그렇듯이 진짜 위험한 일은 전혀 없음을 아는 공유된 죄책감 때문에 더 악화되는 사도마조히즘적 역학이다.

14 이 경우는 적어도 당분간은 해피엔드로 끝났다. 레이철은 얼마 지나지 않아 빈민 자녀에게 수학을 가르치는 보충반 프로그램에서 일하게 되었다고 알려 왔다. 그것은 보험회사 직업과는 정반대였고, 보수도 좋아 대학원 학비를 댈 수 있었다.

15 Patrick Butler, "Thousands Have Died After Being Found Fit for Work, DWP Figures Show," *Guardian* (US), 2015년 8월 27일에 최종 수정됨. www.theguardian.com/society/2015/aug/27/thousands-died-after-fit-fot-work-assessment-dwp-figures.

16 마크의 말이다. "개인적으로 나는 자주 내 직업이 불쉿임을 몰랐더라면 하고 바랐다. 말하자면 영화 「매트릭스」에서 네오가 가끔 자신이 빨간 알약을 먹지 않았으면 하고 생각하는 것과 같다. 내가 사람들을 돕는 공공 부문에서 일하면서도 거의 아무도 도와준 적이 없다는 사실에 절망했다.(그리고 지금도 그렇다.) 또 내가 이 일을 하고 세금으로 봉급을 받는다는 사실에 죄책감을 느낀다."

17 그는 덧붙인다. "허버트 리드의 '문화 따위는 지옥에나 가라지.'라는 말이 이 상황을 가장 잘 묘사한다." 검토해 봤는데 나쁘지 않다.

18 전문직 환경에서 역할 놀이를 하는 능력은 일반적으로 실제로 그 일을 할 수 있는 능력보다 훨씬 중요하다는 것을 강조할 필요가 있다. 수학자 제프 슈미트는 뛰어난 저서 *Disciplined Minds* (2001)에서 내용보다 형식을 우선하는 부르주아들의 강박이 어떻게 전문직들을 혼란에 빠뜨렸는지를 꼼꼼하게 기록한다. 그는 영화 「캐치 미 이프 유 캔(Catch Me If You Can)」 스타일의 사기꾼들이 흔히 아무 자격증도 없이 비행기 조종사나 외과 의사 노릇을 하는 데 자주 성공하

는 이유가 무엇일까 묻는다. 그가 내놓은 대답은 전문직은(심지어 조종사나 외과 의사도) 그저 무능하다는 이유로는 해고되기가 거의 불가능한 반면, 외적 행동의 기존 표준에 도전했을 때, 즉 그 역할을 적절하게 연기하지 못했을 때는 아주 쉽게 해고되기 때문이라는 것이다. 사기꾼들은 능력은 전무하지만 그 배역을 완벽하게 연기한다. 따라서 그들은 역할에 따라오는 외적 행동거지에 관한 무언의 코드를 공개적으로 어기는 유능한 조종사나 외과 의사보다 해고될 가능성이 훨씬 낮다.

19 심리학 연구들은 저항과 거리 시위에 참여하는 것이 적어도 전반적으로 건강에 도움이 되며, 전반적인 스트레스 및 심장 질병과 기타 질병의 발병률을 줄인다는 것을 밝혔다. John Drury, "Social Identity as a Source of Strength in Mass Emergencies and Other Crowd Events," *International Journal of Mental Health* 32, no. 4 (2003년 12월 1일), pp. 77-93; M. Klar & T. Kasser, "Some Benefits of Being and Activist," *Political Psychology* 30, no. 5 (2009), pp. 755-777. 그러나 이 연구는 거리 시위에 집중한다. 그것이 덜 신체적인 저항 형태에도 확장되는지 알 수 있다면 흥미로울 것이다.

20 물론 그때 많은 사람이 공포와 혐오감을 느끼며 떠났다. 하지만 정확한 숫자는 모른다. 레이철이 시사한 내용에 따르면, 젊은이들은 런던 같은 값비싼 대도시가 아닌 한 그들 부모들이 그랬던 것처럼 버티고 살 의사가 별로 없는 경우가 많다고 한다. 주거비와 생활비가 일반적으로 터무니없이 부풀려져서 요즘은 웬만한 기업의 신입 봉급으로도 안정적이고 안전한 생활이 보장되지 못하기 때문이다.

5 불쉿 직업의 수가 늘어나고 있다

1 Louis D. Johnston, "History Lesson: Understanding the Declines in Manufacturing," *MinnPost*, 2012년 2월 22일에 최종 수정됨, www.minnpost.com/macro-micro-minnesota.2012.02.history-lessons-understanding-decline-manufacturing.

2 이런 주장을 모두 열거하려는 것은 헛수고일 것이다. 하지만 라이시의 책은 *The Work of Nations* (1992)이고, 비물질적 노동에 관한 고전적 발언은 마우리치오 라차라토(Maurizio Lazzarato, 1996)의 것이다. 비록 그것이 컴퓨터광들의 반

란을 예언한 마이클 하트와 안토니오 네그리의 『제국(Empire)』을 통해 유명해
지기는 했지만 말이다.

3 그런 연구는 많다. 예를 하나 들자면, Western and Olin Wright(1994)를 보라.

4 헤로인에 중독되었다가 메사돈 프로그램(methadone program, 마약 중독자
들이 약을 끊을 수 있게 관리해 주는 프로그램 — 옮긴이)에 들어간 친구가 있
었다. 복용량을 줄여도 괜찮을지 의사의 판단을 기다리다가 지루해진 그는 매
일 약물을 조금씩 쏟아 버리기 시작했고, 몇 달 뒤에는 자랑스럽게 약에서 벗어
났다고 선언할 수 있었다. 그의 의사는 마구 화를 내면서 전문가만이 약을 끊을
시기를 판단할 능력이 있다고 말했다. 나중에 알고 보니 그 프로그램은 의사들
이 진료한 환자 수를 기초로 자금이 주어지며, 실제로 중독에서 벗어나게 하는
데는 아무런 인센티브가 주어지지 않았다.

스스로를 존속시키기 위해 노력하는 기관들의 권력을 절대 과소평가하면 안 된
다. 이스라엘-팔레스타인 '평화 협상'이 30년이나 교착되고 있는 한 가지 설명
은 양쪽 모두에게 분쟁이 끝날 경우 존재 이유가 사라질 강력한 제도적 구조가
있을 뿐만 아니라 NGO의 거대한 '평화기구'들과 UN 관료들이 있기 때문이라
는 것이다. 그들의 경력은 오로지 '평화 협상'이 실제로 계속된다는 허구를 유
지하는 데 전적으로 달려 있다.

5 영국독립당은 셈에 넣지 않는다.

6 본질주의에 대해 제기될 수 있는 모든 비난을 물리치기 위해 나는 이런 세 층위
를 분석의 양식으로 제안하며, 어떤 의미에서든 그들 자체로 존재하는 사회적
현실의 자동적 층위의 존재를 제시하지 않는다.

7 나는 가끔 학생들에게 마르크스를 논의할 때 물어본다. "고대 그리스에서의 실
업률 수준은 어땠는가? 혹은 중세 중국에서는?" 그 대답은 물론 영(0)이다. 일
하고 싶어 하지만 일하지 못하는 인구가 대량으로 있는 상황은 마르크스가 "자
본주의적 생산양식"이라 즐겨 부른 것에 특유한 것으로 보인다. 하지만 그것은
공공 부채처럼, 그럼에도 불구하고 해결할 문제처럼 취급되어야 하는 그 시스
템의 구조적 특징으로 보인다.

8 임의로 보기를 하나 들어 보자면, 저 유명한 1963년의 워싱턴 행진, 마틴 루
서 킹이 "내겐 꿈이 있습니다."라는 연설을 한 행진은 공식적으로는 "일자리와
자유를 위한 워싱턴 행진: 인종차별 반대 방안과 완전고용 경제, 일자리 프로
그램, 최저임금 증가 요구"라 불린다.(Toure F. Reed, "Why Liberals Separate

Race from Class," *Jacobin* 2015년 8월 22일, www.jacobinmag.com/2015/08/ bernie-sanders-black-lives-matter-civil-rights-movement) 2017년 6월 10일에 게재됨.

9   David Sirota, "Mr. Obama Goes to Washington," *Nation*, 2006년 6월 26일.

10 물론 어떤 사람들은 오바마가 여기서 솔직하지 못했고, 정치인들이 은행 구제 금융을 하지 않으면 중소 은행 직원 수백만 명이 실직한다는 주장을 내세워 은행 구제금융을 정당화한 것과 똑같은 방식으로 민영 의료 산업의 정치적 힘을 과소평가했다고 주장할 수도 있다. 은행 직원의 이익에 관한 정치인들의 우려는 운송 노동자나 직물 산업 노동자들이 실직의 위기에 처했을 때는 절대 나오지 않는다. 하지만 그가 그런 주장을 전개할 마음이 있었다는 사실 자체는 의미심장하다.

11 정부가 불핏 직업을 만들고 유지하는 데 어떤 의식적 역할을 맡는다고 주장했다고 해서 나를 편집증 음모론자라고 비난하는 사람들이 있고, 이 지점에서 내 사례를 포기하기로 한다. 오바마가 자신의 진정한 동기에 대해 거짓을 말한다고 생각하지 않는 한, 우리를 통치하는 자들이 실제로 '시장 해결책'이 비효율성과 특히 불필요한 직업을 만들어 낸다는 것을 알고 있음을 인정해야 한다. 그리고 적어도 특정한 맥락에서는 바로 그 이유 때문에 그들에게 호의적인 표정을 보여야 한다.

12 여러 정통 마르크스주의자들에게도 같은 이야기가 적용될 수 있다고 지나가는 말로 언급할 수도 있다. 그들은 자본주의적 생산양식 내에서의 모든 노동이 잉여가치를 생산하거나 가치 창조 기구의 재생산을 지원하거나 둘 중 하나라는 마르크스의 정의에 따라, 어떤 직업이 무용해 보이는 것은 사회적 가치 이론이라는 잘못된 민간 이론에 따른 그 직업 종사자들의 착각임에 분명하다고 말했다. 이것은 시장이 절대 사회문제에 책임을 질 수 없다는 자유주의자들의 고집 못지않은 신념의 선언이다. 이 입장이 정말로 마르크스가 내건 입장인지 따져볼 수도 있겠지만, 이것은 기본적으로 신학적 토론이다. 그것은 궁극적으로 그들이 자본주의가 총체화 시스템이라는 전제를 받아들이는지 여부에 달려 있다. 이는 자본주의 시스템 내에서 사회적 가치는 오로지 시장 시스템에 의해서만 결정된다는 것이다. 이 점에 대해서는 6장에서 더 논의할 예정이다.

13 그렇다면 이것은 선제공격이다. 나는 역사적으로는 어떤 저자가 명백한 반론을 물리치더라도 장래 비판자들이 어떤 식으로든 반론을 절대 제기하지 못하게 막

지는 못한다는 것을 인정한다. 일반적으로 그들은 그저 반대를 절대 예견하지 않았던 척하면서 제기되었을 수 있는 모든 재반박을 무시할 뿐이다. 그래도 나는 해 볼 만한 일이었다고 본다.

14 www.economist.com/blogs/freeexchange/2013/08/labourlabor-markets-0. 2017년 4월 1일에 게재됨.

15 예를 들면 그 기본 논리에는 눈에 쉽게 띄는 결함이 있다. 저자는 노동자들에게 안전과 여가 시간을 주면 사회적 소요가 벌어질 가능성이 많다는 내 주장을 물리치려고 했다. 안전과 여가 시간을 갖지 못한 노동자들이 일으킨 소요를 반증 사례로 지적한 것이다. 형식논리를 배우지 못하여 후건 긍정의 논리적 오류에 대해 알지 못하는 사람이라도 기본적인 상식이 있다면 일반적으로 "만약 A이면 B이다."라는 발언이 "만약 B이면 A이다."라는 발언과 같지 않다는 것을 안다. 루이스 캐럴은 이를 교묘하게 표현했다. "당신은 '나는 내가 먹는 것을 본다'는 말이 '나는 내가 보는 것을 먹는다'는 말과 같다고 하겠군."

16 이 기고는 기명 기사가 아니다.

17 "당신은 정말로 시장이 언제나 옳다고 말하는 건가?"라는 물음에 그들은 흔히 이렇게 대답할 것이다. "그래, 나는 시장은 언제나 옳다고 말한다."

18 그 대신 입증의 부담은 흔히 그런 단언을 의문시하는 사람의 몫으로 넘어간다는 것은 언제나 예상되어 있다.

19 그냥 하는 말로(그리고 나중에 이 말이 중요해진다.) 나는 행정관의 수가 많아지는 동안 진짜 팽창은 행정 직원들의 수에서 일어났다고 지적한다. 이 숫자는 요식업자나 청소부 수가 아니라 하급 행정 공무원들이라는 점을 강조해야겠다. 청소부나 요식업자는 이 시기쯤에는 대체로 외부 용역 업체에 맡겨졌다.

20 학급의 휴게실 등 수업에 직접 영향을 미친 변화는 거의 대부분이 교사들(그 수가 점점 줄어드는)이 직접 관리한 것들이었다.

21 무작위적 파이낸셜 불럿 제너레이터(Financial Bullshit Generator)가 만들어 낸 몇몇 구절 가운데 2017년 7월 4일에 수록된 내용. www.makebullshit.com/financial-bullshit-generator.php.

22 물론 기본적으로 본성 자체가 사기라 할 기업도 있다. 아니면 타인이 사기를 저지를 수단을 제공하는 데 몰두하는 기업도 종종 있다. 내가 받은 증언들 가운데 대학교 논문 집필자들로부터 받은 것이 많았다. 게으른 학우들 대신 기꺼이 학기말 보고서를 대신 써 주고 돈을 받겠다는 똑똑한 학생들은 항상 있었지만, 최

근 몇십 년간 미국에서는 이것이 거의 하나의 산업으로 확대되었다. 전국적인 수준에서 보고서 집필을 전업으로 하는 사람을 수천 명 채용하는 정도로까지 커진 것이다. 그들 중 하나는 내게 이 산업이 자격 편중주의와 비즈니스 논리의 수렴이 낳은 예측 가능한 결과라고 주장했다. 그러니까 지금 사람들은 미국에서 거의 모든 바람직한 직업을 얻게 해 줄 일종의 학위 같은 것을 필요로 한다고 말이다. 배리의 말을 들어 보자.

"이 일을 처음 시작했을 때 나는 광범위한 주제들에 관한 새롭고 아주 흥미 있는 정보를 끊임없이 배우게 될 것이라고 상상했다. 그런데 동성애 이론이나 로마의 유혈 경기의 역사에 관한 흥미로운 에세이를 쓸 기회가 드물게 있기는 했지만, 알고 보니 대체로 비즈니스와 마케팅에 관한 서류를 수도 없이 쓰고 있었다.

한동안 생각해 본 결과 이것은 상당히 일리가 있는 상황이었다. 고등교육은 장래에 대한 투자라는 논리로 끊임없이 정당화된다. 허리가 휠 정도로 많은 학자금 대출은 그것이 언젠가는 10만 달러 이상의 고소득을 안정적으로 보장해 줄 것이기 때문에 가치 있다. 많은 학생들이 열정 때문에 기업 경영학 학사 학위를 따려고 공부한다고는 생각하기 힘들다. 그저 더 많은 소득을 줄 직업으로 가는 길이라고 생각하기 때문에 학위를 향해 장애물을 뛰어넘고 있는 것이다. 내게 일을 맡긴 학생들은 내가 볼 때 스스로를 공부는 적게 하고 좋은 점수를 확보하는 대가로 투자 액수를 기꺼이 늘리고 싶어 하는 사람이라고 여기는 것 같다. 몇 가지 중요한 학기말 보고서를 써 주는 대가로 내가 요구하는 보수는 평균 학비의 아주 작은 일부에 불과하다."

나도 이 상황을 납득할 수 있다. 만약 당신이 경영 과목에 실제로 관심을 쏟고 있는데, 교수가 최소한의 투자로 최대한의 이익을 얻으려는 시도는 정상적인 것이고 칭찬받을 만하다고 말한다면, 그리고 그 교수가 당신에게 보고서 과제를 내준다면, 누군가를 고용하여 보고서를 대신 써 달라고 부탁하지 않을 이유가 전혀 없다. 그것이 가장 효율적인 방법이라면 말이다.

23 공식적으로 말하자면, 나는 이곳이 넷 중 어디인지 모른다.

24 집행부나 행정 직원의 불필요한 층이 늘어나는 가끔 인용되는 또 다른 이유는 소송당할 위협을 막기 위해서라는 것이다. 에런이라는 은행 직원은 다음과 같이 설명한다.

"대형 금융기관에서 '총재(Chief of Staff)'의 역할을 보는 것은 흔해졌다. (……) 그들은 그저 선임 관리자와 규제 위원회나 불만 품은 직원들이 제기할 수 있는 소송 사이에 낀 별 힘도 없는 완충제일 뿐이다. 이 완충제는 절대 작동하지 않는다. 왜냐하면 소송이 일어나면 원고는 항상 소송 서류에서 선임 관리자를 거명할 것이기 때문이다. 그래야 사건이 민망스럽지 않게 조정될 가능성을 극대화할 수 있다. 그러면 이런 총재는 결국 무슨 일을 하게 되는가? 글쎄, 그들은 선임 관리자들과 그들의 리더십 팀들과의 회의를 조직하고, 의미도 없는 경영 컨설팅 조사를 잔뜩 주문하여 왜 직원들의 사기가 그렇게 낮은지 알아내는 일을 한다.(그냥 직원들에게 무슨 생각을 하는지 직접 물어보면 훨씬 더 쉽게 대답을 들을 수 있을 것이다.) 그들이 자선 행사를 조직하고 신문이나 저널에 과장된 기사를 싣는 일이 흔히 있다."

에런의 말에 따르면 인사부 직원들이 그런 역할을 맡을 확률이 더 줄어들었다고 한다. 법적 책임을 두려워하기 때문이다. 명백히 다른 은행에서는 상황이 저마다 달라진다.

25 내가 있는 대학의 경제학과가 완전히 마르크스주의자들에게 지배되었다는 사실이 아마 관련이 있을 것이다. 그 구절은 적어도 페리 앤더슨(Perry Anderson, 1974)까지 거슬러 올라간다.

26 이 주장의 많은 부분 및 여러 보기는 Graeber, *Utopia of Rules*, pp. 3-44에서 인용했다.

27 물론 이것은 상황이 표현되는 방식이 아니고, 당연히 '창조적'이라 규정되는 산업의 어떤 분파에서도 자율적으로 일하는 작은 그룹들(유명한 실리콘밸리의 신참 기업들처럼)이나 개인들(일상화된 독립 계약자들)에게 외주로 분배되는 것이 전형적인 생산 방식이다. 하지만 그런 사람들은 대체로 보상을 받지 못할 때가 많다. 경영주의에 대한 최근에 나온 훌륭한 비판적 역사가 필요하면 Hanlon(2016)을 보라.

28 봉건제의 정의는 여러 가지가 있다. 봉납에 기초하는 경제 시스템이라는 것에서 토지가 외견상 자발적인 봉신 관계로 치러지는 군대 복무의 대가로 주어졌던 고중세 시대 북부 유럽에서 우세했던 특정한 시스템이라는 것에 이르기까지 다양하다. 유럽을 벗어나면 주로 일본에서 이런 제도가 시행된 자료가 있다. 이 시각에서 볼 때 아시아의 다른 제국과 왕국들에서는 막스 베버가 "세습적 성직록(patrimonial prebendal)"이라 불렀던 시스템이 작동했다. 베버에 따르면 영주나 중요 관리가 특정 영토에서 나오는 수입을 거두지만 그 땅을 반드시 점령하거나 직접 행정을 맡지는 않는다. 이는 유럽의 국왕들 역시 권력을 가지면 실

시하려 했던 방법이다. 이 모든 것을 끝없이 분석할 수도 있지만 여기서는 오로 지 그런 시스템, 일차적 생산자인 사람들과 사물을 이동시키는 것을 기본 직업 으로 하는 사람들이 있는 시스템에서, 후자는 거의 예외 없이 아주 정교한 지휘 사슬에 편입된다는 점을 지적하고 싶을 뿐이다. 19세기 동아프리카에 있던 간 다 왕국이 이 점에서 아주 의미심장한 보기인 것 같다. 농사 전부, 그리고 생산 적 노동의 대부분을 하는 것은 여성들이었다. 그로 인해 남성들은 거의 대부분 마을에서 왕에 이르는 직함 붙은 관료들의 정교한 계층제에 소속되거나 아니면 그런 관리에 부속된 제복 입은 하인이나 부하들이 되었다. 일하지 않는 남자의 수가 너무 많아지면 지배자들은 전쟁을 시작하거나 아니면 그냥 단순하게 수천 명을 모아다가 학살한다.(마르크스주의적 시각에서 본 봉건제에 관한 최근의 최고의 논문으로는 Wood(2002), 간다 왕국에 관해서는 Ray(1991)가 있다.)

29 Alex Preston, "The War Against Humanities in Britain's Universities," *Guardian*, 교육 섹션 1, 2015년 3월 29일 자에 익명의 자료로 인용됨.

30 마르셀 뒤샹이 소변기를 갤러리에 갖다 두고 그것을 미술 작품이라고 선언했을 때 예술에 경영주의를 도입하는 문이 열렸다고 주장할 수도 있다. 어쨌든 그는 결국 자신이 열어젖힌 문에 기겁하여, 생애 후반의 몇십 년을 체스를 두면서 살 았다. 그는 체스가 자신이 할 수 있는 것 중 상업화될 수 없는 몇 안 되는 것 중 하나라고 주장했다.

31 현대 영화 대본들이 미지근한 물처럼 평범하고 일관성도 전혀 없는 이유 가운 데 하나가 이런 과잉의 인원들이 저마다 전형적으로 자신이 최종 산물에 영향 을 미쳤다고 말하기 위해 대본에서 최소한 한두 줄이라도 바꾸겠다고 고집하기 때문이라고 주장하는 사람들이 많았다. 나는 2008년에 제작된 한없이 끔찍한 리메이크 작품인 「지구가 멈추는 날(The Day the Earth Stood Still)」을 본 뒤 이 이야기를 처음 들었다. 전체 플롯은 깨달음의 순간을 향해 나아가도록 설계 된 것 같았다. 외계인이 인류의 참된 본성(기본적으로는 악하지 않고, 그저 슬 픔을 다루는 재주가 아주 형편없을 뿐이다.)을 이해하게 되는 순간이다. 하지만 영화에서 마침내 그 순간이 왔을 때 외계인은 이 말을 끝내 하지 않았다. 영화 산업에 있는 친구에게 어떻게 이런 일이 있을 수 있는지 물어보았더니, 그는 내 가 기대하던 구절이 원래 대본에는 확실히 있었을 것이라고 장담했다. 분명 어 떤 쓸데없는 집행부가 개입하여 그 부분을 바꾸었을 것이라고 말이다. "있잖아, 대개 어떤 제작에든 이런 인간들이 수십 명씩 돌아다니고 있는데, 저마다 뛰어

들어 적어도 대사 한 줄이라고 바꾸어야겠다고 생각하는 거야. 그런 게 아니면 그자들이 무슨 핑계로 거기 있겠나?"

32 종교역사가 조지프 캠벨은 저서 『천의 얼굴을 가진 영웅(The Hero with an Thousand Faces)』에서 모든 영웅신화의 기본 플롯은 동일하다고 주장했다. 이 책은 조지 루카스가 오리지널 스타워즈 3부작의 플롯을 짤 때 엄청난 영향을 미쳤다. 보편적 원형 영웅 서사에 대한 캠벨의 주장이 지금은 기껏해야 서사시 학자들이나 영웅신화 학자들에게 재미있는 골동품 같은 취급을 받지만 그가 제공하는 분석은 지금 할리우드 영화에 유효할 것이다. 거의 모든 시나리오 작가와 프로듀서들은 이 책을 잘 알고 있고, 플롯 설계에 활용하려고 시도하니 말이다.

33 Holly Else, "Billions Lost in Bids to Secure EU Research Funding," *Times Higher Education Supplement*, 2016년 10월 6일 자, 2017년 6월 23일에 게재 됨, www.timeshighereducation.com/news/billions-lost-in-bids-to-secure-euriepean-union-research-funding#survey-answer.

34 "Of Flying Cars and the Declining Rate of Profit," *Baffler*, no. 19 (2012년 봄), pp. 66-84. Graeber, *Utopia of Rules*, pp. 105-148에 확장된 형태로 실려 있다.

35 이런 제목들은 사실 웹사이트 Bullshit Job(www.bullshitjob.com/title)에서 불 쉿 직업 제목 발생기를 돌려 임의로 만든 것들이다.

36 이 단락의 논의는 Graeber, *Utopia of Rules*, pp. 33-44에 실린 서론에서 전개된 논의의 아주 축약된 형태다.

6 우리는 왜 무의미한 고용이 늘어나는 것에 반대하지 않는가?

1 가령 그리스 부채 위기가 절정에 달했을 때, 독일의 여론은 거의 만장일치로 그리스 부채를 탕감하면 안 된다는 쪽으로 기울었다. 그리스 노동자들이 권리만 주장하고 게으르기 때문이라는 것이다. 이런 여론은 그리스 노동자들이 독일 노동자들보다 더 긴 시간 일한다는 통계로 반박되었다. 그러나 서류상으로는 그럴지 몰라도 그리스 노동자들이 실제 일을 할 때는 허술하다는 재반박이 나왔다. 어느 시점에서도 독일 노동자들이 너무 열심히 일하는 바람에 외국에 돈을 빌려주어 독일의 제품을 수입할 수 있게 해 줌으로써만 해결할 수 있는 과잉 생산의 문제가 발생했다는 말은 없었다. 또 그리스인들이 삶을 즐기는 능력은

어느 모로 보든 칭찬받을 일이며 다른 나라가 본받아야 할 모델이라는 말도 물론 없었다. 또 다른 예를 들자면, 1990년대에 프랑스 사회당이 주 35시간 노동을 위한 기반을 마련했을 때 내가 아는 한 어떤 미국 언론도 황송하게도 이 사실을 언급하지 않았다. 노동시간 단축이 그 자체로 좋은 일이며 또 그렇게 보이기도 하겠지만 실업률을 줄이는 전술에 불과하다고 시사하는 것에 충격받은 일을 기억한다. 다른 말로 하면, 사람들이 더 적게 일하게 하는 것은 그럼으로써 더 많은 사람들이 일하게 되어야만 하나의 사회적 선으로 여겨질 수 있다는 것이다.

2 엄밀히 말하면 그 척도는 '한계효용'이다. 한계효용은 소비자가 상품 한 단위를 더 소비할 때 쓸모 있는 정도를 가리킨다. 따라서 만약 누군가의 집에 비누 석 장이 이미 있다면, 혹은 세 가정에 있다면, 네 번째 비누가 생길 때 얼마나 더 많은 추가적 효용이 생기겠는가? 소비자 선호 이론으로서 한계효용에 대한 최선의 비판을 보려면 Steve Kenn, *Debunking Economics*, pp. 44-47을 보라.

3 그저 명료하게 말하기 위해서라도 노동가치이론을 받아들이는 거의 모든 사람들은 이 주장을 펴지 않는다는 점을 지적해야 한다. 어떤 가치는 자연에서 오며, 노동가치이론의 가장 유명한 옹호자인 마르크스 본인도 이 점을 가끔 지적했다.

4 물론 이것은 가장 급진적인 자유시장 방임론자도 취하는 바로 그 입장이다.

5 재생산이 기술적으로는 '생산의 생산'이므로, 물리적 사회 기반 시설이나 자본주의에 수탈된 다른 요소들을 유지하는 것 역시 고려될 것이다.

6 이와 비슷하게, 가치들의 영역에서 시장 비교가 가능하다면 그것들은 어떤 식으로든 대상의 진정한 가치의 반영이 아니라 부수적인 것으로 가정된다. 그 누구도 데이미언 허스트의 상어가 비파사나 명상 수련 20만 회만큼의 가치가 있다거나, 비파사나 수련 1회가 퍼지 선대 아이스크림 100개만큼의 가치가 있다고 실제로 주장하지 않는다. 그저 우연히 그런 식으로 표출되었을 뿐이다.

7 특히 공무원들은 '가치'보다 '도움'이라는 단어를 선호할 것이다. 비록 공무원들만 그 단어를 사용하는 건 아니지만 말이다.

8 Graeber, 2013:84-87을 보라.

9 음악이나 미술의 어떤 장르든 일부 사람들은 불쾌할지 몰라도 다른 사람들은 더 행복하게 만들어 준다고 생각한다. 내 생각이 틀릴 수도 있다.

10 벨기에인 친구들은 그 전반적 영향이 지극히 이로웠다고 말해 주었다. 벨기에

의 거의 모든 주요 정당들은 당시 전 유럽적으로 긴축이 필요하다는 합의를 도출하는 데 몰두했지만 결정적인 순간에 정부가 없었던 탓에 개혁이 실행되지 못했으며, 결국은 벨기에 경제가 이웃 나라들의 경제보다 상당히 빨리 성장하게 되었다. 또 벨기에의 지방 정부 일곱 개가 이런 상황에 영향받지 않았다는 사실도 지적해 둘 필요가 있다.

11 Caitlin Huston, "Uber IPO Prospects May Be Helped by Resignation of CEO Travis Kalanick," *MarletWatch*, 2017년 6월 22일에 최종 수정됨. www.mar-ketwatch.com/story/uber-ipo-prospects-may-be-helped-by-resignation-of-ceo-travis-kalanick-2017-06-21.

12 Rutger Bregman, *Utopia for Realists: The Case for Universal Basic Income, Open Borders, and a 15-Hour Workweek* (New York: Little, Brown, 2017). 경찰 파업도 드물지만 예견된 영향을 미친다. 2015년 12월에 뉴욕의 경찰은 '긴급' 경찰 업무를 제외한 업무를 중단했다. 범죄율에는 아무 영향이 없었지만 교통 위반 범칙금 등이 줄어들어 도시 수입이 급락했다. 전면 파업 때문이건 제2차 세계대전 중 암스테르담에서 기록된 사례처럼 독일 점령군에 의한 대량 체포 때문이건 대도시에서 경찰이 완전히 사라진다고 해도 결과적으로 절도 같은 재산 범죄는 늘어나지만 폭력 범죄의 수는 별로 달라지지 않는다. 내가 1989년에서 1991년까지 살았던 마다가스카르의 한 지역처럼 자치의 전통이 있는 농촌 지역에서는 IMF가 요구한 긴축 경제 때문에 경찰이 철수했지만 달라진 것은 거의 없었다. 20년 뒤 다시 그곳에 갔을 때 사람들은 경찰이 돌아온 이후 폭력 범죄가 크게 늘었다고 입을 모아 말했다.

13 Benjamin B. Lockwood, Charles G. Nathanson, and E. Glen Weyl, "Taxation and the Allocation of Talent," *Journal of Political Economy* 125, no. 5 (2017년 10월), pp. 1635-1682, www.journals.uchicago.edu/doi/full/10.1086/693393. 마케터들에 관한 언급은 같은 논문의 더 예전 버전(2012)에서 가져온 것으로, 제목도 동일하며 다음의 사이트에서 발표되었다. http://eighty-thousand-hours-wp-production.s3.amazonaws.com/2014/12/TaxationAndTheAllocationOfTalent_preview.pdf, 16.

14 Eilis Lawlor, Helen Kersley, and Susan Steed, *A Bit Rich: Calculating the Value to Society of Different Professions* (London: New Economics Foundation, 2009), http://b.3cdn.net/nefoundation/8c16eabdbadf83ca79_ojm6b0fzh.pdf.

원래 보고서에는 간혹 시간당 임금으로 표시되고 또 가끔은 연봉으로 표시되었던 봉급 몇 가지를 표준화하고 평균치를 냈다. 연봉의 경우 대개 범위로 표시되었다.

15 가령 Gordon B. Lindsay, Ray M. Merrill, and Riley J. Hedin, "The Contribution of Public Health and Improved Social Conditions to Increased Life Expectancy: An Analysis of Public Awareness," *Journal of Community Medicine & Health Education* 4 (2014), pp. 311-317 같은 것은 이 문제에 대해 이미 받아들여진 과학적 이해를 대중적 지각과 대비시키고, 개선은 거의 전적으로 의사들 덕분이라고 추정한다. http://www.omnicsonline.org/open-access/the-contribution-of-public-health-and-improved-social-conditions-to-increased-life-expectancy-and-analysis-of-public-aware-ness-2161-0711-4-311.php?aid=35861.

16 또 다른 예외는 고소득 운동선수나 연예인들일 것이다. 이들은 대개 돈을 워낙 많이 벌기 때문에 흔히 불벗의 화신으로 취급되지만, 나는 그런 견해에 별로 동의하지 않는 편이다. 그런 사람들이 타인의 삶에 행복과 흥분감을 가져다준다면 돈을 받지 않을 이유가 있을까? 그들 본인이 주위의 팀이나 지원 요원 같은, 훨씬 더 적은 보수를 받는 사람들보다 그 행복과 신남에 얼마나 지분이 있는지에 대해서는 분명 의문이 제기될 수 있겠지만 말이다.

17 반면 보수가 직업의 위험도와 조금이라도 관련이 있다면, 미국에서 최고액 보수를 받는 것은 벌목꾼이나 어부일 것이고, 영국에서는 농부들이어야 할 것이다.

18 알렉스 타바록(Alex Tabarrok)이라는 (내 생각으로는 상당히 우둔한) 경제학자이자 블로거가 내 2013년 글에 대해 리뷰하면서 보수와 사회적 이익의 반비례 관계를 주장한 내 입장이 "대단히 잘못된 경제학적 추론의 사례"라고 주장했다. 내가 단순히 다이아몬드와 물의 패러독스(이 패러독스는 중세로 거슬러 올라가는데, 애덤 스미스는 사용가치와 교환가치를 구분함으로써 해결한 것으로 유명하다.)에 대해 말하고 있다는 것이다. 그는 이 패러독스가 한계효용 개념의 도입으로 한 세기 전에 '해결'되었다고 했다. 사실 내가 보기에 그것은 적어도 갈릴레오 때 이미 '해결'되었지만, 그의 주장에서 이상한 점은 내가 한 것이 경제학적 추론이 전혀 아니라는 데 있다. 나는 반비례 관계에 대한 어떤 설명도 제안하지 않았고, 그저 그런 것이 존재한다고 지적하기만 했을 뿐이다.(http://marginalrevolution.com/marginalrevolution/2013/10/bs-jobs-and-bs-eco-

nomics.html) 어떤 사실을 지적하는 것만으로 잘못된 추론이 될 수 있을까? 간호사의 상대적 공급의 보기는 피터 프레이저(Peter Fraser)가 그 글에 응답한 글에서 가져왔다.(www.jacobinmag.com/2013/10/the-ethic-of-marginal-value/) 변호사들의 공급과잉에 관해서는 L. M. Sixel의 글을 보라. "A Glut of Lawyers Dims Job Prospects for Many," *Houston Chronicle* online, 2016년 3월 25일에 최종 수정됨, http://wtonchronicle.com/business/article/A-glut-of-lawyers-dims-job-prospects-for-many-7099998.php.

타바록의 책략(간단한 경험적 관찰을 하나 들고는 그것이 경제학적 주장인 척한 다음 그것을 '물리치는' 것)이 경제학 블로거들 사이에서 흔한 일로 보인다는 점을 지적해도 좋겠다. 언젠가 내가 친절한 상인들은 가끔 가난한 고객들에게 생필품을 할인해서 팔 것이라고 단순하게 관찰한 것이 경제학 이론을 의도적으로 '반박'한 것처럼 규정되어 있는 것을 본 적이 있다. 그렇게 규정한 블로거는 그다음에 그 반박을 반증하려고 시도했다. 마치 경제학자들이 어떤 상인도 절대로 친절한 마음에서 행동하는 일이 없다고 진심으로 믿는 것처럼 말이다.

19 이 주장을 내가 처음 본 것은 G. A. Cohen, "Back to Socialist Basics," *New Left Review* no. 207 (1994), pp. 2-16에 실린 「노동당 선언」에 대한 그의 비판에서다. 이 글의 다양한 버전을 그의 다른 저술에서 볼 수 있는데, 특히 주목할 것은 "Incentives, Inequality, and Community: The Tanner Lectures on Human Values"이다.(lecture, Stanford University, Stanford, CA, 1991년 5월 21일 및 23일, http://tannerlectures.utah.edu/_documents/a-to-z/c/cohen92.pdf)

20 내가 아직 자유방임론자들과 논쟁을 하던 1990년대에, 그들이 거의 예외 없이 노동에서의 불평등성을 정당화한다는 것을 발견했다. 예를 들어 사회적 부의 어떤 불균형인 몫이 상위층에 분배되고 있음을 보게 될 때, 그에 대한 전형적인 반응은 "내 눈에 이것은 어떤 사람들이 다른 사람들보다 더 힘들게 일하거나 더 영리하게 일한다는 것을 보여 줄 뿐"이라는 노선을 따라갈 것이다. 바로 이 공식이 그 전설적인 매끄러운 혀 덕분에 내 머릿속에 언제나 박혀 있다. 물론 기업체 회장이 버스 운전수보다 1000배는 더 힘들게 일한다고 진심으로 주장할 수는 없다. 그러니 '더 영리한'이라는 말을 끼워 넣는 것이다. 이 말은 '더 생산적인'이라는 의미를 함축하지만 실제로는 그저 '당신이 훨씬 더 많은 보수를 받는 방식'이라는 의미일 뿐이다. 철저하게 무의미한 순환성('그들은 영리하기 때문에 부자이기 때문에 영리하다.' 등)에서 이 문장을 구해 주는 것은 최고위

층 부자들이 (거의 모두) 직업이 있다는 점을 강조하는 것이다.

21 그래서 그들이 쓰는 책은 계속 더 짧아지고 더 단순해지고 조사가 더 빈약해진다.

22 Geoff Shullenberger, "The Rise of the Voluntariat," *Jacobin* online, 2014년 5월 5일 최종 수정됨, www.jacobinmag.com/2014/05/the-rise-of-the voluntariat.

23 버트런드 러셀은 에세이 『게으름에 대한 찬양(In Praise of Idleness)』에서 이 점을 훌륭하게 표현했다. "일이란 무엇인가? 일에는 두 종류가 있다. 첫째, 지구 표면 위에, 혹은 그 가까이 있는 물질의 상대적 위치를 다른 물질로 변경하는 것이다. 둘째, 다른 사람들에게 그렇게 하라고 말하는 것이다. 첫 번째 것은 즐겁지 않고 보상이 나쁘다. 두 번째 것은 즐겁고 보상도 많다."(1935:13)

24 창세기 3장 16절. 한나 아렌트는 『인간의 조건(*The Human Condition*)』에서 성서의 어디에도 일 그 자체가 불복종에 대한 벌이라는 말은 없다고 주장한다.(1958:107n53) 신은 그저 노동을 더 가혹하게 만들었을 뿐이며, 다른 사람들은 그저 헤시오도스를 통해 창세기를 읽은 것이라고 말이다. 이 말이 옳을지도 모르지만, 내 주장에 그다지 영향을 미치지는 못한다. 특히 이 주제에 관한 기독교적인 저술과 사유가 여러 세기 동안 그것이 성경 구절의 의미라고 추정해 왔으니 더욱 그렇다. 가령 1664년에 마거릿 캐번디시는 "테니스도 여가 선용일 수 없다. (……) 땀 흘리는 노동에 오락이 있을 수 없기 때문이다. 인간이 이마에 땀을 흘림으로써 먹고살 것이라는 것은 인간에게 주어진 저주다."(Thomas, 1999:9) 아담과 이브에 관한 초기 기독교의 최고 토론이 필요하면 Pagels(1988)을 보라. 그 저술은 모든 인간이 원죄 때문에 오염되었으며 그 때문에 저주에 걸렸다는 개념을 퍼뜨린 진짜 책임은 아우구스티누스에게 있다고 주장한다.

25 다음 섹션의 대부분은 내가 이전에 썼던 논문 "Manners, Deference, and Private Property"(1997)의 요약이다. 그 논문 또한 내 석사 학위 논문 *The Generalization of Avoidance: Manners and Possessive Individualism in Early Modern Europe* (Chicago, 1987)의 축약본이다. 전통적인 북부 유럽식 결혼 유형과 생활 주기 서비스에 관한 고전적 연구 가운데는 Hajnal(1965, 1982), Laslett(1972, 1977, 1983, 1984), Stone(1977), Kassmaul(1981), Wall(1983)이 있다. 관련 문헌들의 상태에 관한 더 최근 조사가 필요하면 Cooper(2005)를

보라. 중세 이후에서 근대 초기까지 북부 유럽과 지중해식 결혼 유형의 일차적인 차이는 지중해식에서는 남자도 늦게 결혼할 때가 많은 반면 여자들은 훨씬 일찍 결혼하며, 생활 주기 서비스는 몇몇 일부 사회적, 직업적 집단에만 한정되지만, 그것이 어떤 식으로든 규칙은 아니다.

26 물론 요즘은 '웨이터'라는 단어가 레스토랑에서 식탁에서 대기하는 사람들에게만, '서비스 경제'의 주류들에게만 쓰인다. 하지만 그 단어는 빅토리아 시대의 가정에서는 여전히 가내 하인들(집사보다 한 단계 낮은 지위)에게 일차적으로 적용되었다. 가령 '덤웨이터(음식 등 부피가 작은 물건을 아래 위층으로 운반하기 위한 승강 장치 — 옮긴이)'라는 단어는 원래 주인의 식탁에 식사를 가져가는 하인들이 식탁에서 사람들이 하는 이야기를 주워듣고 그것에 대해 말을 흘린다는 사실을 지칭한다. 기계식 덤웨이터는 같은 기능을 수행하지만 말을 할수 없다.

27 이것은 정확하지 않다. 거의 모두 사춘기 초반에 도제 생활을 한다.

28 나는 매너에 관한 논문(1997:716-717)에서 그 점을 자기 인용했다. 번역된 부분은 다음의 책에서 인용했다. Charlotte A. Sneyd, *A relation, or rather A true account, of the island of England; with sundry particulars of the customs of these people, and of the royal revenues under King Henry the Seventh, about the year 1500, by an Italian*, Camden Society volume xxxvi, 1847, pp. 14-15.

29 Susan Brigden, "Youth and the English Reformation," *Past & Present* 95 (1982), pp. 37-38.

30 가령 르네상스 시대 영국에서 왕의 대변인으로 자주 등장하는 사람은 '궁내관(스툴 담당관, Groom of the Stool)'이라는 직함을 가진 귀족 하인이었다. 그가 왕의 요강을 비우는 임무를 맡은 사람이기 때문이다.

31 예를 들면 내 아버지는 거의 평생 오프셋 사진 석판화 공방에서 석판 벗기는 일을 했다. 그러다가 내가 중세 역사를 처음 배우던 무렵 아버지에게 길드 체제에 대해 이야기했다. 아버지가 말했다, "그래, 나도 도제 공방에서 일했어. 은퇴할 때는 직인 인쇄공이었지." 장인 인쇄공이 있었는지 물어보자 아버지가 말했다, "아니, 이제는 장인이 없어. 글쎄, 보스가 곧 장인이라고 말하고 싶다면 모르지만 말야."

32 Phillip Stubbes, *Anatomie of Abuses*, p. 1562. 이 노선의 반대는 물론 맬서스에게서 절정에 달했다. 맬서스는 노동계급이 이런 식으로 모든 이를 빈곤으로 몰

아넣게 될 것이라고 주장했고, 비위생적 여건을 조성하여 그들을 죽여 없애자
는 대책을 옹호한 것으로 악명 높다. 위에 인용된 카제노프는 맬서스의 사도다.

33　K. Thomas, 1976:221.

34　칼뱅주의와 자본주의의 기원의 관계에 관한 막스 베버의 주장(1905)은 이 측
면에서 이해되어야 한다고 본다. 신교와 자율적 노동 윤리, 그리고 경제적 성장
사이에 어떤 관련이 있었다는 것은 당시 대다수에게 자명하게 여겨지고 있었지
만(Tawney, 1924) 북부 유럽의 생활 주기 서비스, 신교, 성장하는 자본주의라
는 세 요인이 대체로 함께 등장하는 것처럼 보이는데도 이들 간의 합류를 검토
한 사람은 거의 없었다.

35　Thomas Carlyle, *Past and Present* (London: Chapman and Hall, 1843), pp.
173-174. 노동이 영혼을 근심(care)으로부터 자유롭게 해 준다는 칼라일의 노
동 찬양을 같은 이유로 노동을 비난한 니체와 대비시키는 것은 흥미롭다. "노동
의 찬양과 노동의 축복에 대한 끝도 없는 수다에서 나는 (……) 개별적인 모든
것에 대한 두려움을 본다. 일을 보기만 하면(그러니까 아침부터 밤까지 혹독하
게 일하는 것을 말한다.) 우리는 모든 사람을 감독하고 이성과 탐욕과 독립에
대한 열망의 발전을 사실상 가로막는 최고의 정책이라는 느낌을 받는다. 일은
신경의 힘을 비상하게 많이 소모하며, 성찰, 명상, 꿈, 돌보기, 사랑, 증오에서
분리시킨다."(Daybreak, 1881 [1911:176-177]) 이것이 칼라일에 대한 정면 반
응인지 궁금해진다.

36　Carlyle, *Past and Present*, p. 175. 이 에세이의 많은 부분은 자본주의를 "마몬
사상"이라고 비난하는 내용이며, 19세기의 수많은 저술들처럼 현대인의 귀에
는 흐릿하게 마르크스주의적으로 들린다. 그 보수적 결론도 그렇다. "노동은 악
이 아니다. 그것이 마몬 사상으로 포장되어 있더라도 그렇다. 노동은 언제나 감
옥에 갇힌 신이며, 의식적으로든 무의식적으로든 마몬 사상에서 탈출하려고 몸
을 비틀고 있다!"(257)

37　John Cazenove, *Outlines of Political Economy: Being a Plain and Short View
of the Laws Relating to the Production, Distribution and Consumption of
Wealth* (London: P. Richardson, 1832), pp. 21-22. 내가 아는 한 노동가치이
론을 노동자들이 고용주들에게 수탈당하고 있다고 주장하는 데 사용한 첫 사례
는 1796년에 발표된 "The Rights of Nature Against the Usurpations of Estab-
lishments"라는 제목의 팸플릿에서 발견된다. 저자는 영국의 자코뱅 당원인 존

텔월(John Thelwall)이다.

38 Edward Pessen, *Most Uncommon Jacksonians: The Radical Leaders of the Early Labor Movement* (Albany, NY: SUNY Press, 1967), p. 174. 1780년에서 1860년까지 매사추세츠주 소도시 린에 관한 팔러의 연구(1981)는 노동가치이론이 혁명 이후 거의 한 세기 동안 대중 토론의 틀을 어느 정도까지 형성했는지를 길게 기록한다.

39 예를 들면 마르크스 본인의 연구는 당시 미국에는 거의 알려져 있지 않았지만 전혀 미지의 인물은 아니었다. 마르크스 본인이 프리랜서 신문 기고자로 활동하면서 미국 신문에도 칼럼을 가끔 발표했기 때문이다. 몇 년 뒤인 1865년에는 노동자 연합의 수장이라는 자격으로 링컨에게도 직접 편지를 써서 미국 상황에 대한 분석을 이야기하기도 했다. 링컨은 편지를 읽기는 한 것 같지만 보좌관에게 답장을 쓰라고 시켰다.

40 1845년에 이미 마크 월시 같은 뉴욕주 주의원은 노골적으로 반자본주의적인 노선에서 주장하고 있었다. "자본이란 무엇인가. 그것은 오로지 오랜 옛날부터 지금까지 노동이 만들어 낸 것을 사기와 탐욕과 악의에 의해 모조리 쓸어 담아 버리는 권력일 뿐이다." Noel Ignatiev, *How the Irish Became White* (New York: Routledge, 2008), p. 149.

41 E. P. Goodwin, *Home Missionary Sermon, 1880, Josiah Strong, Our Country: Its Possible Future and Its Present Crisis* (New York: Baker & Taylor, 1891), p. 159. 데니스 커니는 당시 캘리포니아 노동자 지도자였는데, 지금은 대체로 중국인 이민에 반대하는 운동으로 기억되며, 성서에 대한 유명한 반론의 저자인 로버트 잉거솔은 지금은 주로 희곡 『바람의 유산(*Inherit the Wind*)』에 나온 창세기에 대한 문자 그대로의 해석에 반대하는 클래런스 대로의 논지를 통해 이차적으로 알려진 인물이다. 그 희곡은 잉거솔의 글을 직접 가져온 것으로 보인다. 여기에 나의 증언을 보탤 수 있다. 내 할아버지인 구스타부스 아돌푸스 '돌리' 그레이버는 우리 가족의 세대 간 간격이 특이할 정도로 길었기 때문에 남북전쟁 전에 태어나 굿윈이 집필하던 바로 그 시기에 서부전선에서 음악가로 오랫동안 일했다. 그가 미국 음악에 만돌린을 도입한 장본인이라는 말이 있다. 아버지가 예전에 하신 말씀에 따르면 할아버지는 "잉거솔의 사람"이었고, 열정적인 무신론자였다고 한다. 할아버지는 절대 마르크스주의자가 아니었지만, 아버지는 나중에 그렇게 되었다.

42 영화 「시에라 마드레의 황금(Treasure of the Sierra Madre)」은 트레븐(B. Traven)이 쓴 동명의 소설을 원작으로 제작되었다. 트레븐은 모국을 떠나 남부 멕시코에서 거의 평생을 산 독일 무정부주의자 소설가의 필명이다. 그의 정체는 지금까지도 짐작의 대상으로만 남아 있다.

43 따라서 예를 들어, 1837년에 매사추세츠주 애머스트에서 온 일군의 사업가들이 마차 유한회사를 세우자고 제안했을 때 직인들이 반대 청원을 냈다. 반대 이유는 "직인으로서 그들은 그들이 만든 것의 가치를 타인에게 양도하지 않아도 될 때 스스로 장인이 되는 날을 고대"하고 있으며, "법인은 수단을 경험 없는 자본가들의 손에 쥐어 주고 우리의 기술이 산출한 이익을 우리에게서 앗아 갈 것이다. 기술을 얻기 위해 우리는 오랜 세월 노력했으며, 그것을 향유하는 것이 우리만의 독점적인 특권이라 여기기 때문"이라고 선언했다.(Hanlon, 2016:57) 보통 이런 요청은 회사가 철로나 운하 같은 명백히 유용한 성격을 지닌 공공의 업적을 만들고 유지하는 데 헌신해야만 승인된다.

44 Durrenberger and Doukas, 2008:216-217.

45 1974:246.

46 중세 기독교 신학에서 일이 어느 정도까지 신의 창조를 모방한 것으로, 그리고 자신을 완벽하게 만드는 수단으로 간주되어야 하는지의 상대적 무게에 대한 토론이 있었다.(Ehmer and Lis, 2009:10-15에 나오는 토론을 보라.) 하지만 두 원리 모두 처음부터 존재했던 것으로 보인다.

47 고전적 연구로는 Kraus, Côté, and Keltner(2010)와 Stellar, Manzo, Kraus, and Keltner(2011)가 있다.

48 그 결과 상관들이 부하들을 대할 때보다 부하들이 상관들에 대해 신경을 더 많이 쓰게 될 것이다. 그리고 이는 구조적 불평등 관계 거의 모두로 확대된다. 남자와 여자, 부자와 빈민, 흑인과 백인 등 모두에게 그렇다. 내게는 항상 이것이 불평등이 지속되게 허용하는 주된 힘의 하나로 보였다.(나는 이 점을 여러 장소에서 토론했지만, 호기심이 있는 독자들은 Graeber, *Utopia of Rules* 2장, pp. 68-72를 찾아보면 된다.)

49 가령 이 관점에서 볼 때 돈, 시장, 금융은 그저 낯선 자들이 자신이 무엇에 관심을 가지는지를 우리에게 경고하는 방식들이다. 우리는 그 관심이 적절한 방향을 취해야 한다고 주의하기 때문이다. 이는 또한 현대 금융은 잘못된 방향을 겨냥하는 한 그저 돌봄 노동의 나쁜 형태일 뿐임을 함의한다.

50 그 책은 결국 *Crack Capitalism* (2010)이라는 제목으로 출간됐는데, 나는 항상 원래 제목이 더 낫다고 생각했다.

51 스터즈 터클(Studs Terkel)의 *Working*에서 자주 인용되는 구절이다. "어떤 작자가 정신이 나가지 않는 한 그는 절대로 일에 대해 생각하지도, 이야기하지도 않는다. 아마 야구 이야기를 하거나 지난밤에 술 마신 이야기나 여자와 잤거나 자지 않았거나 하는 이야기를 할 것이다. 100명 중 일에 대해 신이 나는 사람은 하나쯤 있을 것이다."(1972:xxxiv) 하지만 동시에 같은 증언의 다른 부분에서는 이렇게 말한다. "누군가는 이 일을 해야 한다. 내 아이가 대학교에 간다면 나는 그가 존경심을 조금은 가졌으면 싶다."(1972:xxxv)

52 Gini and Sullivan, 1987:649, 651, 654.

53 Noel Ignatiev, *How the Irish Became White* (1995)는 이 현상에 관한 고전적 연구다.

54 이 공식은 나중에 '최대 다수의 최대 이익'으로 축약되었지만, 벤덤의 원래 이론은 쾌락주의적 계산에 기초하고 있고, 칼라일이 반응한 것도 그 점이었다.

55 Carlyle, 1843:134.

56 위의 책.

7 불쉿 직업의 정치적 영향

1 Matthew Kopka, "Bailing Out Wall Street While the Ship of State is Sinking? (Part 2)" *The Gleaner*, 2010년 1월 25일. http://jamaica-gleaner.com/gleaner/20100125/news/news5.html, 2017년 7월 22일에 최종 수정됨. 당시 자주 회자되던 요구 하나는 자동차 노동자들의 시급이 최대 75달러라는 주장이었지만, 이것은 모든 노동자들이 받는 임금, 혜택, 연금을 총합하여 전체 노동시간으로 나눈 업계 홍보용 발언에 의거한 것이었다. 만약 이런 방법으로 계산한다면 어떤 산업에서든 거의 모든 노동자들이 실제 시급의 두세 배는 더 받는 것으로 나올 수 있다.

2 두 번째 이유는 공장노동자로서 그들은 모두 한 장소에 집결되어 있기 때문에 조직하기가 편하다는 점이다. 이는 그들이 경제에 심각한 영향을 미치는 파업으로 위협할 수 있음을 의미했다.

3 Eli Horowitz, "No Offense Meant to Individuals Who Work With Bo-

vine Feses," http://rustbeltphilosophy.blogspot.co.uk/2013/08/no-of-fense-meant-to-individuals-who.html, 2013년 8월 31일에 게재됨.

4 다음의 내용은 대체로 "Introduction: The Political Metaphysics of Stupidity"라는 긴 포맷으로 구성된 에세이에서 가져온 것이다. *The Commoner* (www.thecommoner.org.uk), 2005년 봄. 그리고 짧은 포맷으로는 《하퍼스》에 게재되었다. "Army of Altruists: On the Alienated Right to Do Good," *Harper's*, 2007년 1월, pp. 31-38.

5 특권층의 어린이들이 별로 많지 않은 한(엘리트들은 자신들의 인구를 늘리기에 충분할 만큼 출산을 많이 한 적이 거의 없다.) 일자리는 이민자의 자녀 가운데 가장 우수한 아이들에게 갈 확률이 가장 높다. 뱅크오브아메리카나 엔론사의 사장단은 이와 비슷한 인구적 문제를 만날 때 자기들 같은 백인 빈민층에서 모집할 확률이 훨씬 높다. 이것은 부분적으로는 인종주의 때문이며, 또 부분적으로는 기업체 내에서 반지성적 분위기가 광범위하게 권장되는 경향이 있기 때문이다. 내가 한동안 재직했던 예일대학교에서는 사장단 모집원들이 예일대학교의 B급 학생들을 채용하려는 경향이 있다는 사실이 잘 알려져 있었다. 그런 학생들을 상대하기가 "편하다고 느낄" 가능성이 더 크기 때문이다.

6 돌봄 과업이 기계에 의해 수행될 수 있다거나 수행되어야 한다는 생각을 정상으로 여기게 만들려는 노력이 엄청나게 행해졌다. 하지만 나는 그것이 성공했다거나 장기적으로 정말 성공할 수 있다고 생각하지 않는다.

7 이 맥락에서 흥미로운 사실은 커트 보니것이 실제로 전쟁 직후 시카고대학교 인류학과 석사 과정에 등록했다는 것이다. 그는 학위 과정을 마치지는 않았다. 이는 물론 소설에 나오는 주인공 중 하나가 인류학자인 이유를 설명해 준다. 아마 그가 더 열심히 공부했더라면 노동자들이 너무 많은 여가를 처리할 능력이 없을 것이라는 그의 전제에 심각한 결함이 있음을 깨달았을지도 모른다.(당시 그곳에 다녔던 레이 포겔슨(Ray Fogelson)이 내게 말해 주기를, 보니것이 여러 해 뒤 가지고 온 논문이 너무나 명백하게 엉망이어서 학과의 입장이 난처해졌다. 그래서 그들은 『고양이 요람(Cat's Craddle)』(보니것의 네 번째 소설 — 옮긴이)를 명분으로 학위를 주기로 결정했다.)

8 702등이 될 가능성이 가장 높은 것은 텔레마케터다. 1등이 될 가능성이 가장 높은 것은 레크리에이션 치료사다. 나 같은 인류학자는 순위가 32번째로 상당히 안전하다. Frey and Osborne(2017)를 보라. 논문의 원본 온라인 버전은 2013

년에 발표되었고, 당시에는 언론 지면에 많이 소개되었다.

9 Stanislaw Lem, *Memoirs of a Space Traveler: The Further Reminiscences of Ijon Tichy* (Evanston, IL.: Northwestern University Press), 1981 [1971], pp. 19-20.

10 스타니스와프 렘은 1970년대에 아직 사회주의 치하이던 폴란드에서 집필 활동을 했다. 내 개인적인 생각이지만 스탈린 사상에 대한 그의 풍자는 가차 없다. 또 다른 여행을 떠난 이온 티치는 거대한 관개 관료제에 지배되는 행성에 간다. 그 관료 사회는 인간이 자연스럽게 어류로 진화한다는 이데올로기를 개발하는 임무에 지독하게 몰두하고 있었다. 행성 주민들은 매일 강제로 '물로 숨쉬기'를 연습하는 시간을 조금씩 늘려 가야 한다.

11 중세 농노의 노동시간도 연간 평균을 내면 주 40시간에 한참 못 미친다는 점을 염두에 두라.

12 나는 여기서 고용 시간의 단축이 범죄와 불건강한 관행이나 다른 부정적 사회적 영향으로 이어진다는 일부 주장에 힘을 실으려는 것이 아니다. 그와 동일한 주장들이 노예해방 및 비슷한 주제에 대해서도 제기되었을 수 있다고 확신한다. 나는 그것들을 대등한 도덕적 지위를 가지는 것으로 본다. 일을 꼭 해야 하는 상황이 아닌데도 일을 하지 않으면 술을 마시거나 담배를 피우거나 범죄를 저지를지도 모르기 때문에 매주 마흔 시간씩 강제로 일해야 한다는 주장이 전체 인구가 예방적 구금의 형태로서 그만큼의 시간 동안 감옥에 있어야 한다고 주장하는 것과 무슨 차이가 있는가?

13 그것을 '인간 생산'이라 부를 수도 있고, 다른 곳에서 그렇게 부른 적이 있다. 하지만 이 맥락에서는 포인트가 어긋난 것으로 보인다.

14 당연히 누가 어떤 상황에서 누구로부터 제일 돈을 많이 받았는지를 두고 왈가왈부할 수 있다. 하지만 글래스-스티걸(Glass-Steagall) 법(1933년 미국에서 상업은행과 투자은행을 분리하도록 한 방안. 1999년에 이 법이 폐지되면서 일반은행도 투자에 동참할 수 있게 된 것이 서브프라임 모기지 사태의 원인이라 볼 수 있다. ―옮긴이)에 관한 청원을 주재하여 금융을 '자유화'하고 2008~2009년 위기로 가는 길을 연 것은 빌 클린턴이었다. 또 영국에서 대학에 등록금을 처음 도입한 것은 토니 블레어였다.

15 Frank, 2016.

16 Brown, 1983.

17 고르스(Gorz)가 실제로 한 말이다. "더 높은 생산성을 향한 추구는 그런 활동의 표준화와 산업화로 이어지게 된다. 특히 아이들을 먹이고 보살피고 양육하고 교육하는 활동이 더욱 그렇다. 개인적, 공동체적 자율성의 마지막 거점이 사라질 것이다. 사회화, '상품화' 그리고 사전 프로그래밍(preprogramming)이 자주적이고 자제력 있는 삶의 마지막 흔적에까지 확대될 것이다. 신체적, 심리적 돌봄과 위생, 아동 교육, 요리, 성적 기술의 산업화는 가정용 컴퓨터를 통해 개인의 환상의 몫으로 아직 남아 있는 활동으로부터 자본주의적 이익을 발생시키도록 정밀하게 설계된다."(Gorz, 1997:84. 원래는 1980년에 프랑스어로 발표되었는데, 참으로 예언적인 글이 되었다.) 가사노동임금운동에 대한 더 구체적인 참여는 *Critique of Economic Reason* (2010:126, 161-164, 222)에 나온다.

18 자세한 내용은 Sarath Davala, etc., *Basic Income: A Transformative Policy for India* (London: Bloomsbury Academic Press, 2015).

19 기본소득에 관해 현재 진행되는 논의를 철저하게 다룬 최근 연구가 필요하면 Standing(2017)을 보라.

20 사실 어떤 면에서는 그들이 확장되어야 할지도 모른다. 보편적 기본소득이 지대를 기초로 하는 경제에서는 성과가 없을 것이라는 주장을 제기할 수도 있다. 왜냐하면 거의 모든 가정이 임대된다면 지주는 추가 소득을 얻기 위해 임대료를 두 배로 올리면 되기 때문이다. 최소한 통제를 강제해야 할 것이다.

21 이것은 또 같은 프로그램의 조건적 버전, 또는 보장된 직업 프로그램이라는 것이 결코 ('개선된 형태'는 물론이고) 같은 것의 변형이 아닌 이유다. UBI의 결정적 요건은 시민의 삶에 정부 개입을 대폭 축소시키는 무조건적인 요소에 있다. 소위 '수정된' 혹은 '개선된'이라는 버전은 이를 해 주지 못하거나 정반대 결과를 가져올 것이다.

22 명백히, 도덕철학은 무임승차자의 문제가 사회정의의 근본적 질문으로서, 인간 자유에 대한 고려를 능가하며, 따라서 소수의 사람이라도(그들이 부자여서 대개는 어떤 식으로든 완전히 상관없어질 때는 예외이지만) 타인의 일을 등쳐먹지 않게 확실히 하려면 감시와 강요 시스템을 설정하는 것이 정당화된다는 결론을 내리는 경향이 있다. 내 입장은 전형적인 자유방임주의 사회주의자의 입장으로, "그들이 그렇게 하더라도 어쩌라고?"라는 것이다.

23 나는 푸코를 만난 적이 없지만, 그를 만난 사람들의 묘사에 의거하여 서술했다.

24 때로 푸코가 한 번도 '권력'을 정의한 적이 없다고들 말하며, 그가 이 문제에 대

해 약간 숨기는 면이 있었던 것은 사실이다. 하지만 그런 태도였을 때에도 푸코는 권력을 "다른 행동에 관한 행동들의 집합"으로, 또 권력의 행사를 "타인의 행동에 대한 행동"으로 규정했다.(1982:789) 이는 놀랍게도 다른 어떤 것보다 파슨스의 전통에 더 가깝다.

25 Foucault, 1988:18-19.

Ackroyd, Stephen, and Paul Thompson. *Organizational Misbehaviour*. London: Sage, 1999.

Anderson, Perry. *Passages from Antiquity to Feudalism*. London: Verso Press, 1974.

Applebaum, Herbert. *The Concept of Work: Ancient, Medieval, and Modern* (SUNY Series in the Anthropology of Work). Albany, NY: SUNY Press, 1992.

Arendt, Hannah. *The Human Condition*. Chicago: University of Chicago Press, 1958.

Baumeister, Roy, Sara Wotman, and Arlene Stillwell. "Unrequited Love: On Heartbreak, Anger, Guilt, Scriptlessness, and Humiliation." *Journal of Personality and Social Psychology* 64, no. 3 (1993): 377–94.

Beder, Sharon. *Selling the Work Ethic: From Puritan Pulpit to Corporate PR*. London: Zed Books, 2000.

Black, Bob. "The Abolition of Work." *The Abolition of Work and Other Essays*. Port Townsend, WA: Loompanics, 1986.

Bloch, Maurice. *Anthropology and the Cognitive Challenge*. Cambridge: Cambridge University Press, 2012.

Braverman, Harry. *Labor and Monopoly Capital: The Degradation of Work in the Twentieth Century.* New York: Monthly Review Press, 1974.

Bregman, Rutger. *Utopia for Realists: The Case for Universal Basic Income, Open Borders, and a 15-Hour Workweek.* Amsterdam: The Correspondent, 2016.

Brigden, Susan. "Youth and the English Reformation." *Past & Present* 95 (1982): 37–67.

Broucek, Francis. "The Sense of Self." *Bulletin of the Menninger Clinic* 41 (1977): 85–90.

———. "Efficacy in Infancy: A Review of Some Experimental Studies and Their Possible Implications for Clinical Theory." *International Journal of Psycho-Analysis* 60 (January 1, 1979): 311–16.

Brown, Wilmette. *Black Women and the Peace Movement.* Bristol, UK: Falling Wall Press, 1983.

Brygo, Julien, and Olivier Cyran. *Boulots de Merde! Enquête sur l'utilité et la nuisance sociales des métiers.* Paris: La Découverte, 2016.

Budd, John W. *The Thought of Work.* Ithaca, NY: Cornell University Press, 2011.

Carlyle, Thomas. *Past and Present.* London: Chapman and Hall, 1843.

Chancer, Lynn. *Sadomasochism in Everyday Life: The Dynamics of Power and Powerlessness.* New Brunswick, NJ: Rutgers University Press, 1992.

Clark, Alice. *Working Life of Women in the Seventeenth Century.* London: George Routledge and Sons, 1919.

Cooper, Sheila McIsaac. "Service to Servitude? The Decline and Demise of Life-Cycle Service in England." *History of the Family* 10 (2005): 367–86.

Davala, Sarath, Renana Jhabrala, Soumya Kapor, et al. *Basic Income: A Transformative Policy for India.* London: Bloomsbury Academic Press, 2015.

Doukas, Dimitra. *Worked Over: The Corporate Sabotage of an American Community.* Ithaca, NY: Cornell University Press, 2003.

Durrenberger, E. Paul, and Dimitra Doukas. "Gospel of Wealth, Gospel of Work: Counterhegemony in the U.S. Working Class." *American Anthropologist* (new series) 110, no. 2 (2008): 214–24.

Ehmer, Josef, and Catharina Lis. "Introduction: Historical Studies in Perception of Work." In *The Idea of Work in Europe from Antiquity to Modern Times,* edited by Ehmer and Lis, 33–70. Farnham, UK: Ashgate, 2009.

Ehrenreich, Barbara. *Fear of Falling: The Inner Life of the Middle Class.* New York: Pantheon, 1989.

Ehrenreich, Barbara, and John Ehrenreich. "The Professional–Managerial Class." In *Between Labor and Capital,* edited by Paul Walker. Boston: South End Press, 1979, 5–45.

Evans–Pritchard, E. E. *The Nuer: A Description of the Modes of Livelihood and Political Institutes of a Nilotic People.* Oxford: Clarendon Press, 1940.

Faler, Paul G. *Mechanics and Manufacturers in the Early Industrial Revolution: Lynn, Massachusetts,* 1780–1860. Albany, NY: State University of New York Press, 1981.

Finley, Moses I. *The Ancient Economy.* Berkeley: University of California Press, 1973.

Fleming, Peter. *The Mythology of Work: How Capitalism Persists Despite Itself.* London: Pluto Press, 2015.

Ford, Martin. *The Rise of the Robots: Technology and the Threat of Mass Unemployment.* London: Oneworld, 2015.

Foucault, Michel. "The Subject and Power." *Critical Inquiry* 8, no. 4 (1982): 777–95.

_____. *The Final Foucault.* Cambridge, MA: MIT Press, 1988.

Frank, Thomas. *Listen Liberal, Or What Ever Happened to the Party of the People?* New York: Henry Holt, 2016.

Frayne, David. *The Refusal of Work: The Theory and Practice of Resistance to Work.* London: Zed Books, 2015.

Frey, Carl B., and Michael A. Osborne. "The Future of Employment: How Susceptible Are Jobs to Computerisation?" *Technological Forecasting and Social Change* 114 (2017): 254–80.

Fromm, Erich. *The Anatomy of Human Destructiveness.* New York: Henry Holt, 1973.

Galbraith, John Kenneth. *American Capitalism: The Concept of Countervailing*

Power. Harmondsworth, UK: Penguin, 1963.

————. *The New Industrial State.* Harmondsworth, UK: Penguin, 1967.

————. *The Affluent Society.* Harmondsworth, UK: Penguin, 1969.

————. "On Post-Keynesian Economics." *Journal of Post-Keynesian Economics* 1, no. 1 (1978): 8-11.

Gini, Al. "Work, Identity and Self: How We Are Formed by the Work We Do." *Journal of Business Ethics* 17 (1998): 707-14.

————. *My Job, My Self: Work and the Creation of the Modern Individual.* London: Routledge, 2012.

Gini, Al, and Terry Sullivan. "Work: The Process and the Person." *Journal of Business Ethics* 6 (1987): 649-55.

Ginsberg, Benjamin. *The Fall of the Faculty.* New York: Oxford University Press, 2013.

Glenn, Joshua, and Mark Kingwell. *The Wage Slave's Glossary.* Windsor, Can.: Biblioasis, 2011.

Gorz, Andre. *Farewell to the Working Class: An Essay on Post-industrial Socialism.* London: Pluto, 1997.

————. *Critique of Economic Reason.* London: Verso, 2010.

Graeber, David. "Manners, Deference, and Private Property." *Comparative Studies in Society and History* 39, no. 4 (1997): 694-728.

————. *Debt: The First 5,000 Years.* Brooklyn, NY: Melville House, 2011.

————. "Of Flying Cars and the Declining Rate of Profit." *Baffler,* no. 19 (Spring 2012): 66-84.

————. *The Utopia of Rules: Technology, Stupidity, and the Secret Joys of Bureaucracy.* Brooklyn, NY: Melville House, 2015.

Gutman, Herbert G. "Protestantism and the American Labor Movement: The Christian Spirit in the Gilded Age." *American Historical Review* 72, no.1 (1966): 74-101.

Hajnal, John. "European Marriage Patterns in Perspective." In *Population in History: Essays in Historical Demography,* edited by D. V. Glass and D. E. C. Eversley, 101-43. London: Edward Arnold, 1965.

_____. "Two Kinds of Preindustrial Household Formation System." *Population and Development Review* 8, no. 3 (September 1982): 449-94.

Hanlon, Gerard. *The Dark Side of Management: A Secret History of Management Theory*. London: Routledge, 2016.

Hardt, Michael, and Antonio Negri. *Labor of Dionysus: A Critique of the State Form*. Minneapolis: University of Minnesota Press, 1994.

_____. *Empire*. Cambridge, MA: Harvard University Press, 2000.

Hayes, Robert M. "A Simplified Model for the Fine Structure of National Information Economies." In *Proceedings of NIT 1992: The Fifth International Conference on New Information Technology*, 175-94. W. Newton, MA. MicroUse Information, 1992.

Hochschild, Arlie Russell. *The Managed Heart: Commercialization of Human Feeling*. Berkeley: University of California Press, 2012.

Holloway, John. *Crack Capitalism*. London: Pluto Press, 2010.

Ignatiev, Noel. *How the Irish Became White*. New York: Routledge, 1995.

Kazin, Michael. *The Populist Persuasion: An American History*. New York: Basic Books, 1995.

Keen, Steve. *Debunking Economics: The Naked Emperor Dethroned?* London: Zed, 2011.

Klein, G. S. "The Vital Pleasures." In *Psychoanalytic Theory: An Exploration of Essentials,* edited by M. M. Gill and Leo Roseberger, 210-38. New York: International Universities Press, 1967.

Kraus, M .W., S. Côté, and D. Keltner. "Social Class, Contextualism, and Empathic Accuracy." *Psychological Science* 21, no. 11 (2010): 1716-23.

Kussmaul, Anne. *Servants in Husbandry in Early-Modern England*. Cambridge: Cambridge University Press, 1981.

Laslett, Peter. "Characteristics of the Western Family Considered over Time." In *Household and Family in Past Time,* edited by P. Laslett and R. Wall. Cambridge: Cambridge University Press, 1972.

_____. *Family Life and Illicit Love in Earlier Generations*. Cambridge: Cambridge University Press, 1977.

_____. "Family and Household as Work Group and Kin Group." In *Family Forms in Historic Europe,* edited by R. Wall. Cambridge: Cambridge University Press, 1983.

_____. *The World We Have Lost, Further Explored: England Before the Industrial Revolution.* New York: Charles Scribner's Sons, 1984.

Lazerow, Jama. *Religion and the Working Class in Antebellum America.* Washington, DC: Smithsonian Institution Press, 1995.

Lazzarato, Maurizio. "Immaterial Labor." In *Radical Thought in Italy,* edited by Paolo Virno and Michael Hardt, 133–47. Minneapolis: University of Minnesota Press, 1996.

Le Goff, Jacques. *Time, Work and Culture in the Middle Ages.* Chicago: University of Chicago Press, 1982.

Lockwood, Benjamin B., Charles G. Nathanson, and E. Glen Weyl, "Taxation and the Allocation of Talent." *Journal of Political Economy* 125, no. 5 (October 2017): 1635–82, www.journals.uchicago.edu/doi/full/10.1086/693393.

Maier, Corinne. *Bonjour Paresse: De l'art et la nécessité d'en faire le moins possible en entreprise.* Paris: Editions Michalan, 2004.

Mills, C. Wright. *White Collar: The American Middle Classes.* New York: Galaxy Books, 1951.

Morse, Nancy, and Robert Weiss. "The Function and Meaning of Work and the Job." *American Sociological Review* 20, no. 2 (1966): 191–98.

Nietzsche, Friedrich. *Dawn of the Day.* New York: Macmillan, 1911.

Orr, Yancey, and Raymond Orr. "The Death of Socrates: Managerialism, Metrics and Bureaucratization in Universities." *Australian Universities' Review* 58, no. 2 (2016): 15–25.

Pagels, Elaine. *Adam, Eve and the Serpent.* New York: Vintage Books, 1988.

Paulsen, Roland. *Empty Labor: Idleness and Workplace Resistance.* Cambridge: Cambridge University Press, 2014.

Pessen, Edward. *Most Uncommon Jacksonians: The Radical Leaders of the Early Labor Movement.* Albany, NY: SUNY Press, 1967.

Ray, Benjamin C. *Myth, Ritual and Kingship in Buganda.* London: Oxford University Press, 1991.

Rediker, Marcus. *The Slave Ship: A Human History.* London: Penguin, 2004.

Reich, Robert. *The Work of Nations: Preparing Ourselves for 21st Century Capitalism.* New York: Alfred A. Knopf, 1992.

Russell, Bertrand. *In Praise of Idleness.* London: Unwin Hyman, 1935.

Schmidt, Jeff. *Disciplined Minds: A Critical Look at Salaried Professionals and the Soul-Battering System That Shapes Their Lives.* London: Rowman & Littlefield, 2001.

Sennett, Richard. *The Fall of Public Man.* London: Penguin, 2003.

_____. *Respect: The Formation of Character in an Age of Inequality.* London: Penguin, 2004.

_____. *The Corrosion of Character: The Personal Consequences of Work in the New Capitalism.* New York: Norton, 2008.

_____. *The Craftsman.* New York: Penguin, 2009.

Standing, Guy. *The Precariat: The New Dangerous Class* (Bloomsbury Revelations). London: Bloomsbury Academic Press, 2016.

_____. *Basic Income: And How We Can Make It Happen.* London: Pelican, 2017.

Starkey, David. "Representation Through Intimacy: A Study in the Symbolism of Monarchy and Court Office in Early Modern England." In *Symbols and Sentiments: Cross-Cultural Studies in Symbolism,* edited by Ioan Lewis, 187–224. London: Academic Press, 1977.

Stellar, Jennifer, Vida Manzo, Michael Kraus, and Dacher Keltner. "Class and Compassion: Socioeconomic Factors Predict Responses to Suffering." *Emotion* 12, no. 3 (2011): 1–11.

Stone, Lawrence. *The Family, Sex and Marriage in England, 1500-1800.* London: Weidenfeld and Nicolson, 1977.

Summers, John. *The Politics of Truth: Selected Writings of C. Wright Mills.* Oxford: Oxford University Press, 2008.

Tawney, R. H. *Religion and the Rise of Capitalism.* New York: Harcourt, Brace & World, 1924.

Terkel, Studs. *Working: People Talk About What They Do All Day and How They*

Feel About What They Do. New York: New Press, 1972.

Thomas, Keith. *Religion and the Decline of Magic.* New York: Scribner Press, 1971.

_____. "Age and Authority in Early Modern England." *Proceedings of the British Academy* 62 (1976): 1-46.

_____. *The Oxford Book of Work.* Oxford: Oxford University Press, 1999.

Thompson, E. P. *The Making of the English Working Class.* London: Victor Gollancz, 1963.

_____. "Time, Work-Discipline and Industrial Capitalism." *Past & Present* 38(1967): 56-97.

Thompson, Paul. *The Nature of Work: An Introduction to Debates on the Labour Process.* London: Macmillan, 1983.

Veltman, Andrea. *Meaningful Work.* Oxford: Oxford University Press, 2016.

Wall, Richard. *Family Forms in Historic Europe.* Cambridge: Cambridge University Press, 1983.

Weber, Max. *The Protestant Ethic and the Spirit of Capitalism.* London: Unwin Press, 1930.

Weeks, Kathi. *The Problem with Work: Feminism, Marxism, Antiwork Politics, and Postwork Imaginaries.* Durham, NC: Duke University Press, 2011.

Western, Mark, and Erik Olin Wright. "The Permeability of Class Boundaries to Intergenerational Mobility Among Men in the United States, Canada, Norway, and Sweden." *American Sociological Review* 59, no. 4 (August 1994): 606-29.

White, R. "Motivation Reconsidered: The Concept of Competence." *Psychological Review* 66 (1959): 297-333.

Williams, Eric. *Capitalism and Slavery.* New York: Capricorn Books, 1966.

Wood, Ellen Meiksins. *The Origins of Capitalism: A Longer View.* London: Verso, 2002.

불쉿 잡

Bullshit Jobs

1판 1쇄 펴냄 2021년 8월 20일
1판 4쇄 펴냄 2024년 1월 2일

지은이   데이비드 그레이버
옮긴이   김병화
발행인   박근섭·박상준
펴낸곳   (주)민음사

출판등록   1966. 5. 19. 제16-490호
주소   서울시 강남구 도산대로 1길 62 (신사동)
        강남출판문화센터 5층 (우편번호 06027)
대표전화   02-515-2000 | 팩시밀리 02-515-2007
홈페이지   www.minumsa.com

한국어 판 ⓒ (주)민음사, 2021. Printed in Seoul, Korea

ISBN 978-89-374-4482-1 03300